suhrkamp taschenbuch
wissenschaft 453

W0233152

Bestimmte Aspekte der Kriminalität, insbesondere die Entwicklung des Strafrechts, der Strafverfolgung und des Strafens, werden zwar schon seit langem erforscht; in der Regel wurde der Untersuchungsgegenstand dabei jedoch rein juridisch definiert. Kriminalität war Verstoß gegen geltendes Recht; die Erfahrungen und Motive der Täter blieben dabei weitgehend außer Betracht. Ihre Historizität verdankte diese Forschung einem Entwicklungsmodell, das die wachsende Effizienz der staatlichen Rechtsordnung ohne weiteres mit einem Fortschritt an Humanität gleichsetzte.

Mit diesen Ansätzen hat die neue historische Kriminalitätsforschung nur wenig gemein. Sie geht davon aus, daß innerhalb komplexer Gesellschaften immer zahlreiche Lebenswelten nebeneinander existieren, deren Normen zum Teil erheblich voneinander abweichen. Bestimmte Formen kriminellen Handelns lassen sich als Ausdruck und Folge dieses Konflikts unterschiedlich gegründeter Normsysteme interpretieren. Damit wird es möglich, auf dem Wege einer Analyse des ökonomischen, sozialen und politischen Umfelds von Delikten nicht nur die sozialen Bedingungen kriminellen Handelns, sondern zugleich den Zustand und das innere Gefüge einer Gesellschaft zu erhellen.

Heinz Reif, geboren 1941, studierte Geschichte, Germanistik und Soziologie in Bochum und Münster. Er ist seit 1983 Privatdozent in Bielefeld. Forschungs- und Veröffentlichungsschwerpunkte: Sozialgeschichte historischer Führungsschichten seit dem 18. Jahrhundert; historische Familienforschung; sozial-, politik- und kulturgeschichtliche Studien zur Urbanisierung und Industrialisierung des Ruhrgebiets.

Räuber, Volk und Obrigkeit

Studien zur Geschichte
der Kriminalität in Deutschland
seit dem 18. Jahrhundert

Herausgegeben von
Heinz Reif

Suhrkamp

CIP-Kurztitelaufnahme der Deutschen Bibliothek

Räuber, Volk und Obrigkeit : Studien zur Geschichte
d. Kriminalität in Deutschland seit d. 18. Jh. /
hrsg. von Heinz Reif. – 1. Aufl. – Frankfurt am
Main : Suhrkamp, 1984.
(Suhrkamp-Taschenbuch Wissenschaft ; 453)
ISBN 3-518-28053-8
NE: Reif, Heinz [Hrsg.]; GT

suhrkamp taschenbuch wissenschaft 453
Erste Auflage 1984
© Suhrkamp Verlag Frankfurt am Main
Suhrkamp Taschenbuch Verlag
Satz: Georg Wagner, Nördlingen
Druck: Nomos Verlagsgesellschaft, Baden-Baden
Printed in Germany
Umschlag nach Entwürfen von
Willy Fleckhaus und Rolf Staudt

1 2 3 4 5 6 – 89 88 87 86 85 84

Inhalt

Heinz Reif
Einleitung

Erst in den letzten Jahren ist die Geschichte der Kriminalität auch in Deutschland zu einem Forschungsfeld geworden, dem – wie schon seit längerem in der angelsächsischen und französischen Geschichtswissenschaft – besondere Aufmerksamkeit geschenkt wird. Zwar läßt sich von der historischen Kriminalitätsforschung noch nicht als einer selbständigen Disziplin der Geschichtswissenschaft sprechen; noch besteht unter den Historikern, die auf diesem Gebiet arbeiten, kein Konsens über den Gegenstandsbereich dieser Forschungsrichtung und die Begriffe, Methoden und Quellen, mit denen Kriminalität angemessen zu erforschen ist. Aber im Trend der letzten Jahre scheint sich der gesellschaftsgeschichtliche Ansatz doch als der erfolgversprechendste Zugang zum Phänomen Kriminalität herauszukristallisieren. Historische Kriminalitätsforschung ist auf dem Weg, ein fester Bestandteil der Gesellschaftsgeschichte zu werden. Die hier zusammengestellten Aufsätze, die alle für diesen Band geschrieben wurden, sind, trotz deutlich unterschiedlicher Akzentsetzungen, alle diesem Ansatz verpflichtet.

Die Gesellschaftsgeschichte versucht, eine Interpretation der allgemeinen Geschichte »von der Gesellschaft«, d. h. »von den sozialökonomisch vermittelten Bedürfnissen, Interessen, Abhängigkeiten, Kooperationen und Konflikten« her zu erarbeiten (Kocka); sie unterscheidet sich damit von älteren Ansätzen der Geschichtswissenschaft, die solche Synthesen eher von »den Ideen und dem Staatlich-Politischen« her entwickelte. Die Suche gesellschaftsgeschichtlich orientierter Historiker nach Wirklichkeitsbereichen, die den Zugang zu gesamtgeschichtlichen Zusammenhängen eröffnen, hat zur Entwicklung einer ganzen Reihe neuer Forschungsgebiete geführt: der Geschichte der Familie, des demographischen Verhaltens, der Bildung, der Medizin und auch der Kriminalität. Neu sind diese Arbeitsbereiche nicht; alle haben ihren – häufig hilfswissenschaftlichen – Ort in der Geschichtswissenschaft. Bestimmte Aspekte der Kriminalität, insbesondere die Entwicklung des Strafrechts, der Strafverfolgung und des Strafens, werden schon seit langem erforscht; in der Regel wurde der Untersuchungsgegenstand Kriminalität dabei jedoch in eng positivistischer Forschungstradition rein rechtlich definiert.

Kriminalität war Verstoß gegen geltendes Recht; die Erfahrungen und Motive der Täter blieben unterbelichtet; wenn überhaupt, dann erschien der kriminell Handelnde als ein vom gesellschaftlichen Grundkonsens abweichendes Individuum, dessen Verhalten am angemessensten mit Hilfe biologischer und psychologischer Erklärungsmuster erschlossen werden konnte. Ihre Historizität verdankte diese rechtsgeschichtliche Forschung – von wenigen Ausnahmen abgesehen – einem Entwicklungsmodell, das ein sukzessives Fortschreiten der staatlichen Rechtsordnung zu größerer Effektivität ohne weiteres mit einem Zuwachs an Humanität gleichsetzte.

Mit diesen älteren Ansätzen hat die neue historische Kriminalitätsforschung nur noch wenig gemein. Die Zielsetzung, die Analyse von Kriminalität zu einer sozialgeschichtlichen Interpretation der Geschichte zu nutzen, die die wichtigsten Wirklichkeitsbereiche – Wirtschaft, Soziales, Staat und Kultur – integriert, hat die Prämissen, Definitionen, Begriffe und Erklärungsmodelle der Phänomens Kriminalität derart verändert, daß es gerechtfertigt erscheint, trotz zahlreicher älterer Forschungen von einem sich neu entwickelnden Arbeitsgebiet des Historikers zu sprechen.

I

Die gesellschaftsgeschichtlich orientierte historische Kriminalitätsforschung, die in Deutschland lange Zeit allein auf den Arbeiten von Dirk Blasius beruhte, hat das Wissen der systematischen und empirischen Sozialwissenschaften zum abweichenden und kriminellen Verhalten rezipiert, ohne sich – im Unterschied etwa zur historischen Familienforschung – zugleich allzu eng an die dort vorherrschenden und konkurrierenden theoretischen Ansätze und Forschungsperspektiven zu binden. Die drei wichtigsten sozialwissenschaftlichen Erklärungsansätze für kriminelles Handeln (Anomie-, Subkultur- und Labeling-Theorie) und die ihnen zugrundeliegenden Einsichten über die gesellschaftlichen Bedingungen von Kriminalität sind vielmehr flexibel in die Fragehorizonte und Forschungskonzepte eingebracht worden, die in der Geschichtswissenschaft genutzt und diskutiert wurden.

Im wesentlichen sind es zwei Grundeinsichten, die es möglich machen, die Geschichte der Kriminalität als Gesellschaftsgeschichte zu erforschen: Die Qualität ›kriminell‹ gewinnt eine Handlung erst durch eine gesetzte, mit dem Anspruch auf Allgemeingültigkeit auftretende Norm. Die Definition und die gesellschaftliche Durchsetzung dieser Norm gelingt in der Regel aber nicht ohne die Einschaltung von Macht- und Herrschaftsinstanzen; denn – und dies ist die zweite Grundeinsicht – innerhalb komplexer Gesellschaften existieren immer zahlreiche Lebenswelten, deren Normen zum Teil erheblich voneinander abweichen, nebeneinander. Diese Normen, in der Regel Ausdruck einer historisch gegründeten und räumlich begrenzten Lebensordnung, formulieren und bewahren Orientierungen, Bindungen und Erwartungen, deren Substrat die Erfahrung zahlreicher gemeinsam bewältigter kritischer Lebenssituationen ist. Sie beruhen auf den Lebensgewohnheiten und Bräuchen eines lokalen oder regionalen Milieus, einer Klasse oder Berufsgruppe usw. Ihre Stabilität und ihre Dauer gewinnen sie nicht über ein staatlich oder obrigkeitlich gesetztes Recht, sondern über eigene Formen der Kontrolle und der Sanktion sowie über alltägliche, zumeist stark ritualisierte Lebensabläufe. Da sie einen umfassenden und komplizierten Handlungszusammenhang begründen, können selbst einzelne dieser Normen nicht leicht geändert werden. Gesellschaftlicher Wandel kann solche Lebenswelten leicht unter Druck setzen und Konflikte, vor allem mit formell wie informell Recht setzenden Instanzen, mit dem Staat oder gesellschaftlichen Machtgruppen, provozieren. Bestimmte Formen von Kriminalität – in geradezu klassischer Weise der von Blasius analysierte Holzdiebstahl im Vormärz – lassen sich als Ausdruck und Folge dieses Konflikts unterschiedlich gegründeter Normsysteme eigenen Rechts interpretieren.

Die Auffassung kriminellen Handelns als Ausdruck eines Normkonflikts eröffnet die Möglichkeit, auf dem Wege einer Analyse des konkreten ökonomischen, sozialen und politischen Umfelds ausgewählter Delikte nicht nur die sozialen Bedingungen kriminellen Handelns, sondern zugleich auch das innere Gefüge einer Gesellschaft zu erhellen. Sie stellt Kriminalität in den »Schnittpunkt von Strafrechtsnormen, den Instanzen sozialer Kontrolle und sozial-ökonomischen Lagen« (Blasius) bzw. Lebenswelten, so daß sich über deren Analyse die für eine Gesellschaftsgeschichte entscheidenden Wirklichkeitsbereiche »von der Gesellschaft her« erschließen und verknüpfen lassen.

II

Dieses dreipolige Untersuchungsmodell, mit dessen Hilfe Kriminalität als Normkonflikt bestimmt und erforscht werden kann, ist allerdings noch sehr weit gespannt und verlangt nach Schwerpunktsetzungen, die den hier skizzierten Zusammenhang freilich nicht aus den Augen verlieren dürfen. Je nach dem gewählten Schwerpunkt ergeben sich dabei spezifische Chancen, in den inneren Zustand und Bau einer Gesellschaft einzudringen.

Die Analyse von Prozessen der Setzung, Durchsetzung und Kontrolle strafrechtlicher Normen eröffnet – wie Dirk Blasius in seiner Studie *Bürgerliche Gesellschaft und Kriminalität* (1976) für Preußen im Vormärz gezeigt hat – umfassende Einsichten in Herrschaftsinteresse, Machtsituation und Bewußtseinsstand gesellschaftlicher Führungsschichten. Im vorliegenden Band sind die Beiträge von Evans und Küther diesem Schwerpunkt zuzuordnen. Evans verfolgt den Bedeutungs- und Formenwandel der Todesstrafe in Preußen vom 18. bis zum 20. Jahrhundert und bestimmt anhand unterschiedlicher Sinngebungen der Todesstrafe die Distanz und die sich wandelnden Machtverhältnisse zwischen staatlichem Ordnungssystem und ›Volk‹, aber auch wichtige psychische Bedürfnispositionen der höheren Beamtenschaft Preußens. Küther kontrastiert den umfassenden Anspruch des spätabsolutistischen Staates mit der recht geringen Effizienz seines Strafverfolgungsapparates und zeigt, wie sich dieser Widerspruch in kriminalisierende staatliche Aktivitäten gegenüber der zahlenmäßig bedeutendsten Randgruppe des *ancien régime*, den Vagierenden, umsetzte. Zugleich deuten sich – etwa in der geringen Teilnahme der seßhaften ländlichen Bevölkerung an der Verfolgung von Vagierenden oder in gewissen Formen der Kooperation zwischen seßhaften und vagierenden Unterschichten – latente Spannungszonen zwischen absolutistischem Staat und ländlicher Gesellschaft an. Auf diese Weise wird die geringe Akzeptanz der staatlichen Rechtsnormen auf dem Lande erkennbar.

Gleichsam am anderen Ende des Untersuchungsspektrums, nämlich bei der sozio-ökonomischen Lage und den Lebenswelten, setzen die Arbeiten von Schulte, Mooser und Grüttner ein. Für sie ist die aus einem Normkonflikt entstehende Kriminalität eine »Sonde zur Erschließung von Lebenswelten« (Blasius).

Das kriminelle Verhalten von ländlichen Unterschichten, Bauern, Hafenarbeitern etc. erscheint in diesen Studien nicht allein – wie in der älteren Kriminalitätsforschung – als Konsequenz ökonomischer oder psychischer Notlagen. Diese werden natürlich nicht unterschlagen und ebenfalls zur Erklärung herangezogen. Zugleich aber und zum Teil mit ungewöhnlicher Sensibilität richtet sich die Aufmerksamkeit der Autoren auf diejenigen, gleichsam ›überschüssigen‹ Handlungspotentiale und Energien, die über die Notlage hinaus auf konkrete Lebenswelten und deren Abhängigkeit vom sozialen Wandel verweisen. Neben die Perspektive des Leidens tritt die des Handelns; eine Perspektive, die gerade im Bereich der Unterschichten in den letzten Jahren – denkt man z. B. an die Forschungen E. P. Thompsons und G. Rudés – zu grundlegend neuen Einsichten geführt hat. Der Alltag und die Leistungsfähigkeit, nicht nur die Leidensfähigkeit, lebensweltlich oder in festen sozialen Lagen gegründeter Personen und Gruppen, ihre normativ fixierten Regeln, Orientierungen, Bedürfnisse und Erwartungen werden in dem Maße sichtbar, in dem kollektive Lebensweisen und Lebensordnungen dazu übergehen, sich gegen Instanzen und Gruppen zu verteidigen, die mit Hilfe überlegener Macht- und Herrschaftsmittel durch Verletzung alter oder Setzen neuer Normen gewohnte Lebensformen gefährden, verändern oder gar zerstören.

Eine gravierende Störung der dörflichen Ordnung, die Brandstiftung, wird für Regina Schulte zum Ausgangspunkt einer differenzierten Analyse der ländlichen Lebenswelt im 19. Jahrhundert in Bayern. Diese erweist sich als ein vorindustriell geprägtes System der Lebenssicherung und Verteilung begrenzter Lebenschancen, das sich, hierarchische und genossenschaftliche Elemente miteinander verknüpfend, um knappe Güter – Boden, Arbeit, Familie und Dorfverband – herum organisiert. Die Störung der Ordnung erlaubt es, ihr normales Funktionieren zu rekonstruieren. Erkennbar werden die Regeln, Kontrollen und Sanktionen, die verbindlichen Sinn- und Bedeutungshorizonte, kurz: die eigene, einer weiteren Umwelt kaum zugängliche Logik des dörflichen Lebens. Herausgearbeitet werden aber auch die typischen Spannungs- und Konfliktlinien in der Dorfgesellschaft; in den Motiven, Ängsten und Urteilen ihrer Mitglieder zeigen sich ebenso wie in den Versuchen des Täters, verletzte Gerechtigkeit wiederherzustellen, die erheblichen Belastungen und Kosten dieser Lebensordnung für den einzelnen schon in normalen Zeiten. Die Wandlungsprozesse, die eine solche Welt mit der Zeit durchgreifend verändert haben, bleiben aus Schultes Studie weitgehend ausgeblendet. Doch es wird sehr deutlich, wie schwer es war, diese Veränderungen mit einer solchen dörflichen Lebensordnung zu vermitteln, wie verletzbar das Dorf als ganzes war, welche kumulativen Negativwirkungen sich aus unvermittelten, normsetzenden Eingriffen des Staates in diese Lebenswelt ergeben konnten; man erkennt aber auch, welche umfassenden Widerstandspotentiale gegen Wandel hier angelegt waren. Bei der Vielzahl horizontaler wie vertikaler interner Spannungslinien hing es stark von der Richtung und der Intensität des einsetzenden Wandels ab, an welchen Konfliktfronten sich dieses Widerstandspotential kristallisierte und Kriminalität begründete: an der Dorfgrenze gegenüber der Außenwelt, an Familien oder Generationen, an Klassenlinien innerhalb des Dorfes etc.

Moosers Untersuchung über den Holzdiebstahl im östlichen Westfalen während des Vormärz identifiziert anhand dieses Delikts zahlreiche Spannungs- und Konfliktlinien in zwei unterschiedlichen ländlichen Gesellschaften und sucht im Rekurs auf grundlegende Prozesse ökonomischen, sozialen und politischen Wandels die Qualität und Intensität dieser Kriminalität genauer zu bestimmen. Dabei nimmt er die in Forschungen zum Sozialen Protest entwickelten Fragen auf, wo die vorindustriellen Wurzeln der Militanz und Gewaltbereitschaft der industriekapitalistischen Arbeiterschaft liegen und über welche Stufen und Wandlungen sich dieses vorindustrielle Erbe ins 19. Jahrhundert fortgesetzt hat. Der Versuch, den – kurzfristig wie langfristig wirksamen – politischen Gehalt kriminellen Handelns angemessen zu bestimmen, verlangt aber ein Reservoir von differenzierenden Begriffen und Modellen, das gegenwärtig noch nicht in hinreichendem Maße bereitsteht. Fortschritte sind hier eher von einer Analyse der *petit délinquence* der vielen zu erwarten als von einer Beschäftigung mit den außergewöhnlichen Fällen extremer Kriminalität. Aber auch auf dem Gebiet der ›kleinen Kriminalität‹ kommt es primär darauf an, Vielfalt zu reduzieren. Moosers differenzierte Kontextanalyse zeigt, daß das Delikt Holzdiebstahl sich relativ gleichzeitig aus sehr unterschiedlichen Motivstrukturen und Konfliktlagen entwickelt hat und dementsprechend auch die hier identifizierbare kriminelle Energie, was ihren Gehalt an Klassenerfahrung und ihre Zukunftsträchtigkeit betrifft, qualitativ sehr verschieden war.

Die gewöhnliche, egoistische Kleinkriminalität (Diebstahl und Gewalt) hatte im Alltag der vorindustriellen Unterschichten, in ihren Subsistenzsicherungs-, Überlebens- und Selbstbehauptungsstrategien, aber auch in ihren Ordnungsvorstellungen einen festen Platz. Doch selbst wenn sich diese kriminellen Techniken gewohnheitsrechtlich verfestigten und zu quasi-legalen Elementen am Rande einer Lebenswelt wurden, verblieben die hier sich ansammelnden Handlungs- und Widerstandspotentiale im Horizont der feudalen Agrargesellschaft und stellten die gegebenen Macht- und Herrschaftsverhältnisse nicht in Frage.

Im Gegensatz zur gewöhnlichen Kriminalität der kleinen Leute basiert die ›soziale Kriminalität‹ umfassend auf den Normen und Motiven ihres sozialen Umfeldes. Idealtypisch gesehen entsteht sie dort, wo eine Lebenswelt mit ihren eigenen, erfahrungsgegründeten Ordnungsleistungen und Sinnhorizonten auf tendenziell universale Ansprüche eines rationalen Systems (z. B. des Markts oder des modernen Staates) trifft, mit denen sie sich nicht vermitteln kann, ohne ihre eigene Leistungsfähigkeit, ihr eigenes Funktionieren zu gefährden. Werden diese Ansprüche offensiv vertreten und dringen sie – gestützt auf Macht- und Herrschaftsmittel, z. B. auf die Setzung und Durchsetzung neuen, positiven Rechts – in die lebensweltliche Ordnung ein, dann setzt diese sich, in die Defensive geraten, gegen die drohende Störung und Zerstörung ihrer Leistungsfähigkeit und die Kriminalisierung ihres bisher legalen Verhaltens zur Wehr; sie verteidigt ihre gewohnten alltäglichen Handlungsweisen, ihr Recht und ihre Werte. Die Erscheinungsformen und die Intensität dieser – kollektive Betroffenheit und Widerstand gegen nicht akzeptierbare Verhaltenszumutungen artikulierenden – Kriminalität, die vom heroischen »Sozialbanditen« (Hobsbawm) bis zur massenhaft betriebenen kleinen Kriminalität reicht, hängen dabei von einer Vielzahl von Faktoren, insbesondere von der kulturellen Distanz zwischen beiden Handlungsebenen, den Machtverhältnissen, den eingesetzten

Macht- und Herrschaftsmitteln sowie den Alternativen zum kriminalisierten Verhalten ab.

Welchen Umfang die soziale Kriminalität im vorindustriellen Deutschland besaß, in welchen Delikten sich die damit verbundene Konflikt- und Protesterfahrung im wesentlichen artikulierte und wie sich diese vorindustriellen Kampferfahrungen mit denen der fabrikproletarischen Lebenslage und Erfahrung vermittelten, welche Widerstands- und Konflikttraditionen also in die moderne Fabrikarbeiterschaft einflossen und inwieweit diese von der Arbeiterbewegung aufgenommen oder verdrängt wurden, sind derzeit noch weitgehend offene Fragen. Doch gibt es durchaus Hinweise auf Kontinuitäten, so z. B. bei den Hamburger Hafenarbeitern am Ende des 19. Jahrhunderts. Grüttners Analyse des Hafendiebstahls zeigt die bleibend hohe Bedeutung des kleinen Diebstahls für diese Arbeiter als Mittel der alltäglichen Subsistenzsicherung; und das Bewußtsein einer betonten Differenz zur bürgerlich-rechtsstaatlichen Ehrbarkeit, das in dieser Arbeiterschaft lebendig war, wird als Teil ihrer lokal gegründeten Arbeiterkultur ausgewiesen. Indem Grüttner dieses Moment proletarischen Verhaltens und Bewußtseins über mehrere Jahrzehnte verfolgt, gelingen ihm beeindruckende Einsichten in den Stand sozialer und kultureller Klassenbildung dieser Arbeiter, vor allem aber in die wachsende Distanz zwischen der ehrbar werdenden politischen Arbeiterbewegung und großen Teilen der Arbeiterschaft, die ihrer älteren Kultur verbunden blieben.

III

Fortwirken und Erbe solcher aus der Kriminalität erschließbaren Konflikt- und Protesterfahrungen lassen sich nicht ohne Einordnung der Befunde in umfassende Modelle und Vorstellungen gesellschaftlichen Wandels untersuchen. Die gesellschaftsgeschichtlich orientierte historische Kriminalitätsforschung weist hier wegen der starken Impulse, die sie aus der Erforschung des Unterschichtenprotests erhielt, gegenwärtig noch Einseitigkeiten und Defizite auf, die sich freilich ausräumen lassen, ohne das bisherige Gesicht dieses Forschungsgebiets entscheidend zu verändern: die enge Bindung an die Lebenswelten der Unterschicht, die Konzentration auf Phasen des Umbruchs und des beschleunigten gesellschaftlichen Wandels, insbesondere aber die Überbetonung der Zerstörung, der Kosten und des Leidens durch gesellschaftliche Modernisierung, die aus der entschiedenen Kritik einer Gleichsetzung von Modernisierung und Fortschritt herrührt. An der Entstehung und Ausdifferenzierung des modernen Staates, der Monopolisierung, Zentralisierung und Verrechtlichung innerstaatlicher Gewaltanwendung, an der Durchsetzung einer auf individuellem Eigentum beruhenden Marktgesellschaft, an der fortschreitenden Verrechtlichung und Verregelung bisher lebensweltlich gegründeter und geordneter Lebensbereiche, kurz: an der Durchsetzung rationaler Ordnungssysteme in den Bereichen von Wirtschaft und Herrschaft im Verlauf der Konstituierung und Ausdifferenzierung der bürgerlichen Gesellschaft hat die als Gesellschaftsgeschichte betriebene historische Kriminalitätsforschung bisher vor allem das Gewaltmoment, das Pathologische herausgearbeitet. Zusammen mit den Forschungen zum sozialen Protest kommt ihr das große Verdienst zu, diese lange Zeit unterbelichtete Seite des Modernisierungsprozesses, die energischen Abwehrkämpfe zahlloser Lebenswelten gegen eine zerstörende Modernisierung, erhellt zu haben. Doch ist es dabei nicht immer gelungen, die Sackgasse steriler Polarisierungen zu meiden. Rationale Handlungssysteme der Moderne und historisch gegründete Lebenswelten waren nicht *per se* unvermittelbar. Eine historische Lebenswelt nach den Quellen zu rekonstruieren und die Genese eines kriminellen Delikts aus ihr heraus darzustellen ist keine leichte Aufgabe; und die vorschnelle Behauptung einer leistungsfähigen, autarken, eigenwilligen, homogenen Lebenswelt als Motivationsbasis bestimmter krimineller Delikte ist sicherlich die unbefriedigendste aller Möglichkeiten, mit diesen Schwierigkeiten fertig zu werden. Es kommt vielmehr darauf an, diejenigen lebensweltlich gegründeten Handlungsbereiche zu identifizieren und genau zu analysieren, in denen sich eine rechtliche und institutionelle Durchsetzung rationaler, universaler Handlungsmuster desorientierend und zerstörend auswirken mußte. Vieles spricht dafür, daß diese den Bereichen der Sozialintegration und der Sozialisation zuzuordnen sind (Peukert). Es gibt zudem keinen Grund, solche Spannungen und Konflikte zwischen rationalen Systemen und erfahrungsgegründeten Lebenswelten nur in Phasen schnellen Wandels und nur bei den Unterschichten vorauszusetzen.

Auch die vorindustriellen Lebenswelten hatten ihre Spannungen, ihre Leiden, ihre Kosten, und auch in ihnen sind nicht selten konkurrierende Handlungskonzepte nachweisbar. Deshalb muß die historische Kriminalitätsforschung stärker als bisher auch die Öffnung solcher Lebenswelten, ihre Vermittlung mit übergreifenden Modernisierungsprozessen berücksichtigen. Das vom modernen Staat gesetzte Recht hatte für diese Lebensordnungen auch noch andere als zerstörende Qualitäten: es schuf Sicherheit, ermöglichte Emanzipation, leistete soziale Integration, verordnete Toleranz etc. ›Verregelung‹ einer Alltagswelt und Verbote lebensweltlich gegründeter Verhaltensmuster verbanden sich nicht selten mit wirksamen Hilfen oder dem Angebot von Alternativen. Das heißt: die im Prozeß gesellschaftlicher Modernisierung enthaltenen Anpassungsmöglichkeiten und Vermittlungsleistungen, die Zufriedenheitspotentiale, die ein lebensweltlich gegründeter Alltag auch in seiner Defensive hatte, die Legitimität, die ein Staat trotz seiner belastenden Eingriffe in alltägliche Lebensbereiche besaß, dürfen aus einer Analyse von Kriminalität nicht ausgeblendet werden, sondern sind mit eigenen Begriffen und Modellen in diese zu integrieren. Erst dann erscheinen die gesellschaftlichen Bedingungen kriminellen Handelns hinreichend bestimmt; erst dann gewinnt die Aussage ihre Richtigkeit, daß sich die gesellschaftliche Situation einer Zeit in ihrer Kriminalität abbildet; und erst damit etabliert sich historische Kriminalitätsforschung als leistungsfähige Disziplin der Gesellschaftsgeschichte.

Carsten Küther
Räuber, Volk und Obrigkeit

Zur Wirkungsweise und Funktion staatlicher Strafverfolgung im 18. Jahrhundert

Im Oktober des Jahres 1786 wurden in Oberbayern, in der Gegend zwischen Aichach und Dachau, kurz hintereinander zwei Raubüberfälle auf Pfarrhöfe verübt. Man hatte zwar einen Verdacht, wer die Täter waren, doch wurden sie nicht gefangen und verurteilt – jedenfalls nicht im Zuge der unmittelbar einsetzenden Fahndung.

Das ist an sich noch nichts Außergewöhnliches. Es war sogar eher die Regel, daß Banditen sich nach vollbrachter Tat längst in Sicherheit gebracht hatten, bevor sich der schwerfällige Verfolgungsapparat in Bewegung setzen konnte. Ungewöhnlich an diesem Fall ist jedoch, daß die ihn betreffenden Akten, Berichte und Protokolle relativ vollständig und zugänglich vorliegen.[1] Die Auswertung des Materials ermöglicht nicht nur eine plastische Darstellung und Rekonstruktion der Überfälle, sondern auch eines Bildes der verschiedenen Stufen der Verbrechensbekämpfung und ihrer Wirksamkeit, sowohl was die Prophylaxe als auch was die Verfolgung nach der Tat angeht. Zugleich werden weitergehende, auf die gesamte Bevölkerung gerichtete Intentionen der Polizeimaßnahmen zumindest im Ansatz deutlich.

Anhand dieses konkreten, für Zeitgenossen übrigens nicht eben außergewöhnlichen Beispiels sollen im folgenden kriminelle Aktion und obrigkeitliche Reaktion exemplarisch dargestellt und damit auch zugleich ein Teilaspekt des Alltagslebens im *ancien régime* umrissen werden.

Die Überfälle

In einer schriftlichen Anzeige[2] an seine vorgesetzte Dienststelle, das Landgericht Aichach, meldete der Eisengerichtsdiener Franz Xaver Kapfhammer am 21. Oktober 1786, daß zwei Tage zuvor auf den Hof des Pfarrers von Langenpettenbach ein »gewaltsamer Einbruch beschehen seye«. Dieser Umstand allein mußte ihn noch nicht sonderlich beunruhigen, lag der Ort des Geschehens

doch im benachbarten Gericht Kranzberg[3], also außerhalb seiner
Zuständigkeit. Die etwa vierzehnköpfige Bande war überdies vor
Abschluß ihres Unternehmens gestört worden, und der Schaden
schien sich entsprechend in Grenzen zu halten. Der alarmierte
Mesner hatte sich nämlich in die Kirche flüchten können, die Tür
von innen versperrt und begonnen, Sturm zu läuten. Hier war
eine sonst übliche Vorsichtsmaßregel von den Banditen nicht be-
achtet worden: Verstopfen der Schlüssellöcher der Kirchentür
oder auch das Abschneiden des Glockenseils hätten den Alarm
verhindern können.[4] Die Banditen versuchten zunächst, ihren
Fehler wiedergutzumachen, und schossen durch die Fenster in die
Kirche hinein, trafen den Mesner jedoch nicht. Daraufhin brachen
sie die Plünderung ab.

Offenbar verloren sie durch das Mißgeschick nicht allzuviel von
ihrem Selbstbewußtsein, denn einige von ihnen wurden in der
folgenden Nacht auch in Kapfhammers eigenem Dienstbezirk aktiv. Etwa sieben Banditen suchten den Pfarrhof von Tödtenried
heim. Die Bewohner wurden gebunden, mißhandelt und ausge-
raubt. Selbst vor den eher bescheidenen Reichtümern der Pfarrköchin machten sie nicht halt. Sie verlangten auch ihre silberne
Halskette, von der sie bemerkenswerterweise wußten, daß sie sie
am Tage zuvor getragen hatte, gaben sie allerdings auf heftiges
Klagen der Frau wieder zurück, »weil sie ein armer Ehehalt
ist«.

Kennern der Vorgehensweise der Banditen – zu denen man den
Gerichtsdiener Kapfhammer zählen darf – mußte unzweifelhaft
sein, daß ein und dieselbe Bande für beide Überfälle verantwort-
lich war, zumal Langenpettenbach und Tödtenried nur etwa
zwölf Kilometer Luftlinie entfernt voneinander liegen. Der Ablauf der Ereignisse läßt sich wie folgt rekonstruieren:

Eine Bande aus dem Schwäbischen, vermutlich unter Führung
eines gewissen Laininger Seppl[5], war unbemerkt in kleinen Gruppen über die Lechgrenze nach Bayern gekommen und hatte sich
in der Nähe von Langenpettenbach noch durch einheimische
Gauner verstärkt. Natürlich war das Unternehmen schon seit ge-
raumer Zeit vorbereitet, auf jeden Fall das Objekt in Langenpettenbach näher ausgekundschaftet worden. Ein Zimmermann, der
zeitweilig im Pfarrhof wohnte und arbeitete, erkannte in der
Nacht des Überfalls denn auch zwei der Täter wieder, »welche
verwichnen Montag [also am 16. 10.] im Pfarrhof gebettlt und

sich für frei Leuthe bey Mosburg ausgegeben« hätten.[6] Diese beiden waren also als Späher oder ›Baldover‹ gekommen, und sie hatten gute Arbeit geleistet.

Die Bande wußte genau, auf welchem Weg und welche Weise sie in den an sich »sehr gut verwarthen Pfarrhof« gelangen konnte. Das wird vor allem aus dem Bericht des Kaplans der Pfarrei deutlich. Er beschreibt detailliert, wie die Räuber sich ihren Weg durch die Küche und den Garten bis auf die Treppe, die zu den eigentlichen Wohn- und Schlafräumen führte, gebahnt hatten, und zwar »ohne daß jemand bis daher nur das Mündeste im Hauß gehöret«.[7] Damit war man allerdings in dem Teil des Hauses angelangt, den ein ›Baldover‹ in der Maske eines Bettlers nicht so ohne weiteres auskundschaften konnte. Jetzt mußte mit unbekannten Problemen und Hindernissen, mit Lärm und evtl. gar mit Widerstand gerechnet werden. Oberstes Gebot war von nun an also nicht mehr die Heimlichkeit, sondern schnelles, zielgerichtetes, auch gewaltsames Handeln, um die Bewohner zu überraschen, zu verwirren und einzuschüchtern.

Türen und Gitter, die die Zugänge zu den Räumen versperrten, wurden mit einem schweren Holzscheit – es handelte sich wohl eher um einen Balken – in archaisch anmutender Rennbaum-Manier eingestoßen.[8] Der Kaplan konstatiert, daß die Bande »in Zeit von 10 Minuten 5 Thüren mit Gewalt geöfnet« und dabei auch die Beute zusammengerafft hatte. Das läßt durchaus auf ihre Professionalität schließen. Schrecken und Verwirrung, die sich unter den vom Getöse aufgewachten Bewohnern des Hauses ausbreiteten, färbten allerdings auch auf mehrere Banditen ab. Sie verloren im weiteren Verlauf die Übersicht, was seinen Grund auch darin haben mochte, daß sie über zu wenige Lampen und Kerzen verfügten und ihr Geschäft deswegen im Dunkeln verrichten mußten.

Zunächst wurde der Kaplan, also der Zeuge selbst, in seinem Schlafraum überwältigt und gebunden – allerdings so nachlässig, daß er sich wenig später befreien konnte. Darauf wurden im nächsten Raum der Bediente und der erwähnte Zimmermann gepackt, dann suchte man nach dem Pfarrer selbst. Der war inzwischen natürlich aufgewacht, hatte sich im Zimmer des Kaplans zu verbergen gesucht, geriet dort aber sogleich in eine Rauferei mit dem als Aufpasser zurückgebliebenen Banditen. Als kurz darauf Alarm geschlagen wurde, ließen beide voneinander ab und waren offenbar froh, »das einer von den andern gekommen«. Die Banditen suchten das Weite. Der Kaplan allerdings war der Meinung, in seinem Zimmer wäre noch einer von ihnen zurückgeblieben, und richtete ein Terzerol gegen den Pfarrer; es versagte zum Glück.

Es ist müßig, darüber zu spekulieren, wie hoch die Beute hätte sein können, wenn die Bande nicht vorzeitig gestört worden wäre. Der Kaplan bezifferte den Verlust insgesamt auf beachtliche 300 Gulden. Diese Angabe wie auch seine Aussage insgesamt lassen den Schluß zu, daß die Plünderung ohnehin schon fast abgeschlossen war, als der Alarm zum Rückzug zwang.

Einige der Banditen hielten die Beute offenbar noch nicht für hinreichend, andere dagegen, vor allem die kurz zuvor angeworbenen ›Hilfskräfte‹, dürften von dem beinahe mißglückten ersten Versuch die Nase voll gehabt und mit ihrem Anteil das Weite gesucht haben. Darauf lassen jedenfalls die differierenden Angaben über die Zahl der Täter bei beiden Überfällen schließen. In Langenpettenbach waren acht Mann im Haus, einige weitere standen außerhalb auf Wache, so daß eine Hochrechnung auf vierzehn realistisch erscheint. In Tödtenried rechnete Kapfhammer dagegen mit sieben Tätern, unter denen man den aus dem Schwäbischen stammenden Kern der Bande vermuten darf.

Inwieweit das Pfarrhaus von Tödtenried als zweites oder als Ersatzobjekt im voraus ausgewählt war, kann nicht mit letzter Sicherheit geklärt werden. Es spricht aber doch einiges für die Annahme einer zumindest groben Vorbereitung. Zunächst fällt auf, daß der verbliebene Rest der Bande nach dem Rückzug vom ersten Überfall geschlossen beieinander blieb, im Gegensatz zu der üblichen Praxis, sich aus Sicherheitsgründen nach einem Unternehmen sofort in Kleingruppen aufzuteilen.[9] Man schien also noch etwas im Schilde zu führen. Außerdem liegt Tödtenried, wie ein Blick auf die Karte zeigt, ziemlich genau auf dem direkten, kürzesten Weg zur schwäbischen Grenze. Ein Coup im Vorübergehen während eines geordneten Rückzuges konnte also durchaus Teil eines umfassenden Planes sein.

In jedem Fall verlangte aber auch dieser zweite Überfall ein gewisses Maß an Aufklärung vor Ort. Hierzu bezog die Bande für die Dauer des 20. Oktober einen Stützpunkt im Wald in der Hofmark Weikertshofen. Möglicherweise hatte sie sich hier auch schon vor dem ersten Überfall gesammelt. Die Obrigkeit erfuhr davon allerdings erst Wochen später, als während einer Treibjagd im Weikertshofener Holz das längst verlassene Lager entdeckt wurde. Man fand dort unter anderem einen zerbrochenen und seiner Beschläge beraubten Prälatenstab aus der Langenpettenbacher Beute.[10]

Der Ort dieses Zwischenlagers war mit Bedacht gewählt, wie ein weiterer Blick auf die Karte bestätigt.[11] Zunächst einmal hatte die Bande damit das Gericht Kranzberg verlassen, von wo aus eine erste, unmittelbare Verfolgung hätte erwartet werden können. Außerdem lag die Hofmark Weikertshofen genau im Schnittpunkt verschiedener Zuständigkeiten: im Osten und Südosten grenzte sie an das Landgericht Dachau, dem sie auch zugeordnet war, im Norden an das Landgericht Aichach und im Südwesten ans Landgericht Friedberg wie auch an die winzige aichachische Enklave Gagers. Im Notfall brauchte die Bande also nur wenige hundert Meter in irgendeine Richtung zurückzulegen, um in einem anderen Gerichtsbezirk in relativer Sicherheit zu sein. Streifunternehmungen in diesem Gebiet konnten nur Erfolg haben, wenn sie zwischen allen drei betroffenen Landgerichten abgestimmt und gemeinsam, gleichzeitig durchgeführt wurden. Solche Absprachen waren nicht selten, brauchten aber auf jeden Fall mehr Zeit als die ›Detailaufklärung‹ der Banditen für den vermutlich schon grob vorbereiteten zweiten Überfall.[12]

Es ist unzweifelhaft, daß von dem Weikertshofener Stützpunkt aus wieder Kundschafter ausgesandt wurden, um die Verhältnisse in Tödtenried genauer zu überprüfen. Man erinnere sich, daß die Täter informiert waren, daß die Pfarrköchin tagsüber ihre silberne Halskette getragen hatte. Der Überfall verlief denn auch insgesamt ohne Probleme, andernfalls hätte Kapfhammer darüber zu berichten gewußt. Auch das läßt darauf schließen, daß hier der schwäbische Kern der Bande unter sich war. Der Gesamtbetrag der Beute dieses zweiten Coups wird in Geldeswert in den Quellen zwar nicht angegeben, doch läßt die detaillierte Liste der gestohlenen Gegenstände darauf schließen, daß er etwa gleich hoch war wie der von Langenpettenbach. Die Bande war diesmal allerdings kleiner, es brauchte nicht mit so vielen Komplizen geteilt zu werden, und es dürfte wohl allgemeine Zufriedenheit geherrscht haben – unter den Banditen!

Nach dem Überfall verließ die Bande Tödtenried, natürlich weiter in Richtung auf die Lechgrenze bei Augsburg. Um ein Uhr in derselben Nacht begegnete der Tödtenrieder Viertelgütler Franz

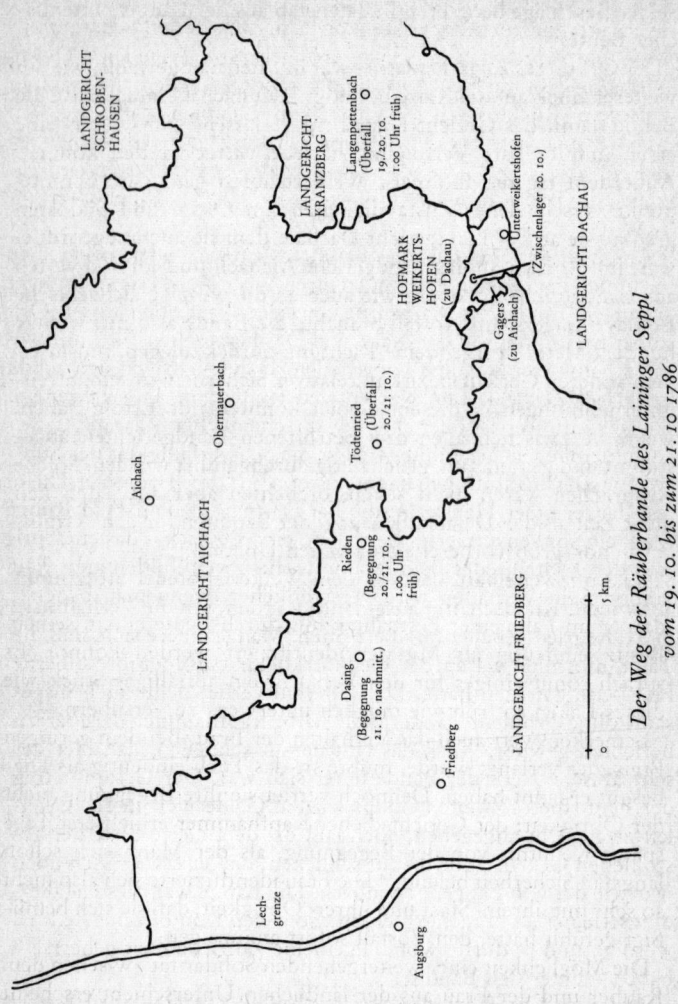

LANDGERICHT SCHROBEN-HAUSEN

LANDGERICHT KRANZBERG

Langenpettenbach ○ (Überfall 19./20. 10. 1.00 Uhr früh)

Unterweikertshofen (Zwischenlager 20. 10.)

HOFMARK WEIKERTS-HOFEN (zu Dachau)

Gagers (zu Aichach)

LANDGERICHT DACHAU

Obermauerbach ○

Tödtenried ○ (Überfall 20./21. 10.)

Aichach ○

LANDGERICHT AICHACH

Rieden ○ (Begegnung 20./21. 10. 1.00 Uhr früh)

Dasing ○ (Begegnung 21. 10. nachmitt.)

LANDGERICHT FRIEDBERG

Friedberg ○

5 km

○

Der Weg der Räuberbande des Laininger Seppl vom 19. 10. bis zum 21. 10 1786

Lech-grenze

Augsburg ○

Asam, der mit einem Fuder Holz auf dem Weg nach Augsburg war, einer Gruppe von sechs Männern in einem Gehölz in der Nähe von Rieden. Als der ahnungslose Asam die Leute mit seiner Spanfackel anleuchten wollte, zogen sie sich in den Schatten zurück und verbaten sich jegliche unangebrachte Neugier.[13] Dieses Verhalten läßt mit Sicherheit auf die Bande schließen, die sich nun auf dem Rückmarsch befand. Wahrscheinlich hatte sie den Marsch hier unterbrochen – natürlich kurz nach Überschreiten der aichachischen Gerichtsbezirksgrenze –, um zu rasten und zugleich die Beute zu teilen. Das war jedenfalls das übliche Verfahren.

Anschließend setzten die Banditen einzeln oder in kleinen Gruppen in gewissen Abständen ihren Weg fort, da sie so weniger auffielen. Ein letztes Mal wurde einer der Täter noch am 21. Oktober nachmittags in der Nähe von Dasing gesehen, also nur wenige Kilometer westlich von Rieden. Damit hatte er sich schon sehr viel Zeit gelassen, was entweder auf seine Unerfahrenheit zurückzuführen ist oder aber – wahrscheinlicher – darauf, daß er sich ziemlich sicher fühlte, weil er die Schwerfälligkeit der Strafverfolgungsinstitutionen kannte. Schon fast unverfroren erscheint es, daß er einer Häuslerin, die bei Dasing auf dem Feld Rüben zog, ein spitzenverziertes Bettlaken, ein »Leylach«, das eindeutig aus der Tödtenrieder Beute stammte, für zwei Gulden zum Kauf anbot. Sein Verhalten wird verständlicher, wenn man bedenkt, daß er im Falle einer Festnahme nur durch Beuteteile in seinem Besitz eindeutig als Mittäter identifiziert werden konnte. Es sprach somit einiges für den Versuch, ein auffälliges Stück wie dieses Laken so früh wie möglich unterwegs zu versilbern.

Bemerkenswert auch das Verhalten der Frau. Bei dem geringen Preis, der verlangt wurde, mußte sie das Tuch eindeutig als Diebesgut erkannt haben. Dennoch verriet sie ihre Begegnung nicht der Obrigkeit; der Gerichtsdiener Kapfhammer erhielt erst Tage später Kenntnis von der Begegnung, als der Mann sich schon längst in Sicherheit befand.[14] Die Frau identifizierte sich also nicht so sehr mit ›ihrem‹ Staat und ›ihrer‹ Obrigkeit, daß sie sich bemüßigt gefühlt hätte, den Vorfall sofort anzuzeigen.

Die Möglichkeit einer weitergehenden Solidarität zwischen dem Räuber und der Frau aus der ländlichen Unterschicht erscheint zwar nicht abwegig[15], soll hier aber nicht zu sehr in den Mittelpunkt gestellt werden. In den Kaufverhandlungen zeigte sich die

Häuslerin jedenfalls spröde. Sie bot nur 40 Kreuzer, also ein Drittel des verlangten Preises und nur einen Bruchteil des tatsächlichen Wertes. Das war offensichtlich zu wenig. Der Verdächtige zog sich in den Wald zurück. So prekär schätzte er seine Lage denn doch nicht ein, daß er ein derartiges Verlustgeschäft hätte auf sich nehmen müssen.

Insgesamt kann jedoch festgestellt werden, daß die beiden Begegnungen, die die Räuber nach ihrem letzten Überfall mit Leuten aus dem Volk hatten – mit Franz Asam und der Häuslerin nämlich – eher nüchtern, geschäftsmäßig verliefen und jedenfalls keine tiefe und grundsätzliche Abneigung erkennen ließen. Dabei kann nicht ausgeschlossen werden, daß die Räuber auf ihrem Weg auch noch anderen Leuten einschlägig aufgefallen waren, wovon die Obrigkeit niemals etwas erfuhr.

Auch der letzte der Banditen wird wenig später die Grenze nach Schwaben erreicht und überschritten haben. Dort konnten er und seine Freunde in Ruhe abwarten, daß sich das Räderwerk der bayerischen Justiz langsam und gemächlich in Bewegung setzte.

Die Verfolgung der Täter

Aus dem Ablauf der Ereignisse läßt sich ersehen, daß den Banditen bei der Planung und der Durchführung ihres Raubzuges einige Fehler unterlaufen waren. Sie hatten einmal beim ersten Überfall das Sturmläuten nicht verhindert, was an sich leicht hätte bewerkstelligt werden können. Außerdem war ihnen der Schlafraum des Pfarrers nicht bekannt; man hatte nicht genügend Kerzen oder Lampen mitgebracht; und auch der endgültige Rückzug verlief eher schleppend. Ende des Jahrhunderts gab es vor allem im Rheingebiet Banden, die keine derartigen Unterlassungssünden begingen.

Allerdings sollte man hier keine allzu strengen Maßstäbe anlegen, zumal auch die Banditen um den Laininger Seppl – trotz der kleinen Pannen – bemerkenswert kaltblütig und letztlich auch erfolgreich agierten und reagierten. Insgesamt bekommt der Beobachter den Eindruck einer nüchtern-professionell abgewickelten Aktion, bei der die Räuber ihre eigenen Möglichkeiten genau auf die Stärken und Schwächen der Gegenseite abgestimmt hatten – und sich dabei sogar noch Nachlässigkeiten hatten erlauben können.

Es stellt sich nun die Frage, wie es mit der entsprechenden Abstimmung auf der Gegenseite, bei den bayerischen Justizbehörden, aussah. Im folgenden wird der Versuch unternommen, die verschiedenen Ebenen sicherheitspolizeilicher Maßnahmen und Institutionen zu umreißen. Dies geschieht grundsätzlich im inhaltlichen bzw. zeitlichen Zusammenhang mit den beiden beschriebenen Überfällen, um ihre Wirkung und Wirksamkeit anhand des konkreten Beispiels zu verdeutlichen.

Es gab eine Reihe verschiedener Personen und Einrichtungen, die für die Landessicherheit zu sorgen hatten – sei es als zentraler Aufgabenbereich, sei es als zusätzliche Verpflichtung im akuten Notfall. Eine Aufzählung ergibt einen beachtlichen Katalog: militärisches Jägerkorps, Invalidenkorps, hauptamtliche Gerichtsdiener und Schergen, Forstpersonal und Nachtwächter, um nur die wichtigsten zu nennen. Leitung und Koordination der Maßnahmen lagen in der Regel in Händen des zuständigen Landrichters, wobei allerdings noch Sonderregelungen etwa im Bereich der Hofmarken wirksam waren. Darüber hinaus war natürlich jeder Untertan verpflichtet, sich den Erfordernissen der Landessicherheit entsprechend zu verhalten. Er hatte verdächtige Umstände zu melden, durfte keine Fremden in seinem Haus übernachten lassen und mußte gegebenenfalls an Streif- und Verfolgungsaktionen aktiv teilnehmen.

Hinter diesem theoretisch alle Bereiche der Gesellschaft umspannenden Konzept stand die Idee des absoluten Herrschers, Staat und Untertanen unter Kontrolle zu halten. Er scheiterte hier einmal deswegen, weil er seinen eigenen, durchaus eindeutigen Intentionen nicht genügte. Er ließ gewollt oder gezwungenermaßen innerhalb seines Herrschaftsbereichs noch eine Vielzahl teilweise konkurrierender Herrschaftsansprüche, Privilegien, Zuständigkeiten und eigenständige überkommene Institutionen existieren, die seinem eigenen Anspruch entgegenwirkten. Daraus folgte zwangsläufig, daß ohnehin kaum hinreichende Mittel aufgesplittert und damit besonders ineffektiv angewandt wurden. Zum anderen scheiterte er an dezidierten Widerständen in der Bevölkerung. Nicht nur unter denjenigen, die traditionell an der Macht partizipiert hatten, sondern auch im ›gemeinen Volk‹ gab es Einwände gegen die innere Staatsbildung, auch hier wollte man auf tradierte Rechte nicht verzichten und wandte sich häufig und eindeutig gegen Symbole und Institutionen der staatlichen Macht, vor allem wenn sie mit Repressionen verbunden waren.

Aus dieser Situation heraus ist zu erklären, weswegen die Wirkung der gezielt zur Durchsetzung der Landessicherheit gedachten Einrichtungen begrenzt blieb, und das insbesondere dann, wenn sie unmittelbar Überfälle wie die beiden beschriebenen verhindern oder doch die Ergreifung der Täter bewerkstelligen sollten.

Beginnen wir die Betrachtung auf der untersten Stufe, bei den Nachtwachen. Hier wurde die Bevölkerung direkt in die Pflicht genommen. Laut kurfürstlichem Generalmandat waren alle Dorfbewohner verpflichtet, reihum jeweils für eine Nacht Wache zu halten. Sie sollten das Dorf rechtzeitig vor dem Eintreten aller denkbaren Katastrophen warnen, insbesondere vor Feuersgefahr und räuberischen Überfällen. Diese Pflicht zur Nachtwache war bei den Betroffenen nicht gerade populär. Auch darin zeigte sich der latente Widerstand gegen das obrigkeitliche Regiment. Man konnte sich überdies – vor allem während der Arbeitsspitzen in der Landwirtschaft – angenehmere und wichtigere Aufgaben vorstellen, als nachts Wache zu halten und die Stunden auszurufen. Auch innerhalb des aufgeklärten Beamtentums hielt man solche Nachtwachen nicht für sinnvoll. Man war der mehr oder minder deutlich ausgesprochenen Meinung, daß doch der Staat, der Steuern verlangte und einen umfassenden Machtanspruch – zu Recht – durchzusetzen versuchte, seinerseits verpflichtet sei, für die öffentliche Sicherheit zu sorgen.[16]

Unter diesen Umständen waren Verstöße gegen das Mandat natürlich häufig; das bestätigen die Brief- und Verhörsprotokolle der einzelnen Landgerichte. Im Gericht Aichach waren beispielsweise die Bewohner der Gemeinde Obermauerbach besonders nachlässig. Es wurde zu Protokoll gegeben, die Gemeinde hätte am 23. Februar 1786 nicht nur keine Wache gehalten, sondern auf Nachfrage nicht einmal angeben können, wer von den Einwohnern überhaupt an der Reihe gewesen wäre. Das Gericht schloß daraus messerscharf, »daß sie schon längere Zeit die Wacht nicht mehr gehalten haben«, und belegte das ganze Dorf mit einer Geldstrafe.[17]

In Tödtenried lag das Problem in der Nacht des Überfalls etwas anders. Der Leerhäusler Hans Georg Geil war unzweifelhaft mit der Nachtwache an der Reihe, nahm diese Aufgabe aber offenbar nicht sonderlich ernst. Hier spielt sicher mit, daß Geil als Häusler, also als Angehöriger der ländlichen Unterschicht, kaum als potentielles Raubopfer in Frage kam, da er einfach keine Beute versprach. Zeugen sagten jedenfalls aus, man hätte ihn erst nach dem Überfall, als das ganze Dorf schon auf den Beinen war, die Stunden ausrufen hören. Am Gericht in Aichach war man auch der Ansicht, daß es einem halbwegs pflichtbewußten Nachtwächter doch hätte auffallen müssen, wenn eine Räuberbande zunächst bei einem mitten im Dorf liegenden Hof eine Leiter stiehlt, sie zum Pfarrhof trägt und dort zum Einsteigen verwendet. Die Geldstrafe für den Saumseligen fiel noch gelinde aus; man drohte ihm allerdings mit dem Arbeitshaus.[18] Die relative Milde des Richters mochte sich auch aus der Erkenntnis speisen, daß selbst eine ordnungsgemäß durchgeführte Nachtwache den Überfall kaum hätte verhindern können: führte der Wächter seine Aufgabe vorschriftsmäßig durch, dann machte er jedem ungebetenen Besucher seinen Standort durch das Ausrufen der Stunden bekannt und konnte folglich ohne Probleme ausgeschaltet werden.

Fazit: Nachtwächter mochten ihren Zweck als Feuerwache erfüllen, als Schutz gegen Räuberbanden taugten sie nicht. Verschliefen sie ihre Pflicht, dann ersparten sie sich wenigstens einen Schlag auf den Kopf!

Bedeutung und Funktion der Gerichtsdiener in der Verbrechensbekämpfung – wie z. B. des schon mehrfach erwähnten und zitierten Franz Xaver Kapfhammer – sind, im Vergleich zu den Nachtwächtern, weit höher einzuschätzen. Was sie besonders für ihre Aufgabe qualifizierte, geht aus einem »ohnmaßgebigsten Vorschlag« des Landgerichts Dachau zur Gewährleistung innerer Ruhe und Sicherheit bei gleichzeitig nur geringer finanzieller Belastung der kurfürstlichen Kasse vom 6. November 1786 hervor.[19]

Zum einen seien den Gerichtsdienern die Verhältnisse in der Gegend bekannt. Als fest im Gericht Ansässige seien sie überdies »zu einiger Mitverständnis mit dem liederlichen Gesindl so leicht nicht zu bewegen« – eine Formulierung, mit der man häufigen Einwänden gegen die Gerichtsdiener wegen ihres anrüchigen Standes die Spitze nehmen wollte. Nachteilig für ihren effektiven Einsatz sei die fehlende Abstimmung untereinander und der Umstand, daß ihnen erfolgreiches Vorgehen gegen Verbrecher keinerlei Nutzen bringe. Ganz im Gegenteil, viele Richter und Beamte entzögen den Gerichtsdienern geradezu ihr Wohlwollen, wenn sie allzu viele Verdächtige einlieferten. Das bedeutete dann nämlich nicht nur Mehrarbeit für alle Beteiligten, sondern für den Beamten bestand ein beträchtliches Risiko, wenn er z. B. einen nicht einmal sonderlich gravierenden Fehler bei der Durchführung eines Prozesses machte: er konnte dann zur Erstattung der daraus entstandenen Mehrkosten herangezogen werden. Wahrlich keine Arbeitsbedingungen, die die Motivation nennenswert zu steigern vermochten! Hier deutet sich an, wie der Staat mit seiner wachsenden Tendenz zu Reglement und Kontrolle sich bei der Straffung von Verwaltungsvorgängen und damit auch bei der Staatsbildung letztlich selbst im Weg stand.

Wie schon angedeutet, haftete den Gerichtsdienern, ähnlich wie beispielsweise Abdeckern und Scharfrichtern, das soziale Stigma der ›Unehrlichkeit‹ an. Es gab nicht wenige Stimmen, die sie mit Vaganten, Hausierern und anderem ›Gesindel‹ auf eine Stufe stellten, also mit dem Personenkreis, den sie eigentlich kontrollieren sollten. Tatsächlich gibt es auch zahlreiche Hinweise auf Korruption und Amtsmißbrauch bei diesen karg besoldeten und sozial geringgeachteten Unterbeamten.

Aber selbst wenn die Gerichtsdiener integer waren und blieben, wie wir es von Franz Xaver Kapfhammer annehmen wollen, so waren sie doch rein zahlenmäßig kaum in der Lage, ihren Aufgaben gerecht zu werden. Für die Betreuung des Aichacher Gerichtssprengels waren Kapfhammer und der Untergerichtsdiener von Aindling namens Näß allein zuständig.[20] Unterstützt wurden sie nur durch drei Knechte, deren Qualifikation in fachlicher oder moralischer Hinsicht noch zweifelhafter sein mochte.

Eine der wichtigsten Aufgaben der Gerichtsdiener war die praktische Durchführung und Leitung von Streifpatrouillen.[21] Aus dem, was oben schon gesagt wurde, ergibt sich eine von vornherein bescheidene Aussicht auf Erfolg. Die sofortige Verfolgung einer Bande nach dem Überfall mochte vielleicht noch sinnvoll sein, doch gibt es nur sehr wenige Beispiele dafür, daß sich Dorfbewohner spontan zu einer solchen Aktion entschlossen hätten. Es war eine amtliche Autoritätsperson notwendig, die die Initiative übernahm und obrigkeitliche Belange durchsetzte; und die trat weder in Langenpettenbach noch in Tödtenried auf. Das war auch die Regel bei ähnlichen Anlässen. Überdies wären sicher Probleme bei einer eiligen Rekrutierung des Kommandos aufgetreten. Es war ja wahrhaftig keine verlockende Aussicht, einer bewaffneten, offenbar zu allem entschlossenen Räuberbande in finsterer Nacht nachzusetzen. Großenteils fehlte auch jede Motivation dazu, da ja die Mehrheit der Dorfbewohner als potentielle Raubopfer nicht in Frage kam.

Gegenmaßnahmen, die in diesem Fall von den Landgerichtssitzen in Kranzberg oder Aichach ausgehen mußten, konnten nur mit einer gewissen zeitlichen Verzögerung einsetzen.[22] Zunächst mußte ja der Vorfall gemeldet werden, bevor ein Kommando zusammengestellt und in Gang gesetzt werden konnte, das dann auch am Ort des Geschehens erst einmal eintreffen mußte. Die Wahrscheinlichkeit, daß die Täter sich bis dahin schon längst in andere Gerichtsbezirke zurückgezogen hatten, war entsprechend groß und wird im vorliegenden Fall sogar durch die Quellen eindeutig bestätigt. Allenfalls die einheimischen, oft erst kurz vor dem Überfall angeworbenen ›Subalternbanditen‹ waren einem solchen ersten Zugriff nicht völlig entzogen. Bei ihnen handelte es sich jedoch meist nicht um integrierte Mitglieder der Bande, die beispielsweise auch Informationen über ihre Komplizen und deren Pläne geben konnten, sondern vorwiegend um lokale Bettler, Vagierende und Gelegenheitsdiebe, die aber auch nur schwer zu identifizieren und zu überführen waren.

Noch längere Zeit mußte natürlich verstreichen, bis eines der umliegenden, selbst noch gar nicht betroffenen Gerichte reagieren konnte. Ein Tadel des Hofoberrichters v. Hofstetten vom 20. November an die Adresse des Landgerichts Dachau entsprang offensichtlich dem Bedürfnis, einen ›Sündenbock‹ präsentieren zu wollen.[23] Dem Gericht Dachau wurde vorgeworfen, daß es nicht sogleich eine »wohlgeordnete Straife vorgenohmen und wircksame Anstalten vorgekehrt« habe, um die Räuber in der Hofmark Weikertshofen festzunehmen. Doch erinnern wir uns: erst mehr als zwei Wochen nach den Überfällen entdeckte man zufällig die Spuren des Lagers. Wenige Stunden nach dem Überfall dagegen konnte man in Dachau kaum etwas von den Ereignissen selbst wissen, geschweige denn vom Aufenthaltsort der Bande.[24]

Kurz gesagt, schnelle und improvisierte Streifen zur Verfolgung der Täter unmittelbar nach der Tat hätten zwar theoretisch erfolgversprechend sein können. Sie fanden jedoch kaum Unterstützung in der Bevölkerung, waren nur sehr schwer zu organisieren und wurden daher so gut wie nie durchgeführt.

Die Polizeibehörden setzten folglich stärker auf vorbereitete, mit den Nachbargerichten und gegebenenfalls auch mit benachbarten Staaten[25] abgestimmte umfassende Groß-Streifaktionen. In einem Bericht Kapfhammers wird die Aichacher Streife protokolliert, die immerhin schon am 21. November, also am Tag nach dem Tödtenrieder Überfall, begann und drei Tage und zwei Nächte dauerte.[26] Das Kommando setzte sich zusammen aus Kapfhammer selbst, der auch die Leitung hatte, dem Aindlinger Untergerichtsdiener, ihren insgesamt drei Knechten, der dem Gericht zugeteilten Abteilung des militärischen Jägerkorps von etwa fünf bis sechs Mann[27], sowie einer ungenannten, vermutlich auch schwankenden Zahl von zum Streifdienst verpflichteten Hofmarksjägern und Untertanen.

Der Weg war vorher mit den Nachbargerichten abgesprochen worden, damit man sich mit deren Kommandos zu verabredeten Terminen an den Bezirksgrenzen treffen konnte. Auf diese Weise wollte man, ähnlich wie bei einer Treibjagd, ausweichende Gruppen Verdächtiger dem Nachbarn zutreiben. Kapfhammer unterstreicht, »man habe alle Hölzer und Wälder auf das fleissigste durchstreifet und hiebey auch alle verdächtige Häuser und Winkl auf das genaueste durchsuchet«, doch von den Räubern habe man keinen mehr angetroffen.

Der Grund für den Fehlschlag liegt im nachhinein klar. Obwohl man, wie gesagt, in Aichach relativ schnell reagiert hatte und die Streife sofort am Tag nach dem Tödtenrieder Raub startete[28], bestand keinerlei Möglichkeit, die Bande noch im eigenen Sprengel zu stellen. Sie war ja schon um ein Uhr früh, also noch vor Aufbruch der Streife, in der Nähe von Rieden gesehen worden, das schon im Nachbargericht Friedberg liegt. Wenig später löste sie sich auf, und ihre einzelnen Mitglieder machten sich in der Maske ehrbarer Reisender oder doch relativ harmloser Vagierender, deren Zahl ohnehin kaum zu überblicken war[29], auf den Weg ins sichere Augsburg. Daß einige von ihnen nun noch einer Friedberger Streife in die Hände fielen, war unwahrscheinlich, denn dieses Kommando hatte sich sicher erheblich später als die unmittelbar betroffenen Aichacher in Marsch gesetzt. Sollte es dennoch geschehen, so waren die Täter wieder nur mit großen Schwierigkeiten als solche zu identifizieren.

Immerhin versuchte man in der Folge sicherzustellen, daß vor allem die Grenzgerichte so frühzeitig wie möglich alarmiert und informiert würden, wenn sich weiter im Landesinneren ein Überfall ereignet hatte. Die Banditen sollten dann auf dem Rückweg zur Grenze, wenn sie sich womöglich schon allzu sicher fühlten, dingfest gemacht werden. Das geht aus einer Anordnung der Oberlandesregierung vom 17. November 1786 hervor, in der man sich ausdrücklich auf die »gewalthätige Dieb= und Raubereyen« bezog, die in jüngerer Zeit mehrfach stattgefunden hätten.[30] Es ist allerdings nicht bekannt, ob dieser Erlaß jemals meßbare Erfolge hatte.

Also auch die Streifaktionen, die größere Räume abdeckten, boten wenig Chancen, die Banditen unmittelbar nach der Tat zu fassen. Dennoch wurden sie immer wieder durchgeführt, und zwar nicht nur nach spektakulären Ereignissen, wie im vorliegenden Fall, sondern auch und vor allem als regelmäßige, gewissermaßen prophylaktische Maßnahme. Diese konnte aber weniger auf Straftäter zielen, die sich vielleicht auf dem Weg zu einem Überfall befinden mochten; sie waren ja praktisch nicht zu erkennen. Das Landgericht Schrobenhausen betonte denn auch, daß man bei einer Streife am 16./17. Oktober, also wenige Tage vor dem Raubzug, keine Anzeichen der Bande hatte entdecken können.[31] Ziel solcher Aktionen war primär das ›liederliche Gesindel‹ allgemein.

So sind am Lech schon Anfang Dezember erneut mehrtägige »Hauptstreifen« durchgeführt worden. In Aichach wurden diesmal insgesamt vierzehn Personen als Vagierende und Bettler aufgegriffen, meist mit Karbatschstreichen bestraft und in ihre Heimatorte zurückgeschickt bzw. des Landes verwiesen. Darunter waren elf fechtende, also bettelnde Handwerksgesellen, allerdings mit veralteten und damit ungültigen Arbeitsbestätigungen. Sie hatten schon seit längerem nicht mehr in einem regulären Arbeitsverhältnis gestanden und wurden zum Teil auch als zerlumpt und heruntergekommen beschrieben. Die Möglichkeit für sie, eventuell neue Arbeit zu finden, war also sehr gering; sie waren einfach in die Schicht der Vagierenden abgesunken.[32]

Hier lag also der Hauptsinn dieser Streifen: sie waren ein wichtiges Mittel zur Kontrolle und Disziplinierung der vagierenden Bevölkerung, die ja auch tatsächlich ein personales Reservoir der Banden bildete. Mangelnde Effizienz dieser Maßnahme gab allerdings stetigen Anlaß zu Klagen.[33] Darüber hinaus sind sie sicherlich auch als eine Art Demonstration obrigkeitlicher Präsenz zu bewerten – und dafür bestand insbesondere nach solchen massi-

31

ven Verstößen gegen das Gesetz eine echte Notwendigkeit.

Als direkte Vorläufer der stehenden Gendarmerietruppen, die erst während und nach den napoleonischen Kriegen in den deutschen Staaten eingerichtet wurden, gelten in Bayern die verschiedenen militärischen Freikorps, Sekuritätskommandos, Kordonmannschaften etc., die vor allem seit Mitte des 18. Jahrhunderts phasenweise Dienst taten. Sie wurden in der Regel in kleinen Abteilungen zur Gewährleistung der Landessicherheit auf die bayerischen Landgerichte verteilt. Als Gründe für ihre Aufstellung wurde die Notwendigkeit des Vorgehens gegen das ›vagierende Gesindel‹ allgemein, aber auch speziell gegen die Bandenkriminalität angegeben. Hier sah man – zweifellos zu Recht – Zusammenhänge. Es ist allerdings vorwegzunehmen, daß gerade bei der Bekämpfung der Banden kaum Erfolge zu verzeichnen waren, da die Kommandos nach ausgesprochen traditionellen Vorstellungen eingesetzt wurden.

Es ist hier nicht der Ort, näher auf die Eigenheiten und mannigfachen Probleme einzugehen, die diese militärischen Polizeiverbände hatten.[34] Es sei lediglich angemerkt, daß die Regimenter für den Polizeidienst anfänglich bevorzugt Leute abstellten, die ihnen aus verschiedenen, häufig disziplinarischen Gründen für den regulären Truppendienst nicht geeignet erschienen.[35] Dabei stellt sich natürlich die Frage, inwieweit solche Männer für die Polizeiarbeit qualifiziert waren. Außerdem war die Befehlsstruktur unklar. Die Kommandos verblieben lange Zeit innerhalb der militärischen Zuständigkeit, wenn sie auch den Gerichten zur Unterstützung beigegeben waren. Zivile Autoritäten hatten also keine Befehlsgewalt. Im Zweifelsfall mußten Richter oder Beamte ihre Anordnungen oder Wünsche über Beschwerden an die Oberlandesregierung durchzusetzen versuchen, was schneller und effektiver Polizeiarbeit sicher nicht dienlich war.

Im Jahre 1786 stand in Bayern das schon genannte militärische Jägerkorps unter dem Kommando des Majors v. Thibout[36] in den Landgerichten. Inzwischen war man dazu übergegangen, geeignet erscheinende Zivilisten zum Dienst einzustellen. Häufig handelte es sich dabei um ehemalige Amtsknechte von entsprechend zweifelhaftem Ruf.[37] Das Jägerkorps war insgesamt 300 Mann stark, was sicher keine hinreichende Mannschaftsstärke für ganz Bayern bedeutete. In den Gerichten Aichach, Friedberg, Mering, Rain und Schrobenhausen, also dem Gebiet, das nächst der Lechgrenze lag, standen 23 Mann zu Fuß und 9 Berittene.

Daneben tat in diesem Gebiet noch das sogenannte Invaliden-korps Dienst. Es setzte sich aus ehemaligen, zum Teil wegen kör-perlicher Mängel und Folgen von Verwundungen dienstuntaugli-chen Soldaten zusammen und sollte in einer Stärke von 60 Mann am Lech Grenzsicherungsdienste durchführen.[38] Seine Wirkung in der Polizeiarbeit war gleich Null. Es handelte sich hier eher um eine soziale Maßnahme für untauglich gewordene Soldaten denn um eine taugliche Sicherheitsmaßnahme.

Was die Aufgabenstellung des Jägerkorps angeht, so entsprach sie dem üblichen Standard. Die Kommandierten sollten an den Gerichtsstreifen teilnehmen, stellten dabei wohl auch jeweils den Kern der Bewaffneten, und sie sollten darüber hinaus in eigener Regie und Verantwortung regelmäßig durch den Gerichtsbezirk patrouillieren.[39] Wie schon erwähnt, nahm die Aichacher Abtei-lung des Jägerkorps an der Streife vom 21. Oktober, unmittelbar nach den Überfällen, teil.

Das Jägerkorps bot also im wesentlichen nichts Neues. Lediglich der Umstand, daß hier eine militärisch strukturierte Polizeitruppe auftrat, die zumindest tendenziell die Voraussetzung für eine zen-tral gelenkte Sicherheitspolitik hätte bieten können, konnte Indiz für die Intention des Staates sein, seine Aktivitäten in diesem Be-reich zu straffen. Offen bleibt dabei natürlich die Frage, inwieweit Soldaten für die Polizeiarbeit geeignet sein mochten oder mögen.[40]

Solche kritischen Überlegungen wurden von maßgeblichen Zeit-genossen zweifellos auch angestellt. Darauf weisen zahlreiche Vorschläge und Denkschriften zu diesem Thema hin. Dennoch blieb man bei dem Prinzip militärischer Sicherheitsverbände. Es ist also zu fragen, ob ihnen neben den genannten noch weitere Zielrichtungen vorgegeben wurden und welche das waren.

Die Kommandierten waren in der Tat noch weit weniger als die Gerichtsdiener dafür ausgebildet und ausgerüstet, durch schnel-les, effektives und selbständiges Vorgehen Überfälle zu verhin-dern oder wenigstens die Täter ausfindig zu machen und festzu-nehmen. Durch ihren Einsatz sollten vielmehr größere Erfolge bei der Durchführung des alten Prinzips der Streifen und Patrouillen gegen Vagierende überhaupt erreicht werden. Und trotz aller Mängel, die dem Korps anhafteten, traten diese Erfolge in gewis-sem Maße auch ein. So wurden laut tabellarischer Aufstellung des

Kommandeurs der Jäger im Jahre 1786 insgesamt 2747 verdächtige Personen aufgegriffen und den Gerichten übergeben, darunter wurden 2064 eindeutig als Vagierende und Bettler definiert.[41]

Schon die angeführte skeptische Einschätzung des Diensteifers der Kommandierten legt allerdings den Schluß nahe, daß hier nur ein geringer Prozentsatz der im Lande Vagierenden tatsächlich aufgegriffen wurde. Ihre Gesamtzahl dürfte weitaus höher gelegen haben.[42] Immerhin sind hier die Anfänge eines gezielten Vorgehens gegen die weitgehend außerhalb der ständisch strukturierten Gesellschaft stehenden Vagierenden zu erkennen. Das Jägerkorps übernahm also Aufgaben einer Strafverfolgung, die ihrerseits den – unzureichenden – Ersatz für ein nichtexistentes System sozialer Sicherungen darstellte.[43]

Darüber hinaus wurde vor allem in der Bevölkerung insgesamt recht deutlich die weitere Zielrichtung der Polizeitruppen erkannt, die sich nämlich gegen Freiräume des einzelnen im absolutistischen Staat richtete. Dieser bereits erwähnte Aspekt der Bevölkerungskontrolle kann hier nur am Rande berührt werden. So tauchen in den Klassifizierungen der Jägerkorps-Tabellen regelmäßig Wildschützen und (Wald-)Frevler auf, also Personen, die nach verbreiteter Auffassung überkommene bäuerliche Rechte wahrnahmen.[44] Das wiederum wurde durchaus zutreffend als Widerstand gegen die Tendenz zur inneren Staatsbildung verstanden. Gleichermaßen griff das Jägerkorps ein bei Schlägereien, Übertretungen der Polizeistunde, Fensterln oder sonstigen Anzeichen von Unzucht zwischen Unverheirateten etc. – kurz: beim Verstoß gegen alle denkbaren Normen, die die Obrigkeit eingehalten wissen wollte. Entsprechend häufig sind in den Quellen Zeugnisse für Verachtung, Auflehnung und offenen Widerstand, den die Bevölkerung den Polizeisoldaten entgegenbrachte und der oft noch durch deren undiszipliniertes Auftreten verstärkt oder dadurch erst provoziert wurde.[45]

Da sich ziemlich bald nach den beschriebenen Überfällen gezeigt hatte, daß die bestehenden Sicherheitsmaßnahmen nicht hinreichten, um der Täter habhaft zu werden, sah man sich seitens des Hofrats in München veranlaßt, aktiv zu werden. So wurde der Hofoberrichter v. Hofstetten auf eine Kommissionsreise durch die betroffenen Landgerichte geschickt, die vom 31. Oktober bis zum 3. November dauerte.[46]

Der unmittelbare Effekt dieser Reise ist einmal mehr als nicht allzu hoch einzuschätzen; sie hatte weitgehend Symbolcharakter. Das Auftauchen des hochkarätigen Beamten aus der Hauptstadt brachte zweifellos für einige Tage hektische Betriebsamkeit in die Amtsstuben der inspizierten Landgerichte. Fragen mußten beantwortet und Berichte abgefaßt werden, Straßen, Wege und vor allem die Brücken über den Lech wurden begutachtet. Hofstetten ordnete auch konkrete Änderungen an. So verstärkte er kurzfristig die Mannschaften des Jägerkorps in den Gerichten am Lech um neun Mann und befahl gar, das Landgericht Dachau habe außerhalb des Dorfes Oberroth die Büsche beseitigen zu lassen, die zu dicht an die Straße herangewachsen waren und somit natürlich eine ernste Gefahr für die Landessicherheit darstellten.[47] Nennenswertere Verbesserungen konnte auch er nicht anregen.

Auch in seinen abschließenden schriftlichen Vorschlägen, die gewissermaßen das Resümee der Kommissionsreise darstellten, bewegte er sich zwangsläufig in vorgegebenen Bahnen.[48] So schlug er insbesondere die weitere Verstärkung der Polizeikräfte vor, insbesondere des Jägerkorps. Der Vorschlag ging also in die altbekannte Richtung: die Banden selbst waren unter den gegebenen Bedingungen kaum zu treffen, folglich verstärkte man die Maßnahmen gegen ihr Umfeld, nämlich gegen die Vagierenden allgemein.

Aber auch diese eher bescheidenen Verbesserungsvorschläge fanden wenig Gnade vor den Augen der auf Sparsamkeit bedachten Berater des Kurfürsten. Man war an höchster Stelle der Ansicht, das Jägerkorps sei zahlenmäßig stark genug, nur müsse es »alldort, wo die Gefahr am grösten ist, und zwar dermal in den gegen Schwaben verliegenden Gerichten zusam gezogen« werden.[49] Falls eine solche Umverteilung den Banditen oder den Vagierenden zunächst tatsächlich Probleme hätte bereiten können, dann hätten sie sicher bald Mittel und Wege gefunden, um sie zu bewältigen bzw. auch im unmittelbarsten Sinne des Wortes zu umgehen.

Selbst in München erkannte man bemerkenswert klar die Unzulänglichkeit der Maßnahme. Man wollte deswegen noch jedem Bauern – und nicht nur, wie bisher üblich, den einsam wohnenden – erlauben, sich mit scharf geladenen Pistolen zu versehen, damit er sich selbst verteidigen könnte. Allerdings wurde die Hoffnung ausgedrückt, »daß er solche [Pistolen] nicht zum Wildschüssen oder andern ungebührlichen Dingen, sondern nur bey Hauß gegen Diebe und Rauber zur Nothwehr oder bey vornehmender Streif gebrauchen werde«. Ein solches Zugeständnis mag durchaus als Eingeständnis der fehlenden Fähigkeit des Staates zu werten sein, die Untertanen hinreichend gegen die entwickelte Bandenkriminalität zu schützen.

Es kann zusammenfassend festgestellt werden, daß hier gewissermaßen drei mehr oder minder dezidiert handelnde ›Personen‹ auftraten. Da waren einmal die Räuber als Teil einer zahlenmäßig beachtlichen Schicht von Vagierenden, zum anderen die Bevölkerung, d. h. hier insbesondere die Bewohner der Dörfer, und drittens die staatliche Obrigkeit, vertreten durch Beamte und Behörden.

Objektiv wurde der Ablauf durch die kriminellen Aktionen der Banditen und die daraus resultierenden Reaktionen der staatlichen Autoritäten geprägt. Im direkten Vergleich erwies sich die ›Überlegenheit‹ der Banditen. Sie konnten ihre Überfälle detailliert vorausplanen, konnten Ort und Zeit nach eigenem Gutdünken wählen und hatten sich regelmäßig schon in Sicherheit gebracht, wenn sich die schwerfällige Verfolgungsmaschinerie erst in Bewegung setzte. Unmittelbare Erfolge bei der Bekämpfung der Banditen oder bei der Verhinderung der Überfälle waren äußerst selten. Die Behörden richteten deswegen ihr Hauptaugenmerk auf die Vagierenden. Wichtigstes Ziel war es, diese Bevölkerungsgruppe, die sich weitgehend den Normen und der Kontrolle des Staates entzog, zu reduzieren, d. h. entweder in einen ›normalen‹ Arbeits- und Lebensprozeß einzugliedern oder aber auszuschalten. Dabei konnte es dann auch vorkommen, daß einzelne Banditen, die ja häufig aus der Schicht der Vagierenden kamen, nachträglich und eher zufällig festgenommen wurden; sie mußten dann allerdings noch als Täter erkannt und überführt werden.

Die Rolle der Bevölkerung ist weniger eindeutig zu umreißen, dabei aber von besonderer historischer Relevanz. Einmal kamen die meisten Dorfbewohner als potentielle Opfer der Banditen nicht in Frage, da sie selber nichts hatten. Einzelne mochten gar in der Versuchung stehen, einen vorteilhaften Handel beim Verhehlen von Diebesgut zu machen. Von einer dezidierten Gegnerschaft zu den Banditen kann jedenfalls ebensowenig die Rede sein wie von einer Parteinahme für den Staat und seine Polizeiorgane.

In Hinsicht auf diese Auseinandersetzung stand man eher neutral und abwartend im Abseits.

Das änderte sich natürlich, sobald eine zusätzliche Zielrichtung der staatlichen Sicherheitspolitik offenbar wurde, nämlich man selbst, die Bevölkerung insgesamt. Die Dorfbewohner wurden nicht nur verpflichtet, selbst ein Auge auf Verdächtige zu halten, sie galten auch selbst als verdächtig. Streifpatrouillen und Polizeitruppen waren nicht nur Dokumentation staatlichen Schutzes – für den eben meist gar kein Bedarf bestand –, sondern zielten zugleich auf eine tendenziell allgegenwärtige staatliche Kontrolle. Zwar stand man hier noch an den Anfängen, doch wurde diese Intention von der Bevölkerung deutlich erkannt. Man reagierte hier zum Teil mit passivem Widerstand, gelegentlich aber auch mit mehr oder minder offener Auflehnung.

Insgesamt lassen die beschriebenen Ereignisse erkennen, daß der Staat im ausgehenden 18. Jahrhundert noch weit von einer inneren Konsolidierung entfernt war. Er war nicht erfolgreich bei der Bekämpfung von Räuberbanden, wenig erfolgreich bei der Kontrolle und Integration vagierender Unterschichten, und seine gesamten, umfassenden Herrschaftsanstrengungen wurden von weiten Teilen der Bevölkerung mit tiefem Mißtrauen betrachtet.

Anmerkungen

1 Wenn nicht ausdrücklich anders aufgeführt, stammen alle herangezogenen Quellen aus dem Bestand HStA München, GR 315, Nr. 10.
2 Vgl. »Anzeig: Welch der allhiesige Eisen-Ghrts: Diener Franz Xaveri Kapfhammer ... gemacht hat, den 21:ten 8ber:1786.«
3 Langenpettenbach gehörte zur ehemaligen Klosterhofmark Indersdorf, die 1783 aufgelöst worden war. P. Fried, *Die Landgerichte Dachau und Kranzberg*, München 1958, S. 120-122 (= Historischer Atlas von Bayern, Teil Altbayern, Heft 11/12).
4 Vgl. z. B. den Bericht des Überfalls auf das Kloster Heppach bei Marktdorf in Schwaben am 17./18. 9. 1786, bei dem die Bande »die Sailler zum Stürmen abgeschnütten«. Bericht Heiligenberg vom 18. 9. 1786. Zur Vorgehensweise von Räuberbanden allgemein vgl. C. Küther, *Räuber und Gauner in Deutschland. Das organisierte Bandenwesen im 18. und frühen 19. Jahrhundert*, Göttingen 1976, vor allem S. 32-38.

5 Der Name wird im Resümee der Kommissionsreise des Hofoberrichters v. Hofstetten vom 15. 11. 1786 erwähnt.

6 Bericht des Hofmarksgerichts Indersdorf v. 20. 10. 1786 (Freileute = Abdecker).
Der Zimmermann wird auch im Zeugenbericht v. 26. 10. 1786 erwähnt; vgl. StA Obb München, GL Pfaffenhofen, Nr. 57. Bei diesem Bericht handelt es sich um die Abschrift eines privaten Briefes des Kaplans von Langenpettenbach an einen Freund, ohne Anrede und Unterschrift.

7 Ebd.

8 Zur Rennbaumtaktik rheinischer Banden vgl. Küther, *Räuber*, a.a.O., S. 36.

9 Ebd., S. 37.

10 Bericht des Generalmajors v. Tänzl aus Weikertshofen vom 13. 11. 1786.

11 Siehe Kartenskizze S. 22.
Vgl. G. Diepholder, *Das Landgericht Aichach*, München 1950 (= Historischer Atlas von Bayern, Teil Altbayern, Heft 2) und Fried, Dachau.

12 Siehe unten Anm. 24.

13 Bericht Kapfhammers vom 24. 10. über die vom 21. bis zum 23. 10. 1786 durchgeführte Streife.

14 Ebd. – Kapfhammers Formulierung, nach der er »in zuverlässige Erfahrung gebracht« habe, daß diese Begegnung stattgefunden hätte, läßt darauf schließen, daß die Frau nie eine offizielle Meldung gemacht hatte. Die Information kam offenbar indirekt von Gewährsleuten, ist aber sicher authentisch, da viele Detailangaben gemacht wurden.

15 Vgl. Küther, *Räuber*, a.a.O., S. 105-120. Vgl. auch die relative Zurückhaltung der Banditen gegenüber der Tödtenrieder Pfarrköchin. Siehe S. 18.

16 Das ist beispielsweise der Tenor des Gutachtens eines Herrn Käppler vom 11. 4. 1781, der sich aus eben diesem Grund für eine Verstärkung des militärischen Jägerkorps von 300 auf 500 Mann ausspricht. HStA München, GR 314, Nr. 9.

17 StA Obb München, BrPr 1120, Aichach 1786; Prot. v. 18. 3. 1786.

18 Ebd. Prot. vom 4. 11. 1786.

19 Denkschrift des Landgerichts Dachau vom 6. 11. 1786.

20 Einige Jahre zuvor war laut Mandat vom 24. 12. 1779 der Versuch unternommen worden, die Zahl der Gerichtsdiener und Schergen im Rahmen einer Verwaltungsreform stark zu reduzieren. Ein Teil ihrer Aufgaben sollte durch Obleute, Bettelvögte und hauptamtliche Nachtwächter übernommen werden, die aus der Bevölkerung ausgewählt wurden und dem Gericht Rechenschaft schuldig waren (HStA München, GL 173, Nr. 54, Gericht Aichach; Instruktionen für Obleute

und Beisitzer vom 24. 12. 1779). Auch hier läßt sich der absolute Anspruch des Staates erkennen. Das Konzept dürfte letztlich wieder größtenteils an der mangelnden Begeisterung der zur Mitwirkung verpflichteten Bevölkerung gescheitert sein. Laut Mandat vom 17. 11. 1783 wurde der alte Zustand wiederhergestellt. Siehe G. K. Mayr (Hg.), *Sammlung der Kurpfalz=Baierischen allgemeinen und besonderen Landes=Verordnungen*, 1. Bd., München 1784, S. 447-450. Allerdings ließ man sich Zeit mit der Wiedereinstellung von Gerichtsdienern, wie die entsprechende Klage des Landgerichts Schrobenhausen vom 2. 11. 1786 (!) zeigt [vgl. den Bericht des Landgerichts Schrobenhausen vom 2. 10. 1786 (muß heißen: 2. 11., C. K.) als Antwort auf eine Anforderung der Regierungskommission unter v. Hofstetten]. Im Endeffekt war also nach dem Scheitern des Mandats von 1779 in Fragen der Landessicherheit noch nicht einmal der Status quo ante wiederhergestellt worden. Entgegen der ursprünglichen Intention war damit eine Abnahme der Landessicherheit nach obrigkeitlichen Vorstellungen und damit objektiv ein Rückschritt in Sachen innere Staatsbildung zu verzeichnen.

21 Der Einsatz höher qualifizierter Beamter war der Regierung zu kostspielig. Siehe dazu den Bericht des Gerichts Friedberg vom 27. 10. 1786; vgl. Anm. 33.

22 Über Kranzberger Unternehmungen wurden keine Unterlagen gefunden, möglicherweise waren sie gänzlich ausgeblieben. Kranzberg liegt übrigens fast 20 km Luftlinie entfernt östlich von Langenpettenbach, das Lager in der Hofmark Weikertshofen dagegen nur knapp 6 km südwestlich. Auch diesen Umstand hatten die Banditen bei der Planung gewiß berücksichtigt.

23 Schreiben an das Landgericht Dachau vom 20. 11. 1786 (Konzept).

24 Selbst wenn man rechtzeitig eine Streife nach Weikertshofen hätte schicken können, wäre die Bande – wie schon oben gesagt – leicht in ein Nachbargericht ausgewichen. Verfolgungen über Gerichtsbezirksgrenzen hinaus kamen zwar auch ohne Absprachen vor, führten aber regelmäßig zu Beschwerden über Amtsanmaßung, Machtmißbrauch etc. und wurden deswegen tunlichst vermieden.

25 In diesem Fall war man vorsorglich mit der Reichsstadt Augsburg in Verbindung getreten. Allerdings kam es zu keinen konkreten gemeinsamen Aktionen. Immerhin sagte Augsburg zu, daß bayerische Polizeikräfte erkannte Banditen ggf. über die Grenze hinweg verfolgen und auf augsburgischem Gebiet auch festnehmen dürften. Schreiben vom 4. 12. 1786.

26 Bericht vom 24. 10. 1786.

27 Kapfhammer merkt an, daß diese Zahl für den ausgedehnten Gerichtsbezirk nicht hinreichte. Bericht vom 24. 10. 1786. Vgl. S. 32 f.

28 Die Oberlandesregierung befahl den Gerichten Dachau, Aichach,

Friedberg und Schrobenhausen erst mit Schreiben vom 24. 10. 1786, »ohngesäumt« Streifen durchzuführen.

29 Vgl. hierzu die plastische Darstellung des Problems durch den Schrobenhausener Richter in seinem Bericht v. 2. 11. 1786 (wie Anm. 20).

30 StA Landshut, Hofmarksgericht Au, Vagantenwesen 1720-1833, Fasc. I, Miscellanien und Correspondenz.

31 Vgl. Anm. 20.

32 Bericht Landgericht Aichach vom 6. 12. 1786; vgl. auch die Streifen im Gericht Schrobenhausen am 16./17. 10. und am 30./31. 10. 1786, die der Bericht vom 2. 11. 1786 erwähnt.
Weitere Streifen in diesem Gebiet und Zeitraum:
Landgericht Weilheim vom 27. bis zum 30. 11. 1786 laut Bericht v. 3. 12. 1786; aufgegriffen wurden 7 Handwerksburschen mit veralteten Kundschaften und 4 weitere Verdächtige. Landgericht Landsberg zur selben Zeit laut Bericht vom 5. 12. 1786; mehrere Bettler wurden festgenommen. Gericht Rauhenlechsberg am 29./30. 11. 1786 laut Bericht vom 15. 12. 1786; etwa 20 Verdächtige wurden festgenommen. Am 7. 12. wurde wegen eines Diebstahls eine »Nachstreife« durchgeführt, die zur Festnahme von 11 Personen führte.

33 Bericht des Gerichts Friedberg vom 27. 10. 1786: die Gerichtsdiener seien mit der Leitung einer Streife überfordert, Beamte dürften aber nicht eingesetzt werden, da sie wegen einer ihnen zustehenden zusätzlichen Vergütung zu teuer kämen. Aus Sparsamkeitserwägungen erhielten auch die Gerichtsdiener und die übrigen Mitglieder des Kommandos keine Bezahlung. Solche Streifen, ohne qualifizierte Leitung und ohne materiellen Anreiz für die Teilnehmer, könnten keinen Erfolg haben.

34 Vgl. den Überblick bei O. E. Breibeck, *Bayerns Polizei im Wandel der Zeit. Achthundert Jahre bayerische Polizeigeschichte*, München 1971, S. 38-43.

35 Vgl. die Klage des Kommerzienrates Pindter (auch Pündter, Binder), der für die Grenzwache zuständig war, vom 29. 7. 1768: ». . . bey dergleichen Abgebungen, wie es satsam bekant, stets die Auswürflinge ausgezochen werden, und die Officier selbst frohe seindt, wan sie dergleichen liederliche Wahr anbringen können.« HStA München, GR 315, Nr. 11.

36 Schreibweise wechselnd, auch Thiboust, Thiboa und ähnlich.

37 Das geht aus einem Promemoria Pindters vom 15. 3. 1780 hervor. Er leitete zu der Zeit das Sekuritätskorps, den unmittelbaren Vorläufer des militärischen Jägerkorps. HStA München, GR 314, Nr. 8.

38 Verteilungsplan und Aufgabenbeschreibung des Invalidenkorps durch seinen Kommandeur, Major v. Dronin, Friedberg 2. 11. 1786.

39 Aus Kapfhammers Vorschlag, die Kommandos sollten nicht nur verstärkt werden, sondern auch mehr Patrouillendienst leisten – vor allem

nachts! – kann man ersehen, daß ihr Diensteifer nicht allzu hoch einzuschätzen war. Bericht Aichach vom 24. 10. 1786.

40 Vgl. die kritische Stellungnahme des Schrobenhausener Landrichters v. 2. 11. 1786 (wie Anm. 20).

41 Die Aufschlüsselung der Zahlen:

Bettler	männl.	73
	weibl.	70
Vaganten	männl.	1331
	weibl.	590
Rest	männl.	544
	weibl.	139

Unter der Rubrik »Rest« sind zusammengefaßt: Deserteure, Wilddiebe, Betrüger, schlechte Aufführung, Frevler, Schmuggler, Schlägerei, Diebe und Mordbrenner, Totschläger, Räuber und Mörder. V. a. unter den Schmugglern (= 392 Pers.) und Deserteuren (= 28 Pers.) dürften sich weitere Vagierende befunden haben.

Unter den insgesamt 2747 Personen waren:

Inländer   1419
Ausländer   981
ohne Angabe   347

Für 1787 liegen ähnliche Angaben vor.

42 Entsprechende Werte vom Anfang des 19. Jahrhunderts liegen etwa 10mal höher. Vgl. Küther, *Räuber*, S. 19-22. Einschränkend ist zu berücksichtigen, daß im Zusammenhang mit den napoleonischen Kriegen auch die absolute Zahl der Vagierenden gestiegen sein dürfte – allerdings sicher nicht in diesem Umfang. Vgl. auch C. Küther, *Menschen auf der Straße*, demn. Göttingen.

43 G. Radbruch u. H. Gwinner, *Geschichte des Verbrechens*, Stuttgart 1951, S. 268.

44 Vgl. J. Mooser, »Furcht bewahrt das Holz«, in diesem Band, S. 43 ff.

45 Am Beginn solcher Auseinandersetzungen stand häufig die verächtliche Titulierung der Kommandierten als »Schergen« oder »Büttel«, also als Angehörige eines unehrlichen Standes, was dann leicht zu Tätlichkeiten führte; so z. B. in einem Wirtshaus in Münchsdorf bei Landshut. HStA München, GR 314, Nr. 8, Prot. vom 25. 4. 1780.
Im selben Bestand liegen Protokolle aus dem Zeitraum zwischen dem 5. 4. und dem 3. 5. 1780 über eine Schlägerei in der Au bei München zwischen Sekuritätskorps-Rekruten und einigen Schmiedknechten. Die Rekruten waren als »Schergen« und als »Spitzbuben mit Federbüschen« beleidigt worden. Besonders die letztere Bezeichnung hatte Gewicht: während der Prügelei verlor einer der Rekruten seinen mit einem Federbusch verzierten Uniformhut, der dann später mit einem Stein beschwert im Straßengraben gefunden wurde. Dieser Umstand

wurde als deutlicher Hinweis auf Unbotmäßigkeit und auf Widerstand gegen den Staat verstanden.

46 Kurfürstliche Resolution vom 31. 10. 1786. Zu der Kommissionsreise liegen ein ausführliches Protokoll, Korrespondenzen mit den einzelnen Landgerichten, Klagen, Verbesserungsvorschläge etc. vor. Vgl. z. B. den Bericht des Landgerichts Schrobenhausen vom 2. 11. 1786 (wie Anm. 20).

47 Schreiben ans Landgericht Dachau vom 20. 11. 1786. Anhang VI.

48 Antrag vom 15. 11. 1786.

49 Kurfürstliche Resolution vom 24. 11. 1786.
    Major v. Thibout drückt in seiner Stellungnahme vom 17. 12. 1786 seine Skepsis aus: ».. . von Oberlands Bayern und der Obern Pfalz kan nichts mehr hergenohmen werden. Wan ich also vor mich denen unterländischen Regirungen etwan 20 Mann entzöhe, so würden selbe es als vor mich eigenmächtig gehandlet betrachten und Klagen über mich zu führen sich berechtiget halten.« Er bittet daher um eindeutige Befehle.

Josef Mooser
»Furcht bewahrt das Holz«

Holzdiebstahl und sozialer Konflikt in der ländlichen Gesellschaft 1800-1850 an westfälischen Beispielen

I

Der Holzdiebstahl, liest man in einer Enzyklopädie der Staatswissenschaften des späten 18. Jahrhunderts, macht allen, die mit dem Forstwesen zu tun haben,

> »beständig vieles zu schaffen. Die wenigsten Malversanten erkennen solches für einen wahren Diebstahl, lassen sich wohl verlauten, daß für die Holzdiebe noch kein Galgen gebaut sey, und stehlen desto ungescheuter; ja an einigen Orten, welche nahe an den Wäldern liegen, ist es zuweilen gar ein ordentliches Nahrungsmittel der Unterthanen geworden.«[1]

In diese noch eher zurückhaltende Klage mischten sich nach der Jahrhundertwende schrillere Stimmen. Mit der Ausformung des freien Privateigentums wurde nämlich der Holzdiebstahl stärker wahrgenommen und mit der Durchsetzung der staatlichen Gerichtsbarkeit auch häufiger registriert und geahndet. Er erschien – angesichts einer steigenden Nachfrage bei knapper werdenden Ressourcen – als eine »Lebensfrage der Zeit«, da er die pauperisierten Unterschichten demoralisiere und zu einer Schule des »Krieges gegen die Wohlhabenderen« zu werden drohe.[2] Tatsächlich war der Holzdiebstahl ein in der ersten Hälfte des 19. Jahrhunderts wahrscheinlich zunehmendes Massendelikt, das alle anderen Deliktarten, auch den gewöhnlichen Diebstahl, der damals wie heute die Kriminalstatistik dominierte, weit in den Schatten stellte. In Preußen (ohne Rheinprovinz) wurden z. B. im Jahre 1850 rund 35 000 »gemeine« Diebstähle, aber 265 000 Holzdiebstähle registriert.[3] Schon dieses unterschiedliche Ausmaß, aber auch die getrennte kriminalstatistische Zählung weisen auf den besonderen Charakter des Holzdiebstahls hin. Obwohl in den Gesetzen als »Diebstahl« bezeichnet, wurde und wird er bis heute nicht wie der gewöhnliche Diebstahl nach dem allgemeinen Strafgesetzbuch, sondern nach besonderen Gesetzen geahndet. Diese sollten einerseits seine Sträflichkeit einschärfen, andererseits aber auch »der Moralität der Handlung« Rechnung tragen, da die »öffentliche Meinung« den Holzdiebstahl von den gemeinen Diebstählen unterscheide und »in sehr vielen Fällen« die Not und nicht der Eigennutz die »Triebfeder des Frevels« sei.[4] Ferner unterschied er sich in seinem Objektcharakter. Die Entwendung von schon gefälltem, zugerichtetem und in eine besondere Verwahrung genommenem Holz war den Bestimmungen des gewöhnlichen Diebstahls unterworfen. Der Holzdiebstahl dagegen erstreckte sich auf das ungefällte Holz, auf das durch Naturgewalt entstandene Bruch- und Fallholz und auf den Holzabfall im Wald. Wie sehr damit der Wald insgesamt geschützt werden sollte, zeigt die Vermehrung der sanktionsfähigen Objekte im preußischen Holzdiebstahlsgesetz von 1852. Über das Gesetz von 1821 hinaus wurde die Entwendung von Gras, Kräutern, Moos, Streuwerk und ähnlichem dem Holzdiebstahl gleichgestellt.

In der besonderen Strafgesetzgebung und Bestimmung des Deliktgegenstandes hat sich deutlich die historische und sozialökonomische Problematik des Holzdiebstahls niedergeschlagen: Die Entstehung des Holzdiebstahls einmal aus konkurrierenden Rechtsansprüchen innerhalb des »geteilten Eigentums« über Grund und Boden, das bis zu den liberalen Agrarreformen seit dem späten 18. Jahrhundert die Nutzung des Landes bestimmte, und zum andern aus der Zurückdrängung von Nutzungsrechten durch die Agrarreformen und die »rationelle« Forstwirtschaft. Aus den »alten« Rechten, die ein notwendiger Bestandteil der bäuerlichen und unterbäuerlichen Wirtschaft waren und darüber hinaus Lebensbedürfnisse wie das Ofenfeuer und eine geheizte Stube sichern sollten, speiste sich auch das geradezu sprichwörtliche Bewußtsein der Holzdiebe, kein Unrecht zu tun, wobei sie sich auf einen breiten Konsens in der ländlichen Gesellschaft stützen konnten.

Dieser soziale Zusammenhang des Holzdiebstahls, der den Zeitgenossen im 19. Jahrhundert wohlbekannt war[5], aber sozialpolitisch der Sicherung der freien Verfügung über das »ungeteilte« Eigentum und der »rationellen« Forstwirtschaft geopfert wurde, hat in der Sozialgeschichtsschreibung der letzten Jahrzehnte eine Bedeutungserweiterung und -aufwertung erfahren. Im Unterschied zur gewissermaßen gewöhnlichen Kriminalität mit egoistischen Motiven wird der Holzdiebstahl – zusammen mit anderen Delikten wie dem Wilddiebstahl, dem Schmuggel und besonders dem gewaltsamen Aufruhr in Teuerungszeiten zur Fixierung der Preise für Lebensmittel – als »soziale Kriminalität« (Hobsbawm) und so als eine Erscheinungsform des »sozialen Protest« begriffen.[6] Wie die kollektive, öffentliche und gewaltsame Aktion erscheint danach der ›heimliche‹ Diebstahl als ein Handeln, das keine allgemeinen Normen, sondern die – oft historisch neuen – Normen der Herrschaft verletzt und sich dabei in Übereinstimmung mit den normativen Standards der unmittelbaren kommunalen Umwelt weiß, ja durch diese unterstützt wird, da es auf die Behauptung oder Wiederherstellung der »Gerechtigkeit« zielt. Die häufigsten Formen der Eigentumskriminalität werden so über eine gewissermaßen philanthropische Interpretation hinaus – Verbrechen als Folge von Armut, Hunger und sozialer Entwurzelung – auch einem politischen Verständnis erschlossen, insofern es dabei um konkurrierende Vorstellungen über das Gemeinwohl ging. Nicht zuletzt werden über diese verborgene Form des sozialen Protests Spannungen und Konflikte in der ländlichen Gesellschaft des 19. Jahrhunderts erkennbar, die auf der Suche nach dem offenen Aufruhr (mit Ausnahme der Revolutionszeit 1848/49) leicht durch das Raster der Forschung fallen.[7]

Eine solche gesellschaftsgeschichtliche Analyse und Interpretation ist in den letzten Jahrzehnten vor allem in der englischen Geschichtswissenschaft in einer Vielzahl von Studien zur historischen Kriminalität entwickelt worden.[8] In der Bundesrepublik beschränkt sich die historische Kriminalitätsforschung dagegen erst auf einige wenige Anläufe. Insbesondere Dirk Blasius hat in mehreren Studien die Eigentumskriminalität in der ersten Hälfte des 19. Jahrhunderts zu einem ausdrücklichen Gegenstand der gesellschaftsgeschichtlichen Reflexion gemacht, während früher der Zusammenhang zwischen Agrarkapitalismus, Massenarmut und Diebstahl in den Darstellungen des vormärzlichen Pauperismus einen mehr oder weniger ephemeren Platz eingenommen hat.[9] Blasius dokumentiert einerseits an preußischen Quellen die schon von den Zeitgenossen als plausibel angenommene und auch in der älteren Kriminalsoziologie herausgearbeitete positive Verbindung von Verarmung und (Holz-)Diebstahlsdelikten. Weiterführend sind seine Untersuchungen andererseits in zwei Richtungen. Da Blasius die massenhaften Delikte als »Zeugen gesellschaftlichen

Wandels« und als Indikatoren der Spannungen und Konflikte zwischen den sozialen Klassen versteht, untersucht er zum einen die Reaktion »von oben« auf diese Kriminalität und zum anderen – gleichsam »von unten« – die Haltungen und Antriebe der Delinquenten. Im Mittelpunkt der Untersuchung »Bürgerliche Gesellschaft und Kriminalität« steht der Strafvollzug und die Strafrechtsreform im preußischen Vormärz, in der Bürgertum und Adel gemeinsam sich an dem Grundsatz »Furcht bewahrt das Holz« orientierten und zunächst eine konditionale, dann mit dem Holzdiebstahlsgesetz von 1852 ein allgemein verschärftes Strafrecht gegenüber dem Holzdiebstahl durchsetzten, »das die Gerechtigkeitsvorstellungen der Besitzlosen den Rechtsidealen einer besitzenden Gesellschaft opferte«. Dies wird rekapituliert in der kleineren Studie »Kriminalität und Alltag«, die darüber hinaus die Motive der Täter »kleiner Kriminalität« aufzuspüren sucht. Blasius betont nachdrücklich, daß die kleinen Diebe von Holz und Lebensmitteln, die Schmuggler, Brandstifter und die wegen Widersetzlichkeit gegen Beamte Angeklagten mehr bewegte als die Not; vielmehr dokumentierten diese Handlungen auch eine historische »Offensive von Unterschichten gegen ihre Abbuchung auf der Verlustrechnung der modernen Gesellschaft«. In der »Kriminalität als sozialer Aktion«, die der Not des Alltags entsprang und als Mittel zu deren Wendung (fast) alltäglich wurde, habe die Unterschicht auch die »Erfahrung von Solidarität, Furchtlosigkeit, von eigener Würde« gemacht, ihre Passivität gegenüber der gesellschaftlichen Entwicklung und ihre Unterwürfigkeit gegenüber den Obrigkeiten abgestreift. Damit wurden gerade im Massendelikt des Holzdiebstahls Ansprüche und Energien der Selbstbehauptung frei, aus denen sich später auch die Arbeiterbewegung speiste.[10]

Blasius' These, »daß in der sich formierenden bürgerlichen Gesellschaft des 19. Jahrhunderts im Bereich der Kriminalität einer der entscheidenden ›Basisprozesse‹ für die Ausbildung des proletarischen Selbstbewußtseins ablief«[11], kann hier nicht in ihrer ganzen Komplexität kritisch gewürdigt werden. Sie fixiert, in starker und forschungsprogrammatisch bewußter Anlehnung vor allem an E. P. Thompsons Untersuchungen über die Entstehung der klassenbewußten Arbeiterschaft in England, einen Zusammenhang zwischen den Inhalten und Formen des sozialen Protests der ländlichen Unterschichten und der industriellen Arbeiterschaft, über den in Deutschland noch wenig bekannt ist – abgesehen von der großen Distanz (zumindest) der Führungsgruppen der Arbeiterbewegung zu den »lumpenproletarischen« Formen der direkten Gewalt.[12] Immerhin kann aber ein näherer Blick auf eine Erscheinungsform der »kleinen Kriminalität« selbst, den Holzdiebstahl in der ländlichen Gesellschaft[13], dazu beitragen, den behaupteten Klassengehalt der Kriminalität zu prüfen. Um als ein Lernpotential für den »aufrechten Gang der Unterschichten in die neue Zeit«[14] wirksam sein zu können, muß sie selbst von einem Klassenverhältnis geprägt sein, das Unterschiede und Gegensätzlichkeit der Lebensformen und Interessen erkennen läßt, die von den Erfahrungen der Arbeiterschaft nicht allzuweit entfernt sind. Mehr Wissen als bei Blasius zu erfahren ist, ist nötig über den gesellschaftlichen Standort der Diebe und Bestohlenen, über die Form der kriminellen Handlungen und ihre spezifischen Umstände. Wurden nur die Besitzenden mit einigem Vermögen bestohlen und nicht auch die »kleinen Leute«? Auf den Holzdiebstahl angewendet: Wer waren die Waldbesitzer? Gibt es keine Unterschiede zwischen der einzelnen Frau, die ihren Bedarf an Brennholz verbotenerweise sammelt, und der Gruppe von Bauern, die ganze Bestände von Anpflanzungen umhauen und so im Interesse ihrer Waldnutzung die »rationelle« Forstwirtschaft unmöglich machen wollen? Oder zwischen diesen Bauern und den Gruppen, die dicke Stämme Nutzholz fällen, es verkaufen und bei Gelegenheit sich blutige Gefechte mit den Forstaufsehern liefern? Alle diese Fälle können sich hinter den Ziffern der Verurteilten und hinter den erregten Klagen über den »Ruin« der Waldeigentümer verbergen.

Jene Fragen sind freilich leichter zu stellen als zu beantworten; am schwersten sicherlich mit den situationsunspezifischen Daten der Justiz- und Kriminalstatistik, die sich in ihrer Zusammenfassung auf Gebiete mit sehr unterschiedlicher sozialökonomischer Struktur beziehen. Wie bei der Analyse auch anderer Formen des sozialen Protests empfehlen sich daher möglichst komplexe lokalregionale Fallstudien. Dies soll im folgenden annäherungsweise versucht werden durch eine Skizze soziogenetischer Typen des Holzdiebstahls nach Beispielen aus dem Regierungsbezirk Minden in Westfalen. Vorausgeschickt werden einige Bemerkungen zur Bedeutung des Holzes als Gebrauchsgegenstand und zum Wandel der Holznutzung, während einige Hinweise über die

47

Sanktionsformen des Holzdiebstahls den Beitrag abschließen. Zunächst jedoch noch einige Worte zur sozialen Lage der ländlichen Bevölkerung in der Region: Der preußische Regierungsbezirk Minden[15] war in seiner Wirtschafts- und Sozialstruktur in sich verschieden genug, um auch vergleichende Schlüsse zu ermöglichen. Er setzte sich aus zwei Teilregionen zusammen, aus dem altpreußischen Minden-Ravensberg einerseits und dem 1803 säkularisierten Paderborner Fürstbistum andererseits. Minden und insbesondere Ravensberg war ein Gebiet mit einem verdichteten (»proto-industriellen«) ländlichen Textilgewerbe, das hauptsächlich von der unterbäuerlichen Klasse ausgeübt wurde. Diese bildete schon um 1800 die deutliche Mehrheit der Bevölkerung und setzte sich aus den kleineren Bauern, vor allem aber aus sogenannten Heuerlingen zusammen. Diese Heuerlinge waren besitzlose Hausmieter und Kleinpächter bei den bäuerlichen Besitzern, die für diese Nutzungen »ihren« Bauern mit der ganzen Familie unterschiedlich oft Tagelöhnerdienste leisten mußten, nicht unähnlich der Struktur bäuerlicher Verpflichtungen gegenüber den Grundherren vor den Agrarreformen. Als Flachsspinner oder Leineweber waren sie so zugleich auch Landarbeiter mit einer eigenen Parzellenwirtschaft von ein paar Morgen, mit Kleinvieh und – im besten Fall – auch einer Kuh. Ihre sehr dürftigen Lebensumstände kontrastierten schon vor der vormärzlichen Krise einem nicht seltenen mittel- und großbäuerlichen Wohlstand, der – eine Folge der Sozialstruktur – nicht zuletzt aus den Miet- und Pachteinnahmen, den niedrigen Arbeitslöhnen der gebundenen Heuerlinge und dem Verkauf von Lebensmitteln floß.

Im Gegensatz zur anderen Teilregion, dem Paderborner Land, spielten in Minden-Ravensberg die adelig-grundherrlichen Eigenwirtschaften eine fast vernachlässigenswerte Rolle, da sie häufig in Parzellen verpachtet waren. Träger der landwirtschaftlichen Modernisierung, des »agrarischen Individualismus« (Marc Bloch), seit der Auflösung der Gemeinheiten bzw. Allmenden und der Zurückdrängung der kollektiven Nutzungsformen des Bodens waren hier die Bauern. Im Paderborner Land dagegen war die Rolle einer (relativen) Vielzahl adeliger Güter, die freilich meist kleiner waren als die Gutswirtschaften im ostelbischen Preußen, gerade deshalb bedeutend, weil zu ihnen – neben den staatlichen Domänen – ein großer Teil des Waldes gehörte und sie gegenüber der zumeist kleinbäuerlichen Bevölkerung gewissermaßen die

Brückenköpfe agrarischer Innovation bildeten. Charakteristischerweise war in Minden-Ravensberg der Großteil der Allmenden schon um 1800 geteilt, während im Paderbornischen die Teilungen in breitem Maße erst in den 1840er Jahren einsetzten und im März 1848 erbitterte Revolten zeitigten. Die Kleinbauern hielten um so hartnäckiger an der kollektiven Wirtschaft und den damit verbundenen Berechtigungen an Holz und Wald fest, als diese ein notwendig integraler Bestandteil ihrer kleinen Ackerwirtschaften waren, welche nicht in dem Maße wie in Minden-Ravensberg durch gewerbliche Einnahmen ergänzt werden konnten. Spinnen und Weben war wenig verbreitet; das meist lokale Handwerk half kaum weiter angesichts der geringen Kaufkraft der armen Bevölkerung, und wenn die auswärtige agrarische Saisonarbeit in Holland auch Geld brachte, so trug diese andererseits doch nur dazu bei, die in einem Zirkel der Armut befangene einheimische Wirtschaftsstruktur zu stabilisieren.

Die Entwicklung in der ersten Hälfte des 19. Jahrhunderts brachte eine gewisse Angleichung der Armut für die Mehrheit der Bevölkerung in den beiden Teilregionen – aber aus unterschiedlichen Ursachen. Die Agrarkrise der 1820er Jahre, Mißernten, Steuererhöhungen und Prozesse mit den Grundherren infolge der beginnenden Agrarreformen stürzten die Paderborner Bauern in eine existenzgefährdende Krise, die auf ihrem Höhepunkt, in der Mitte der 1830er Jahre, eine auf diese Region beschränkte Reform der Agrargesetzgebung nötig machte, die erst nach der Revolution von 1848 Allgemeingut wurde: eine staatliche Rentenkasse für die Ablösungszahlungen und den Kreditbedarf der Bauern. Ein preußischer Beamter nannte damals das Paderborner Land ein »deutsches Irland«. In Minden-Ravensberg hingegen verschlechterte sich die Lage der unterbäuerlichen Klasse mit der in den 1820er Jahren einsetzenden Krise der ländlichen Textilindustrie mit sinkenden Preisen und Marktverlusten zunächst für Garn und schließlich auch Leinen, die ihren Höhepunkt in den 1840er Jahren hatte. Nun gehörte das im 18. Jahrhundert ob seines Fleißes vielgelobte »Linnenländchen«, das nach Schlesien ein Zentrum des preußischen Leinenexports war, zu den Notstandsgebieten des preußischen Staates. Anders als in Schlesien, wo 1844 der Weberaufstand zum Symbol der vormärzlichen Krise in Preußen wurde, kam es in Westfalen bis zum März 1848 zu keinen offenen Unruhen.[16]

Der Pauperismus, der Mangel in der Erfüllung lebenswichtiger Bedürfnisse trotz angestrengtester Arbeit, der die Lage breiter Bevölkerungsschichten im Übergang von der feudalen Agrargesellschaft zur kapitalistischen Industriegesellschaft bestimmte, war *eine* Bedingung der massenhaften Eigentumskriminalität. Die andere bildete die kaum zu überschätzende gesamtwirtschaftliche Bedeutung des Waldes, insbesondere des Holzes, und die Änderungen der Forstwirtschaft, ohne die die Intransigenz und Härte der Spannungen und Konflikte nur unzureichend verständlich werden. Die Bevölkerungsvermehrung und das Wachstum der gewerblichen Wirtschaft verschärften im 18. Jahrhundert die schon seit dem späten Mittelalter beobachtbare widersprüchliche Situation der Forstwirtschaft: Eine steigende Nachfrage stieß auf ein schwindendes Angebot, das gerade deshalb »rationeller« bewirtschaftet werden sollte, und zwar in Formen, die gleichzeitig die überkommenen Nutzungsformen zerstörten.

Das Holz war vor der Anwendung von Dampfkraft, Kohle, Elektrizität und Öl und der mit diesen Energiequellen möglichen Herstellung neuer Rohstoffe der wichtigste und lebensnotwendige Energieträger und Rohstoff für alle Wirtschaftsbereiche. Der Wald war eine vielfältige Ressource für die Viehwirtschaft; er diente als Weidefläche, und das Laub wurde gleichermaßen als Futter-, Streu- und Düngemittel genutzt. Holz war der weit überwiegende Brennstoff in den Haushalten gerade der Armen, die häufig keine Kohleöfen besaßen und daher trotz Kohlenlieferungen frieren mußten. So gab die Gemeinde Heepen (Kreis Bielefeld) im kalten Winter 1840/41 zwar 1000 Taler für Steinkohlen aus; absurderweise hatte sie aber dann kein Geld mehr, um den Armen passende Öfen zu besorgen, und mußte daher die Kreiskasse um einen bald gleich hohen Betrag von 800 Talern für die Anschaffung von Öfen bitten, wovon jedoch nur 300 Taler bewilligt wurden.[17] Daneben war Holz natürlich ein unentbehrlicher Rohstoff für den Bau der Häuser, für Möbel und Werkzeuge, vor allem aber auch für das Gewerbe. Der Handel erforderte Holz für Transportwagen und Schiffe; das Hüttengewerbe verbrauchte Feuerholz, und nicht zuletzt mußten die vielen Leineweber ihr Garn kochen, um es webfähig zu machen, wofür Holzasche nötig war.

Die Kehrseite dieses Verbrauchs war ein sich abzeichnender Holzmangel, der im späten 18. Jahrhundert, in der von der Vermehrung der Bevölkerung und des »nationalen Reichtums« beherrschten staatswirtschaftlichen Diskussion auch besorgte Stimmen laut werden ließ. Ein »Ende des Wachstums« schien in Sicht.[18] Holzknappheit und der angebliche Ruin der Wälder durch die Holzdiebe ließen einen anonymen Autor 1804 eine »fürchterliche Zukunft« der dicht bevölkerten proto-industriellen Grafschaft Ravensberg ahnen, da die Balance zwischen den natürlichen Ressourcen und der gewerblichen Bevölkerung gestört schien:

»Überhaupt dürfte eine öffentliche, unpartheyische Untersuchung der Holzungen und der in ihnen vorgefallenen Gräuel der Verwüstung hier von Nutzen seyn; eine obrigkeitliche Vergleichung der Bedürfnisse und des Vorraths, und dann wird es von selbst in die Augen springen, daß wir zu viele Menschen haben.«[19]

Kohle und Torf substituierten hier schon zu einem Teil den Energieträger Holz. Anderswo, in den kleinbäuerlichen Gemeinden des Paderborner Landes, machte sich der Holzmangel in einer Gefährdung des Gewerbes selbst bemerkbar. Mehrmals im 18. Jahrhundert verlangten die den Glashütten benachbarten Gemeinden die Einstellung der Holz verbrauchenden Hüttenindustrie und klagten über die Hüttenarbeiter, die für ihren eigenen Bedarf Holz schlugen und im Wald ihr Vieh hüteten; schließlich kam es auch zu gewaltsamen Zusammenstößen zwischen den Bauern und den Arbeitern.[20]

Die herrschaftliche Reaktion auf den tatsächlichen oder vermuteten Holzmangel war eine »Ökonomisierung des Holzverbrauchs« (Sombart), die solche Konflikte nicht gelöst, sondern noch weitere Anlässe für sie geschaffen hat. Diese Reaktion ist an den – seit dem Spätmittelalter erlassenen – landesherrlichen Forstpolizeiordnungen ablesbar, die einen Schutz des Waldes durch eine Beschränkung der kollektiven Nutzungen anstrebten. Einschränkungen erfolgten durch zeitliche Terminierungen für die Viehweide und Holzlese, durch eine Kontingentierung der Entnahme von Nutz- und Brennholz, durch eine Differenzierung des Kreises der Nutzungsberechtigten, wovon gerade die Unterschichten besonders hart betroffen waren, da sie in der bäuerlichen Gemeinde weniger Rechte hatten und/oder für ihre Nutzungen noch extra bezahlen mußten. Endlich wurden auch Teile des Waldes für die kollektive Nutzung »geschlossen«, d. h. in Schonung gelegt, um das Wachstum von Anpflanzungen nicht zu gefährden. All dies war Teil der »rationellen« Forstwirtschaft.[21]

Mit der im 18. Jahrhundert zunehmenden »Ökonomisierung« zielte man auch auf eine Ertragssteigerung, da der Verkauf von Nutzholz angesichts der großen Nachfrage beträchtliche Gewinne abwarf. In Anbetracht der Preissteigerungen wurde der Holzverkauf zu einer bedeutenderen Einkommensquelle für die Waldbesitzer als vordem.[22] Damit verbunden war eine allmähliche, in vielen Prozessen mit den bäuerlichen Gemeinden umstrittene Durchsetzung des modernen Musters individuell exklusiver Verfügung über ein Eigentum. »In der Konkurrenz um die Ressourcen des Landes hatte die Obrigkeit einen scharfen Eigentums- und Hoheitsbegriff entwickelt, dem die Bauern nicht rechtzeitig, jedenfalls nicht mit dem nötigen Erfolg entgegengetreten waren.«[23] Ihren Höhepunkt und Abschluß zugleich fand diese Entwicklung mit den liberalen Agrarreformen seit dem späten 18. Jahrhundert, der vollständigen Überführung des zwischen der Herrschaft und den Bauern »geteilten« in das ungeteilte »Privat«-Eigentum. Die Agrarreformen waren in ihren drei Dimensionen – der teuer bezahlten Ablösung von den Grundherren, der Teilung der Gemeinheiten und der Flurreform – ein gigantischer und langer Prozeß der Umverteilung von Nutzungsrechten, der den alten Nutzungsformen des Landes die Grundlage entzog. Damit wurden die Bedürfnisse, die bislang aus dem Wald infolge von herrschaftlich und genossenschaftlich regulierten Rechtsansprüchen und Gewohnheiten befriedigt wurden, dem Marktmechanismus unterworfen, während gleichzeitig die ökonomisch den Holzdiebstahl begünstigende, ja provozierende Situation institutionell durch die innerstaatlichen Verwaltungsreformen verschärft wurde. Die »Forstpolizei« wurde im 19. Jahrhundert ungleich strenger und effektiver durchgesetzt als noch in den zwar viel Kontrolle beanspruchenden, aber in den Mitteln zur Kontrolle schwachen absolutistischen Staaten des 17. und 18. Jahrhunderts. Dazu gehörte auch die Ersetzung der grundherrlichen Patrimonialgerichtsbarkeit durch die staatliche Justiz, die im Verein mit der »Polizei«, die sich nun auch in ihrem Wesen von der Landes- und Wohlfahrtsverwaltung zur primär repressiven Sicherheitspolizei wandelte, die kleinen Delikte häufiger ahndete. Nicht zuletzt dadurch schwoll die Kriminalitätsstatistik an, während unter der Patrimonialgerichtsbarkeit mancher Holzdieb gar nicht gerichtsnotorisch wurde, sondern gleichsam informell durch eine Tracht Prügel bestraft wurde.[24]

Dies ist allerdings eine idealtypisch zugespitzte Beschreibung der Entwicklung in der ersten Hälfte des 19. Jahrhunderts. Ihre Wirksamkeit im Alltag war lokal-regional sehr verschieden und hing entscheidend vom Gang der Agrarreformen ab. So scheint es nicht verwunderlich, daß der marktmäßige Verkauf des Holzes auf Auktionen am frühesten und deutlichsten aus Ravensberg berichtet wird, nicht aus dem Paderborner Land. 1801 schildert ein Zeitungsartikel aus dem proto-industriellen Gebiet den marktbewußten Bauern:

»Der Holzbauer merkte bald, wie unentbehrlich sein Holz ward; vormals brachte er es gern nach der Stadt, jetzt fährt er es nur auf seinen Hof in Hauffen, ganz nach eigenem Gefallen, ohne Holzmaß und Faden, ohne sich um die Polizei zu kümmern, die sich um ihn auch nicht bekümmerte, und verauctionierte, was sparhaft da war, schenkte den Käufern fleißig Branntwein ein, und machte guten Markt. Sonst fuhr er sein Fuder eine Meile weit und weiter, erhielt dafür 3, 4 bis 5 Thaler; jetzt mußten es andere Leute fahren, und doch bekam er den dreifachen Preis. Die Consumenten auf dem platten Lande erhielten ihren Bedarf noch etwas wohlfeiler; aber es waren viele neue Consumenten hinzugekommen, mit denen der Holzbauer in keiner Verbindung stand, denen er keine Billigkeit schuldig zu seyn glaubte, und die sehr verringerte Holzmasse gestattete es auch nicht, allen zu helfen.«[25]

Bemerkenswerterweise hatte sich die Kommerzialisierung noch nicht vollständig durchgesetzt; die Konsumenten in der unmittelbaren Umgebung des Bauern, auch die »zu ihm« gehörenden Heuerlinge erhielten das Holz noch zu den gewissermaßen patriarchalisch niedrigeren Preisen. Dreißig Jahre später war dies schon anders. In der Gemeindechronik von Heepen im Kreis Bielefeld wurde im November 1835 festgehalten:

»Die *meisten* Colonen verkaufen jetzt ihr Holz auf Auctionen, deren in den letzten Wochen mehrere abgehalten worden sind und wobei sich hohe Preise herausgestellt haben. Da man hiernach an die geringen Leute kein Holz in kleinen Quantitäten mehr überlassen zu wollen scheint und diese ganze Haufen nicht bezahlen können, so wird eine vermehrte Zahl von Holzdiebstählen die Folge sein.«[26]

Die ungleichmäßige lokal-regionale Durchsetzung der Kommerzialisierung war wahrscheinlich auch eine Ursache für die außerordentlich unterschiedlichen Niveaus der Preise für Brennholz. Bei einer gleichen Tendenz zur Preissteigerung seit dem späten 18. Jahrhundert blieben in preußischen Staatsforsten regionale Unterschiede zwischen 200 bis 400 Prozent. Bei dem auf einem größeren Markt gehandelten Nutzholz waren dagegen weit geringere Preisdifferenzen üblich.[27]

Eine andere Grenze der Ökonomisierung der Forstwirtschaft und der Kommerzialisierung des Holzerwerbs erwuchs nicht aus dem schleppenden Gang der Agrarreformen, sondern gerade umgekehrt aus ihrer Durchsetzung. Mit der Etablierung des Privateigentums und dem freien Bodenverkehr wurde es nicht nur einzelnen Bauern, sondern auch den Gemeinden möglich, Waldland zu erwerben und so in einem kleineren Rahmen in den überlieferten Nutzungsformen fortzufahren. Teils wurde der kommunale Waldbesitz auch schon vor den Reformen gebildet. Angesichts des ständigen Ärgers über Holzfrevel verständigte sich z. B. die paderbornische Gemeinde Scherfede im Kreis Warburg 1794 mit ihrem klösterlichen Grundherrn, auf ihre Nutzungsrechte am gesamten Klosterwald zu verzichten – dafür aber einen Teil in Erbpacht und damit in das volle Eigentum zu übernehmen. Das war immerhin eine Waldfläche von über 2000 Morgen, deren Nutzung gänzlich innerhalb der Gemeinde bleiben sollte. Kein Eingesessener durfte Holz nach außen verschenken oder verkaufen, und Überschüsse sollten nur durch die Gemeinde verkauft werden. Im Unterschied zu Minden-Ravensberg, wo sowohl der kommunale als auch der staatliche Waldbesitz nur von einem vergleichsweise geringen Umfang war, verfügten im Paderborner Land die Landgemeinden über ein bedeutendes Liegenschaftsvermögen, zumeist an Wald. Sie besaßen in den 1860er Jahren annähernd 20% der gesamten Waldfläche von 250 000 Morgen, während der preußische Staat im Paderborner Land mit 94 000 Morgen 37% des Waldes in Besitz hatte; der Rest war überwiegend in den Händen des Adels, während es wohl, anders als in Minden-Ravensberg, keinen bedeutenden einzelbäuerlichen Waldbesitz gab.[28]

Das typische Verhältnis, daß sich der Staat und die ehemaligen feudalen Herrschaften die Masse des Waldbesitzes teilten, konnte also lokal beträchtlich differieren. Das berührt nicht unwesentlich den Klassengehalt des Holzdiebstahls. Es standen sich nämlich nicht nur die Allianz des Fortschritts aus agrarkapitalistischen Gutsbesitzern, Staatsbeamten und bürgerlichen Domänenpächtern einerseits und die Masse der Kleinbauern und Landlosen andererseits gegenüber, sondern auch die bäuerlichen Gemeinden selber und insbesondere die verschiedenen Schichten des Dorfes. Die genossenschaftlichen Kommunalwälder blieben vom Holzdiebstahl keineswegs verschont. So wurden in der Mitte der 1840er Jahre im Paderborner Land pro Jahr etwa 1000 Diebstähle in den gemeindlichen Forsten angezeigt. Auch in der Gemeinde Scherfede hörten die Holzfrevel nicht auf, so daß 1849 auf Betreiben des Gemeinderats das Holzrecht der Einwohner, d. h. das Recht, ein zugeteiltes Holzdeputat selbst zu schlagen, aufgehoben wurde. Die alte Genossenschaft zerbrach an inneren Rivalitäten. Nach 1849 durfte nur noch nach dem Ermessen des staatlichen Försters von Beauftragten der Gemeinde Holz geschlagen werden, welches dann meistbietend verkauft wurde.[29]

III

Nach dem bisher Gesagten ist anzunehmen, daß in den Holzdiebstahlsdelikten während der ersten Hälfte des 19. Jahrhunderts sich mehrere Delikttypen überlagerten, die in verschiedenen sozialen Zusammenhängen standen und sich durch verschiedene Tätergruppen bzw. Konfliktfronten auszeichneten. Solche soziogenetischen Typen des Holzdiebstahls lassen sich freilich nicht in ihren quantitativen Relationen auf die Kriminalitätsstatistik projizieren, sondern nur am Einzelfall exemplifizieren. Dies soll nun für den Holzdiebstahl als Bestandteil des grundherrlich-bäuerlichen Konflikts und als Form des Widerstandes gegen die agrarische Modernisierung im Kampf zwischen Bauern und landlosen Unterschichten versucht werden. Darüber hinaus wird der Zusammenhang zwischen Pauperismus und Holzdiebstahl durch einen innerregionalen Vergleich näher zu betrachten sein.

Wie nahe Prozesse um kommunale Rechte, Holzdiebstahl und Gewalt nebeneinanderlagen, zeigt ein Konflikt des Gutsbesitzers v. Haxthausen mit der Gemeinde Bredenborn im Kreis Höxter.[30] Seit dem 16. Jahrhundert war zwischen den beiden die Nutzung eines Waldareals von 800 Morgen umstritten. Rivalitäten zwischen dem lokalen Guts- und Grundherrn v. Haxthausen und dem Paderborner Domkapitel ermöglichten der Gemeinde zwar relativ erfolgreiche Vergleiche beim territorialen Gericht und beim Reichskammergericht, die aber ›vor Ort‹ gerade wegen den Besitzstreitigkeiten zwischen den adeligen Familien nicht viel wert waren. Umstritten waren Weide- und Holzrechte in bestimmten Waldteilen. Insbesondere konzedierte der Gutsherr der Gemeinde nur das Recht auf Fall- und sonstiges unbrauchbares Holz, während diese auch die Nutzung von Bauholz mit Ausnahme der Eichenbestände reklamierte. Gegen Ende des 18. Jahrhunderts hatte die Gemeinde durch ihren ständigen »Holzfrevel« den Wald inklusive der Eichen angeblich arg geplündert. Möglicherweise stand dahinter jene offensive Sicherung ihrer Rechte, welche die Gutsbesitzer manchmal fast bis zur Verzweiflung brachte und eine »unbedingte Ablösung« der bäuerlichen Holzrechte fordern ließ:

»Hat der Bauer das *Recht,* ins Holz zu gehen, und gewisse Gerechtsame auszuüben, so bleibt er nie bei diesen stehen, er dehnt sie stets aus, ja er nimmt geradezu fort, was er ohne Gefahr glaubt fortbringen zu können, er verdirbt und ruiniert das Holz, um es in die Cathegorie seiner Berechtigung zu bringen. Es ist dem Eigenthümer ganz ohnmöglich, eine strenge Aufsicht zu führen, denn es thäte fast Noth, bei jedem Baum einen Förster anzustellen.«[31]

Im Jahre 1802 spitzte sich der Streit neuerlich zu, als v. Haxthausen ein Achtel des Waldes in Schonung legen ließ. Die Gemeinde klagte daraufhin beim landesherrlichen Offizialatgericht wegen Verletzung ihres Miteigentums, wurde jedoch abgewiesen. Eine Revisionsklage im Jahre 1804 war dagegen insofern erfolgreich, als das erste Urteil zur neuerlichen Verhandlung zurückgewiesen wurde. Diese kam jedoch wegen der politischen Turbulenzen infolge der Säkularisation des geistlichen Staates 1803, der französischen Besetzung 1807 und der napoleonischen Kriege nicht mehr zustande. Mit der gerichtlichen Auseinandersetzung wurde der umstrittene Wald unter die staatliche (gerichtliche) Verwaltung gestellt: die Gemeinde mußte für ihr Holzdeputat und einen Förster bezahlen. Beides verschärfte noch die Situation. Die Eingesessenen verfolgten den Förster mit ständigen Feindseligkeiten bis zur Morddrohung, so daß dieser resignierte und 1819 seinen Dienst aufgeben wollte. Auch für ihr Holzdeputat waren die Bauern nach dem Bericht des Landrats (18. 3. 1820) nicht bereit zu zahlen, »weil sie, wie sie sagen, überhaupt noch nie Holz gekauft haben«. Eine Vielzahl von Geldstrafen war die Folge, deren Umfang in diesem Fall zwar nicht dokumentiert ist, der nach anderen Beispielen aber beträchtlich gewesen sein konnte. So gab v. Haxthausen einmal an, daß er aus drei Dörfern im Durchschnitt der Jahre 1778 bis 1808 jährlich 200 Taler Forststrafgelder eingenommen habe.[32]

1820 war der Konflikt zwischen dem Gutsbesitzer und der Gemeinde noch so angespannt, daß der Landrat zum Schutz des Waldes und des Försters die Stationierung eines Militärkommandos forderte, was von der Mindener Regierung jedoch abgelehnt wurde. 1824 erlitt die Gemeinde eine schwere Niederlage. Durch die staatliche Exekution in Form von Steuerzuschlägen wurde die hohe Summe von 592 Talern eingetrieben, welche die Gemeinde für eine tumultuarische Aneignung des von ihr reklamierten Eigentums zu zahlen verurteilt worden war. Im Jahre 1807 nämlich hatte v. Haxthausen Holz schlagen lassen, was prompt eine *taxation paysanne* nach sich zog. Die Bauern verhinderten den Abtransport und Verkauf des Holzes und verteilten es unter die Gemeindemitglieder. Die Rechtmäßigkeit ihrer Ansprüche dokumentierten sie bei dieser Aktion dadurch, daß sie eine Liste der Empfänger aufstellten, welche die Gemeinde noch 1825 in einem vergeblichen Protest gegen die Strafgelder vorbrachte. Daneben ging jedoch die gerichtliche Auseinandersetzung weiter, 1819 erhielt die Gemeinde ihre alten Rechte bestätigt. 1848 kam es schließlich zur Ablösung des »geteilten« Eigentums; die Gemeinde erhielt einen Teil des Waldes und eine Ablösungszahlung des Gutsherrn. Erst seit dieser Zeit hörten die Holz- und Waldfrevel angeblich auf.

In dem südöstlichen Teil des Paderborner Landes (Kreis Höxter) war der Holzdiebstahl so häufig wie nirgends sonst im Regierungsbezirk Minden. Er war hier ein fester Bestandteil der alltäglichen Reibereien oder des Tauziehens zwischen den Grund- bzw. Gutsherren und den armen Kleinbauern[33], deren Lage und Verhalten ein Mitglied der Familie v. Haxthausen, die Dichterin Annette von Droste-Hülshoff, in den Erzählungen »Die Judenbuche« und »Bilder aus Westfalen« sehr eindringlich geschildert hat. Nach ihren Worten wurde in dieser Gegend der Gutsbesitzer vom Bauern als

»Erbfeind oder Usurpator des eigentlich *ihm* (dem Bauern) zuständigen Bodens betrachtet, dem ein echtes Landeskind nur aus List, um der guten Sache willen, schmeichle, und übrigens Abbruch tun müsse, wo immer es könne.«[34]

Der geschilderte bäuerliche Holzfrevel war eine Folge der feudalen Herrschaftsstruktur; ihm wurde mit den Agrarreformen durch die Aufteilung der Eigentumsrechte der Boden entzogen. Freilich hörte damit der Holzdiebstahl nicht immer auf, wie das oben angeführte Beispiel der Gemeinde Scherfede zeigt. Er wurde nun aber zu einer Auseinandersetzung zwischen den Klassen, die in ungleichem Maße an der ökonomischen Modernisierung partizipieren konnten. Die »Holzdiebe« verteidigten in diesem Klassenkampf nicht mehr nur überkommene Nutzungsrechte, sondern eine ganze Form ihrer wirtschaftlichen Bedürfnisbefriedigung, die auf kollektive Nutzungsrechte komplementär gestützte Familienwirtschaft. Einen solchen, sehr erbittert geführten Kampf läßt der um 1800 in der regionalen Presse dokumentierte Holzdiebstahl in Ravensberg erkennen, der merkwürdigerweise ein erregtes Presseecho, aber kaum einen Niederschlag in den staatlichen Akten fand.[35]

Nicht nur die Bedürftigkeit infolge des Holzmangels und der Kommerzialisierung des Holzerwerbs prägte den Holzdiebstahl im proto-industriellen Ravensberg, sondern auch – zumindest in bestimmten Formen – die Veränderung der Beziehungen zwischen den Bauern und Heuerlingen durch die Agrarreformen und besonders durch die Gemeinheitsteilungen in den letzten Jahrzehnten des 18. Jahrhunderts. Bei diesem Prozeß erodierte das paternalistische Verhältnis zwischen Bauer und Heuerling, während das marktbestimmte Klassenverhältnis stärker in den Vordergrund trat. Bei den Gemeinheitsteilungen wurde das ehemals auch von den Heuerlingen als Weide mitbenutzte Land zunächst allein unter den Bauern aufgeteilt. Nach Beschwerden und Deputationen der Heuerlinge zum königlichen Hof in Berlin sollte dann ein gewisser Heuerlingsteil für die Weide reserviert werden. Dies wurde jedoch nur unter bestimmten Voraussetzungen und nicht überall durchgeführt, da die Bauern das Land selbst nutzen wollten. Für diese war die Zeit der Gemeinheitsteilung eine Art Gründerperiode, während die Lage der Heuerlinge sich verschlechterte. Ein die Entwicklung kritisch beobachtender Beamter aus Schildesche bei Bielefeld berichtete 1809:

Während sich das Angebot an Pachtland teils verminderte, »wuchs die Dienstbarkeit der armen Heuerlinge mit jedem Jahre, und als einmal die Bauern mit der Vermehrung ihres Vermögens im Zuge waren, da fiel auch ihre sonstige Gutmütigkeit gegen ihre Heuerlinge, die obendrein den Genuß einer freyen Weide verloren, und denen der Bauer im allgemeinen wenig oder gar keinen Ackerboden in Miethe gab, theils weil er den Nutzen hieraus selbst ziehen wollte, theils weil er seinem Heuerling, den er selbst beschäftigte, die Zeit zur Kultur derselben nicht gönnen konnte«.[36]

Die Heuerlingswirtschaft aus Spinnen bzw. Weben, Tagelöhnerdiensten und eigener Landwirtschaft, die in dieser Komplexität eine gewisse Selbständigkeit der Familie bot, war also gefährdet. Der Heuerling wurde teils zum reinen Landarbeiter, teils zum Einlieger und Berufsspinner bzw. -weber ohne (genügend) Land, der beim Widerspruch gegen den Bauern die Kündigung zu gewärtigen hatte. Dies geschah offenbar nicht selten, denn schließlich prozessierten die Heuerlinge, »daß ihre Miethsherren angehalten werden möchten, ihnen ihren Mieths-Contract *ad dies vitae* zu verlängern, und zwar so, wie er bisher gewesen . . .« Eine solche Umwandlung der – wie sich gezeigt hatte – unsicheren gewohnheits- und privatrechtlichen Zeitpacht in eine gesetzlich geschützte Pacht war nichts Geringeres als eine konservativ-revolutionäre Forderung, die sich letztlich gegen den marktregulierten Umgang mit dem notwendigsten Lebensmittel der ländlichen Gesellschaft, Grund und Boden, richtete. Sie wurde jedoch als »ungerecht«, als nicht justiziabel abgeschlagen, da ja das Verhältnis zwischen Bauer und Heuerling rechtlich ein »Privatverhältnis« war. Offenbar in diesem Stadium eskalierte der Konflikt zur gewaltsamen Auseinandersetzung, obgleich aus den Presseberichten der Verlauf der Auseinandersetzungen chronologisch nicht genau rekonstruierbar ist:

»Seitdem ward der Köttergeist [d. i. der Geist der Heuerlinge, J. M.] immer mehr *esprit de corps*, und wo sie nur konnten, machten sie die Sansculotten, und die Bauern repräsentierten die Aristocraten. Ich hatte vor mehreren Jahren, als sich die Bauern eben so ungerecht und aufrührerisch gegen ihre Gutsherren betrugen, Gelegenheit, ihnen dies Köttermanöver vorherzusagen, milderte dadurch ihren harten Sinn, und dies Vorhersagen hatte mir ihr Zutrauen erworben; aber den Köttergroll kann ich nicht beugen, und nur die Gegenwart des Regiments und die Einquartierung der Füsilierbrigaden und der Blücherschen Husaren auf dem platten Lande halten ihn noch einiger Maßen im Respecte. Er äußert sich aber in den Waldungen der Bauern auf eine so merkliche Art, daß man ihre Gesinnungen ohne Buchstabieren lesen kann ... Der Kötter und unbedeutende Brinklieger [d. s. kleinstbäuerliche Siedler, J. M.] gehen des Nachts in ganzen Scharen in das Holz irgend eines Bauern, dem sie es besonders scheinen zugedacht zu haben, und schneiden mit ihrer diebischen Spansäge die schönsten, im besten Wachsthume stehenden Bäume und namentlich auch junge Eichen, ganz nach ihrer Bequemlichkeit ab, zwey Fuß über der Erde, denn sie haben einen solchen Schrecken unter die Besitzer gebracht, so laut gedroht, gehen so laut und unversteckt zu Werke, daß der Bauer seines Lebens nirgend weniger sicher ist, als zwischen seinen Bäumen, die er selbst gepflanzt hat.« Tatsächlich sei ein Bauer, der den Dieben nachstellte, von diesen überfallen und an einen Baum gefesselt worden, wo man ihn erst am nächsten Morgen halb erfroren fand.[37]

Der Holzdiebstahl war hier angesichts der militärischen Einquartierungen und der früheren Niederlagen eine Form schon ohnmächtiger Rache. Gleichwohl wurde im selektiven Vorgehen gegen einzelne, bestimmte Bauern und besonders gegen die Anpflanzungen, das handgreifliche Symbol der agrarischen Veränderungen – wie die Obstgärten, die ebenfalls stark geplündert wurden –, der Anlaß der Gewalt noch demonstriert.

Die bürgerlichen Beobachter, die teils auch Opfer des Holzdiebstahls in Ravensberg waren, die Domänenpächter, Pfarrer und Reiseschriftsteller, wurden von der Eruption des Konflikts bei den Gemeinheitsteilungen auch deshalb aufgeschreckt, weil er das Eigentumsprinzip da berührte, wo es gerade erst durchgesetzt wurde und dem bürgerlich-reformerischen Selbstverständnis ein Unterpfand des Fortschritts war, eben in der Ablösung der »Nomadenwirtschaft« auf den Gemeinheiten.[38] So stießen nicht nur Interessen, sondern auch zwei gegensätzliche Vorstellungen über Recht und das gesellschaftlich Nützliche zusammen: die unbedingte Schutzwürdigkeit des Eigentums als ein moralisch und wirtschaftlich fortschrittliches Gut und das Recht auf Subsistenz in den traditionellen Formen. Sie wurden von beiden Seiten auch gegenüber dem Staat eingeklagt, in der Forderung nach einer scharfen Verfolgung bis hin zur Einführung des »Martialgesetzes« im »innerlichen Kriege« gegen die Diebe von der einen Seite[39] und in einer selbstbewußten Erwartungshaltung an eine sozial verantwortliche Obrigkeit von der anderen Seite. Wohl dieselben Heuerlinge, die in den Wäldern ihren Protest dokumentierten, richteten 1809 eine Eingabe an den Oberpräfekten des damaligen französischen Departements:

»Wir seufzen noch immer vergebens nach dem Ziele unserer Hülfe, die wir von Ew. Hochwohlgebohren Gnaden erwarten thun und wir haben noch keinen Hudetheil von unseren Wirthen. – Gott hat Ew. Hochwohlgebohren Gnaden nur erhöht und wir hoffen zu unseren Glücke, daß Sie unsere Noth und unser Recht kennen thun. – Ew. Hochwohlgebohrene Gnaden müssen uns nun auch bald helfen thun, da wir mußten Kopfsteuer bezahlen und noch Vielmehr und haben nichts davor. – Gott, der alle guten Gaben kennt und belehnet, wird Ihre Gnade öffentlich vergelten und wir wollen ihm inständig danken. – Ew. Hochwohlgebohren Gnaden allerunterthänigste Knechte – die sämtlichen Heuerlinge im Canton Schildesche.«[40]

Diese Sprache ist trotz aller fordernden Bestimmtheit, mit der die Obrigkeit an ihre religiös begründete soziale Pflicht erinnert wird, wohl kaum die Sprache der radikal-demokratischen Sansculotten der Französischen Revolution, die der Autor des vorletzten Zitats den Heuerlingen zuschrieb. Einen Zusammenhang des Protests mit der Französischen Revolution, seine Anstachelung durch die Ereignisse in Frankreich, zu behaupten war nach 1789 so wohlfeil wie von der Angst diktiert. Diese Angst war freilich dann nicht grundlos, wenn man im bestimmten Anspruch der Unterschichten nur den Anfang einer grenzenlosen Begehrlichkeit erblickte, während man zur Lösung des Widerspruchs zwischen Armut und Privateigentum (oder später: zwischen Kapital und Arbeit) nichts anbieten konnte außer der »strengen Gerechtigkeit« im Schutze des Eigentums. Der Autor des »Hülfe«-Rufes aus der Grafschaft Ravensberg beschwor 1802 das Sicherheitsbedürfnis der Besitzenden vor den Unterschichten – und schlug damit ein Thema des ganzen 19. Jahrhunderts an, die bürgerliche Revolutionsangst:

»Besser ist es doch, Verbrechen dieser Art zu verhindern, als sich hernach gezwungen sehen, mit Kartätschen dazwischen zu schießen . . . Die Zahl derer unter uns, die sich aus dergleichen Verbrechen weiter kein Gewissen machen, ist sehr, sehr groß, viel zu groß, als daß das wahre Wohl des Staates dabey fortan bestehen könnte; dieser Geist ist wirklich Volksgeist geworden; sollte der Schritt zu höheren Verbrechen wohl noch schwer sein? Unsere Holzdiebe sehen denjenigen, der sie in ihrem Gewerbe stöhren will, als ihren Feind und den Feind der Armuth an, gegen welchen sie zur Notwehr befugt wären; sie haben kein Holz, der Bauer hat mehr als er braucht, *ergo*. Bald werden sie inne werden, daß der Bauer mehr Roggen hat, als sie, und werden mit ihm theilen; dann werden sie Menschen entdecken, die mehr Geld haben, als sie, und werden es ihm nehmen und, von ihrem Befugtseyn immer noch überzeugt, denjenigen aus dem Wege räumen, der sie daran verhindern will. Zwischen Verbrechen und Verbrechen macht der gemeine Mann keinen genauen Unterschied, und was der Staat schleichen läßt, erlaubt ihm auch sein Gewissen, und sieht es nicht für etwas Böses an. Bewahre uns Gott vor der Gradation, auf welcher unser Volk im Begriffe steht, höher zu steigen, ohne an den Galgenbalken zu kommen! Strenge Gerechtigkeit kann uns allein noch retten . . .«[41]

So schrieb ein durch die Aufklärung Gebildeter, wahrscheinlich ein Pfarrer in Ravensberg. Und die angegriffenen Bauern? Sie setzten die »strenge Gerechtigkeit« auf ihre Art durch, mit der drastisch-brutalen Selbsthilfe der »Volksjustiz«. Darauf wird noch zurückzukommen sein.

Gegenüber den bisher geschilderten Typen des Holzdiebstahls enthüllt die Justizstatistik einen weiteren, der nicht unmittelbar mit den strukturellen Spannungen und Konflikten in der ländlichen Gesellschaft verbunden ist, den Diebstahl aus blanker und akuter Not. Bei allen Problemen der quantitativen Messung der Kriminalität – der wahrscheinlich sehr hohen Dunkelziffer gerade bei den »kleinen« Delikten[42], der steigenden Zahl von Anzeigen durch den Ausbau der Sicherheitspolizei – zeigt sich doch eine enge Parallelität der Eigentumsdelikte, des Diebstahls von Lebensmitteln und Holz, mit der der wirtschaftlichen Konjunktur. Insbesondere in den Notjahren stieg mit den Getreidepreisen auch die Zahl der Diebstähle.[43] Dieser Zusammenhang zwischen Pauperismus und Kriminalität schlug sich auch im saisonalen Charakter nieder, in der größten Häufigkeit der Holzdiebstähle im Winter, in der Geringfügigkeit der meisten Delikte und insbesondere in der prophylaktischen Reaktion der Gemeinden. Wie selbstverständlich bildeten sie in den Notjahren und Zeiten der Erwerbslosigkeit der »ärmeren Volksklasse« nächtliche Patrouillen zum Schutz des Eigentums, da die Polizei personell zu schwach war, die Sicherheit zu gewährleisten.[44]

Die Armut war wohl der unmittelbare Anlaß für die meisten Vergehen. Aber dennoch ist auch der notbedingte Holzdiebstahl noch vom Wandel der gesellschaftlichen Struktur gezeichnet. Er trat offenbar in das Vakuum, das die Erosion der paternalistischen Unterstützung der Armen oder die Überforderung der kommunalen Armenkassen in den bevölkerungsreichen Gemeinden hinterließ. Der Holzdiebstahl variierte daher auch mit den Leistungen der Armenpolitik. In der Gemeinde Heepen ging nach den Kohlelieferungen im Winter 1840/41 die Zahl der Holzdiebstähle drastisch zurück auf das Verhältnis 1:24 Delikte vor der Unterstützung.[45] Ein solcher Umschwung macht vorstellbar, daß der Holzdiebstahl auch eine Selbsthilfe gegen den versagenden Paternalismus war. Dieser Hintergrund scheint auf in einer Eingabe von 1841 an den Verwalter eines landrätlichen Gutes im Kreise Bielefeld, in der die »Liebesgabe« mehr gefordert als erbeten wurde:

»Euer Hochwohlgeboren hatten schon im verflossenen Winter die Gnade, mir etwas Brennholz zuzusichern. O, daß ich des Glückes teilhaftig werden möchte, in dieser Hinsicht eine Anweisung auf den Herrn von Ditfurth [den Landrat, J. M.] zu erhalten! Denn jetzt bietet sich zu einer solchen Liebesgabe die beste Gelegenheit dar. Ach, verehrungswürdigster Herr Ober-Regierungsrath! verstoßen und versäumen Sie einen unglücklichen Landsmann nicht! Einen fröhlichen Geber hat Gott lieb! und des Himmels reichster Segen kann demselben nicht entgehen. – Friede und Freude sei mit Euer Hochwohlgeboren im Leben, Friede und Freude im Grabe und Friede und Freude einst am Throne des Gerichts!!! – In höchster Devotion – Hochdero Unterthänigster C. F. Ronge.«[46]

Die religiöse Aufdringlichkeit dieser Petition, die einen pietistischen Autor vermuten läßt, verrät etwas von der Selbstverständlichkeit, mit der man die »Gnade« erwartete. Was folgte, wenn sie einmal nicht erteilt wurde? »Weißt du nicht«, so hat angeblich eine Heuerlingsfrau ihren Mann zum Holzdiebstahl aufgefordert, »was geschrieben steht: Wer seine Hausgenossen nicht versorgt, der ist ärger als ein Heide ... Tu das, was er [der Bauer, J. M.] freiwillig längst hätte tun sollen.«[47] Jenem Bittsteller wurde zwar ein Geschenk in Aussicht gestellt unter der Bedingung, daß Abfallholz vorhanden sei. Eben diese Bedingung war im allgemeinen aber das kritische Element, weil sie den Anspruch auf »Gerechtigkeit« Erwägungen der Nützlichkeit und eine festumrissene und traditional legitimierte Erwartungshaltung der persönlichen Willkür unterwarf. Oder, wie v. Haxthausen schrieb: Kein Waldeigentümer werde den »armen Leuten« das Raff- und Leseholz verweigern. »Allein damit stets eine strenge Aufsicht und Kontrolle möglich bleibt, darf es nie eine Gerechtigkeit werden«.[48]

Allerdings sollte man die Genese des Holzdiebstahls aus dem Pauperismus auch nicht überschätzen. Ein »Recht auf Diebstahl« wurde von den Armen wohl kaum selbstverständlich oder umstandslos reklamiert. Dieser war eher eine situations- und sozialstrukturell-spezifische Reaktion, für die – wie bei den Hungerunruhen – die Armut zwar eine immer vorhandene, aber möglicherweise nicht entscheidende Bedingung war.[49] Diesen Schluß legt auch die extrem unterschiedliche Häufigkeitsverteilung der Holzdiebstähle und sonstigen Holzfrevel innerhalb des Regierungsbezirks Minden nahe (vgl. Tabelle 1). Im Jahre 1837 war die Häufigkeit dieser Delikte im kleinbäuerlichen Paderborner Land mehr als 20mal größer als im proto-industriellen Minden-Ravensberg; in jenem Gebiet kamen 89,07 Untersuchungen auf 1000 Einwohner, in diesem nur 3,99. In einzelnen Gerichtsbezirken des Paderborner Landes war diese Häufigkeitsziffer noch um ein Mehrfaches größer und überragte geradezu astronomisch auch noch die höchsten Ziffern in Minden-Ravensberg.[50]

Zwar ist bei dieser ungleichmäßigen Verteilung der größere Waldreichtum im Paderborner Land und besonders die gerade in der Mitte der 1830er Jahre sich auf dem Höhepunkt bewegende schwere Krise der Paderborner Kleinbauern zu berücksichtigen. In Minden-Ravensberg dagegen lag zu diesem Zeitpunkt die chronische Armut besonders der Spinner noch vor dem akuten Notstand der 1840er Jahre. Andererseits aber war dieser Unterschied in der Bedürftigkeit auch wieder nicht so groß, so daß man davon ausgehen kann, daß jene Zahlen auch einen realen Unterschied widerspiegeln, zumal es unwahrscheinlich ist, daß die Verfolgung der Holzdiebstähle im Paderborner Land wesentlich schärfer war als in Minden-Ravensberg. Insofern weisen die innerregionalen Unterschiede auf den notorischen und berüchtigten Holzdiebstahl im Paderborner Land hin, der trotz der heftigen Konflikte um die Jahrhundertwende in Minden-Ravensberg keine Parallele hatte. Im Unterschied zur kleinbäuerlichen Teilregion konnte, so scheint es, im proto-industriellen Gebiet unterm Schirm der bäuerlichen sozialen Kontrolle über die Unterschichten der Konflikt um 1800 strukturell gelöst werden, wenn auch kaum zugunsten der Landlosen: durch die Suspension der unterbäuerlichen Landnutzung bei einer Vereinseitigung auf die gewerbliche Arbeit, während der Verkauf von Garn und Leinen auch die Geldmenge ins Land brachte, die auf dem Markt für Lebensmittel zirkulierte. Tatsächlich differenzierte sich in Minden-Ravensberg seit der Jahrhundertwende die Heuerlingsklasse in die alten Heuerlinge,

Tabelle 1: Zivilprozesse und Untersuchungen wegen Holzdiebstahls und Forstfrevels bei den Untergerichten im Regierungsbezirk Minden im Jahr 1837

Gerichtsbezirk	Ein-wohner	Holzdiebstahl u. Forstfrevel		Zivilprozesse	
		absolut	pro 1000 Einw.	absolut	pro 1000 Einw.
I. Minden-Ravensberg (einschl. Kreis Wiedenbrück)					
Minden	25 305	194	7,66	4 557	180,08
Petershagen	7 509	51	6,79	2 084	277,53
Petershagen (P)	14 067	41	2,91	3 011	214,04
Rahden	20 938	19	0,90	3 376	161,23
Lübbecke	25 865	57	2,20	4 735	183,06
Herford	20 200	242	11,98	4 388	217,22
Bünde	33 311	36	1,08	13 400	402,26
Vlotho	15 812	267	16,88	2 969	187,76
Halle	30 973	104	3,35	5 058	163,30
Bielefeld	38 867	43	1,10	8 865	228,08
Rietberg	14 616	12	0,82	2 639	180,55
Wiedenbrück	8 551	2	0,23	1 185	138,58
Rheda (P)	13 156	7	0,53	1 246	94,70
Summe	269 170	1 075	3,99	57 513	213,66
II. Paderborner Land					
Paderborn	46 030	1 105	24,00	4 449	96,60
Nieheim	15 452	616	39,86	1 475	95,45
Beverungen	6 888	1 725	250,43	754	109,46
Brakel	15 497	1 525	98,40	2 323	149,89
Büren	17 167	590	34,36	1 645	95,82
Fürstenberg (P)	5 624	951	169,09	768	136,55
Warburg	28 839	2 612	90,57	3 561	123,47
Höxter	14 739	4 259	288,96	2 119	143,76
Summe	150 236	13 383	89,07	17 094	113,78
Summe I u. II.	419 406	14 458	34,47	74 607	177,88

P = Patrimonialgericht; sonst: Staatliche Untergerichte.

Quelle: Starke, Justiz-Verwaltungs-Statistik des Preußischen Staates, Berlin 1839, S. 365-398 (Departement des Ober-Landesgerichts zu Paderborn).

die ihre Landnutzung behielten, und in Einlieger-Proletarier bei den Kleinbauern, die »nur noch dem Namen nach Heuerlinge waren«[51], in Wirklichkeit jedoch ausschließlich Garnspinner, Leineweber und/oder Gelegenheitsarbeiter.

Im Paderborner Land, wo der Sog der proto-industriellen Arbeitskräftenachfrage fehlte, war eine solche Entwicklung nicht möglich. Im Gegenteil ist die Annahme nicht abwegig, daß hier für viele Kleinbauern und Landarbeiter der Holzdiebstahl bis zu einem gewissen Grade ein Äquivalent für die mangelnden außeragrarischen Einkommen war. Davon waren manche Zeitgenossen überzeugt. »In mehreren Dörfern« ernährte sich nach der Meinung des Landrats im Kreis Paderborn »ein großer Teil der geringen Einwohner vom Verkauf des gestohlenen Holzes«; die Hälfte des Brennholzes auf dem wöchentlich zweimal stattfindenden Holzmarkt in der Stadt Paderborn sei gestohlen.[52] Genauer unterschied der Revierförster Borchardt neben den Gelegenheitsdieben drei Gruppen unter den »Holzdieben von Profession«: die ortsansässigen besitzlosen Tagelöhner; die verschuldeten Kleinbauern, die durch den Verkauf von gestohlenem Holz ihre Wirtschaft zu retten suchten, und die besonders aggressive Gruppe derer, die der Familie und Seßhaftigkeit »das freieste, ungebundendste, liederlichste Leben ... vorziehen«.[53] Am charakteristischsten für die Krise des kleinbäuerlichen Dorfes waren jedoch die Tagelöhner, die nur wenig Arbeit fanden und für die ein »Holzdiebstahls-System« tatsächlich eine Existenzbedingung war: »An den Rändern der Gesetze und Gebräuche verfügten sie über einen Toleranzraum, den sie sich durch Gewalt oder Hartnäckigkeit erobert hatten.«[54] Jenes »System« beschreibt Borchardt so: Schon als Kinder und Gesinde bei den verarmten Kleinbauern lernten sie die Kniffe des Holzfrevels. Früh heiratend, bauten sie sich eine Hütte aus gestohlenem Holz und ernährten die Familie durch bandenmäßig organisierten Holzdiebstahl, Schmuggel, gelegentliche Lohnarbeit und eine kleine Viehwirtschaft, für die mangels Ackerbesitz das Futter auch wieder gestohlen werden mußte. Endlich wurde das gegen Feuer versicherte Haus angezündet, das »Brandgeld« kassiert und mit wieder gestohlenem Holz ein neues gebaut, »wobei diese Menschen noch den beabsichtigten Vorteil erlangen, durch solche Brände die beste Gelegenheit zum vorteilhaften Absatz und Verkauf der übrigen gestohlenen Hölzer herbeigeführt zu haben«.[55] Mag dieses

Bild durch die leidvollen Erfahrungen des Försters in den nicht selten gefährlichen Auseinandersetzungen mit den Holzdieben auch übersteigert sein, so spricht die außergewöhnliche Höhe der ausbezahlten Versicherungssummen für abgebrannte Gebäude doch für ihn.[56]

Vergleichbares gab es in Minden-Ravensberg nicht, obwohl der Holzdiebstahl auch hier während des Vormärz natürlich nicht verschwand. Er hatte jedoch nicht mehr die sozialstrukturell symptomatische Bedeutung wie im Paderborner Land. Auffallend in den Vordergrund trat in dieser proto-industriellen Region eine Kriminalität zur puren Existenzsicherung. Die Bestrafungen von Kindern und Jugendlichen, meist wegen Feld- und Gartendiebstählen, nahm hier bis 1850 laufend zu, während die Anzeigen über die ›gewöhnlichen‹ Diebstähle von Lebensmitteln darauf hinweisen, daß dieser in Minden-Ravensberg wahrscheinlich häufiger war als im Paderborner Land.[57] Da die große Mehrheit der Bevölkerung mehr oder weniger am Textilgewerbe beteiligt war, bildeten hier die Garnpreise wie anderswo die Getreidepreise das Krisenbarometer. »Bemerkenswert bleibt es«, schrieb 1838 der Herforder Landrat, »daß nach Maßgabe, wie die Garnpreise fallen oder steigen, die Verbrechen, namentlich die Diebstähle und die Schuldklagen zu- oder abnehmen.«[58] Einen Eindruck davon vermittelt ein Bericht im Jahre 1821 aus einem kleinen Verwaltungsbezirk im Kreis Herford, der nur einige Dörfer umfaßte. Der Beamte schildert die Vorfälle während eines Monats in einer Zeit besonders niedriger Garnpreise:

»Sicherheitspolizei: steht schlecht. Allenthalben wird gestohlen und eingebrochen. Am 3./4. d. M. sind dem Prediger Weihe – Mennighüffen – alte Kleidungsstücke, am 10./11. dem Commerzianten Hellmann in Gohfeld eine Quantität Kaffee, Bettzeug, Leinwand, am 19./20. dem Colon Poggemüller in Holsen 2 Seiten Speck, am 26./27. dem Heuerling Buchholz Garn und Hemden und dem Colon . . . [?] zu Oberbauerschaft Betten gestohlen (worden).«[59]

Gegenüber dem Holzdiebstahl war bei diesem Mundraub die sozialstrukturell verankerte Front zwischen Dieben und Bestohlenen stark aufgelöst. Auch der Heuerling blieb nicht verschont, obgleich natürlich die Besitzenden das naheliegendere Opfer waren.

Schwieriger wird die klassenmäßige Zurechnung von Kriminalität bei einem anderen Phänomen. Sozialstrukturell noch charakteristischer als die relativ geringe Häufigkeit der Holzdiebstähle und die stärkere Verbreitung von Lebensmitteldiebstählen scheint für Minden-Ravensberg die Zahl der Zivilprozesse zu sein, die hier bald doppelt so hoch war wie im Paderborner Land (vgl. Tabelle 1). Diese Prozesse sind nämlich ein gewisser Indikator für die Durchsetzung der Geldwirtschaft bzw. des Geldverkehrs im Alltag und der Geldknappheit. Sie wurden bei den Untergerichten unter der Kategorie »Bagatell- und Injuriensachen« registriert. Zumeist standen, wie eine andere Aufschlüsselung der Prozeßgegenstände zeigt, Schuldklagen über relativ kleine Beträge dahinter (vgl. Tabelle 2). Die Gläubiger, die so ihr Geld einklagten, waren zwar auch die Gutsherren, die städtischen Kaufleute und insbesondere die Holzhändler; in einer Vielzahl der Fälle waren es jedoch ihrer sozialen Lage nach fast die gleichen Leute wie die Schuldner. In vier von fünf Fällen der Schuldklagen, schrieb das Stadt- und Landgericht Halle 1823, sei der Gläubiger die persona miserabilis: der kleine Krämer, der den Lieferanten zu bezahlen hatte, und besonders der Kleinbauer, der »keine andere baare Einkünfte hat als die Mietsgelder von seinen Heuerlingen, worauf er rechnet, wenn seine Abgaben und etwaige Schulden fällig werden . . .«[60]

Der kleine Kredit, der zum fast ständigen Überlebensmittel in der Borgwirtschaft der Unterschichten dort wurde, wo die Lebensmittel zunehmend nur gegen Geld zu bekommen waren und die Einkommen nie ausreichten, setzte auch eine neue Form der alltäglichen Kriminalität, den Betrug, frei. Er trat neben den Warenbetrug und Warendiebstahl, den typischen Formen der alltäglichen Auseinandersetzung zwischen den proto-industriellen Produzenten und Kaufleuten.[61] Das schon zitierte Gericht Halle berichtet weiter:

»Die tägliche Erfahrung bezeugt es, daß die meisten Schuldner, selbst diejenigen, die zur Zahlung im Stande sind, ihren Creditoren auf alle mögliche, selbst hinterlistige Art hinzuhalten suchen und ihnen mit Undank lohnen«. Die Heuerlinge würden Pfändungen dadurch zu unterlaufen suchen, daß sie ihren Mobiliarbesitz Dritten verschreiben. Am liebsten machen sie Geschäfte mit den Juden, »in der Meinung, daß, weil diese nach ihrem Dafürhalten gerne betrügen, ihnen das Wiedervergeltungsrecht zustehe und sie ihn zu überlisten hoffen. Tritt nun das Gegenteil gewöhnlich ein, und sie werden selbst betrogen, wer kann sie bemitleiden, daß sie in ihre eigene Grube fallen?«[62]

Tabelle 2: Gegenstände der Zivilprozesse bei den Untergerichten im Regierungsbezirk Minden, jährlicher Durchschnitt 1826-1828

Prozeßgegenstände	Absolut	Prozent
Schuldklagen aller Art	54 727	87,8
davon: unter 20 Taler	44 205	70,9
20 bis 50 Taler	6 466	10,4
über 50 Taler	4 056	6,5
Servituts-, Grenz-, Bau- und Possessionsklagen	998	1,6
Erbschaftssachen und Familien- auseinandersetzungen	512	0,8
Bäuerliche Abgaben und Leistungen für Gutsherren	867	1,4
Ehescheidungs- und Sponsaliensachen	114	0,2
Alimentation unehelicher Kinder	556	0,9
Injuriensachen	2 695	4,3
Prozesse über sonstige Gegenstände	1 830	2,9
Zahl sämtlicher Prozesse	62 299	100

Quelle: Bericht des Oberpräsidenten Vincke an das Innenministerium, 1. 12. 1831, in: STAM OP 370, Bl. 25 ff.

Diese Schilderung wirft ein Schlaglicht auf die ambivalente Bedeutung des Geldes für die die naturale Selbstversorgungs- und Tauschwirtschaft hinter sich lassenden proto-industriellen Unterschichten. Nie genügend vorhanden, eröffnete es gleichzeitig auch neue Wege des Konsums, wie der häufige Vorwurf des sorglosen Leichtsinns und Luxus annehmen läßt. Vermutlich geschah dies auch deshalb, weil Geld zwar schon ein allgemeines Tauschmittel war, aber auch noch eine kostbare »klingende Münze«, die in der traditionellen Gesellschaft vorzugsweise gegen andere Kostbarkeiten des Prestigekonsums eingetauscht wurde.[63] Jedenfalls mußte die moralische Disziplin der Geldwirtschaft erst noch durchgesetzt werden. Dies erfolgte »von oben« mit einer ähnlichen Konsequenz und Raison, wie die »Forstpolizei« den Holzdieben zusetzte. Was für diese der Förster, war für die kleinen Schuldenbeträger der Gerichtsvollzieher. Die Mehrheit der Gerichte in Minden-Ravensberg hielt 1823 eine unnachsichtige Exekution von Schulden, selbst um den Preis der totalen Auspfändung bis zum Spinnrad und Bettzeug, für notwendig. Denn nur durch die Furcht, die elementaren Werkzeuge und Lebensmittel zu verlieren, bleibe der Heuerling kreditwürdig. Erst angesichts des großen Notstandes 1843 wurde die schon 1823 geforderte Ausnahme wenigstens des Bettzeugs von der gerichtlichen Pfändung zugelassen.[64]

IV

Die regionalen Unterschiede in den vorherrschenden Formen der »sozialen Kriminalität« und ihre Einbindung in jeweils spezifische soziale Strukturen zeigen sich auch in der Sanktion des Holzdiebstahls. Sie dokumentieren nicht selten ein Maß von brutaler Gewaltsamkeit, das gegenüber der Vorstellung eines meist harmlosen Delikts überrascht. Dazu sollen im folgenden einige Beobachtungen zur Praxis und Wirksamkeit der staatlichen Strafverfolgung, zum Widerstand gegen diese und zu den vorstaatlichen Sanktionen gesammelt werden.

Die strafrechtliche Sanktion des einfachen Holzdiebstahls ist zunächst gekennzeichnet durch eine doppelte Wirkung der sukzessiven Durchsetzung des modernen Rechtsstaates in Preußen. Das allgemeine Holzdiebstahlsgesetz von 1821, bezeichnenderweise gleichzeitig erlassen mit der Gemeinheitsteilungsordnung, hat im Interesse der »Waldkultur« und der Waldbesitzer zwar die Geldstrafen gegenüber den älteren Verordnungen erhöht, gleichzeitig aber die Härte überkommener Strafformen gemildert. Die Geldstrafe wurde angehoben vom doppelten auf den vierfachen (unter bestimmten Umständen, wie nächtlichem Diebstahl, auch den sechsfachen) Wert des gestohlenen Holzes (bzw. einer ersatzweisen Gefängnisstrafe oder Strafarbeit), die entehrende Körperstrafe hingegen aufgehoben, die für den »gemeinen Diebstahl« bis 1848 neben der Gefängnisstrafe exekutiert wurde. Eine preußische Verordnung von 1800 hatte für den dritten und folgenden Holzdiebstahl noch eine 14tägige Zuchthausstrafe »mit derben Willkommen und Abschied« festgelegt, während die »Holzordnung« im alten Fürstbistum Paderborn für den dritten Holzdiebstahl den »Civilpfahl« vorsah, eine Strafe, die bei Zahlungsunfähigkeit auch schon beim ersten Diebstahl an die Stelle der Geldstrafe trat. Diese Aufhebung der Körperstrafe war um so bedeutender, da

Prügeln als eine spezifische Herrschaftsform noch zum Alltag des Vormärz gehörte und nicht zuletzt bei den Opfern der Holzdiebe, den unteren Beamten und Waldbesitzern, als die wirksamste Strafe galt.[65] Das Verlangen der von den Gutsbesitzern dominierten Provinzialstände nach einem höheren Strafmaß ging in das neue Holzdiebstahlsgesetz von 1852 vor allem durch konditionale Bestimmungen ein. Der einfache Holzdiebstahl wurde weiterhin mit einer Geldbuße entsprechend dem vierfachen Wert des entwendeten Holzes geahndet. Beim ersten oder zweiten Rückfall stieg die Geldbuße jedoch auf den sechsfachen Wert, während nach dem dritten Rückfall wie im Gesetz von 1821 eine Gefängnisstrafe von mindestens vier Wochen ausgesprochen werden sollte. Konkret folgenreicher war aber wohl eine andere Neuerung, die vierzehntägige Gefängnisstrafe neben der Geldstrafe schon beim ersten bis dritten Holzdiebstahl dann, wenn dieser »zum Zwecke des Verkaufs des Entwendeten« oder in Gemeinschaft mit drei oder mehr Personen verübt worden war. Dies war aber nach der Erfahrung des Försters Borchardt fast die Regel, so daß die intendierte Differenzierung zwischen einem kriminellen und notbedingten Holzdiebstahl in der Praxis wohl schwer nachzuvollziehen war.[66] Durch die konditionale Verschärfung wurde der einfache Holzdiebstahl dem »gemeinen Diebstahl« nähergerückt, der obligatorisch mit einer Gefängnisstrafe geahndet wurde. Dies war eine Kriminalisierung des Massendelikts, die eine Parallele hatte in der Diskriminierung des Holzdiebstahls als ehrenrührige und »niederträchtige Handlung«, die den Verlust bürgerlicher Ehrenrechte nach sich ziehen konnte oder sollte.[67] Dieser Tendenz zur Kriminalisierung wirkte allerdings eine neue Regelung des Rückfalls bis zu einem gewissen Grade entgegen. Als rückfälliger Holzdieb sollte nach 1852 nur dann jemand bestraft werden, wenn das Delikt innerhalb zweier Jahre nach der ersten Verurteilung erfolgte.[68]

Sicherlich verweist die strafrechtliche Tendenz zur Kriminalisierung des Holzdiebstahls auf den »Weg der Repression«[69], den die Staatsmacht angesichts eines sozialpolitischen Problems beschritt. Die tatsächlich wirksamere Repression wurde wahrscheinlich aber mehr von der Verwaltung als von der Justiz ausgeübt. Wie jedes Recht begrenzte auch das Holzdiebstahlsgesetz durch eine Definition des Tatbestandes und durch die Nachweispflicht die staatliche Justiz, so daß es häufig schwer war, den Holzdiebstahl im definierten engeren Sinne[70] aus der diffusen oder umstrittenen Tatsituation herauszulösen. In die schwierige Unterscheidung zwischen dem, was *noch* »Berechtigung« oder auch bloße Gewohnheit und was *schon* Diebstahl war, griff die Regierung in ihrer Funktion der Verwaltung und Bewirtschaftung der staatlichen Forsten durch eine strenge polizeimäßige Reglementierung der Berechtigungen, ja ihrer Aufhebung, ein. Als Forstfrevel wurden im Regierungsbezirk Minden, gestützt auch auf Verordnungen des 17. und 18. Jahrhunderts, z. B. unbefugtes Hüten, Laub- und Heidesammeln, unbefugtes Stecken-Roden, vor allem aber das Sammeln von Raff- und Leseholz außerhalb der dazu bestimmten Tage geahndet. Am schärfsten ging man im ravensbergischen Kreis Bielefeld vor, in dem 1831 auf Drängen der Waldbesitzer das Sammeln von Leseholz »unbedingt verboten« wurde und infolge dieses Verbotes ein Holzdieb über den Diebstahl hinaus noch zusätzlich mit einer Polizeistrafe von ein bis fünf Talern oder drei bis acht Tagen Gefängnis belegt wurde.[71] Das Oberlandesgericht Paderborn äußerte Bedenken gegen die polizeimäßige Ahndung an den Gerichten vorbei, während sie die Regierung des »Forstschutzes wegen« verteidigte, wie sie überhaupt bestrebt war, das »Forstbußgeschäft« den Richtern zu entziehen und der Verwaltung zu übertragen, damit »die Rüge rasch der Tat folge«.[72]

Die Unwirksamkeit der justiziellen Ahndung war nämlich der wichtigste Punkt der Kritik am Holzdiebstahlsgesetz von 1821. Einerseits richtete sie sich in Westfalen gegen die von den Richtern offenbar streng wahrgenommene Beweispflicht, die angeblich häufige Freisprüche zur Folge hatte[73], andererseits prallten die ausgesprochenen Strafen häufig an der gesellschaftlichen Wirklichkeit ab. Da bei der zunächst eintretenden Geldstrafe die meisten zahlungsunfähig waren, mußten die Verurteilten zur Strafarbeit in den Wäldern oder (seit 1834) zu öffentlichen Arbeiten, wie etwa dem Wegebau, herangezogen bzw. in Haft genommen werden. Die Strafarbeit war jedoch mehr eine Strafe für die Beamten, die große Gruppen von renitenten Gefangenen zu beaufsichtigen hatten, und hieß bei der Forstarbeit nicht selten, den Bock zum Gärtner zu machen. Schließlich aber hatte diese Strafe deshalb keine abschreckende Wirkung, weil sie mangels Arbeitsgelegenheiten oft aufgeschoben werden mußte und im übrigen die Verurteilten sich angeblich sogar gern dem Arrest unterwarfen,

»weil sie in dem Arresthause zu leben finden, was denselben zu Hause abgeht«. Unter solchen Umständen konnten die Forstgerichtstage vielleicht tatsächlich zu höhnisch-spöttischen Demonstrationen gegen die Ohnmacht der Justiz werden, wie das Höxteraner Land- und Stadtgericht einmal schildert: Die Angeklagten würden »singend und pfeifend antreten«, die »größte Gleichgültigkeit gegen jede Bestrafung« an den Tag legen, »sich freuend, daß der Staat sie noch unterhalten muß«.[74]

Mindestens seit den späten 1830er Jahren ließ der preußische Staat sich jedoch nicht mehr – wenn überhaupt jemals – so auf der Nase herumtanzen. Eine Verordnung vom November 1838 erlaubte »angemessene Zwangsmittel« gegen renitente Holzdiebe und verschärfte den Arrest, wobei die Gefangenen auf Wasser und Brot gesetzt werden und nur jeden dritten Tag warmes Essen erhalten sollten.[75] Noch weiter gingen massive Maßnahmen zur Prävention des Holzdiebstahls. Zur Verstärkung der ineffizienten Polizei seit 1832 interimistisch als Forstschützer eingestellte, altgediente oder halbinvalide Soldaten[76] erhielten im Oktober 1837 das Aussagerecht vor Gericht, vor allem aber wie die Forstbeamten die Befugnis zum Waffengebrauch. Die Gesetze über die Erleichterung des Waffengebrauchs und über Strafverschärfungen bei »Widersetzlichkeit« gegen Forstbeamte vom März 1837 sowie eine Verordnung zur Kontrolle des Holzhandels vom Juni 1839 waren gegen Zustände wie im Paderborner Land gerichtet.[77] Die Förster und Soldaten durften nun nicht mehr allein bei persönlicher Notwehr, sondern auch bei Widersetzlichkeit und Fluchtgefahr schießen. Schon die bloße Drohung mit »gefährlichen Werkzeugen« wurde mit Strafarbeit oder Zuchthaus zwischen drei Monaten und zwei Jahren bestraft. Endlich mußte seit 1839 bei jedem Holztransport der Kauf bzw. rechtmäßige Erwerb durch einen Legitimationsschein nachgewiesen werden, andernfalls wurde das Holz konfisziert, wobei seit 1841 die Gendarmen und Beamten einen »Denunziantenanteil« von 25% erhielten.[78]

Nicht die Justiz im Verein mit der Polizei, die als unwirksam und korrupt galt[79], sondern die quasi-militärisch forcierte Forstverwaltung hat, so scheint es, den Holzdiebstahl eingedämmt. Die Gesetze und Verordnungen von 1837/39 bewahrheiteten nach Meinung der Mindener Regierung den Grundsatz: »Furcht bewahrt das Holz«. Schon 1840 stellte sie einen Rückgang des großkalibrigen und gewerbsmäßigen Holzdiebstahls fest.[80] Drastischer dokumentiert den Wandel durch die verschärfte Repression die Zahl der registrierten Opfer in den blutigen Zusammenstößen zwischen Holzdieben und Förstern in den Wäldern des Regierungsbezirks Minden, hauptsächlich jedoch im Paderborner Land. Vor den Gesetzen des Jahres 1837 wurden zwischen 1823 und 1837 bei solchen Zusammenstößen zwei Holzdiebe verwundet und drei getötet, andererseits aber neun Forstbeamte verwundet und zwei getötet. In den Jahren 1838 bis 1848 kehrte sich diese Bilanz um: in dem kürzeren Zeitraum wurden acht Holzdiebe verwundet und fünf getötet, während vier Forstbeamte verwundet wurden, aber keiner mehr tödlich. Tatsächlich war wohl die Zahl der Opfer besonders auf seiten der Holzdiebe noch größer, da in den Zeitungsberichten manchmal nur summarisch mehrere Beteiligte und Verletzte bei einem Zusammenstoß erwähnt werden.[81] Auch dieser Wandel der staatlichen Repression hat nach den in den 1840er Jahren in breiter Front einsetzenden Agrarreformen zum Sturm der Märzrevolution in den Paderborner Wäldern beigetragen. Diese Revolten lassen im übrigen auch annehmen, daß die die verschärfte Forstpolitik begleitende Aufforderung der Mindener Regierung, Holzmagazine mit billigem Brennholz einzurichten, nicht sehr erfolgreich war.[82]

Jene Bilanz der Opfer auf beiden Seiten, die wohl nur die Spitze eines Eisberges der Gewalttätigkeit enthüllt, läßt tatsächlich von einem »Widerstandsgeist« sprechen[83], der sich im Holzdiebstahl kristallisierte. Sie zeigt aber auch, daß die massive Intervention der preußischen Forstverwaltung seit den 1830er Jahren auf eine Gewaltbereitschaft »von unten« reagierte, die schon älter war. Indem sie neben der justiziellen Sanktion eine quasi-militärische Repression einführte, setzte die Forstpolizei in einem gewissen Sinne fort, was in den Paderborner Wäldern auch im 18. Jahrhundert üblich war: eine scharfe Bewachung der Forsten, »aber weniger auf gesetzlichem Wege, als in stets erneuten Versuchen, Gewalt und List mit gleichen Waffen zu überbieten«.[84] Die lebensgefährlichen und tödlichen Angriffe auf die Förster gingen zwar »hauptsächlich« von den vagabundierenden und in Banden organisierten Holzdieben aus; ihre Taten wurden aber bewundert, und die Täter waren gern gehörte Unterhalter in den Wirtshäusern, die unter Umständen auch von den angesessenen Bauern in einer Verschwörung des Schweigens geschützt wurden.[85] Daneben aber spitzte sich häufig auch der kommunale Holzdiebstahl auf gewaltsame Auseinandersetzungen zu. Nach einundhalb Jahren Dienstzeit berichtete 1798 ein neu eingestellter Förster des Gutes Haxthausen über 17 von ihm entdeckte Holzdiebstähle durch Mitglieder der Gemeinde Bredenborn; dreimal kam es in diesem Zeitraum zu Auftritten, die ihn um sein Leben haben fürchten lassen. Mit Äxten drohend, jagten die »wütigen« ihn und seine Helfer durch das Gehölz, wobei er einmal, »den Tod vor Augen«, nur durch einen Schreckschuß, der einen Bredenborner verwundete, seine Verfolger sich vom Leibe halten konnte. Es ist nicht verwunderlich, daß er bald einen stärkeren Schutz oder seine Entlassung beantragte, da er lieber den »Bettelstab« wähle, »als Weib und Kinder zum Spott des Pöbels nach erlittenem Mord zu verlassen«.[86]

Die Gewaltbereitschaft nicht nur der marginalisierten, vagabundierenden ländlichen Unterschicht dokumentieren auch Drohbriefe an jenen Förster. Sie kündigten ihm den Tod an und nannten ihn bezeichnenderweise einen Judas und »Verräter über seine Nachbarn«, der dem »Herrn von Haxthausen sein Holz« verwahre.[87] Die Anklage stellte den Förster unnachsichtig als Partei auf die Seite des Grundherrn und enthüllte damit die strukturellen Ursachen der Gewalt: den Konflikt zwischen Grundherren und pauperisierten Kleinbauern. Diese Quelle der Gewalt wird noch deutlicher, wenn man den Blick auf ähnliche Formen der Widersetzlichkeit einer durch ihre geringen Ressourcen beschränkten und durch Abgaben und Steuern stark belasteten ländlichen Unterschicht richtet. Neben dem Holzdiebstahl war das Paderborner Land berüchtigt wegen der »Excesse« gegen die lokalen Beamten. »Bald wird dem einen sein Vieh auf der Weide getötet, bald dem andern seine Baumpflanzung ruiniert, bald dem dritten sein Getreide unreif abgemäht . . .«[88] Diese Zerstörung des Eigentums der Kreissekretäre, Amtsleute, Polizei- und Gerichtsdiener, Waldwärter und Flurschützen, manchmal auch verbunden mit Hauswüstungen und »mörderlicher Behandlung« der Personen, war in der Hauptsache gegen die Staatsverwaltung gerichtet, d. h. gegen eine schärfer zugreifende Steuererhebung und Polizei, die im alten geistlichen Staat weit schwächer waren. Die anonyme Drohung und Gewalt war offenbar erfolgreicher als vereinzelte offene Steuerverweigerungen, denn sie lähmte die Staatsverwaltung. Die Lokalbeamten, schrieb 1823 die Mindener Regierung, »werden dadurch notwendig feige und lässig in der Ausübung ihrer Dienstpflichten, besonders in der Handhabung der Polizei«, und manchmal falle schon die Besetzung von Beamtenstellen schwer.[89] Indirekt stand diese Einschüchterung der Beamten somit auch in einem Zusammenhang mit dem Holzdiebstahl, was umgekehrt das Nachlassen dieser Gewalt seit den 1840er Jahren nahelegt. Während dieser Jahre, in denen die Lage der Kleinbauern sich freilich etwas gebessert hatte und in denen die scharf schießende Forstpolizei offenbar erfolgreich war, gingen die Nachrichten über die »Excesse« gegen die Beamten merklich zurück.[90]

Wenn Gewalt ein Indikator für die Schärfe sozialer Spannungen ist, dann zeigt der Vergleich des Paderborner Landes mit Minden-Ravensberg, daß der gewissermaßen schon »moderne« Klassenkonflikt zwischen Bauern und Heuerlingen dem grundherrlich-bäuerlichen Konflikt an Härte nichts nachstand. In Minden-Ravensberg wurde der Holzdiebstahl wie der Diebstahl von Lebensmitteln in nicht wenigen Fällen vorstaatlich sanktioniert, durch die Volksjustiz der Bauern selber. Natürlich ist der Gerechtigkeit halber einzuschränken, daß dies Extremfälle waren neben der staatlichen Sanktion und auch neben der friedlichen, vorstaatlichen Ahndung der Diebstähle durch den Vergleich zwischen den Betroffenen, den die bäuerlichen Gemeindevorsteher vermittelten.[91] Um so krasser treten aber die Fälle der Selbstjustiz hervor, die davon zeugen, daß die ältere Rachejustiz in der ländlichen Gesellschaft die aufklärerische Strafrechtsreform noch lange überlebte.

Die weiter oben schon zitierte Forderung nach dem »Martialgesetz« erhob der Autor nicht zuletzt, um die Volksjustiz einzudämmen. Das »Abprügeln« der Diebe, dessen Spuren »viele Diebsgenossen« am Leibe trügen, sei »schon seit einigen Jahren Mode geworden«. Der »Landmann« besorge sich aber auch Pulver und Schrot, »mit dem festen Vorsatz, jeden Verdächtigen, der bei Nachtzeit seinen Gründen oder Eigenthum zu nahe kommen würde, ohne Umstände auf den Kopf zu schießen«. Die »Besitzer« würden es nämlich für eine »Torheit« halten, »einen Diebstahl ans Gericht zu bringen, weil man nur Kosten und größere Beschädigung davon habe«.[92] Die Bauern in Ravensberg teilten somit die Meinung auch von Beamten im Paderborner Land, daß die Geldstrafen das Übel nur fortsetzten, die prompte Körperstrafe und der alte Schandpfahl hingegen wirksamer seien. Das gleiche wurde 1805 auch in der Presse gefordert:

»Jeder Holzdieb, der ergriffen wird, muß, ohne Ansehen der Person, ehe acht Tage vergehen, an den Pfahl, der in jeder Gemeinde steht, geschlossen und den Jungens preisgegeben [!] werden.«[93]

Diesem Bedürfnis nach Abschreckung sind einzelne oder Gruppen von Bauern in Minden-Ravensberg in der Zeit zwischen 1800 und 1848 in 14 belegbaren Fällen gefolgt, die sich ohne spezifische Häufung – wenn man den oben zitierten, etwas allgemeinen Hinweis auf das »Abprügeln« außer acht läßt – auf den gesamten Zeitraum mit Ausnahme der Jahre zwischen 1810 und 1830 verteilen. Viermal wurden Holzdiebe gewissermaßen *in flagranti* erschossen.[94] Zweimal verübten größere Gruppen bei berüchtigten Einwohnern eigenmächtige Haussuchungen mit einer Verwüstung des Mobiliars. In der Gemeinde Heepen verbanden sie damit ein nächtliches Charivari »mit Sang und Klang« vor dem Haus.[95] Die am häufigsten überlieferte Form der Volksjustiz (acht Fälle) war jedoch der Totschlag. Der grausamste Fall in der erhaltenen Überlieferung wird in einer kurzen Notiz im »Westfälischen Anzeiger« von 1806 so beschrieben:

»Vor kurzem sind wieder [!] im Kirchspiel Versmold bei dem Colonus Petermann am hellen Tage 8 Diebe, deren einer den anderen anzugeben gezwungen worden ist, und die dann aus ihren Häusern herbeigeholt wurden, vom Pöbel exekutiert, so daß nach Aussage eines Augenzeugen hiesigen Orts die Hausflur von Blut geflossen und die Menschen wie abgeschlachtete Schweine herumgelegen haben.«

Kaum minder brutal handelten 1847 fünfzig Bauern im Kreis Minden, die anläßlich eines Bettdiebstahls fünf Verdächtige durch Prügel zu einem Geständnis zwingen wollten, wobei zwei Tote und zwei Schwerverletzte liegenblieben.[96]

Keiner dieser Fälle ist leider genau genug überliefert, um im einzelnen den Klassengehalt dieser Selbstjustiz aufzeigen zu können. Ebensowenig ist über ihre gerichtliche Sanktion bekannt.[97] Deutlicher als die Täter sind die Opfer zu erkennen: es waren Angehörige der ländlichen Unterschicht. Für die andere Seite wird immerhin einmal ausdrücklich erwähnt, daß »sonst in bestem Rufe stehende Landleute« vor Gericht gestellt wurden, weil sie verdächtig waren, einen Handarbeiter erschlagen zu haben.[98] Die zitierten Presseberichte und andere Hinweise[99] legen aber den bäuerlichen Charakter dieser Selbstjustiz ebenso nahe wie deren offenbar überlegte Ausführung, die keine Züge spontaner Lynch-justiz hatte.

Die Bereitschaft der Bauern, ihre gesellschaftliche Macht zum Zwecke einer nachhaltigen Einschüchterung einzusetzen, zeigt schließlich noch eine andere Initiative. Was die Selbstjustiz durch Abschreckung, sollte der »Verein für Rechtschaffenheit und Sittlichkeit«, den 1840 Bauern des Amtsbezirks Heepen gründen wollten, durch die soziale Kontrolle der Heuerlinge erreichen. Da trotz der Einrichtung eines Kohlenmagazins Holzdiebstähle »noch immer« vorkamen und nach Meinung der empörten Bauern die »vermögenderen Einwohner ... (glaubten), um so mehr alles getan zu haben, was die ärmere Klasse verlangen kann, als in manchen anderen vermögenderen Bezirken ... ein solches nicht geschehen« sei, hielten sie »zum Schutze des Eigentums und zur Entwöhnung der ärmeren Klasse von Faulheit und verbotenem Erwerb das Zusammentreten aller rechtschaffenden Männer (für) erforderlich«. Sämtliche Grundbesitzer, vom Großbauern bis zum kleinsten Besitzer, sollten sich zusammenschließen und nur den »rechtschaffenen« Heuerlingen Wohnung und Land vermieten. Indirekt sollte auch deren Heirat kontrolliert werden, indem man nur denjenigen Wohnung und Land in Aussicht stellte, die vor der Eheschließung 10 Taler in die Witwen- und Waisenkasse zahlten und erst nach dem 25. Lebensjahr heirateten.[100]

Dieser Verein wurde zwar rechtlich nicht anerkannt. Trotz der wohlwollenden Unterstützung durch den Oberpräsidenten der Provinz Westfalen und einen lokalen Beamten weigerte sich die Mindener Regierung, das »in mehreren Hinsichten den allgemeinen gesetzlichen Bestimmungen« widersprechende Statut des Vereins zu bestätigen. Gleichwohl würden angeblich von den Bauern Heiratskonsense verlangt. Aber auch unabhängig von der Frage nach seiner Wirksamkeit, dokumentiert die Intention des Vereins eine personale Herrschaft der Bauern, die sich, ähnlich wie die Adeligen über die Bauern, als »Herren« über die besitzlose Klasse fühlten und als solche im Extremfall sogar als Herren über Leben und Tod. Wenn sie dabei in Konkurrenz zum staatlichen Gewalt- und Gerichtsmonopol traten, kompensierten sie ein subjektiv wahrgenommenes Defizit der Justiz in einem Staat, der ihnen andererseits in ihrer Eigenschaft als Hausherren eine Herrschaft über das Gesinde einräumte, die nicht zuletzt ein Recht zur »Züchtigung« einschloß.[101] Dabei sollte man nicht übersehen, daß dieses Gesinde zumeist aus Heuerlingsfamilien stammte und nach der Verheiratung wieder auf eine Heuerlingsstelle zurückkehrte.

Jene Praktiken bäuerlicher Herrschaft über die ländlichen Unterschichten werfen ein grelles Licht auf deren Rebellionen im Jahre 1848, auf den Mut der Heuerlinge und Kleinbauern und ihre fast chiliastische Hoffnung auf die »neue Zeit«. Sie lassen aber auch die Härte der Reaktion gegen sie ahnen. In Minden-Ravensberg trafen die rebellierenden Heuerlinge, die auf den Bauernhöfen Lebensmittel mehr erbettelten als erpreßten, nicht selten auf Bauern, die statt Eier und Schinken Prügel austeilten.[102] Im Paderborner Land, wo die Märzrevolten weit heftiger waren, wurde die »Anarchie« in den Wäldern durch das Militär unterdrückt, aber auch schon von den Bauern selber. Einerseits nämlich spitzte sich hier wieder der Konflikt der Gemeinden mit den Grundherren und Waldbesitzern zu. Die Kommunen forderten die Berechtigungen des 18. Jahrhunderts zurück, zerstörten Schonungen, verjagten Förster, brannten Forsthäuser nieder, reklamierten früher bezahlte Forststrafgelder und benützten allgemein die »politische Aufregung, um die Gemüter mit Furcht zu erfüllen und die Eigentümer der Waldungen zu übertriebenen Konzessionen zu bewegen, die auf nichts anderes als auf den Ruin der Wälder hinzielen«.[103] In den Gemeinden, in denen die Ablösung der Holz- und Weiderechte schon abgeschlossen war, stießen aber ähnlich wie in Minden-Ravensberg jetzt auch die Bauern und Tagelöhner zusammen, wie das folgende Beispiel zeigt. Nach der Aufteilung eines zwischen drei Gemeinden gemeinsam genutzten Waldes, berichtete der Höxteraner Landrat, »rottierten sich wiederholt in den Tagen vom 24. bis 25. [Nov.] die geringeren Einwohner [von Amelunxen, J. M.], die bisher zum Teil von Holzfrevel in den nunmehr für die Gemeinde Wehrden und Drenke ausgewiesenen Antheilen lebten, zusammen und wollten die Wehrdenschen Interessenten, die sich im Holze aufgestellt, gewaltsam daraus vertreiben«. Nur sein Erscheinen habe einen »blutigen Konflikt« verhindert. Die folgende »Verhandlung« verblüffte den Landrat nicht wenig, da sie seine Vorstellung über die »Unbekanntschaft der Landleute mit der Lage der Tagesbegebenheiten« zerstörte. Gegen seinen Vorschlag, mit Rücksicht auf die Bedürfnisse der Tagelöhner den Wald als interkommunale Genossenschaft zu bewirtschaften,

»protestierten die Interessenten von Drenke und Wehrden sehr heftig, bestanden auf das Recht des Gesetzes und versicherten unter spezieller Anführung der in Wien stattgefundenen Begebenheiten, daß Wien, obwohl 100mal größer, besiegt worden, und es deshalb auch wohl keine Schwierigkeit haben könne, das unruhige Proletariat in Amelunxen wieder zur Ordnung zu bringen . . .«[104]

So konnten also zu Eigentümern gewordene Bauern reden, die in ihrer Vergangenheit sehr wahrscheinlich erfahrene Holzdiebe waren. Angesichts dieser bäuerlichen Haltung wird vorstellbar, welche Wirkungen eine für sich unscheinbare Errungenschaft der Revolution auslösen konnte. Nach einem entsprechenden Beschluß der Berliner Versammlung, den das Staatsministerium mit Rücksicht auf die Staatswaldungen nur widerwillig unterstützte, erließ der König am 26. Juni 1848 eine Amnestie für Holzdiebstähle und Forstfrevel.[105] Die Folge war angeblich eine »maßlose Vermehrung der Holzdiebstähle«, wie der Finanzminister Hansemann klagte, so daß bald besonders eingeschärft wurde, daß zwar die Strafe, nicht aber der Schadensersatz für entwendetes Holz ausgesetzt sei. Im Frühjahr 1849 wurde dann wieder die »kräftigste Handhabung« der Strafgesetze eingeschärft, die schnelle Aburteilung und Vollstreckung der Strafe und insbesondere die schleunige Umwandlung der Strafarbeit in die Gefängnisstrafe, wenn keine Arbeitsgelegenheit vorhanden war. Wie das sprunghafte Ansteigen der verfolgten Delikte – trotz niedriger Getreidepreise – annehmen läßt, wurde diesem Druck von oben durchaus Folge geleistet. Und dies wohl durchaus zur Befriedigung jener Bauern, die sich im Dezember 1848 – als »gute und getreue Untertanen, oder wie man jetzt auch sagt, als achtbare Staatsbürger« – über die Schwäche von Polizei und Gericht beschwert und den »Schutz ihres Eigentums« gefordert hatten.[106] Die Amnestie hatte so wahrscheinlich einen paradoxen Effekt: Sie verschärfte die sozialen Spannungen auf dem Land und stärkte infolge der bäuerlichen Loyalität die konservativen Kräfte gegen die Revolution.

V

Obwohl der Holzdiebstahl in der zweiten Hälfte des 19. Jahrhunderts im Zeichen einer weiter ausgebauten Polizei, der Urbanisierung und Einkommensverbesserung erst allmählich zurückging[107], hatte er doch – wie auch andere Formen des sozialen Protests – vor allem in der Zeit vor 1848 eine zeittypische Bedeutung. Die Darstellung soll daher an dieser Stelle abgebrochen und kurz resümiert werden.

Dieser Beitrag versucht, typische Situationen des Holzdiebstahls und dessen gesellschaftliche Bedeutung zu zeigen: den Holzdiebstahl als Bestandteil des grundherrlich-bäuerlichen Konflikts, als gewalthaften Protest im Kampf gegen die agrarische Modernisierung und als durch materielle Not bedingte Selbsthilfe. Auch wenn das quantitative Verhältnis dieser Typen nicht festzustellen war und Überschneidungen sehr wahrscheinlich sind, weisen insbesondere die beiden ersten Typen darauf hin, daß der Holzdiebstahl als Erscheinung der »sozialen Kriminalität« seine wesentliche Bedeutung in Konflikten mit der Grundherrschaft und in der Auflösung der genossenschaftlich gebundenen Landwirtschaft hatte. Insofern scheint er als eine Form des sozialen Protests typisch für die unterbäuerlichen Schichten besonders dort, wo – wie im Paderborner Land – im Übergang von der feudalen Agrargesellschaft zur kapitalistischen Industriegesellschaft eine überforderte kleinbäuerliche Familienwirtschaft gleichsam in einer Sackgasse steckenblieb. Wie die geringere Häufigkeit des Holzdiebstahls in Minden-Ravensberg annehmen läßt, war dieser nicht mehr so typisch für die proto-industriell durchsetzte Agrargesellschaft, in der mit dem Wachstum der gewerblichen Wirtschaft auch die Möglichkeit bzw. der Druck zur Modernisierung der bäuerlichen Landwirtschaft ebenso wie zur Lösung der Unterschicht aus dem agrarischen Kontext gegeben war. Diese ländliche Unterschicht war stärker in die Geldwirtschaft eingebunden als die Kleinbauern und die noch landnutzende besitzlose Unterschicht. Für sie wurde wahrscheinlich der Schuldenbetrug zu einem ähnlichen, für ihre soziale Lage spezifischen Delikt wie der Holzdiebstahl für die agrarische Unterschicht. Dieser verschwand freilich nicht, sondern rief vielmehr, wie der kleine Lebensmitteldiebstahl zur Existenzsicherung, massive Unterdrückungsmaßnahmen der Bauern hervor.

Die Maßnahmen der Selbstjustiz waren ein Aspekt der Gewaltsamkeit im Kontext des Holzdiebstahls, die andererseits auch bei der Forstpolizei und bei den Dieben selber zu beobachten war. Insofern zeugt der Holzdiebstahl von den nicht ohne weiteres erkennbaren scharfen Spannungen in der ländlichen Gesellschaft

der ersten Hälfte des 19. Jahrhunderts, in denen sich ein sozial-
politisches Grundproblem ausdrückte: die Polarisierung der
sozialen Klassen und die Emanzipation der landarmen und besitzlosen Unterschichten aus dem bäuerlichen Dorf unter dem
Vorzeichen der Massenarmut in einer gesamtwirtschaftlich kri-
senhaften Übergangszeit. Der weitverbreitete Holzdiebstahl ist so
ein Symptom der Selbstbehauptung dieser Schichten und in ihrer
Gewaltbereitschaft auch für ihren Widerstandsgeist.

Gleichwohl bleibt es (noch) zweifelhaft, ob in der massenhaften
»sozialen Kriminalität« jener »Basisprozeß für die Ausbildung
des proletarischen Selbstbewußtseins ablief«, den Blasius als deren wichtigste historische Bedeutung herausgehoben hat.[108] Abgesehen davon, daß eine solche These noch weitere Einblicke in
die Alltagskriminalität der Lohn- und Fabrikarbeiter selber er-
heischt, legen die hier vorgestellten Befunde doch eine vorsichtige
Skepsis nahe. Indem Blasius offensichtlich die Tradition des bäuerlichen Widerstands aus der frühen Neuzeit[109], zu dem auch der
Holzdiebstahl gehörte, unterschätzt, überschätzt er nicht nur die
Neuartigkeit, sondern wohl auch die Tragweite dieser Form des
sozialen Protests im 19. Jahrhundert. Der Holzdiebstahl war in
seinen Ursachen, Anlässen und Formen eine Art der Selbstbehauptung in der Agrargesellschaft. Zum einen Teil, soweit er dem
Konflikt mit den Grundherren entsprang, verschwand er mit der
Stabilisierung des kleinbäuerlichen Eigentums. Zum anderen Teil,
soweit er dem Konflikt der landlosen Klasse mit den Landbesit-
zern entsprang, blieb er doch auf die Struktur der agrarischen
Gesellschaft bezogen, nämlich auf die prekäre Balance einer sich
aus vielen Quellen speisenden Familienwirtschaft. Die Diebe haben bei aller Aggressivität nicht die Verteilung von Macht und
Ohnmacht auf dem Lande angegriffen, sondern suchten sich notgedrungen und mit teilweise illegalen Mitteln zu behaupten. Sie
stießen dabei auf eine massive Gegenwehr der Besitzenden, gegen
die sich wohl kaum eine wirksame Solidarität der »niederen
Volksklasse« entwickelte, da diese selbst nicht selten zum Opfer
des kleinen Diebstahls wurde.

Das in der vormärzlichen Literatur auch und gerade im Blick auf
die Kriminalität gezeichnete Bild eines gesetzlosen, barbarischen
und zerstörerischen »Proletariats« war mehr eine angstvolle Pro-
jektion als eine realistische Diagnose der Bereitschaft zur Rebellion in den Unterschichten. Diese war, wie die Märzrevolution

1848 zeigt, zwar weit verbreitet, hatte aber meist nur relativ begrenzte und eher (sozial-)konservative als revolutionäre Ziele. Die Kraft der »Widersetzlichkeit« der »sozialen Kriminalität« sollte daher nicht überschätzt werden, vor allem nicht im Hinblick auf ihren Lerneffekt. Zweifellos überdauerte in den Arbeiterfamilien der kleine Diebstahl als ein mehr oder weniger verhohlen, aber doch fast selbstverständlich angewendetes Mittel zur Einkommensergänzung, besonders in Teuerungszeiten.[110] Es ist aber fraglich, ob die in die neue sozialökonomische Umwelt tradierte vor-proletarische Selbstbehauptung der pauperisierten Unterschichten mit dem proletarischen Selbstbewußtsein zusammenlief, das eine spezifische Reaktion auf die Probleme und Konflikte der industriekapitalistischen Arbeitswelt war. Da Zeit und Arbeitskraft des Arbeiters dem Unternehmer gehörten, haben diese manchmal den Arbeiter, der gegen die Fabrikordnung verstieß, einen »Zeit- und Arbeitsdieb« gescholten, der »wahrlich nicht minder straffällig (sei) als der . . . Feld- und Waldfrevler«.[111] Damit wurde zwar eine Kontinuität der Kontrolle und Unterdrückung ausgesprochen, die aber nicht mit der Kontinuität der Sache verwechselt werden sollte. Im Lichte der in die Grundlagen der politisch-sozialen Verfassung hineinreichenden Auseinandersetzungen zwischen Kapital und Arbeit wäre sie mehr verharmlosend als erklärungskräftig. Die »Zeit- und Arbeitsdiebe«, die streikenden Arbeiter, waren (bzw. sind) weit mehr als die »Holzdiebe« des industriellen Zeitalters. Nicht zuletzt verweist darauf das Verhalten der Arbeiter mit ländlicher Herkunft. Sie haben womöglich zwar den Holzdiebstahl in den Fabrikdiebstahl verwandelt, aber nur schwer den Weg in die Arbeiterbewegung gefunden, die zumindest in den Augen der besitzenden Zeitgenossen nicht so zurückhaltend, bescheiden und ›angepaßt‹ war, wie es heute manchmal im Rückblick erscheinen mag.

Anmerkungen

1 J. G. Krünitz, *Ökonomische Enzyklopädie oder allgemeines System der Staats-, Stadt-, Haus- und Landwirtschaft in alphabetischer Ordnung*, Brünn 1787 ff., hier Bd. 24, S. 684.

2 S. M. Borchardt, *Der Holzdiebstahl in seinen Ursachen, Folgen und Umfang, nebst Mitteln zur Abhülfe, aus rein praktischer Erfahrung dargestellt*, Berlin 1842, S. 2, 95.

3 Nach D. Blasius, *Kriminalität und Alltag. Zur Konfliktgeschichte des Alltagslebens im 19. Jahrhundert*, Göttingen 1978, S. 81.

4 K. W. Hahn, *Das Holzdiebstahlsgesetz vom 2. Juni 1852 mit Motiven, Kammer-Verhandlungen, Kommentar und Beilagen. Handbuch für Forstrichter, Forstbeamte und Waldeigenthümer*, Breslau 1852, S. 2. Auch nach dem Strafgesetzbuch des Deutschen Reiches von 1871 wurde der Holzdiebstahl weiterhin durch besondere Landesgesetze geregelt; in der Bundesrepublik wird er nach den Forstpolizeiordnungen der Länder geahndet. Vgl. den Überblick: Ziegner-Gnüchtel, »Der Forstdiebstahl«, in: *Zeitschrift für die gesamte Strafrechtswissenschaft* 8, 1888, S. 222-315; Ritterscheid u. a. (Hg.), *Lexikon des Rechts*, Neuwied 1968, Bd. 4, S. X/58. Zu den preußischen Gesetzen vgl. auch unten, S. 70 ff.

5 Vgl. z. B. K. Marx, »Debatten über das Holzdiebstahlgesetz«, in: Karl Marx-Friedrich Engels, *Werke*, hg. vom Institut für Marxismus-Leninismus beim ZK der SED (= *MEW*), Bd. 1, Berlin 1972, S. 109-48. Zum soziobiographischen Hintergrund s. H. Monz, »Der Waldprozeß der Mark Thalfang als Grundlage für Karl Marx' Kritik an den Debatten über das Holzdiebstahlgesetz«, in: *Jahrbuch für westdeutsche Landesgeschichte* 3, 1977, S. 395-418; mit schiefen Perspektiven, da die Differenz zwischen pauperisierten ländlichen Unterschichten und der Industriearbeiterschaft verwischend: P. Linebaugh, »Karl Marx, the theft of wood and working-class composition: A contribution to a current debate«, in: *Crime and Social Justice. Issues in Criminology* 6, 1976, S. 5-16.

6 E. J. Hobsbawm, »Social Criminality«, in: *Bulletin of the Society for the Study of Labour History*, Nr. 25, 1972. Vgl. auch seine schon klassische Untersuchung, ders., *Sozialrebellen. Archaische Sozialbewegungen im 19. und 20. Jahrhundert*, Neuwied 1971.

7 Fehlende oder seltenere Proteste ländlicher sozialer Gruppen im Vergleich zu städtischen dokumentieren einige neuere Studien. Vgl. R. Wirtz, ›*Widersetzlichkeiten, Excesse, Crawalle, Tumulte und Skandale*‹. *Soziale Bewegung und gewalthafter sozialer Protest in Baden 1815-1848*, Frankfurt a. M. 1981; ferner die Beiträge in J. Bergmann und H. Volkmann (Hg.), *Sozialer Protest*. Studien zu traditionaler Resistenz und kollektiver Gewalt in Deutschland vom Vormärz bis zur Reichsgründung, Opladen 1984. Zu einer ähnlichen Konstellation in England vgl. R. A. E. Wells, »The Development of the English Rural Proletariat and Social Protest, 1700-1850«, in: *Journal of Peasant Studies* 6, 1979, S. 115-39.

8 Vgl. den Überblick von V. Bailey, »Crime, Criminal Justice and

Authority in England«, in: *Bulletin of the Society for the Study of Labour History* Nr. 40, 1980, S. 36-46.

9 D. Blasius, *Bürgerliche Gesellschaft und Kriminalität. Zur Sozialgeschichte Preußens im Vormärz*, Göttingen 1976; ders., »Eigentum und Strafe. Probleme der preußischen Kriminalitäts- und Strafrechtsentwicklung im Vormärz«, in: *Historische Zeitschrift* 220, 1975, S. 79-129; ders., *Kriminalität und Alltag*. Im Folgenden werden Blasius' Untersuchungen nur selektiv referiert im Blick auf das hier interessierende Problem. Es versteht sich von selbst, daß trotz der folgenden Kritik dieser Beitrag Blasius' Studien wesentliche Anregungen verdankt. – Ein kurzer Überblick über weitere neuere Darstellungen bei R. Wirtz, »Aspetti della storiografia tedesca sulla criminalitá«, in: *Quaderni storici* 46, 1981, S. 212-24. Exemplarisch für ältere historische Darstellungen von Pauperismus und Diebstahlskriminalität: H. v. Treitschke, *Deutsche Geschichte im 19. Jahrhundert*, 6. Auflage Leipzig 1914, Bd. 5, S. 512. Die ältere kriminalsoziologische Literatur ist mit Blasius zu erschließen. Materialreich für die preußischen Verhältnisse: W. Starke, *Verbrechen und Verbrecher in Preußen 1854-1878. Eine kulturgeschichtliche Studie*, Berlin 1884.

10 Alle Zitate von Blasius (in dieser Reihenfolge): *Kriminalität*, a.a.O. S. 11; *Gesellschaft*, a.a.O. S. 138; *Kriminalität*, a.a.O. S. 68, 78, 57 f.

11 Blasius, *Kriminalität*, a.a.O. S. 18.

12 E. P. Thompson, *The Making of the English Working Class* (1963) Harmondsworth 1968; ders., *Whigs and Hunters. The Origin of the Black Act*, New York 1975; eine Sammlung von Aufsätzen jetzt auch auf deutsch: ders., *Plebejische Kultur und moralische Ökonomie. Aufsätze zur englischen Sozialgeschichte des 18. und 19. Jahrhunderts. Ausgewählt und eingeleitet von D. Groh*, Frankfurt/M., 1980. Weitere Literatur zu diesem Aspekt s. unten, Anm. 110.

13 Obgleich der Holzdiebstahl nicht auf die Landbewohner beschränkt war, war er auf dem Land doch um ein Mehrfaches häufiger als in der Stadt, ganz abgesehen davon, daß die meisten Städte im Vormärz noch kleine Landstädte waren. Vgl. Blasius, *Gesellschaft*, a.a.O. S. 42.

14 Blasius, *Kriminalität*, a.a.O. S. 16.

15 Im folgenden Abriß stütze ich mich auf meine Dissertation: J. Mooser, *Bäuerliche Gesellschaft im Zeitalter der Revolution 1789-1848. Zur Sozialgeschichte des politischen Verhaltens ländlicher Unterschichten im östlichen Westfalen*, Diss. Bielefeld 1978 (erscheint Göttingen 1984). Allgemein zur Entwicklung der ländlichen Gesellschaft in der ersten Hälfte des 19. Jahrhunderts: Ch. Dipper, *Die Bauernbefreiung in Deutschland 1790-1850*, Stuttgart 1980. Zur Proto-Industrialisierung, zum Wachstum des vorwiegend ländlichen, auf über-

regionale Märkte orientierten hausindustriellen Gewerbes vor der kapitalistischen Fabrikindustrialisierung s. P. Kriedte, H. Medick, J.
Schlumbohm, *Industrialisierung vor der Industrialisierung. Gewerbliche Warenproduktion auf dem Land in der Formationsperiode des
Kapitalismus*, Göttingen 1977.

16 Vgl. L. Kroneberg und R. Schloesser, *Weber-Revolte 1844. Der schle-
sische Weberaufstand im Spiegel der zeitgenössischen Publizistik und
Literatur*, Köln 1980. Zum Regierungsbezirk Minden vgl. als Überblick: J. Mooser, »Rebellion und Loyalität. Sozialstruktur, sozialer
Protest und politisches Verhalten ländlicher Unterschichten im östlichen Westfalen«, in: P. Steinbach (Hg.), *Probleme politischer Partizi-
pation im Modernisierungsprozeß*, Stuttgart 1982, S. 57-88.

17 Nach den Berichten in: Staatsarchiv Detmold (= STAD) M 1 IE
2529.

18 Vgl. W. Sombart, *Der moderne Kapitalismus*, 3 Bde. in 6 Halbbän-
den, 4. Auflage, München 1921, bes. Kapitel 71: »Das drohende Ende
des Kapitalismus«, in: Bd. II/2, S. 1137-59; R.-J. Gleitsmann, »Roh-
stoffmangel und Lösungsstrategien: Das Problem vorindustrieller
Holzknappheit«, in: *Technologie und Politik*, hg. von F. Duve,
Bd. 16, Reinbek 1980, S. 104-55; R. P. Sieferle, *Der unterirdische
Wald. Energiekrise und industrielle Revolution*, München 1982. Aus-
führlicher mit diesem Problem beschäftigt sich ein Projekt von J.
Radkau, Universität Bielefeld.

19 »Grafschaft Ravensberg. Ueber Uebervölkerung«, in: *Westfälischer
Anzeiger oder Vaterländisches Archiv zur Beförderung des Guten
und Nützlichen*, hg. von A. Mallinckrodt u. a. (künftig zit.: WA), Jg.
1804, Sp. 342-46, 353-58, Zitate S. 353, 357. Der Gedanke einer zukünftigen ökologischen Katastrophe infolge eines Holzmangels war
auch dem aufklärerischen Fortschrittsdenken vertraut. Vgl. z. B. G.
Forster, Ansichten vom Niederrhein, hier nach: *Forsters Werke in
zwei Bänden, ausgewählt von G. Steiner*, Berlin 1968, Bd. 2,
S. 142 ff.

20 U. Wichert-Pollmann, *Das Glasmacherhandwerk im östlichen Westfalen. Eine volkskundliche Untersuchung*, Münster 1963, S. 124 ff.

21 Sombart, a.a.O. S. 1149 f.; Allgemein vgl. Krünitz, Bd. 14, S. 590 ff.;
K. Hasel, *Zur Geschichte der Forstgesetzgebung in Preußen*, Frankfurt a. M. 1974; K. Mantel, *Forstgeschichtliche Beiträge. Ein Überblick über die Geschichte der Bewaldung, der Wald- und Holznutzung,
der Wald- und Forstordnung und der Forstwissenschaft*, Hannover
1965. Zum regionalen Beispiel: B. Amedick, »Das Forst- und Jagd-
wesen im Hochstift Paderborn während des 17. und 18. Jahrhunderts«, in: *Westfälische Zeitschrift 67*, 1909 (Teil II), S. 1-70. Zur Differenzierung der Nutzungsberechtigungen: J. Mooser, »Gleichheit
und Ungleichheit in der ländlichen Gemeinde. Sozialstruktur und

Kommunalverfassung im östlichen Westfalen vom späten 18. bis in die Mitte des 19. Jahrhunderts«, in: *Archiv für Sozialgeschichte* 19, 1979, S. 231-62, hier S. 235 ff.

22 Vgl. Sombart a.a.O. S. 1064; H. Harnisch, *Die Herrschaft Boitzenburg*, Weimar 1968, S. 177 ff.: Den zunehmenden Holzverkauf dieses Gutes begleitete bezeichnenderweise eine Vervierfachung des Forstpersonals von 5 auf 21 Personen in der zweiten Hälfte des 18. Jahrhunderts. Zum bedeutenden Wert der Holzausfuhr im Vergleich mit dem berühmten Weizenexport aus Ostelbien vgl. R. H. Dumke, »Anglo-deutscher Handel und Frühindustrialisierung in Deutschland 1822-1865«, in: *Geschichte und Gesellschaft* 5, 1979, S. 175-200, hier S. 199. Allgemein vgl. H. Rubner, *Forstgeschichte im Zeitalter der industriellen Revolution*, Berlin 1967.

23 P. Blickle u. a., *Aufruhr und Empörung? Studien zum bäuerlichen Widerstand im Alten Reich*, München 1980, S. 270.

24 Zur Schwäche des Staates des Ancien régime vgl. allgemein M. Foucault, *Überwachen und Strafen. Die Geburt des Gefängnisses*, Frankfurt a. M. 1977, S. 93 ff.; Beispiele für Paderborn bei Amedick, a.a.O. S. 8 ff.; zu den Veränderungen im 19. Jahrhundert: Starke, a.a.O. S. 43; Blasius, *Gesellschaft*, a.a.O. S. 24 ff.; ders., *Kriminalität*, a.a.O. S. 19 ff. Der Paderborner Förster Borchardt bedauerte, daß er, um sich vor dem Vorwurf der »Dienstvernachlässigung« zu schützen, gezwungen sei, auch den geringfügigsten Holzfrevel aus blanker Not zu verfolgen, statt sich auf den Bandendiebstahl konzentrieren zu können. Borchardt, a.a.O. S. 35 f. Die Berechtigung seiner Klage wird plausibel angesichts einer scharf formulierten Verordnung der Mindener Regierung über die »sorgfältige und gründliche Führung« der Straf- und Pfandregister. Nach: Ministerial-Blatt für die gesamte innere Verwaltung in den Königlich Preußischen Staaten (= Ministerial-Blatt), Berlin 3. 1842, S. 358 ff.

25 Über den in der Grafschaft Ravensberg eingerissenen Holzmangel, in: *WA* Jg. 1801, Sp. 113-26, Zitat Sp. 115.

26 Chronik der Gemeinde Heepen (in: Stadtarchiv Bielefeld = STAB), Bl. 42. Mißstände bei den Auktionen wurden von Beamten häufig, anscheinend aber folgenlos, kritisiert. Vgl. Blasius, *Gesellschaft*, a.a.O. S. 107; Borchardt, a.a.O. S. 14 ff.

27 Vgl. die Angaben bei Rubner, a.a.O. S. 59, 106 ff., 139. Brauchbare Angaben über die Holzpreise im Regierungsbezirk Minden waren nicht aufzufinden.

28 W. Schwarze, »Vom Waldbesitz der Gemeinde Scherfede«, in: *Westfälischer Heimatkalender* 1959, S. 157-59. Die Zahlen zur Besitzverteilung nach A. Meitzen, *Der Boden und die landwirtschaftlichen Verhältnisse des preußischen Staats*, 8 Bde., Berlin 1868-1908, hier Bd. 4, S. 82, 84, 428 f. Allgemein zur Besitzverteilung: Rubner,

S. 111 ff. Eine Nachweisung aus dem Jahre 1824 zeigt dagegen den Staat noch als den größten Waldbesitzer im Regierungsbezirk Minden. Ihr zufolge waren 44 500 Morgen in Privat-, 180 000 Morgen in Staatsbesitz, 130 000 Morgen davon im Paderborner Land. Zusammenstellung vom 11. 12. 1824, STAD M 1 Pr. 664. Nach diesen und den im Text genannten Ziffern fanden in der ersten Hälfte des 19. Jahrhunderts also auch bedeutende Besitzverschiebungen statt, über die im allgemeinen noch wenig bekannt ist (vgl. Rubner, a.a.O. S. 111 ff.; Hasel, a.a.O. S. 56, 64 f.; Borchard, a.a.O. S. 5). »Viel Wald« in bäuerlichem Besitz vermerkt eine Enquête für Minden-Ravensberg aus dem späten 19. Jahrhundert. Vgl. *Die Verhältnisse der Landarbeiter in Nordwestdeutschland, Württemberg, Baden und in den Reichslanden* (= Schriften d. Vereins f. Socialpolitik, Bd. 53), Leipzig 1892, S. 104.

29 Die Angaben zu den Kommunalwäldern geschätzt nach unvollständigen Einzelangaben in STAD M 1 IE 2914, 2915; zu Scherfede vgl. Schwarze, a.a.O. S. 158.

30 Das folgende stützt sich auf die Berichte in STAD M 1 IE 2917 und das lokalhistorische Hintergrundmaterial zu Annette v. Droste-Hülshoffs Kriminalnovelle »Die Judenbuche« in: K. Ph. Moritz, *Annette v. Droste-Hülshoff. Die Judenbuche*, Paderborn 1980, S. 19 ff., 159 ff. Ähnlich langwierige, aber weniger genau dokumentierte Fälle enthalten Amedick, a.a.O. S. 48 ff.; F. Beste, »Beiträge zur Geschichte der Grundherrschaft des Klosters Dahlheim«, in: *Westfälische Zeitschrift 67*, 1909, Teil II, S. 70-114, hier S. 103 ff.; K. Thiele, *Beiträge zur Geschichte der Reichsabtei Corvey und der Stadt Höxter*, Höxter 1928, S. 223 ff.

31 A. Freiherr v. Haxthausen, *Über die Agrarverfassung in den Fürstenthümern Paderborn und Corvey und deren Conflikte in der gegenwärtigen Zeit, nebst Vorschlägen, die den Grund und Boden belastenden Rechte und Verbindlichkeiten daselbst aufzulösen*, Berlin 1829, S. 262 f.

32 Schreiben Werner v. Haxthausens an Regierung (= Rg.) Minden, 23. 12. 1819, STAD M 1 Pr. 837. Die genannte Summe stellte nur die Hälfte der kommunalen Strafgelder dar, da die andere Hälfte dem bischöflichen Landesherrn zustand; sie enthielt auch die Strafen für »Weidefrevel«.

33 Zur Häufigkeit vgl. unten S. 65, Tabelle 1. Auch Wernicke hebt den Holzdiebstahl als »häufigste« Form des »niederen Klassenkampfes« hervor und verweist auf eine interessante Methode der Gutsherren, ihn einzudämmen. 1691 teilte ein Gutsherr zu diesem Zweck den Wald in separate Nutzungsstücke auf, die Bauern wehrten sich jedoch gegen diese Individualisierung des kommunalen Rechts. K. Wernicke, *Untersuchungen zu den niederen Formen des bäuerlichen*

Klassenkampfes im Gebiet der Gutsherrschaft 1648-1789, Diss. Berlin
(Ost) 1962 (MS), S. 165 ff.

34 A. v. Droste-Hülshoff, *Bilder aus Westfalen* (1845), wie »Die Judenbuche« in vielen Werkausgaben, hier zit. nach: *Droste-Hülshoffs
Werke in einem Band, ausgewählt von R. Walbiner,* Berlin/Ost 1970,
S. 334 f. Gegen diese ungewöhnlich realistische Schilderung der ländlichen Zustände, die zuerst 1845 in den *Historisch-politischen Blät-
tern für das katholische Deutschland* erschien, verfaßte ein Geistlicher
prompt eine »Erwiderung und Berichtigung aus dem Fürstenthum
Paderborn«, in: *Historisch-politische Blätter* 17.1846, S. 667-87. Der
Verfasser verteidigt seine Landsleute und hält Annette v. Droste-
Hülshoff eine aristokratisch-überhebliche Verzerrung der Verhältnisse vor. Aber selbst in seiner harmonisierenden Tendenz konze-
diert er die »Klage über viele Holzexcesse« als »begründet« und differenziert gleichzeitig den Täterkreis. »Aber diese fallen nur wenigen,
mehrenteils den armen Landbewohnern, welche die Noth treibt, zu
Last; der bei weitem größte Theil der Bauern vergreift sich nicht an
fremdem Eigenthume« (ebd., S. 675).

35 Zumindest in den erhaltenen einschlägigen Akten der Kriegs- und
Domänenkammer Minden finden sich keine Spuren. Diese dokumentieren v. a. den Holzdiebstahl von Soldaten der Garnison Herford
und einige Fälle kommunaler Diebstahlsaktionen in den Staatsforsten
in der Gegend von Minden. Vgl. Staatsarchiv Münster (= STAM),
Kriegs- und Domänenkammer (= KDK) Minden VII, 166, 167, 168.
Natürlich war in Minden-Ravensberg die Holzdieberei auch früher
nicht unbekannt. 1769 nannte die KDK Minden sie »ganz enorm«
und beschwor die »unbeschreibliche Mühe und Arbeit . . ., alle hiesigen Unordnungen abzustellen«. Zit. nach H. Riepenhausen, *Die bäuerliche Siedlung des Ravensberger Landes,* Münster 1938, S. 124.

36 Bericht des Rentmeisters Fischer aus Schildesche bei Bielefeld, 16. 10.
1809, STAM Regierungskommission Bielefeld 25, Bl. 12.

37 J. N., »Hülfe! Einbruch der vollständigsten Unsicherheit in der Grafschaft Ravensberg«, in: *WA* Jg. 1802, Sp. 193-201, Zitate Sp. 196.

38 So der Ausdruck von einem der großen Agrarschriftsteller des
19. Jahrhunderts. J. N. Schwerz, *Beschreibung der Landwirtschaft in
Westfalen und Rheinpreußen,* 2 Teile, Stuttgart 1836, hier Teil I,
S. 320.

39 »Criminaljustiz. Mit Rücksicht auf die Grafschaft Ravensberg«, in:
WA Jg. 1805, Sp. 439-43, Zit. Sp. 440.

40 Eingabe vom 26. 2. 1809, STAM Regierungskommission Bielefeld
25. Schildesche war ein Weberdorf vor den Toren Bielefelds.

41 Wie Anm. 37, Zitat Sp. 199.

42 Der Förster Borchardt, der seine Erfahrungen aus dem Paderborner
Land schildert, schätzte, daß auf einen Holzdiebstahl, der zur Unter-

suchung und Bestrafung gelangte, zwei kamen, die nicht entdeckt oder mangels ausreichender Beweise nicht bestraft wurden. Borchardt, a.a.O. S. 89.

43 Vgl. die Zahlen bei Blasius, *Gesellschaft,* a.a.O. S. 140 ff. Sehr prägnante Ziffern dazu auch bei W. v. Hippel, »Bevölkerungsentwicklung und Wirtschaftsstruktur im Königreich Württemberg 1815/65. Überlegungen zum Pauperismusproblem in Südwestdeutschland«, in: U. Engelhardt u. a. (Hg.), *Soziale Bewegung und politische Verfassung. Beiträge zur Geschichte der modernen Welt (Festschrift für Werner Conze),* Stuttgart 1976, S. 270-371, hier S. 366 f.

44 Diese Aspekte nach: Jahresverwaltungsbericht der Rg. Minden, Abteilung Forstwesen für das Jahr 1838, STAD M 1 Pr. 27; Ziegner-Gnüchtel, a.a.O. S. 243; Borchardt, a.a.O. S. 91, 93. Häufige Hinweise auf Patrouillen finden sich in den monatlichen Zeitungsberichten der Rg. Minden in: STAM Oberpräsidium (= OP) 351, Bd. 1-7. Zur Polizei vgl. A. Lüdtke, »Praxis und Funktion staatlicher Repression: Preußen 1815-50«, in: *Geschichte und Gesellschaft* 3, 1977, S. 190-211. Nicht mehr berücksichtigt werden konnte, da nach Abschluß des Manuskripts erschienen: Ders., *»Gemeinwohl«, Polizei und »Festungspraxis«. Staatliche Gewaltsamkeit und innere Verwaltung in Preußen, 1815-1850,* Göttingen 1982.

45 Armenvorstand der Gemeinde Heepen (Kreis Bielefeld), 15. 2. 1841 an Rg. Minden, STAD M 1 IE 2529. Zu den Leistungen und Problemen der kommunalen Armenpolitik vgl. J. Mooser, *Gleichheit,* a.a.O. S. 255 ff. Vgl. auch unten S. 78.

46 Eingabe vom 9. 7. 1841, STAB, Gut Uhlenburg Nr. 206, Bl. 63.

47 So zit. als Ausspruch seiner Mutter von einem pietistischen Missionar, der in Ravensberg aufwuchs. H. Vedder, *Kurze Geschichten aus einem langen Leben,* 2. Aufl. Barmen 1955, S. 11 f. Zum Hintergrund, der pietistischen Erweckungsbewegung, vgl. die Skizze: J. Mooser, »Religion und sozialer Protest. Erweckungsbewegung und ländliche Unterschichten im Vormärz am Beispiel von Minden-Ravensberg«, in: Bergmann und Volkmann (Hg.), *Sozialer Protest,* a.a.O.

48 Haxthausen, a.a.O. S. 263. Das Landeskuturedikt von 1811 gab dazu auch eine rechtliche Handhabe. Vgl. Blasius, *Gesellschaft,* a.a.O. S. 46.

49 Vgl. Blasius, *Kriminalität,* a.a.O. S. 53 ff.; dagegen D. E. Williams, »Were ›Hunger‹ Rioters Really Hungry? Some demographic Evidence«, in: *Past and Present* 71, 1976, S. 70-75.

50 Vgl. dazu auch die Daten bei Blasius, *Gesellschaft,* a.a.O. S. 140 ff.

51 So W. v. Laer, »Bericht über die Lage der arbeitenden Klassen des Kreises Herford an das Kgl. Preuß. Landes-Ökonomie-Kollegium 1851«, in: C. Jantke und D. Hilger (Hg.), *Die Eigentumslosen. Der*

deutsche Pauperismus und die Emanzipationskrise in Darstellungen und Deutungen der zeitgenössischen Literatur, Freiburg 1965, S. 93-100, hier S. 94.

52 Landrat (= LR) des Kreises (= Kr.) Paderborn an Rg. Minden, 23. 2. 1836, STAD M 1 IP 960, Bl. 24. Nach dem damals führenden preußischen Statistiker Hoffmann war der Brennholzhandel ein »ärmliches Gewerbe« von »kleinen Landwirten«. J. G. Hoffmann, *Die Befugnis zum Gewerbebetriebe*, Berlin 1841, S. 341 f.

53 Borchardt, a.a.O. S. 18-34. »Von Profession« meint hier weniger eine Berufskriminalität im heutigen Verständnis, sondern den mehr oder weniger regelmäßigen Holzdiebstahl als Teil des Einkommens. Allerdings muß offenbleiben, ob in jener dritten Gruppe nicht auch eine organisierte Wirtschaftskriminalität im heutigen Sinne enthalten war. Borchardt schildert so etwas nicht. Dagegen enthält »Die Judenbuche« einen Hinweis auf eine Bande, die mit den Weser-Schiffern zusammenarbeitete und das geschlagene Bauholz offensichtlich auf einem überregionalen Markt absetzte. Annette v. Droste-Hülshoff, *Werke*, a.a.O. S. 253.

54 Borchardt, a.a.O. S. 27; Foucault, a.a.O. S. 105.

55 Borchardt, a.a.O. S. 18-26, Zitat S. 26. Weniger dramatisierend, aber im Kern ähnlich, beschreibt diese Gruppe ein anderer Bericht so: »Seit langen Jahren pflegen hier viele Handarbeiter, weil sie keine Miete zahlen können, gleichsam aus Not und Armut sich Hütten zu bauen. Den Bauplatz pflegen sie ohne Erbstandsgeld bloß gegen einen jährlichen Canon von den Gemeindeangern in Erbpacht zu nehmen. Das Holz dagegen suchen sie entweder in den Forsten zu freveln oder von den Forstbesitzern zu erbetteln . . .« Bericht des landrätlichen Kommissars des Kr. Warburg an Rg. Minden, 2. 6. 1846, STAD M 1 ISt 516.

56 Im Regierungsbezirk Münster mit rd. 400 000 Einwohnern wurden 1838 nur 30 266 Taler Feuerentschädigungen bezahlt, in den vier Paderborner Kreisen mit zusammen rd. 145 000 Einwohnern aber 78 093 Taler. Damit übereinstimmend waren im Münsterland, wo allerdings weniger Wald vorhanden war, 1838 nur 134 Holzdiebstahlsuntersuchungen anhängig. Borchardt, a.a.O. S. 28.

57 Die Zahl der verurteilten Kinder und Jugendlichen (fast ausschließlich aus Unterschichtenfamilien) stieg im gesamten Regierungsbezirk Minden von 3 im Jahre 1825 auf 52 im Jahre 1847. Innerhalb dieses Zeitraums wurden insgesamt 561 bestraft, davon kamen 499 aus Minden-Ravensberg und dem Kr. Wiedenbrück. Ausgezählt nach STAD M 1 IP 289, 290. Zum Kinderdiebstahl vgl. auch I. Hardach-Pinke u. G. Hardach (Hg.), *Deutsche Kindheiten. Autobiographische Zeugnisse 1700-1900*, Kronberg/Ts. 1978, S. 258. Zur Zahl der polizeilich angezeigten Diebstähle vgl. die Nachweisungen in STAD M 1 IP 288,

für die Jahre 1816-1825. Im Jahre 1818 z. B. kamen auf Minden-Ravensberg und den Kr. Wiedenbrück 160, auf das Paderborner Land 66 Anzeigen. Im Jahr 1824, als die unmittelbaren Wirkungen der Teuerung von 1817 nachgelassen hatten, war das Verhältnis 100 bzw. 38 Anzeigen. Umgerechnet auf die Bevölkerung ergeben die Anzeigen im Jahre 1818 eine Häufigkeitsziffer (Anzeigen pro 1000 Einwohner) von 0,73 (Minden-Ravensberg/Wiedenbrück) und 0,53 (Paderborner Land). 1826 wurden die Nachweisungen wegen ihrer angeblichen Unzuverlässigkeit eingestellt. Das schwächt natürlich ihre Interpretationsfähigkeit. Andererseits sind das die einzigen überlieferten lokal-regional differenzierten Kriminalitätsziffern aus dem Regierungsbezirk Minden.

58 Vortrag des LRs v. Borries an die Herren Stände des Kreises Herford auf dem Kreistage am 3. Mai 1838, als MS gedr. Herford 1838, S. 5, beiliegend in: Kreisarchiv Herford Nr. 200.

59 Zeitungsbericht des Amtmanns im Verwaltungsbezirk Quernheim/Mennighüffen v. 29. 1. 1821, in: Amtsarchiv Löhne Nr. 17.

60 Land- und Stadtgericht Halle an Rg. Minden, 2. 2. 1823, STAD M 1 IIIE 180.

61 Der Warenbetrug bestand in der Vortäuschung einer hohen Qualität des Produkts. Eine Beschreibung dieser auch anderswo bekannten Praktiken betont, daß sie »zur Gewohnheit geworden« waren, aber im übrigen die »Sittlichkeit der ärmeren Bewohner« nicht untergraben haben. C. H. Bitter, »Bericht über den Notstand in der Senne zwischen Bielefeld und Paderborn (1853)«, in: *64. Jahresbericht des Historischen Vereins der Grafschaft Ravensberg* (=*JHVR*) 1964/65, S. 1-108, hier S. 29 ff. Zum Warendiebstahl im Verlagssystem vgl. D. S. Landes, *Der entfesselte Prometheus. Technologischer Wandel und industrielle Entwicklung in Westeuropa von 1750 bis zur Gegenwart*, Köln 1973, S. 67 f.; J. Kuczynski, *Geschichte des Alltags des deutschen Volkes,* Bd. 3, Köln 1981, S. 163 ff. Der Warenbetrug wurde im übrigen auch staatlich geahndet, mit einer Geldstrafe beim ersten, Prügelstrafe beim zweiten und Zuchthausstrafe beim dritten Mal. Vgl. E. Schönfeld, »Herford als Garn- und Leinenmarkt in zwei Jahrhunderten (1670-1870)«, in: *43. JHVR* 1929, S. 1-172, hier S. 32 f.; vgl. dazu auch R. Koselleck, *Preußen zwischen Reform und Revolution. Allgemeines Landrecht, Verwaltung und soziale Bewegung von 1791 bis 1848,* Stuttgart 1975, S. 129, Anm. 47. Dort, wo für die Hausindustrie Holz ein unmittelbarer Rohstoff war wie bei den Thüringer Holzschnitzern, nahm der Holzdiebstahl mit den Preissteigerungen für Holz stark zu. Vgl. W. Engel, *Wirtschaftliche und soziale Kämpfe in Thüringen (insonderheit im Herzogtum Meiningen)* vor dem Jahre 1848, Jena 1927, S. 137 ff.

62 Wie Anm. 60.

63 Vgl. H. Medicks Überlegungen in: Kriedte u. a., *Industrialisierung*, a.a.O. S. 151 ff. Ein erhellender Einblick in die Funktion des Geldes in sozialen Konflikten auch bei G. M. Sider, »The ties that bind: culture and agriculture, property and propriety in the Newfoundland village fishery«, in: *Social History* 5, 1980, S. 1-39, bes. S. 29 f.

64 Vgl. die Berichte und Verordnungen in STAD M 1 III E 180.

65 Neben jenen Strafen wurde immer auch der Schadensersatz gefordert. Vgl. Blasius, *Gesellschaft*, a.a.O. S. 103 ff.; Gesetz wegen Untersuchung und Bestrafung des Holzdiebstahls v. 7. 6. 1821, Gesetz-Sammlung für die Königlichen Preußischen Staaten, Berlin (= GS) 1821, S. 89 ff.; Erneuerte Verordnung, die Pflichten und Verbindlichkeiten der Holz- und Hütungsberechtigten und die Bestrafung der Holz- und Jagdverbrecher betreffend, v. 22. 6. 1800, in: STAM KDK Minden VII, 166, Bl. 183 ff.; »Holzordnung« des Fürstbistums Paderborn v. 4. 11. 1795, in: P. Wigand, *Die Provinzialrechte der Fürstentümer Paderborn und Corvey in Westphalen nebst ihrer rechtsgeschichtlichen Entwicklung und Begründung aus den Quellen dargestellt*, 3 Bde., Leipzig 1832, hier Bd. 3, S. 288 ff.; zur Prügelstrafe s. Koselleck, a.a.O. S. 641 ff. und unten S. 76 f.

66 Gesetz, den Diebstahl an Holz- und anderen Waldprodukten betreffend, v. 2. 6. 1852, GS 1852, S. 305 ff.; Borchardt, a.a.O. S. 90 f. Eine weitere Erhöhung des Strafmaßes erfolgte im Forstdiebstahlsgesetz v. 15. 4. 1878, GS 1878, S. 222 ff.

67 Koselleck, a.a.O. S. 508. Entsprechende Entscheidungen der Verwaltung erfolgten seit den späten 1830er Jahren. Vgl. H. Gräff, L. v. Rönne, H. Simon, *Ergänzungen und Erläuterungen des Allgemeinen Landrechts für die Preußischen Staaten*, 2. Aufl., Breslau 1843, Bd. 4, S. 510 ff.; C. F. Koch, *Allgemeines Landrecht für die Preußischen Staaten, hg. mit einem Kommentar in Anmerkungen*, 4. Aufl. Berlin 1871, II. Teil. 1. Bd., 1. Abt., S. 553.

68 Vgl. § 8 des Gesetzes von 1852. Einen entsprechenden Antrag hatte im August 1848 die Berliner Nationalversammlung gestellt. Vgl. *Stenographische Berichte über die Verhandlungen der zur Vereinbarung der preußischen Staatsverfassung berufenen Versammlung*, 3 Bde., Berlin 1848, Bd. 1, S. 735 (Sitzung v. 11. 8. 1848); Hahn, a.a.O. S. 43 f.

69 Blasius, *Gesellschaft*, a.a.O. S. 109.

70 Vgl. oben S. 43.

71 Bericht der Rg. Minden an das Justizministerium, 8. 5. 1833, mit Abschrift der entsprechenden Verordnungen, in: *Geheimes Staatsarchiv Preußischer Kulturbesitz (GStA)* Berlin-Dahlem, Rep. 84a, Nr. 11478, Bl. 228 ff. Die Verwaltung arbeitete damit sowohl dem Holzdiebstahlsgesetz von 1852 mit seiner Ausweitung der Tatbestände als auch der Feldpolizeiordnung v. 1. 11. 1847 vor (GS 1847,

S. 376 ff.). Diese Feldpolizeiordnung ist eine polizeiliche Absicherung des »agrarischen Individualismus« (Marc Bloch), die bis ins Kleinste die nach den Agrarreformen überhängenden »Mißbräuche« kollektiver Landnutzung regulierte und empfindlicher bestrafte, als in entsprechenden Reglements des 18. Jahrhunderts festgelegt war.

72 Gutachten des Oberlandesgerichts Paderborn, 4. 6. 1833; Schreiben der Rg. Minden an das Justizministerium, 19. 6. 1833, beides in: *GStA* Berlin-Dahlem, Rep. 84a, Nr. 11478, Bl. 235 ff. Koselleck, a.a.O. S. 505, Anm. 71 (Jahresverwaltungsbericht der Rg. Minden v. 1828). Zu den Differenzen zwischen der Justiz und Verwaltung s. auch Blasius, *Gesellschaft*, a.a.O. S. 107.

73 So die Kritik des Westfälischen Landtags 1832 und 1835 und insbesondere auch von dem Förster Borchardt, der schwere Vorwürfe gegen die angeblich weltfremden Richter erhebt und die Überheblichkeit der Juristen gegenüber den unteren Forstbeamten bitter beklagt. *Darstellung der Verhandlungen des dritten Provinziallandtages der Provinz Westphalen*, Münster 1832, S. 75 f.; *Darstellung der Verhandlungen des vierten Provinziallandtages . . .*, Münster 1835, S. 59. Borchardt, a.a.O. S. 41 ff., 73 f. Die Forstfrevel wurden zwar von normalen Richtern verhandelt, aber außerhalb des üblichen Geschäftsganges auf besonderen Forstgerichtstagen. Borchardt (S. 46) ging so weit, eigene Forstgerichte wie die Fabriken- und Berggerichte zu fordern, die mit »Sachverständigen« besetzt werden sollten.

74 Borchardt, a.a.O. S. 65 ff.; Cantonbeamter von Lichtenau an LR des Kr. Büren, 25. 2. 1836, STAD M 1 IP 960, Bl. 33; Land- und Stadtgericht Höxter an Rg. Minden, 25. 4. 1836, ebd., Bl. 45. In diesem Aktenband auch noch weitere Berichte über die Unwirksamkeit der Justiz, ferner in STAD M 1 IE 2914. Im Holzdiebstahlgesetz von 1821 war nur die ersatzweise Waldarbeit vorgesehen. Eine Kabinettsordre (= KO) v. 28. 4. 1834 (GS 1834, S. 67 f.) machte auch andere Strafarbeit möglich. Vgl. auch Blasius, *Gesellschaft,* a.a.O. S. 109.

75 Blasius, a.a.O. ebd.; Borchardt, a.a.O. S. 69 bezeichnete diese Verordnung als »einigermaßen« erfolgreich.

76 Vgl. Circularverfügung an sämtliche Regierungen v. 17. 4. 1845, Ministerial-Blatt 6. 1845, S. 194. Seit 1830 wurden auch Soldaten mit dem Recht zum Schußwaffengebrauch für den persönlichen Schutz der Förster abgestellt. KO v. 24. 10. 1830, in: *GStA* Berlin-Dahlem, Rep. 84a, Nr. 11492, Bl. 61. Unabhängig davon kam es auch zum Truppeneinsatz gegen Holzdiebsbanden, so 1817 in der Gegend von Brakel. Schreiben des Generalkommandos der Provinz Westfalen an Rg. Minden, 20. 3. 1817, STAD M 1 IP 531. Vgl. auch oben S. 59 f.

77 KO v. 6. 10. 1837 (GS 1838, S. 257); Gesetz über den Waffengebrauch für Forst- und Jagdbeamte v. 31. 3. 1837 (GS 1837, S. 65 ff.); Gesetz über die Strafe der Widersetzlichkeit bei Forst- und Jagdver-

gehen v. 31. 3. 1837 (GS 1837, S. 67 f.); Verordnung über die Holz-
kontrolle v. 30. 6. 1839 (GS 1839, S. 223 f.). Blasius, *Kriminalität*,
a.a.O. S. 57. Eine Instruktion vom 21. 11. 1837 schränkte den Waffengebrauch der Forstbeamten auf Dienstverrichtungen im Revier
ein, wogegen der Förster Borchardt ihn für alle Dienstverrichtungen
forderte, auch z. B. bei der Beaufsichtigung von Strafarbeitern! Borchardt, a.a.O. S. 87. Der Schußwaffengebrauch von Förstern wurde
im Justizministerium seit den 1820er Jahren verhandelt, wobei die
nicht seltene Tötung oder Verletzung von Forstbeamten im Vordergrund stand. Vgl. *GStA* Berlin-Dahlem, Rep. 84a, Nr. 11492, 11488,
und unten S. 74.

78 Verfügung des Staatsministeriums an die Rg. Minden v. 7. 7. 1841,
die darum ausdrücklich gebeten hatte. Ministerial-Blatt 2. 1841,
S. 252.

79 Vgl. die Berichte der Landräte v. Jahr 1836 in: STAD M 1 IP 960.
1840 plädierte der Höxteraner LR für eine Aufbesserung der Gendar-
mengehälter, damit diese ihren Dienst unabhängiger verrichten könnten und nicht »von vornherein auf das System der Bestechlichkeit
angewiesen« bleiben würden. Zeitungsbericht v. September 1840,
STAD M 1 IP 1656. Vgl. dazu auch unten S. 75 f.

80 Jahresverwaltungsbericht der Rg. Minden für 1840, Abt. Forstwesen,
STAD M 1 Pr. 29.

81 Auch diese Fälle sind nur als ein Opfer gezählt. Die angegebenen
Ziffern wurden ermittelt aus den monatlichen Zeitungsberichten der
Rg. Minden, in: STAM OP 351, Bd. 1-7. Speziellere Unterlagen zu
diesem Phänomen sind auf regionaler Ebene nicht mehr erhalten. Da
man sowohl eine Dunkelziffer wie eine gewisse Selektivität der Zei-
tungsberichte unterstellen kann, darf man annehmen, daß die Zahl
der Getöteten und Verwundeten beträchtlich höher war. Auch in den
Akten des Justizministeriums findet sich nur eine einzige Zusammenstellung für die Jahre 1817-1827. Ihr zufolge sind in diesem Zeitraum
im gesamten Königreich Preußen 20 staatliche Forstbeamte bei Auseinandersetzungen mit Forst- und Wilddieben getötet und 117
schwer verletzt worden. Vorlage v. Metz, 26. 3. 1829, *GStA* Berlin-
Dahlem, Rep. 84a, Nr. 11488, Bl. 45 ff.

82 Circular-Verfügung der Rg. Minden v. 14. 9. 1842, in: Ministerial-
blatt 3. 1842, S. 358 ff.; Bekanntmachung der Rg. Minden v.
7. 1. 1844, in: ebd. 5. 1844, S. 9. Danach bestanden 1844 in fünf
Kleinstädten des Paderborner Landes Holzmagazine. Zur Revolution
vgl. unten S. 79 ff.

83 Blasius, *Kriminalität*, a.a.O. S. 56.

84 Droste-Hülshoff, »Judenbuche«, a.a.O. S. 236.

85 Borchardt, a.a.O. S. 33 f.; Droste-Hülshoff, »Judenbuche«, a.a.O.
S. 260 ff.

86 Vgl. die Eingaben des Försters A. Kirchhoff, abgedruckt bei Moritz, a.a.O. S. 163 ff. Eine geringe Hemmschwelle der Gewalt, bis hin zum Totschlag, gegen Gutsvögte und Forstschützer zeigt auch die Fallsammlung aus dem 17. und 18. Jahrhundert bei Wernicke, a.a.O. S. 125 ff.

87 Zit. nach Moritz, a.a.O. S. 168.

88 Rg. Minden an OP, 3. 7. 1823, STAM OP 689; weitere Berichte ebd., und in: STAD M 1 IP 960 und M 1 IP 1701 sowie in den Zeitungsberichten der Rg. Minden.

89 Rg. Minden an OP, 3. 7. 1823, STAM OP 689. »Beträchtliche« Steuerausfälle stellte 1838 die Rg. Minden in ihrem Jahresverwaltungsbericht fest; STAD M 1 Pr. 27, Bl 25 ff.

90 Diesen Eindruck, der infolge der Dunkelziffer freilich unsicher ist, vermitteln die in Anm. 88 genannten Akten. Aus ihnen ließen sich 23 »Excesse« zwischen 1820 und 1840, aber nur vier zwischen 1840 und 1848 (ohne die Revolutionszeit) ermitteln.

91 Vgl. G. Engel (Hg.), »Tagebuch des Gemeindevorstehers Johann Christoph Meyer zu Sieker, 1833-1835«, in: 67. JHVR 1970, S. 89-115, hier S. 101, 108 f.

92 »Criminaljustiz. Mit Rücksicht auf die Grafschaft Ravensberg«, WA Jg. 1805, Sp. 442 f.; »Volksjustiz, Grafschaft Ravensberg«, ebd., Sp. 1019-24; vgl. auch oben S. 62.

93 Zuschrift aus Ravensberg, WA Jg. 1805, Sp. 1466-69, hier Sp. 1468. Die gleiche Forderung in dem Schreiben des Cantonbeamten von Lichtenau an LR des Kr. Büren, 25. 2. 1836, STAD M 1 IP 960, Bl. 33. In der Stadt Paderborn wurde übrigens 1837 ein ehemaliger Gerichtsbote wegen Meineides noch an den Pranger gestellt. Zeitungsbericht der Rg. Minden, 6. 11. 1837, STAM OP 351, Bd. 5, Bl. 379.

94 So 1800 im Kr. Bielefeld (STAM KDK Minden II,3 Bd. 20, Bl. 286) 1830 und 1831 im Kr. Herford (STAM OP 351, Bd. 4, Bl. 16; Bericht des LR d. Kr. Herford, STAD M 1 IP 1597) und 1840 wieder im Kr. Bielefeld (STAB, Chronik der Gemeinde Schildesche, Bl. 141, in der kommentarlos festgehalten wurde: »Am 16. Dez. des Nachts hat der Sohn des Colonus O. zu Gellershagen den Heuerling F. N. hieselbst, welcher im Begriff war, Holz abzuschneiden, erschossen.«)

95 1836 im Kr. Minden (STAM, OP 351, Bd. 5, Bl. 235, 268 f.), 1840 im Kr. Bielefeld (STAB, Chronik der Gemeinde Heepen, Bl. 44 f.).

96 Diese beiden Fälle nach: WA Jg. 1806, Sp. 1065; Mindener Sonntagsblatt (25. 2. 1847) 1847, S. 72 und STAM OP 351, Bd. 7, Bl. 398. Die anderen Fälle: 1833 im Kr. Herford (STAD M 1 IP 1597), 1835 wieder im Kr. Herford (STAM OP 351, Bd. 5, Bl. 81 und STAD M 1 IP 1594), 1837 ohne genauere Angabe, aber in Minden-Ravensberg (STAM OP 351, Bd. 5, Bl. 298), 1842 im Kr. Lübbecke (ebd., Bd. 6,

Bl. 481), 1844 im Kr. Herford (ebd., Bd. 7, Bl. 188 f. und STAD M 1 IP 1597), 1848 ohne genauere Angabe, aber in Minden-Ravensberg (STAM OP 351, Bd. 7, Bl. 469).

97 Außer allgemeinen Hinweisen, daß die Täter, falls bekannt, zur Verantwortung gezogen würden. Nur in einem relativ harmlosen Fall einer eigenmächtigen Haussuchung und Prügelei ist ein Urteil überliefert. Der angeklagte, von den bäuerlichen Zeugen gedeckte Bauer wurde freigesprochen. Die Urteilsbegründung läßt eine penetrant wohlwollende Haltung des Gerichts erkennen. Vgl. Bescheid des Stadtgerichts Minden, 28. 11. 1836, STAD M 1 IP 1594. Von einer behördlichen Duldung der Selbstjustiz spricht auch eine lokalhistorische Darstellung, die, gestützt auf die mündliche Tradition, die »Knüppelgerichte« der Bauern im Unterschied zur sonstigen Heimatliteratur wenigstens erwähnt, aber sehr verständnisinnig darstellt. Vgl. E. Schönnebeck, *Bünde gestern und heute*, Bünde i. W. 1965, S. 174 ff.

98 Zeitungsbericht der Rg. Minden, 7. 3. 1837, STAM OP 351, Bd. 5, Bl. 298.

99 So erwähnen die »Wanderungen im Bezirk des Osninggebirges«, (in: C. Baron v. d. Goltz (Hg.), *Westphälische Idyllen*, Herford o. J. (ca. 1842), S. 74) in bezug auf die Herforder Gegend abergläubische Praktiken der Bauern, Verdächtige zu identifizieren. Auch anderswo war eine bäuerliche Selbstjustiz nicht unbekannt. So schildert 1845 ein Pressebericht aus Schlesien, daß die »ansässigen Gemeindeglieder« schon jahrelang (wie westfälische Bauern) Diebe durch Prügel bestraften und mit dieser Methode auch Geständnisse erzwangen. »Diese barbarischen Exekutionen wurden im Wirtshause vorgenommen, jedes Mitglied der Gemeinde mußte sich bei Vollstreckung derselben beteiligen, damit die Verantwortlichkeit für die eigenmächtige Gerichtspflege solidarisch würde; der Schulze ging gewöhnlich dabei voran.« Erst nachdem ein »Unschuldiger« (!) dabei totgeprügelt worden sei, hätten die Behörden dem »Unwesen durch ernstliches Einschreiten« ein Ende gemacht. Ob sie es vorher stillschweigend geduldet haben, wird allerdings nicht gesagt. Im übrigen wollten diese schlesischen Bauern wie die westfälischen damit angeblich »gerichtliche Kosten und Umstände« sparen. R. M., »Die ackerbautreibende Bevölkerung in Schlesien«, in: M. Heß (Hg.), *Gesellschaftsspiegel. Organ zur Vertretung der besitzlosen Volksklassen und zur Beleuchtung der gesellschaftlichen Zustände der Gegenwart*, 2 Bde., Elberfeld 1845/46, hier Bd. 1, S. 222.

100 Diese und die folgenden Angaben zum »Verein für Rechtschaffenheit und Sittlichkeit« nach dessen Statuten (daraus die Zitate) und die diesbezüglichen Schreiben in: STAD M 1 IP 968. Zum kommunalpolitischen Hintergrund vgl. Mooser, *Ungleichheit*, a.a.O. S. 255 ff.

101 Vgl. Koselleck, a.a.O. S. 641 ff.; K. Tenfelde, »Ländliches Gesinde in Preußen. Gesinderecht und Gesindestatistik 1810 bis 1861«, in: *Archiv für Sozialgeschichte* 19. 1979, S. 189-231.

102 Allerdings war dies nicht der einzige Aspekt der Revolution auf dem Lande. Wichtiger war das legal-loyale Verhalten, das konservative Wahlverhalten und der Appell an die Staatsmacht zur Abhilfe aller Mißstände. Vgl. W. Schulte, *Volk und Staat. Westfalen im Vormärz und in der Revolution 1848/49*, Münster 1954; Mooser, *Rebellion*, a.a.O. S. 77 ff.

103 So die Verwaltungskommission des Fürsten Ratibor in Corvey (Kr. Höxter) an die Rg. Minden, 29. 3. 1848, STAD M 1 IP 533, Bl. 89 f. Zu der Revolte in den Forsten vgl. besonders die Berichte in STAM OP 693 und STAD M 1 III B 102. Auch anderswo spielte sie eine bedeutende Rolle. Vgl. z. B. K. Hasel, »Forstverwaltung und Jagd in der Revolution von 1848 und 1849«, in: *Zeitschrift f. d. Geschichte des Oberrheins* N. F. 86, 1977, S. 297-313.

104 Auszug aus dem Bericht des LR des Kr. Höxter an Rg. Minden, 28. 11. 1848, STAM OP 492, Bl. 89 ff. Zu ähnlichen Spannungen im Kr. Warburg vgl. Bericht des LR des Kr. Warburg an Rg. Minden, 2. 5. 1848, STAD M 1 IP 533, Bl. 181 ff.

105 KO v. 26. 6. 1848, die nicht in der GS publiziert wurde, sondern durch eine Circularverfügung an die Regierungen bekanntgemacht wurde, in: Ministerial-Blatt 9. 1848, S. 216. Stenographische Berichte, Bd. 1, S. 226 (Sitzung v. 16. 6. 1848).

106 Vgl. Ministerial-Blatt 9.1848, S. 242, 352; ebd. 10. 1849, S. 145 f.; Blasius, *Kriminalität*, a.a.O. S. 81; Eingabe der Gemeindeverordneten von Valdorf und Exter (Kr. Herford) an die Rg. Minden, 9. 12. 1848, STAD M 1 IP 170 (mit 64 Unterschriften von »Eingesessenen«).

107 Nach einer in den 1850/60er Jahren noch ansteigenden, zeigen die Holzdiebstähle in den 1870er Jahren eine fallende Tendenz, angeblich infolge eines »energischer betriebenen Forstschutzes«. Starke, S. 29 ff., 99. In Minden-Ravensberg meldete der Herforder Bürgermeister schon 1858, »daß infolge kirchlicher Einwirkung und allseitig geschärfter Aufmerksamkeit (die Delicte gegen das Eigentum) mehr und mehr zurückgedrängt werden . . .«. Schreiben an LR des Kr. Herford, 27. 10. 1858, Kreisarchiv Herford Nr. 206. Für das Paderborner Land wurde um 1890 festgestellt: »Die früher sehr häufigen Waldfrevel haben mit dem steigenden Wohlstand der ländlichen Bevölkerung nachgelassen.« *Verhältnisse der Landarbeiter*, a.a.O. S. 175. In anderen ›rückständigen‹ Kleinbauerngegenden haben auch noch um 1900 Holzstreitigkeiten Revolten ausgelöst. Vgl. den Hinweis bei W. K. Blessing, »Umwelt und Mentalität im ländlichen Bayern. Eine Skizze zum Alltagswandel im 19. Jahrhundert«, in: *Archiv f. Sozialgeschichte* 19, 1979, S. 1-43, hier S. 19 f.

108 Vgl. oben S. 46 f.

109 Vgl. dazu jetzt die zusammenfassende Studie von P. Blickle, *Deutsche Untertanen. Ein Widerspruch*, München 1981.

110 Vgl. etwa H. Mehner, »Der Haushalt und die Lebenshaltung einer Leipziger Arbeiterfamilie«, in: *Schmollers Jahrbuch* 11, 1887, S. 301-34, hier S. 303, 311, 328; L. Machtan, »Zum Innenleben deutscher Fabriken im 19. Jahrhundert. Die formelle und informelle Verfassung von Industriebetrieben anhand von Beispielen aus dem Bereich der Textil- und Maschinenbauproduktion«, in: *Archiv für Sozialgeschichte* 21, 1981, S. 179-236, bes. S. 219 ff. zum Fabrikdiebstahl; M. Grüttner, Unterklassenkriminalität und Arbeiterbewegung. Güterberaubungen im Hamburger Hafen 1888-1923, in diesem Band, S. 153 ff. J. Kocka, *Klassengesellschaft im Krieg. Deutsche Sozialgeschichte 1914-1918*, Göttingen 1973, S. 40 f.; K. Tenfelde, »Proletarische Provinz. Radikalisierung und Widerstand in Penzberg/Oberbayern 1900 bis 1945«, in: M. Broszat u. a. (Hg.), *Bayern in der NS-Zeit*, Bd. 4, München 1981, S. 1-382, hier S. 135 ff.

111 So 1873 in der *Deutschen Industriezeitung*, zit. nach L. Machtan, »›Im Vertrauen auf unsere gerechte Sache . . .‹ Streikbewegungen der Industriearbeiter in den 70er Jahren des 19. Jahrhunderts«, in: K. Tenfelde und H. Volkmann (Hg.), *Streik. Zur Geschichte des Arbeitskampfes in Deutschland während der Industrialisierung*, München 1981, S. 52-73, hier S. 54.

Regina Schulte
Feuer im Dorf

*»Ich bet jetzt nimmer, weil der Herrgott mi hat den Brand
anstiften lassen und mi so lang daherin sitzen läßt.«*

Im Zentrum dieser Untersuchung steht die bäuerlich-dörfliche
Gesellschaft in Oberbayern am Ende des 19. Jahrhunderts. Die
Brandstiftungen werden nicht vorrangig auf ihren rechtlich-kri-
minellen Gehalt hin untersucht, sondern als eine Sonde betrachtet, durch welche zentrale Konflikte dieser bäuerlichen Gesellschaft aufscheinen. Die »Spurensicherung« will nicht, wie es die
Aufgabe des Dorfpolizisten war, einen Täter dingfest machen
oder die Pathologie einzelner Krimineller innerhalb einer ansons-
ten kleinen, überschaubaren und geregelten Welt nachweisen,
wie es die Psychiatrie jener Zeit versucht hat. Es kann auch nicht
darum gehen, aus einer quasi ethnozentrischen Sichtweise das
»barbarische Dorf« zu beschreiben, eine »hinterwäldlerische«
Welt, die noch keine aufgeklärten »Strategien der Konfliktbewäl-
tigung« entwickelt hätte, wie die moderne Zivilisation sie sich
zugute hält. Die Brandstiftungen verweisen indirekt vielmehr
nicht nur auf die Konflikte und Ängste, welche das Leben dieser
bäuerlich-dörflichen Welt kennzeichnen, sondern eben auch auf
das hohe Maß an sozialem Wissen, mit welchem die Dörfler ihr
Leben und Überleben zu deuten und zu sichern suchen.
    Die Brandstifter bewegten sich innerhalb des bäuerlich-dörfli-
chen Alltags und innerhalb der Erfahrungen, des Wissens und der
Regeln, die ihn ordneten und einschlossen. Die folgende Untersuchung rollte drei zentrale Ebenen dieser Welt auf: diejenige der
Arbeit, jene des Lebens im Dorf und diejenige der Familien, wie
sie unter den Bedingungen strukturiert sind, die eine auf Landbe-
sitz und Bauernarbeit beruhende Gesellschaft erzwingt. Feuers-
brünste und Brandstiftungen waren Einbrüche in den Alltag,
Katastrophen, angesichts derer die Arbeitenden, das Dorf, die
Familien für einen Moment die Verletzbarkeiten, die Ängste, das
Wissen und die Normen preisgaben, welche normalerweise auf

einer unausgesprochenen und teilweise unbewußten Ebene das tägliche Leben und die Gefühle der Dörfler bestimmten.

Die Brandstifter

Diese Untersuchung stützt sich auf 114 Brandstiftungsakten des Schwurgerichts München aus den Jahren 1879 bis 1900. Insgesamt waren in diesen Akten 121 Personen der Brandstiftung angeklagt. Bereits der allererste Blick in die Kriminalstatistik zeigt, daß Brandstiftung vor allem ein Delikt aus dem bäuerlich-dörflichen Alltag war.[1] Von den 114 Bränden wurde nur ein einziger in München gelegt.

Bäuerlicher und kleinbäuerlicher Besitz war in den Flammen aufgegangen: Strohhaufen und Heustadel, einige Torfhütten und Reisighaufen, vor allem aber mit Heu, Stroh und sämtlichen Erntevorräten gefüllte Stadel, von welchen das Feuer in Minutenschnelle auf das gesamte Anwesen übergriff, so daß in mehr als 50% der Fälle ganze Höfe in Schutt und Asche gelegt wurden. Da die Bauernanwesen so angelegt waren, daß Stallungen, Schupfen, der Stadel mit den Erntevorräten, Maschinenhaus und Wohnhaus unter einem Dach untergebracht waren und der Stadel mit seinen trockenen Futter- und Getreidevorräten am leichtesten zu entzünden war, kam das Feuerlegen am Stadel häufig der Vernichtung des gesamten Anwesens gleich und war wohl meistens auch als solche beabsichtigt. Denn jeder wußte aus Erfahrung, welche Gefahr ein Feuer im Heu auslöste, vor allem wenn der Wind die Funken über das Dach treiben konnte, welches im 19. Jahrhundert oft mit Stroh gedeckt war. Feuerwehr und schnelle Hilfe von den Nachbarn kamen dann meistens zu spät.

Die vom Schwurgericht München verurteilten Brandstifter stammten zum größten Teil aus der ländlichen Unterschicht und waren meistens Männer:

47 Dienstknechte, darunter 2 Schweizer (Melker);
29 Gütler, Häusler und Taglöhner, darunter 1 Schreiner, 1 Schirmmacher, 1 Metzger, 1 Müller;
10 Handwerker: 3 Schmiede, 1 Metzger, 1 Weber, 2 Maurer, 1 Säger, 2 Schuhmacher;
8 Gesellen und Gehilfen: 1 Webergeselle, 1 Binder-, 1 Maurer-, 1 Schreiner-, 1 Zimmerer-, 1 Schneider-, 1 Schäfflergeselle, 1 Badergehilfe;

2 Gütlersöhne;

2 Bergleute;

2 Wirte;

3 Bauern;

1 Bauernsohn; ein Armenhäusler; 1 Privatschreiber.

Unter den 14 Frauen waren 5 Dienstmägde, 8 verheiratete Frauen, 1 Näherin.

Die Personalangaben der Akten verzeichnen 22 als unehelich geborene, 85 der Brandstifter – darunter sämtliche Gesindeangehörige – waren ledig, 29 verheiratet und 6 verwitwet. Gesinde, Taglöhner und Handwerker standen am Ende des 19. Jahrhunderts in der noch vornehmlich bäuerlich bestimmten Gesellschaft Oberbayerns zum allergrößten Teil im Dienst und Lohn der Bauern und der landwirtschaftlichen Arbeit – waren zum Teil auch selbst Besitzer kleinbäuerlicher Anwesen. Das Gesinde stellte zu dieser Zeit noch immer ein Viertel der ländlichen Bevölkerung[2], die kleinen Anwesen der Taglöhner, Gütler und Häusler entsprachen in etwa der Gesamtzahl der mittleren und größeren Bauernhöfe, auf welchen Gesinde und Taglöhner arbeiteten.[3] Mittel- und Großbauern stellten Gesinde ein, die kleineren bewirtschafteten ihre Anwesen allein und waren auch nicht in der Lage, fremde Arbeitskräfte zu bezahlen, vielmehr oft selbst auf zusätzlichen Verdienst durch ein Gewerbe oder im Taglohn angewiesen, ferner darauf, daß ihre Kinder sich möglichst früh als Dienstboten anderswo verdingten, weil das Elternhaus sie nicht als Arbeitskraft brauchte und sie sich selbst ernähren mußten.[4]

Der Besitz von Land, wenigstens eines kleinen Fleckens, eines Hauses mit Garten und von Vieh waren die Voraussetzung für die Gründung einer Familie und der Anerkennung als voll berechtigtes Dorfmitglied. Der Gesindestatus war eine Übergangszeit von 15-20 Jahren, die die Jugendzeit überdauerte. Knechte und Mägde strebten aber letztlich auch den Erwerb oder die Übernahme von Gütleranwesen an, was ihnen erst die Heirat ermöglichte. Unter den gegebenen Überlebens- und Erwerbsbedingungen gehörte der Besitz von Land zu den Grundbedingungen der dörflichen Existenz. Land stand aber nicht unbegrenzt zur Verfügung. Unter den kleinen Leuten herrschte Konkurrenz um den Boden und ebenso um die wenigen Nebenerwerbs- und Taglöhnerarbeiten.[5]

Die Brandstiftungen sind nur aus dem Zusammenhang dieser dörflich-bäuerlichen Lebens- und Arbeitswelt verstehbar. Daß die Brandstiftung vor allem ein Verbrechen war, welches die Bewohner auf dem Lande bedrohte, hängt mit dem spezifischen Verhältnis zusammen, in welchem sie zu ihrem Besitz standen und durch ihn bestimmt wurden. Zwischen einem Haus in der Stadt und einem bäuerlichen Anwesen bestand ein fundamentaler Unterschied. Wer einen Hof anzündete, traf in den Kern der bäuerlichen Existenz, traf nicht nur Sachgüter, sondern die ›Person‹ der Bauern. Im Dorf bezeichnete das Feuer für jeden sichtbar und erkennbar den Betroffenen selbst. Brandstiftung in betrügerischer Absicht spielt in den vorliegenden Fällen eine relativ unbedeutende Rolle. Die Akten ebenso wie Untersuchungen über die Landwirtschaft in Oberbayern zeigen, daß die meisten Höfe in der Regel weit unterversichert waren, eine Feuersbrunst einen Hof meistens ruinierte.[6] Das zentrale Motiv der Brandstiftungen in den hier untersuchten Akten hieß »Rache« – in 54 Fällen hatte der Brandstifter das Feuer ausdrücklich gelegt, um sich zu rächen. Vermutlich waren es mehr, jedoch ist in manchen unvollständigen, lediglich aus formalen Urteilsprotokollen bestehenden Aktenstücken das Motiv nicht erkennbar. »Rache« ist zunächst nichts als ein Wort für vage, mit Gefühlen geladene Vergeltung, eine archaische Form, die Gerechtigkeit wiederherzustellen, nach dem Prinzip: ›Auge um Auge, Zahn um Zahn‹.[7] Vor dem Schwurgericht kam die »niedrige Rachsucht« oder »pure Rachsucht« als straferschwerend in Betracht, ein barbarisches Relikt, dessen verheerende Folgen in keinem Verhältnis zur ›Nichtigkeit‹ der Anlässe zu stehen schien, aus denen die Brände angefacht wurden. Die Psychiatrie, die, wie die Akten zeigen, mit ihren Gutachten am Ende des 19. Jahrhunderts bereits zu einem Bestandteil der Rechtsfindung geworden war[8] und die den wissenschaftlichen Diskurs über die Brandstifter anführte, wähnte sich schließlich in der Lage, hinter »Rachsucht« eine besondere Krankheit zu erkennen, deren Symptome auf »sittliche Minderwertigkeit« und »moralischen Schwachsinn« deuteten, falls nicht einfach »Idiotie« konstatiert werden konnte.[9] Die »Bosheit«, wie die Dörfler sie manchmal bezeichneten, bekam einen kranken Ursprung und war ihrer Verantwortung enthoben. Einem Schwachsinnigen und moralisch Debilen konnte der Richter auch wieder mildernde Umstände zubilligen. Nachdem das einheitliche Krankheitsbild vom »Pyromanen« am Ende des Jahrhunderts langsam wieder aus den Lehrbüchern der Psychiatrie verschwand[10], tritt in den psychiatrischen Gutachten zunehmend die »Imbezilität« der Seele in den Vordergrund. Es war bei dem sonst doch eigentlich nicht dummen Brandstifter Reinhart »immerhin denkbar, daß die geistigen Fähigkeiten des Reinhart in der Richtung, nach sittlichen Grundsätzen handeln zu können, geschädigt sind«.[11] Die Psychiater beschrieben auch die Körper der Brandstifter: sie fanden vor allem die »abnormen, kranken« Merkmale, die diesen von der Zartheit der Städter unterschieden – die aber aus anderer Sicht auch als die Spuren einer jahrhundertealten spezifischen bäuerlichen Arbeits- und Lebensweise gelesen werden können. Die Psychiatrie übersetzte die Zeichen harter Arbeit und des Überlebenskampfes in der bäuerlichen Welt in die Sprache der Krankheit und des Schwachsinns. Aus dem Gesicht, der Physiognomie von Bauernknechten wurde eine lächerliche Karikatur. Ihre Rede, die in ihrer einsilbigen Sprechweise die Zusammenfassung ihrer Lebenserfahrung verbarg, wurde im Ohr des Arztes zum Gestammel. Die Sprache des Dorfes war eine andere als diejenige der Psychiater – schließlich war auch das Feuer Sprache gewesen. In der Sicht der Psychiater mußte die bäuerliche Welt pathologisch erscheinen. Sie wunderten sich über die Gleichmütigkeit, mit welcher manche Brandstifter über ihre »Tat« redeten – aber diese hatten gesagt, was sie sagen wollten, und ihre Adresse war nicht der Arzt, sondern der Bauer, das Dorf, die Familie und manchmal auch der Herrgott gewesen.[12]

In einem Gutachten, das in der Kreisirrenanstalt von München über den Brandstifter Josef Riessl erstellt wurde, sind gleichzeitig die zwei Diskurse enthalten, die zwischen dem Delinquenten und dem Arzt stattfinden. Der Angeklagte hatte das Haus einer Nachbarin angezündet, weil diese ihn und seinen Großvater des Torfdiebstahls bezichtigt hatte, eine Anschuldigung, die innerhalb des Dorfes die Reproduktionsfähigkeit des Angeschuldigten schwer beeinträchtigen konnte. Das Gutachten über ihn lautete in Auszügen:

». . . Riessl bietet sowohl in körperlicher wie in geistiger Beziehung das klassische Bild eines Idioten. Seine äußere Erscheinung hat alle Merkmale eines solchen an sich . . . daß man geradezu erstaunt ist, bei der Unterhaltung mit ihm zu finden, daß man mit ihm über die alltäglichen Dinge fließend sprechen kann, ohne daß ein oberflächlicher oder ungeübter Beobachter geistiger Defekte gewahr würde. Nimmt man dazu die Thatsache, daß Riessl den Anforderungen des Lebens in dem engen Kreis, in welchem er lebte, bisher sich gewachsen zeigte, daß er von seiner Umgebung einstimmig als fleißiger, tüchtiger Arbeiter geschildert wird, so begreift es sich, daß viele Laien an ihm nichts Abnormes finden werden.

Ja, es finden sich in den Akten Äußerungen von Riessl in Bezug auf sein Vergehen, z. B. ›es geht grad der rechte Wind, der Dir nichts schadet und dem Grätz auch nicht‹ . . . Innerhalb der Vorstellungskreise, über die er überhaupt verfügt, bewegt sich Riessl zweifellos mit einer gewissen Gewandtheit, und hat sie schnell parat, wenn er sie braucht [. . .]

Das erste, das bei Betrachtung des Gefühllebens des Riessl auffällt, sind ebenfalls Ausfallerscheinungen, Defekte: ein hochgradiger Indifferentismus, eine hochgradige Stumpfheit gegen alle Eindrücke. Das ihm neue Leben in einer Irrenanstalt lieferte ihm gewiß eine Unzahl solcher, ohne daß er irgendwie seinen unerschütterlichen Gleichmut verloren oder einmal ein lebhafteres Interesse gezeigt hätte. Ganz defekt sind die sogenannten höheren Gefühle: von Reue ist keine Spur zu finden: ›Die Westermair ist daran schuld, hätt sie mi net so schlecht gemacht‹; oder: ›I ärger mi blos darüber, daß i was g'sagt hab, daß es rauskommen ist.‹ . . . Wie es mit seinen religiösen Gefühlen bestellt ist, geht aus seiner Äußerung hervor: ›Ich bet jetzt nimmer, weil der Herrgott mi hat den Brand anstiften lassen und mi so lang daherin sitzen läßt.‹ . . . Es kann vorkommen, daß ein solches Individuum Jahre hindurch sich gut führt und durch keine anderen schlechten Eigenschaften auffällt, als sie auch bei Gesunden anzutreffen sind, bis von ihm urplötzlich ein Verbrechen ausgeht, das kein Mensch seiner Umgebung von ihm erwartet hat und das nur dem verständlich ist, der eben die Geistesart der Idioten kennt . . . So ist es auch bei der von Riessl verübten Brandstiftung.«

Dem Diskurs des Dorfes, des Lebens »in dem engen Kreis«, des Besitzes, der bäuerlichen Arbeit und der dörflichen »Vorstellungskreise«, in welchen der Brandstifter Riessl sich auskannte und zu bewegen wußte, seinem »unerschütterlichen Gleichmut« und seinem dezidierten Verhältnis zum Herrgott steht unvermittelt der Diskurs der Psychiatrie gegenüber. Sie straft den Blick »des oberflächlichen und ungeübten Beobachters«, den Blick der Dörfler, Lügen – die Geistesart des Idioten hat in der Tiefe unter der Oberfläche der ›alltäglichen Dinge‹ auf ihren zerstörerischen Ausbruch gewartet. Um zu ›verstehen‹, sind die Dörfler nun an denjenigen verwiesen, »der eben die Geistesart der Idioten kennt«, den Psychiater. Er nimmt für sich in Anspruch, auf den Grund eines Verbrechens zu sehen, »das kein Mensch seiner Umgebung von ihm (Riessl) erwartet hat«. Die Voraussetzung dieser Deutung ist die fundamentale Fremdheit zwischen dem Bauernknecht und dem Wissenschaftler.

Welcher Art waren die dörflichen sozialen Zusammenhänge, die dazu führten, daß als Resultat von Konflikten häufig ein Hof in Schutt und Asche lag? Will man sie nicht im kranken Körper oder in der kranken Seele des einzelnen Brandstifters suchen, muß man schauen, was auf dem Hof, im Haus, in der Mühle, im Dorf und in den Familien vor sich gegangen war, bevor es brannte. Das Motiv eines Einzelnen erklärt zudem noch nicht, warum ausgerechnet ein ganzes Anwesen und warum gerade dieses oder jenes brennen mußte. Einzelfälle geben zunächst nur ihre Oberfläche preis. Um die tieferen Strukturen sichtbar zu machen, welche die Anlässe zur Brandstiftung aus ihrer augenscheinlichen ›Nichtigkeit‹ in einen Zusammenhang zum Inhalt und zur Form des Verbrechens setzen können, scheint es notwendig, durch die Untersuchung einer größeren Zahl von Fällen den Einzelnen aus seiner pathologischen Zufälligkeit zu befreien. Darüber hinaus scheint es notwendig, die Aktivitäten der Brandstifter mit ihren Arbeits- und Lebensbedingungen sowohl im Dorf als auch in der Familie in Beziehung zu setzen.

I

Die Arbeit

Herr und Knecht

Wie die Liste der Brandstifter gezeigt hat, wurde fast die Hälfte – 52 von 114 – der Brände vom bäuerlichen Gesinde gelegt. 21mal ging das Anwesen der Dienstherrn oder ehemaligen Dienstherrn in Flammen auf. Soweit aus den Akten zu entnehmen ist, fühlten sich Knechte und Mägde – vor allem Knechte »zündeten« – ungerecht behandelt; ihre Brandstiftungen standen in unmittelbarem Zusammenhang zur Arbeit und zu den Arbeitsbedingungen des Gesindes auf den Höfen. Ein zentrales Motiv für Brandstiftungen durch Knechte war ihre vorzeitige Dienstentlassung. So zündete der 37jährige Michael Fischer den Hof seines Dienstherrn an, weil er nach 6 Jahren »wegen seiner öfters sich wiederholenden Räusche« gekündigt wurde, obwohl er bis dahin ein »ordentlicher« und treuer Arbeiter gewesen war. Er sagte selbst vor dem Untersuchungsrichter aus:

»Die meines Erachtens ungerechtfertigte Entlassung ärgerte mich umsomehr, weil mir der frühere Besitzer, als ich am 29. Nov. 1889 durch die Maschine eine Verkrüppelung der Hand erlitten hatte, die Zusage erteilt hatte, daß ich immer auf dem Gute bleiben könne ... Ich kann zu meiner Entschuldigung nur vorbringen, daß ich in großer Aufregung war, denn im Herbst bekommt man schwer Arbeit, zumal wenn man eine verkrüppelte Hand hat.«[13]

Der 18jährige Dienstknecht Ludwig Auer war entlassen worden, weil der Bauer »gegen seine Ehrlichkeit Zweifel hegte«.[14] Bevor er das Anwesen anzündete, war sein Leben mittlerweile durch Verhaftung wegen Vagabondage, Landstreicherei, Bettel und Naturaliendiebstähle gekennzeichnet. Dienstknechte wurden normalerweise nur zweimal im Jahr eingestellt, vor Beginn der Aussaat im Frühjahr und nach Beendigung der Ernte.[15] Bei zwischenzeitlichen Dienstabbrüchen wurde es für Knechte schwer, Arbeit zu finden, und die Bauern hatten Probleme, einen neuen Knecht zu bekommen. So beklagte sich ein Bauer in Hallern über seinen Knecht Johann, der, »während ich gerade die Dreschmaschine da hatte und alle Arbeitskräfte brauchte, aus Bosheit« aus dem Dienst getreten sei.[16] Dieser hatte gekündigt, nachdem der Bauer ihn beschuldigt hatte, einen Rechen zerbrochen zu haben. Als ihm dann noch 10 Mk für den Rechen vom Lohn abgezogen wurden, zündete er in der folgenden Nacht den Hof des Bauern an, »um mich an ihm zu rächen«. Gegen die folgende Verhaftung legte er keine Beschwerde ein, fühlte sich auch im Recht; außerdem hätte er auch nicht gewußt, »wo ich mich hinmachen sollte«.[17] Niemand nahm einen Knecht, der mitten in der Erntezeit den Dienst verlassen hatte, er war genausowenig zuverlässig wie einer, der zuviel trank. Den meisten blieb schließlich in einem solchen Fall nur übrig, zu den Eltern zu gehen, was diese jedoch nicht gern sahen, denn sie fielen ihnen zur Last. Sie schlugen sich auch mit Bettel und Landstreicherei durch, wie die Vorstrafenlisten von Dienstboten und von Taglöhnern zeigen, die früher einmal Dienstboten gewesen waren.[18] Das Gesinde war eine tendenziell vagierende Bevölkerungsgruppe. Die meisten wechselten jährlich ihre Dienststellen, wanderten von einem Hof zum nächsten. Die sechsjährige Dienstzeit des oben erwähnten Michael Fischer war eher eine Ausnahme und die Kündigung ein tiefgreifender Eingriff in das Leben dieses Knechtes, der zudem auch schon relativ alt war. Der Lebenslauf des Brandstifters Lorenz Hammerl ist typisch für die vagabundierende Lebensweise des Gesindes und der Unterschichtenjugend, die bereits mit der Geburt als Kind einer ledigen Dienstmagd beginnen konnte:

»Ich bin unehelich geboren, mein Vater ist der Gütler Wolfgang Gasteiger . . . Beiläufig vor 17 Jahren verehelichte sich meine Mutter mit Mathias Reichl, Gütler in Kühberg und nahm mich zu sich ins Haus. (Erst mit 12 Jahren! R. S.) Ich mußte bald auswärts in Dienst treten, blieb aber immer in der Umgegend, nämlich in Pfaffing, in Geifelbach, W . . . -hof, Holbing, Neufahrn bei Walgartskirchen und Grüning. Im Jahre 1872 erstand ich vier Monate Gefängnis wegen Körperverletzung, kam sodann zum Militär, trat im Jahre 1876 in die Reserve und diente sodann als Knecht in Kronberg . . . zuerst beim Bauern Winkler, dann bei Unterauer. Mit diesem überwarf ich mich Ende November letzten Jahres, verließ den Platz und begab mich zu meinem Stiefvater nach Hause.«[19]

Er war nun 29 Jahre, war beim Militär gewesen, hatte bei neun Bauern gedient und war nach Aussage seiner Mutter zwischendurch immer wieder zu Hause untergekommen. Oft waren Dienstboten aber, wenn sie ihre Stelle in einer ungünstigen Jahreszeit verloren, bis zu einem gewissen Grade heimatlos. Aus einem Dorf, wo sie keine Arbeit und kein Heimatrecht hatten, wurden sie ausgewiesen – man fürchtete, daß sie der Armenkasse der Gemeinde zur Last fallen könnten; sie waren Asoziale. Sie selbst haben den Aufenthalt im Armenhaus zudem als erniedrigend empfunden. Der tuberkulosekranke 35jährige Dienstknecht Johann Wolferstätter zündete schließlich zwei Stadel an, um auf diese Weise vom Armenhaus ins Gefängnis überwiesen zu werden, sich – nach dem Kommentar des Richters – »im Zuchthaus eine sorgenfreie Existenz zu schaffen«.[20] Er starb dort. Auch der ledige, arbeits- und mittellose 52jährige Michael Jäger wollte »durch Verhaftung der Unterhaltslosigkeit entgehen«[21] und zündete einen Stadel an – eine Unterkunftssuche, die mit Aggressionen gegen die dörfliche Gesellschaft gepaart war, die ihn nicht mehr brauchen wollte.

Die Möglichkeit, notfalls zumindest für eine gewisse Zeit ins

Elternhaus zurückkehren zu können, war für die Dienstboten auch von emotionaler Bedeutung. Knechte, die gekündigt wurden oder die vorzeitig aus dem Dienst liefen, verloren in gewisser Weise auch den »Platz am Herd«. Der Gesindestatus definierte die Zugehörigkeit zu einem Haushalt; Knechte und Mägde waren Mitglieder des Haushaltes, in welchem sie dienten. Der Hof war nicht nur Arbeitsplatz, sie aßen und schliefen auch in der Hausgemeinschaft und verbrachten zudem einen großen Teil ihrer Ruhe- und Vergnügungsstunden in der bäuerlichen Stube, die am Wochenende von den Knechten gegen das Wirtshaus eingetauscht wurde. Das »Dazugehören« von Knechten und Mägden wurde auch innerhalb des Dorfes über den Hof und den Bauern definiert, bei welchem sie dienten. Ein Fest in einer Bauernfamilie, mit welchem diese sich auch vor dem Dorf darstellte, schloß normalerweise auch Knechte und Mägde ein – ihnen stand z. B. innerhalb des Ablaufs und der Rituale von Bauernhochzeiten ein festumschriebener Platz zu. Der 18jährige Dienstknecht Ferdinand Baumann fühlte sich bei der Hochzeit seines Dienstherrn ausgeschlossen, er zündete aus »Rache und Haß«, weil dieser ihn am Hochzeitstage arbeiten ließ, den Stadel mit den Erntevorräten und den Viehstall an.[22] Er war schließlich nicht nur von einem Familienfest des Bauern ausgeschlossen worden, sondern von einem Anlaß, bei welchem auch die Dorfjugend zusammenkam, tanzte und anbandelte, und nicht nur die Bauern, sondern auch die Dienstboten sich ihrer Stellung innerhalb der Dorfgemeinschaft versicherten.

Ein häufiger Anlaß für Brandstiftungen am Anwesen des Dienstherrn waren Lohnstreitigkeiten und Lohnkürzungen am Ende einer Dienstzeit.[23] Manchmal hatten Dienstboten die ›Reichnisse‹ nicht bekommen, die ihnen zustanden: Kleidungsstücke, und für Mägde Zugaben zu ihrer Ausstattung. Nicht den gerechten Lohn erhalten zu haben traf zusammen mit dem Gefühl, in der Arbeitsleistung unterbewertet zu sein. »Rache« durch Brandstiftung sollte das gerechte Verhältnis wiederherstellen, das subjektive Unrechtsbewußtsein konnte nur über eine Schädigung der Reproduktionsgrundlage des »Schädigers« befriedigt werden. Die Form des Ausgleichs durch Brandstiftung war auf dem Boden von Ohnmachtsgefühlen und wachsendem Haß geboren – der Gedanke anzuzünden entwickelte sich bei vielen erst im Laufe eines längeren Zeitraums:

»Der Zorn über den Hollbauern ist nicht mehr aus mir gekommen. Am 26. Okt. v. Js. ist mir wieder das Gift gekommen; gegen 9 Uhr abends habe ich meine Feiertagskleider angezogen, – ich diente damals in Anning – damit, wenn ich verhaftet würde, ich hübsch angezogen sei, und ging nach Frühling. Vor meinem Weggehen sagte ich zu meinem Nebenknechte Haberthaler: Heut gehts noch roth auf.«[24]

Mathias Dax zog Sonntagskleider an, wie sonst der Bauer, wenn er zum Amtsgericht ging, um die Angelegenheiten seines Besitzes ›notarisch zu regeln‹. Dienstboten holten sich ihr Recht seltener bei einem königlichen oder bürgerlichen Richter. Daß es mit dem geschriebenen Recht für sie nicht gut stand, wußten sie aus der Gesindeordnung. Sie war dazu da, die rechtlichen Aspekte des Dienstes zu regeln und eine genügende Menge von Dienstboten zu einem erschwinglichen Lohn bereitzuhalten. Mit den Gesindeordnungen trat der Staat als Wahrer der Interessen derjenigen Bevölkerungs- und Sozialschicht auf, »die auf Grund ihrer (steuerlichen) Leistungen als wichtiges staatstragendes Element empfunden wurde, zugunsten der ländlichen Dienstherren«.[25] Zwei Dienstknechte, gegen welche die Bauern ihr Recht durchgesetzt hatten und die wegen Dienstentlaufens angezeigt und bestraft worden waren, demonstrierten ihren eigenen Weg, sich ›Recht‹ zu verschaffen, sie zündeten die Anwesen der Dienstherren an.[26]

Brandstiftung als Racheakt von Dienstboten wurde offensichtlich allgemein von den Bauern gefürchtet. In vielen Brand- und Brandstiftungsfällen fiel der erste Verdacht auf einen Knecht oder eine Magd – die Möglichkeit, daß ein Dienstbote der Täter war, mußte erst ausgeschlossen werden, bevor die Suche nach einem anderen weiterging:

». . . der abgebrannte Dax hat keinen Feind, keinen Knecht und fragliche Magd ist ordentlich . . .«[27]

In einem anderen Fall hieß es:

»Der Verdacht der Thäterschaft fiel nach der allgemeinen Meinung anfänglich auf Fink, der bei Gölbel früher gedient hatte und wegen Dienstentlaufens bestraft wurde, . . . daraus erklärt sich auch das besondere Interesse, welches Fink an der Ermittlung des Thäters hatte.« – Er wußte, daß der Verdacht zunächst auf ihn fallen würde.[28]

Dieser Verdacht schadete nicht nur dem Dienstknecht, sondern auch dem Bauern. Geriet er in den Ruf, mit seinem Gesinde nicht auszukommen, möglicherweise sogar ein »Dienstbotenschinder« zu sein, konnte es für ihn schwierig werden, wieder einen ›guten‹ Knecht zu bekommen. Die Kontrolle war gegenseitig. Das Gesinde verständigte sich vor allem beim Bier in der Wirtschaft und zur Zeit der Stellenwechsel über die Arbeitsbedingungen auf den verschiedenen Höfen, auch über die Person der Dienstherren.[29] Brandstiftung setzte nicht nur den Täter, sondern tendenziell auch das Opfer ins Unrecht.

Die Brandstiftungen durch das Gesinde bewegten sich auf der Ebene der gegebenen Ordnungen. Die Knechte, die den Hof eines Dienstherren anzündeten, stellten nicht generell die Arbeitsverhältnisse auf den Höfen, sondern nur den Einzelfall in Frage; sie rebellierten nicht gegen die Bedingungen des Gesindedienstes als solche. Sie forderten vielmehr, was ihnen von jeher zustand. Nach der Ansicht dieser Knechte hatte der Bauer gegen das gegebene Recht verstoßen, den Lohn nicht rechtmäßig ausgezahlt, die Kündigungszeiten nicht eingehalten usw. Das Feuer sollte nicht nur das verletzte Rechtsgefühl und das Rachebedürfnis befriedigen, sondern auch den Rechtsbrecher brandmarken. Die Zeugenaussagen von Nebendienstknechten und -mägden zeigen jedoch auch, daß unter dem Gesinde die Brandstiftung aus Rache zwar unablässig angedroht wurde, letztendlich aber nicht als eine Möglichkeit zur Durchsetzung von Gesindeforderungen akzeptiert wurde. Viele der Brandstifter aus dem Gesinde handelten als Einzelgänger, waren oft auch unter dem Gesinde isoliert worden. Daß nach dem Anschein der Akten kaum Solidarisierungen mit dem Brandstifter von seiten des übrigen Gesindes aufkamen, schließt allerdings nicht aus, daß jeder den Anlaß kannte, in gewisser Weise ›verstand‹, warum der Knecht das Feuer gelegt hatte – dennoch: es war seine Sache. Als Gruppe gegen die Bauern aufzutreten, waren den Dienstboten andere Gelegenheiten – z. B. der Dienstwechsel an Lichtmeß – und andere Orte – z. B. das Wirtshaus – zugewiesen. Immer mehr suchten zudem am Ende des Jahrhunderts Arbeit in den aufkommenden Industrien und in der Stadt.

Taglöhnerarbeit

Auch die Brandstiftungen von Taglöhnern und Gütlern, die gegen ihre Arbeitgeber gerichtet waren, blieben Einzelaktionen. Taglöhner in Oberbayern waren fast ausnahmslos durch Heirat und Besitz an einem festen Ort verankert und darauf angewiesen, dort auch Arbeit zu finden. Sie waren abhängig von der Entwicklung der Landwirtschaft, ihre Arbeit war bäuerliche und an den bäuerlichen Besitz gebunden. Da sie auch selbst kleine Anwesen bewirtschafteten, identifizierten sie sich bis zu einem gewissen Grade mit den Anforderungen, die die Bauern an ihre Arbeitsfähigkeit und -moral stellten. Nach den Brandstiftungsakten zu urteilen, kamen vor allem Konflikte zwischen Bauern und Taglöhnern auf, als sich durch Maschinisierung und Veränderungen in den Anbaumethoden die Arbeitsbedingungen in der Landwirtschaft veränderten, Arbeitsangebot und Arbeitsgelegenheiten für die Häusler und Taglöhner abnahmen – vor allem, da sie nicht mobil sein und nicht in entferntere Industrien abwandern wollten.[30] Wie schon in England in der ersten Hälfte des 19. Jahrhunderts die Einführung der Dreschmaschinen, so führte in Bayern am Ende des 19. Jahrhunderts der Übergang von der Handdreschmaschine und von Dreschmaschinen mit Göpelbetrieb zu Dampfdreschmaschinen in den größeren Betrieben, die in Dreschzeiten viele Arbeiter beschäftigt hatten, zur Unruhe unter den Taglöhnern. Es kam zu Branddrohungen:

»Viel Dampf zum Dreschen und viel Flammen werden aufgehen. Alle Jahre wird ein Spitzbubenbauer abbrennen, weil sie so stolz haben. Wenn die Erntezeit vorüber war, dann dürfen die Leute [sich] wieder verstecken und da heißt es, keiner was thut. Der Brandstifter kommt nicht auf, es wird krachen auf alle Ecken, da wird der recht laufen derfen, daß er wieder den Bau aufstellen muß. 1895.«[31]

Diesen Branddrohbrief fand der Bauer Unterauer von Peterskirchen in der Frühe in der Fensternische seines Stalles. Der Brief setzte

»nicht nur den Unterauer und seine Angehörigen in die größte Bestürzung, sondern ich mußte auch bei meinen Recherchen hierwegen am 28. und 29. Mai ca. eine allgemeine Furcht in der ganzen Umgebung von Peterskirchen wahrnehmen und fand nur stets die eine Kundgebung: ›was soll das werden, man ist keine Stunde mehr sicher, sein Anwesen brennen zu sehen und daß die Drohung ernst ist, sieht man gut genug‹ usw. Die öffentliche Friedensstörung erreichte aber dann ihren Höhepunkt, als am 29. Mai das sogenannte alte Schmiedanwesen zu Peterskirchen abbrannte.«

Der Taglöhner Johann Weger, der später wegen öffentlicher Friedensstörung zu drei Monaten Gefängnis verurteilt wurde, aber nie einen Brand legte, sagte aus, daß er sich über den Bauern geärgert hatte, weil Unterauer, wie auch noch viele andere größere Bauern, die landwirtschaftlichen Arbeiten durch Dampfmaschinen verrichten lasse, wodurch die Arbeit suchenden Taglöhner keinen Verdienst mehr bekämen, und »wollte deshalb durch Legung des Branddrohzettels den Unterauer und die übrigen Großbauern in Schrecken setzen, damit sich diese vor den um ihren Verdienst durch den Maschinenbetrieb geschmälerten Arbeitern fürchten sollten. Ich bin mit Unterauer in keiner Weise befeindet und habe auch nicht in der entferntesten Weise daran gedacht, die auf dem Zettel aufgezeichnete Drohung zu verwirklichen.«

Am 4. September desselben Jahres, bevor die Dreschzeit beginnen sollte, äußerte in Tittmoning, ebenfalls im Landkreis Laufen, ein bei der Arbeitssuche abgewiesener Dienstknecht eine ähnliche Drohung: »die Bauern, welche Maschinen haben, soll man alle wegbrennen, weil man keine Arbeit bekommt«.[32] Die Leute sagten von ihm, daß sich in letzter Zeit an seine Anwesenheit an einem Orte immer »Brandausbruch knüpfte«. Die Bauern dieser Gegend lebten seit Jahren in der Angst vor Brandstiftung durch Taglöhner. Bevor Johann Weger den Brandbrief verfaßt hatte, waren in Peterskirchen schon andere Höfe in Flammen aufgegangen, ohne daß die Ursache ermittelt werden konnte. 1890 hatte in Grafengars, ebenfalls im Landkreis Laufen, nach einer Serie von Bränden die Äußerung eines Taglöhners im Wirtshaus den dort versammelten Bauern gegenüber Panik ausgelöst: »Wenns in Grafengars mit der Dampfmaschine dreschen, dann zünden wir als wie die Teufel«. Vor allem das »wir« beunruhigte die Bauern, »weil hiermit Heimeder wie von einem Complotte sprach«.[33]

Trotz der Auflehnung der Taglöhner gegen diese Maschinen ist es aber nicht wie in England am Anfang des 19. Jahrhunderts zum Maschinensturm und zu Serienbrandstiftungen von Landarbeitern gekommen. Hobsbawm und Rudé haben sie in den »Captain Swing«-Protestbewegungen beschrieben.[34] In den Schwurgerichtsakten tauchen keine kollektiven Brandstiftungen auf; die Feindseligkeit der Taglöhner gegen die größeren Bauern hat auch angesichts der Arbeitsverkürzungen durch die Dreschmaschinen nicht zur Politisierung gegen die Bauern geführt. Branddrohungen blieben individuelle Aktionen, die jedoch wie im Landkreis

Laufen die Spannungen, die innerhalb der dörflichen Schichten latent waren, für Momente aufflackern ließen. Die Feindseligkeit der kleinen Häusler, die auf die Lohnarbeit bei den Größeren angewiesen waren, löste bei letzteren Angst aus. Die Reaktionen der Bauern auf die Branddrohungen und die ungeklärten Brände, vor allem auf das »wir«, zeigen jedoch, daß kollektive Brandstiftungen durch Taglöhner nicht außerhalb der Vorstellungen der Bauern lagen, daß unter extremen Bedingungen auch in Bayern Brandstiftungen zum Mittel eines Kampfes der Taglöhner und der Landarbeiter gegen die Bauern hätten werden können. Genausowenig jedoch wie das Gesinde stellten die Häusler-Taglöhner letztendlich die bäuerlichen Besitzverhältnisse in Frage.

II

Das Dorf

Die Brandstiftungsmotive können nicht allein und gradlinig Konflikten zwischen den Schichten innerhalb der dörflichen Bevölkerung zugeordnet werden. Die Akten zeigen, daß die große Zahl der Taglöhner unter den Brandstiftern den Kriterien und Wertungen der bäuerlichen Dorfgesellschaft, d. h. nicht nur der unabhängigen Bauern, sondern auch ihrer Taglöhner, Häusler und Nachbarn unterlag. Hobsbawm hat darauf hingewiesen, daß die Differenzierungen innerhalb der Bauernschaft, zu welcher letztendlich auch die landbesitzenden Taglöhner gehörten, sekundär angesichts ihrer gemeinsamen Charakteristika und ihrer gemeinsamen Interessen gegen Bedrohungen sein können, welche die Grundlage ihrer gemeinsamen Existenz angreifen.[35] In den Brandstiftungsakten werden vertikal die Konflikte unter den dörflichen Schichten gespiegelt, horizontal entfalten sich in ihnen die zentralen Werte und Normen des bäuerlich-dörflichen Lebens und Überlebens: des Besitzes, des Bodens und der Höfe, und davon untrennbar der Familien, denen er gehörte und die ihn erhielten und weitergaben; der Arbeit, die den Besitz sichern und auch diejenigen ernähren sollte, die nichts hatten und auf ihre Hände angewiesen waren, und schließlich der dörflichen Gemeinschaft, die einschloß und aussperrte.

Eine Feuersbrunst, der Brand eines bäuerlichen Anwesens, löste innerhalb der begrenzten, überschaubaren bäuerlichen Welt, in der jeder jeden kannte, Solidarisierungen aus und legte gleichzeitig die Kontrolle offen, die jeder über den anderen ausübte. Das Dorf war Zeuge – ein Brand gehörte zu jenen Situationen, wo auch nachts innerhalb von Minuten die helfende Gemeinschaft der Nachbarn zusammenströmte, um zu retten, das Vieh aus den Ställen zu treiben und Wasser zu tragen[36]; aber auch aus Neugier auf den Einblick, den ein Brand in die materiellen Verhältnisse des Nachbarn bieten konnte, und der eine oder andere auch aus Schadenfreude. Wie wären sonst so schnell die Vermutungen über die Feinde des Abgebrannten zur Hand gewesen, die vielleicht gezündet hatten. Die Beteiligung beim Löschen war Teil der lebensnotwendigen Nachbarschaftshilfe, der dörflichen Arbeitsteilung, wie sie auch bei der Ernte oder bei festlichen Anlässen selbstverständlich war. Das Läuten der Dachglocke, der ›Feuerlärm‹ oder das ›Feuerrufen‹ verständigten selbst in tiefer Nacht in kürzester Zeit die Leute und die Feuerwehr. Bei der gemeinsamen Löschaktion, die die einzige Gegenwehr gegen die schnelle und totale Vernichtung des Besitzes bildete, verschränkten sich dörfliche Solidarität und dörfliche Kontrolle, die bereits jetzt sondierte, wer der Täter gewesen sein könnte. Unter den helfenden Nachbarn entstand, wie die Berichte der Gendarmen zeigen, bereits die ›Legende‹ über die Entstehung des Brandes und die Brandstiftung, nicht selten schon die Bezeichnung des möglichen Brandstifters, was bereits am Tatort zur Verhaftung führen konnte. Wer nicht Stellung bezog und sich nicht aktiv auf die Seite des Opfers stellte, riskierte, daß der Verdacht ihn treffen konnte – solidarisches Verhalten hieß auch, seine Position im Diskurs um die Brandstiftung zu bezeichnen und abzusichern.[37] Die Benennung des Täters war schließlich nicht nur ›üble Nachrede‹, sondern oft aus einem Erfahrungswissen gespeist, welches sich um die Feuerlegung gebildet hatte – aus Angst, da jeder und doch eben nicht jeder das Opfer sein konnte. Im folgenden soll gezeigt werden, wie dieses Wissen im Dorf entstand und welches die Grundsteine waren, auf denen es aufgebaut war.

Verdacht

Der Leumund des Einzelnen hatte unmittelbaren Anteil an seiner Stellung im Diskurs um die Feuersbrunst. Wer gegen die Prinzipien verstieß, welche den Besitz sicherten und welche seiner Erhaltung und Vermehrung dienten, griff die Reproduktionsfähigkeit der bäuerlichen Gesellschaft an und verlor tendenziell seine eigene Reproduktionsmöglichkeit in der dörflichen Gemeinschaft. Diebe und ›arbeitsscheue‹, ›faule‹ Individuen verspielten ihren moralischen Kredit und die Chancen auf gute Arbeitsplätze.[38] Ihnen traute man schließlich auch einiges andere noch zu, wie z. B. Brandstiftung. Wer nicht arbeitete und den Besitz der anderen durch Diebstahl gefährdete, war auch in der Lage, ein Anwesen aus ›nichtigem‹ Grunde in Brand zu stecken. Die Aussagen der Zeugen über einen Verdächtigen enthalten oft nicht konkrete Anhaltspunkte für den Verdacht, sondern Urteile über Arbeitsverhalten und über das, was ›man‹, die Leute, über ihn sagten; Charakterisierungen wie ›boshaft‹, ›faul‹, ›rachsüchtig‹, ›arbeitsscheu‹ stehen im Vordergrund. Wie die Protokolle der Gendarmen zeigen, galten diesen solche Aussagen als Beweise. So sagte ein Gütler über einen der Brandstiftung verdächtigen Mann lediglich aus, er sei »dem fremden Eigentum gefährlich«.[39] Seine Nähe bedeutete Gefahr. Diese isolierte Aussage erwies sich im Lauf der Untersuchung, wie oft die kurzen, manchmal verschlüsselten, dem Eingeweihten aber verständlichen Sätze, als eine prophetische Aussage. Die Gefahr klebte schon vor dem Brand an dem Beschuldigten. Als in Zorneding der Hof der Bäuerin Anna Bronner an einem Sonntagabend vollständig niederbrannte, löste die Anwesenheit des Taglöhners Martin Haberer in der Nähe des Brandplatzes Schrecken aus.[40] An seinem Fall läßt sich exemplarisch der Prozeß der ›Überführung‹ zeigen. Nach 14-15 unaufgeklärten Bränden innerhalb von 20 Jahren in Zorneding, die etliche bäuerliche Anwesen vernichteten, hatte sich mehr und mehr der Verdacht um ihn gelegt – man hatte ihm nie etwas nachweisen können, glaubte aber, daß er der Täter sein könne:

»Dabei sah ich zwischen dem Stadel und dem Hause den Martin Haberer stehen und auf das Feuer hinschauen. Darüber bin ich sehr erschrocken; denn in der öffentlichen Meinung ist der Haberer nicht gut eingeschrieben, man vermutet auch, daß er mit den in letzter Zeit hier häufigen Bränden in Verbindung steht, aber sagen läßt sich halt nichts, weil es niemand gesehen hat.«

Eine Magd der Bäuerin Anna Bronner machte eine ähnliche Aussage, sie wiederholte die ›Legende‹, die seit einiger Zeit um Martin Haberer gesponnen wurde:

»der Vorplatz war durch das Feuer erhellt, in der Thüre stand der mir wohlbekannte Martin Haberer, worüber ich erschrak; denn man hält für möglich, daß er die früheren Brände in Zorneding gelegt haben könnte.«

Der Bürgermeister, die amtliche Autorität des Dorfes, übernahm in seiner Zeugenaussage vor dem Untersuchungsrichter die Rolle des Brandverkünders, zeigte, daß er sich in der ›Logik‹ auskannte, nach welcher das Feuer ›aufgegangen‹ war:

»Ich hab schon länger einen Verdacht gegen Martin Haberer, gegen den sich bisher zwar nicht viel sagen ließ, der aber doch für kein ganz guter galt, der der Arbeit lieber aus dem Wege ging und wenn er eine Arbeit nahm, dem Grundsatze huldigte ›guter Lohn, wenig Arbeit‹. Ich hab ihn deshalb nicht zur Arbeit eingestellt, obwohl ich hin und wieder Hilfe nötig hatte. Am Sonntag, 24. Okt. war ich bis ½7 Uhr im Neuwirtshause dahier und bin dann noch in das Postwirtshaus gegangen. Noch vor ½7 kam ich dort hin und sah in der Nähe des Ofens den Haberer sitzen, den ich scharf im Auge behielt, weil ich mir gleich dachte, ›heute kommst Du mir nicht aus‹. Ich hab mir gleich gedacht ›heute wird es wieder brennen.‹«

Der Dorfpolizist schloß sich in seiner Begründung für die Verhaftung von Martin Haberer wegen Verdachtes der Brandstiftung der allgemeinen Meinung an:

»Seit dem Jahre 1885 kamen in der Ortschaft Zorneding 15 Brände vor, darunter zwei Versuche der Brandstiftung und war Haberer stets verdächtig, allein es konnten sachdienliche Verdachtsgründe nicht ermittelt werden und wußte sich jedesmal Haberer durch Alibibeweise zu decken, allein diesmal kann derselbe keinen Beweis liefern, um den Verdacht auch nur im geringsten von sich abzuwälzen und sind die Bewohner in Zorneding alle der festen Meinung, daß Martin Haberer und kein anderer der Thäter ist.«

Diese Meinung der Leute, die in den Zeugenaussagen unablässig wiederholt wird, lautete, daß Martin Haberer »ein arbeitscheuer, träger Mann« sei, »stad und faul« war, weshalb ihn »die Leute auch nur im äußersten Notfall zur Arbeit eingestellt« hatten; »er hat nie gern gearbeitet, war meistens lustig, ... war auch nicht hitzig oder streitsüchtig«. Die Bäuerin, bei welcher der Brand ausgebrochen war, bringt noch ein weiteres Argument gegen Haberer, eine Diebstahlsbezichtigung:

»... und da er auch schon wegen Diebstahls verdächtig war, hat ihn niemand gern mögen und ich habe ihn deshalb nicht zu mir in die Wohnung genommen wo er gern hinein gemocht hätte.«

Sie nimmt an, daß er sich verletzt fühlte und sich auch für die Diebstahlsbezichtigung gerächt haben könnte:

»Möglich ist es auch, daß ein Vorfall kurz vor dem Brande den Angeklagten zur Brandstiftung veranlaßte: in der Woche vor dem Kirchweihsonntag [17. Okt.] wurden dem Bauern Ferdinand G... Gänse gestohlen; man hatte Verdacht auf Haberer u. nahm deswegen eine Haussuchung vor... Die eigene Frau des Angeklagten äußerte zur Zeugin Hopf, sie habe sich gleich gedacht daß es auf den Gänsediebstahl wieder etwas geben werde.«

Die Anklageschrift gegen Haberer faßt schließlich lediglich zusammen, was die Leute sagen:

»Allein allgemein hält man den Martin Haberer der ihm unterschobenen Verbrechen für fähig, obwohl seine Strafliste... bedeutendere Vorstrafen durchaus nicht aufweist und obwohl man ihm eigentlich nur das nachsagen könnte, daß er der Arbeit soviel wie möglich aus dem Wege ging... Es kann auch von niemand behauptet werden, daß Haberer aus den verschiedenen Brandstiftungen Nutzen gezogen hätte, indem er sich beim Wiederaufbau der abgebrannten Gebäude lohnenden Erwerb gesucht haben würde.«

Das Verhältnis zur Arbeit und zum Besitz

Die Aussagen enthalten die Elemente, aus denen sich im Laufe der Zeit von Brand zu Brand ein Verdächtiger herauskristallisierte. Die erste und zentrale Beschreibung des potentiellen Brandstifters handelt von seinem Verhältnis zur Arbeit und eng damit verknüpft zum Besitz, der von der Arbeit nicht getrennt werden kann. Martin Haberer galt als arbeitsscheu, nach einiger Zeit traute man ihm auch zu, daß er ein Dieb sein könnte. Gleichzeitig entstand mit den Anschuldigungen, die gegen ihn gerichtet wurden, Angst vor ihm. Diese Angst war wiederum eine doppelte: Angst vor ihm als Brandstifter, und die Angst davor, daß er sich für die Anschuldigungen – Brandstiftung und Diebstahl – und für den zunehmenden Ausschluß aus der Dorfgemeinschaft rächen konnte. In den Zeugenaussagen enthält diese zweite Angst die Spuren eines schlechten Gewissens; das Böse, die Anschuldigungen, die ihm vielleicht doch fälschlicherweise angetan wurden, konnten auf den Beschuldiger zurückfallen.

Der Schwurgerichtsprozeß wies im Endeffekt nicht nach, ob Martin Haberer die Brände tatsächlich gelegt hatte. Schon bevor überhaupt die Ermittlungen durch die Staatsanwaltschaft aufgenommen wurden, war ›der Brandstifter‹ Martin Haberer und seine Existenz als solche durch ein sich immer mehr verdichtendes Netz von Anschuldigungen festgelegt. Die Weichen für den Diskurs im Dorf über ihn waren so gestellt, daß nach der ersten Brandstiftungsverdächtigung die nächste folgen konnte. Daß man ihm nichts nachweisen konnte, spielte vor allem für die Justiz eine Rolle. Im Dorf selbst schaffte das ausgesprochene Wort, eine angedeutete Vermutung bereits Realitäten. »Man hält ihn für keinen Guten« setzte gerade in der vagen Aussageweise eine Beurteilungsinstanz frei, die schon im Moment des Aussprechens nicht mehr in der Willkür des Einzelnen lag.[41]

Es stellt sich die Frage, wo der Ausgangspunkt dafür liegt, daß Martin Haberer zum Objekt der Angst und der Anklage werden konnte. Warum war er derjenige, der die Angst auf sich zog, welche durch die unkontrollierbaren Brände ausgelöst wurde. Es wurde bereits gesagt, daß die zentrale Aussage aller Zeugen über ihn war, daß er die Arbeit scheute: eine ›Charaktereigenschaft‹, die für das Überleben einer auf Landbesitz und dessen Bebauung gründenden bäuerlichen Gemeinschaft bedrohlich war. Auch in anderen Fällen zeigte sich derselbe Grundzug in den Aussagen der Zeugen. So wurde Johann Neumayer als Brandstifter verdächtigt, weil er sich »schon acht Tage in hiesiger Gegend beschäftigungslos herumtreibt«.[42] Wer nicht selbst arbeitete, vergriff sich nach der Meinung der Leute auch leicht am Gut der anderen. Ein Diebstahlsvorwurf wog schwer im Dorf. Ein Dieb bekam keine Arbeit mehr; er verlor die Solidarität der Dörfler.[43] So waren in einigen Fällen die Brandstiftungen auch ein Versuch, sich durch die Rache am Beschuldiger wieder ins rechte Licht zu setzen, das verletzte Ansehen im Dorf wiederherzustellen. Unter dieser Perspektive fällt auch ein neues Licht auf den Brandstifter Josef Riessl (s. das psychiatrische Protokoll am Anfang dieser Untersuchung). Er ist ein »guter Arbeiter« und deshalb auch kein Dieb. Das Motiv seiner Brandstiftung ist im dörflich-bäuerlichen Wertsystem verankert: Achtung vor der Arbeit und vor dem Besitz.

Den Beurteilungen durch das Dorf unterlagen nicht nur Knechte und Taglöhner, sondern auch die größeren Bauern. Im Fall des Tertullian Bauer[44], der seinen Hof anzündete, sagte der Bürgermeister z. B. aus, daß dieser ganz gut wisse, »wie man bei verschiedenen Bodenarten pflügen muß«. Auch seine vier Knechte gaben ihr Urteil über die Arbeit des Bauern ab, daß seine Arbeit eine »ordentliche« war, daß er die Arbeit schon verstanden hätte, er hätte gewußt, »wie es zu machen wäre, aber er stellte sich zum Arbeiten ungeschickt und hat auch nicht gern arbeiten mögen, er trank gern«. Nach Ansicht der Knechte waren seine »Arbeiten über Ökonomie . . . ganz die richtigen, auszuführen verstand er sie nicht« . . . »man merkte ihm an, daß ihm die Arbeit nicht von der Hand ging«. Die Knechte beanspruchten letztlich ein Anrecht auf einen Dienstherrn, der etwas von seiner Ökonomie und seiner Arbeit verstand. Wie sein Besitz wurde auch seine Arbeit beurteilt, denn Knechtsein hieß auch, die Bauernwirtschaft erlernen, die Fähigkeiten und das Wissen erwerben, welches schließlich einmal ihrer eigenen Wirtschaft zugute kommen sollte.

Die Fremden

Im Falle des Martin Haberer ist nicht auszuschließen, daß er schließlich die Rolle übernahm, die ihm mehr und mehr zufiel; das psychiatrische Protokoll, welches über ihn erstellt wurde, deutete diese Möglichkeit an:

>»Es mag dahin gestellt bleiben, ob die so in Haberer aufkeimende Bitterkeit gegen die Bronner der Beweggrund seines Verbrechens war, aber geärgert hat ihn das Verhalten der Bronner umso mehr, als er ja selbst empfand, daß die Ortseinwohner von Zorneding mit ihm nichts zu thun haben mochten.«[45]

Für denjenigen, mit dem die Dorfbewohner nichts mehr zu tun haben wollten, dem sie keine Arbeit mehr gaben und den sie schließlich auch fürchteten, schienen unüberwindliche soziale Schranken bestanden zu haben.

Brandstiftungen waren in vielen Fällen Rache für den Ausschluß aus der dörflichen Gemeinschaft. So zündete der Schuhmacher und Dienstknecht Peter Raitmair aus Ampfing, nachdem er von mehreren Burschen auch noch mißhandelt worden war, zwei Wirtshäuser an, aus welchen man ihn früher einmal hinausgeworfen hatte.[46] Der Schuhmacher Johann Oberauer rächte sich auf dieselbe Weise, als er aus einem Wirtshaus gewiesen wurde, wo gerade eine Hochzeit gefeiert wurde und wo man ihn als Unruhestifter fürchtete.[47] Der Dienstknecht Max Kring legte dreimal Feuer, darunter am Stadel des Bürgermeisters, nachdem er nach Zeugenaussagen im Wirtshaus geäußert hatte, daß er im Zuchthaus besser angesehen sei als draußen.[48] Der Taglöhner Andreas Gradl sagte zu dem Landgerichtsarzt, der ihn im Gefängnis untersuchte:

»›Wenn ich wieder rauskomme . . . werde ich ein anderes Leben anfangen. Für mich wäre es das beste, wenn ich aus Murnau hinauskäme. Der Thaler gilt nichts, wo er geschlagen ist.‹ Er habe sich wiederholt nach Arbeit umgesehen, aber in seinem Heimatorte keine Betätigung finden können, weil sich jedermann vor ihm zurückgezogen habe.«[49]

Personen, die ihre Reproduktionsfähigkeit im Dorf verloren hatten und an den Rand der Dorfgesellschaft geraten waren, lösten Angst aus. Sie wurden zu ›Fremden‹. Es stellt sich die Frage, inwieweit auch die besitzlosen, vagierenden Knechte und Mägde tendenziell immer wieder in diese Zone gerieten. In den Verdachtsäußerungen werden sie unmittelbar neben Fremden als potentielle Brandstifter aufgeführt, vor allem wenn sie ohne Arbeit waren, aus einem anderen Dorf kamen und kein Heimatrecht beanspruchen konnten. Wer kannte schon ihre Familie; das Dorf suchte zu verhindern, daß sie möglicherweise auf seine Kosten Armenunterstützung erhielten, und suchte sie möglichst früh genug auszuweisen.[50]

Jeder Fremde war nicht nur Gast, sondern, zumal wenn er auch noch ein Habenichts war, auch ein Feind, der es vor allem auf die Güter der Dörfler abgesehen hatte.[51] Die Angst vor Fremden und das Gefühl des Verpflichtetseins ihnen gegenüber widersprechen sich nicht. Als der Hof des Bauern Josef Dax in Vollkrating brannte,

»fiel sofort begründeter Verdacht auf einen vagierenden Burschen, der ca. 11 Minuten vorher im Dax'schen Wohnhause behufs Bettels Einlaß begehrte, jedoch von der Magd abgewehrt wurde, die ihm deutete, sie öffne während der Kirchenzeit, die auch wirklich war, das Haus nicht.«[52]

Der Magd war vom Bauern verboten worden, während dieser Zeit – um 2 Uhr nachmittags während der Fastenandacht – die Tür vor Fremden zu öffnen. Die Zeugenaussagen zeigen, daß auch andere

Bauernhäuser verriegelt waren und Frauen und Kinder sich im Hause aufhielten, wenn die Männer fortgingen.

»Es wurde auch alsbald bekannt, daß fraglicher Bursche einer z. Zt. hier weilenden ... [Schauspielertruppe, R. S.] ... angehöre und begegnete derselbe ca. eine viertel Stunde oder halbe Stunde vor Ausbruch des Brandes ... dem schon bekannten Piechetsrieder, den Dienstknechten Ludwig Pinzinger, Josef Jäger und Johann Haberl, sämtlich in Hohenstetten, welche nach Palling in die Kirche gingen und kam derselbe bei Begegnung der genannten gerade aus dem Walde, ca. 5 Minuten von dem Dax'schen Anwesen entfernt, von Palling her, heraus. Die benannten ahnten in dem Burschen nichts gutes, weshalb g. Piechetsrieder, als der ältere, wieder umkehrte und heimging, da bei ihm nur eine Frauensperson zu Hause war und Wache aus Angst vor dem Burschen hielt.«

Das Aussehen des Burschen und die Tatsache, daß er fremd war, waren bereits Anlaß genug, um ›nichts gutes‹ zu ahnen. Als Mitglied einer Schauspielertruppe – von der zunächst alle als verdächtig verhaftet wurden – löste er zudem noch eine ähnliche Angst aus, wie sie im Dorf auch Zigeunern und Ausländern gegenüber herrschte, »da bei den Bauern von alther der Aberglauben herrschte, daß solche Kerle mit ihren Verwünschungen, kraft einer ihnen innewohnenden dämonischen Macht Schaden und Unglück anrichten könnten«.[53]

Das Faszinierende, Exotische, Bunte der Schauspieler, was die Leute anzog, war gleichzeitig auch mit magischen, zauberischen Kräften ausgestattet. Wie die Zigeuner lebte zudem diese Schauspielertruppe weitgehend vom Bettel. In literarischen, vor allem autobiographischen und volkskundlichen Quellen zeigt sich, daß die Dörfler Angst hatten, den Zigeunern etwas abzuschlagen, weil sie Rache fürchteten, z. B. in Form eines Fluches, der sich über Haus und Hof legen könnte.[54] Zudem besaßen die Zigeuner Macht über das Feuer. Sie waren im Glauben der Leute in der Lage, das Feuer zu bändigen, warum sollten sie nicht auch fähig sein, es ›aufgehen‹ zu lassen, wenn man ihnen nicht gab, was sie begehrten.[55] Auch im vorliegenden Fall sahen die Leute vor allen Dingen in der Zurückweisung des Bettlers das Motiv der Brandstiftung:

»Ein anderer wie Huber kann den Brand nicht gestiftet haben, da außer ihm niemand Fremder, eine halbe Stunde im Umkreis von Vollkrating ... war ... er ist ein ganz verkommenes, verwegenes Individuum und hat er den Brand zweifellos aus Rache gestiftet, da ihm nicht geöffnet wurde, auch sonst von fraglicher Magd keine Gabe erhielt, sondern fortgewiesen wurde.«[56]

In den magischen Vorstellungen, welche das Feuer und die Feuersbrunst in alten bäuerlichen Gesellschaften umkleideten, zeigt sich, wie tief die Angst vor einer Brandstiftung aus Rache wegen einer verweigerten Gabe und/oder einer Aufnahme ins Haus saß. Der Volksglaube deutet an, daß dem Abgewiesenen etwas verweigert wurde, worauf er ein Recht besaß. Auch bei Bränden, die auf magische Weise entstanden waren, bildeten schlechte Behandlung, Beleidigung und Zurückweisung der mit zauberischen Kräften ausgestatteten ›Brandstifter‹ die Motive, welche die Rache heraufbeschworen.[57] Das Feuer war auch eine Strafe. Einen Bettler abzuweisen brachte Unglück – ihm Brot zu geben, wie der Schauspieler Huber es bei anderen Bauern erhielt, war ein Teil der Gerechtigkeit, welche die Armen in Form von Gaben fordern konnten.

Auch die Dörfler selbst konnten zu diesen ›Fremden‹ werden. Außenseiter im Dorf lösten dieselbe Angst aus, welche an den Fremden haftete und welche, wie viele Untersuchungen zeigen, alle bäuerlichen Gesellschaften durchzog.[58] Personen, deren Existenzgrundlagen nicht klar definiert vor aller Augen lagen, lösten Unsicherheit aus. Martin Haberer wurde zum Symbol dieser Angst, Unsicherheit, Unvorhersehbarkeit. Seine eigentlich doch wohlbekannte, ›lustige‹ Person zog ambivalente Gefühle auf sich: der dunkle Teil seiner Gestalt, die Unüberschaubarkeit seines ›arbeitsscheuen‹ Lebens, verunsicherte die Dörfler, und er wurde zum Projektionsobjekt ihrer allgemeinen Angst vor Unsicherheit. Die kollektive Suche nach dem Brandstifter wurzelte auch in anderen Fällen in der Angst vor der Unberechenbarkeit der Brände, die plötzlich in der Nacht jeden treffen konnten.[59] Es war nicht allein die Angst um die Habe; die Angst war archaischer, ging tiefer, sie betraf das Leben selbst. Und dies nicht nur, weil die Menschen und ihr Leben unabdingbar an den Besitz gekettet waren und ihre Angst ein Anhängsel ihrer Güter gewesen wäre. Vielmehr war der Besitz in die Lebensangst mit aufgenommen; die Angst um das Leben bezog den Besitz, die materielle Basis des Überlebens mit ein. Es wird sich später noch zeigen, wie sehr der Angriff der Brandstiftung auf das Leben selbst gerichtet war.

Viele der Brandstifter legten das Feuer unmittelbar, nachdem sie betrunken das Wirtshaus verlassen hatten, nachdem sie in diesem Zentrum der männlich bestimmten Dorföffentlichkeit gekränkt oder beschimpft oder nachdem sie hinausgeworfen worden waren.[60] Das Wirtshaus hatte sie unmittelbar mit ihrer Zurückweisung durch das Dorf konfrontiert. Dies traf in erster Linie auf Männer zu, die in ihrer Stellung innerhalb der starren Hierarchien, die vor allem an Sonn- und Feiertagen auch die Anwesenheiten im Wirtshaus strukturierten, verunsichert waren, die im Wirtshaus ihren festen, eindeutig zugewiesenen Platz verloren hatten, überall am falschen Tisch saßen, verdrängt und mit ihrem betrunkenen »Geplärr« als Störenfriede behandelt wurden. Die Rituale des Trinkens gehorchten strengen Regeln, da der allgemein übliche Rausch, der vor allem die Sonntage der Bauernknechte kennzeichnete, um so mehr unter Kontrolle gehalten werden mußte, je näher Herren und Knechte, Bauern und Taglöhner beim Trinken zusammensaßen; die Vermischung hätte Anarchie bedeutet:

»Der erste Tisch, in die Mitte sämtlicher Fenster gestellt und den Blicken aller Eintretenden ausgesetzt, nimmt unbestritten den Ehrenplatz ein. An ihm sitzen die Großbauern mit 200 bis 300 Tagwerken. Am zweiten Tisch sitzen dann die Mittelbauern mit 130 bis 180 Tagwerken. Am dritten Tisch sitzen die Kleinbauern mit 90 bis 120 Tagwerken, vermischt mit den Großsöldnern zu 80 Tagwerken. Am vierten Tisch sitzen die Mittelsöldner von 30 bis 60 und die Kleinsöldner von 15 bis 20 Tagwerken. Am fünften Tisch die Gütler mit 8 bis 14, die Häusler mit 5 bis 8 und die Leerhäusler mit 2 bis 4 ›Taberln‹ . . . Am sechsten Tische endlich sitzen die durchziehenden Schnapsbrüder, Zigeuner, Schnallendrücker, Buttenträger, Gänsterber, Mausfallenhändler, Bilderpritscher . . . Stiefelwichskrämer u. dgl. Die Knechte, die in unseren Zeiten sonntags wie werktags um die Wette mit den Bauern zum Bier gehen, sitzen am fünften, vierten und selbst dritten Tische, nicht mir nichts dir nichts, sondern streng nach Alter, Rangstufe, Amt, Barschaft und Leumund.«[61]

Im Wirtshaus versicherte sich die bäuerliche Gesellschaft, daß die Dinge der Arbeit und des Lebens ihren althergebrachten Gang nahmen. Der Diskurs war festgelegt – in Brandstiftungsfällen zeigte sich, daß sich in ihm gleichzeitig auch die Sprachlosigkeit innerhalb des Dorfes verifizieren konnte. Brandstiftungen waren auch Reaktionen auf ›nicht gehört worden sein‹, die dumpfen, im Trunk ausgestoßenen Drohungen, die Bränden vorausgegangen waren, drangen erst in das Bewußtsein der Dörfler, wenn das Feuer schon ausgebrochen war. »Rache, Rache ist ihm geschworen«[62] – es leuchtete rot auf, nun mußte endlich jeder sehen, was vorher niemand hören wollte. Im Wirtshaus ›plärrten‹ schließlich alle, das reichte nicht, um ernst genommen zu werden im unablässigen Lärmen der Underdogs, die keine Ackergröße vorzuzeigen hatten.

III

Die Familien

Die Brandstiftungen weisen vom Dorf in die Familien. In 18 Fällen entwickelt sich das Motiv auf dieser Ebene der gesellschaftlichen Wirklichkeit des Dorfes, derjenigen der Familien und der Verwandtschaft. Die bäuerlichen Familien und ihr Besitz waren das tragende Element der bäuerlichen Ökonomie und Gesellschaft, der Haushalt das Zentrum und die Basis des Besitzes, der Produktion und der Konsumtion. In ihm vollzog sich die Sozialisation der Einzelnen und ihre Einbindung in das Netz sozialer Gegenseitigkeit mit seinen vielfältigen Verpflichtungen und Hilfestellungen.[63] Die Hintergründe derjenigen Brandstiftungen, die ihre Wurzeln in den Familienverhältnissen hatten, zeigen, daß das Leben der Familien auch in seinen emotionalen Bindungen von den Bedingungen der täglichen Arbeit, dem Zwang, den Besitz wahren zu müssen, und den Anforderungen, welche das ›Zum-Dorf-Gehören‹ stellte, geprägt waren. Die Zugehörigkeit des Einzelnen zu einer bestimmten bäuerlichen Schicht, jener der unabhängigen Bauern oder der lohnabhängigen Gütler, war auch Familienerfahrung und realisierte sich in der frühen Zersplitterung der Unterschichtenfamilien in vereinzelte Lohnarbeiter, die das Elternhaus verließen, und für die Bauernkinder in den Zuweisungen, welche das Erbrecht für ihr Leben auf dem Hofe vorgesehen hatte. Dorfmitglied sein hieß zu einer Familie des Dorfes gehören. Verankerung im Dorf war nur durch den Anteil am Boden und die Einbindung in die den Boden besitzende und bearbeitende Familie möglich. Eingeschrieben in die Biographie eines Dörflers waren somit auch die Geschichte des Bodens, der ihn ernährte, und der Generationen, die diesen vor ihm beackert hatten. Über sie identifizierte sich der Einzelne als ›Einheimischer‹, als einer, der dazugehörte.[64]

Zu einer Familie gehören

Das Ansehen und die Reproduktionsfähigkeit des Einzelnen im Dorf war untrennbar von dem Ruf, den die Familie ›besaß‹. Die ökonomische Stellung und der Leumund der Familie waren die Basis der dörflichen Identität der Menschen. Ein Angriff auf die Ehre eines Familienmitgliedes traf die Familienehre. Nicht nur die Bauern, auch die armen Familien im Dorf besaßen nach dem Anschein der Akten ein ausgeprägtes Ehrgefühl. Kinder rächten die Kränkungen, die ihren Eltern zugefügt wurden, indem sie Feuer legten, wie Josef Riessl, der nicht nur sich selbst, sondern auch seinen Großvater rächte, der mit ihm zusammen des Diebstahls bezichtigt worden war; wie der Schäfergeselle Sebastian Reichwimer, der den Hof eines Bauern in Schutt und Asche legte, »weil der alte Unterauer meiner Mutter nicht gut war«[65], und wie der ledige Dienstknecht Lorenz Hammerl von Kühberg, der am 1. Weihnachtstag des Jahres 1880 abends um 7 Uhr das Anwesen des Bauern Grad anzündete, weil dieser seinen Stiefvater beleidigt hatte:

»Ehdem 8 Tage vor Weihnachten erzählte Mathias Reichl [sein Stiefvater, R. S.] im Beisein meiner Mutter, seiner im Hause wohnenden Schwester Elisabeth und meiner Person, daß er um Kirchweih herum einmal im sog. Kirchenwald . . . Mehlsand suchte, daß ihn der Bauer Grad v. Oberndorf im Walde traf, ihn ein um das anderemal einen Spitzbuben schimpfte und drohte, er schieße ihm die andere Haxe auch noch ab.

(Aussage des Stiefvaters: »das erbitterte mich so arg, daß ich zum Weinen kam«) Mathias Reichl hat nämlich einen krummen Fuß. Diese Erzählung brachte mich gegen Grad auf und kam mir der Gedanke, ihm etwas anzuthun. Dieser Gedanke tauchte in den nächsten 8 Tagen wiederholt bei mir auf, ich schlug ihn mir immer wieder aus dem Kopf.

Den Bauer Grad kannte ich gut, hatte nie mit ihm einen Streit, auch meine Familie ist nicht mit ihm verfeindet, und ich wußte über ihn nichts Unrechtes, als daß er, nach Angabe meines Stiefvaters, diesen im Wald geschimpft hat.

Am Weihnachtstag blieb ich zu Hause; um 7 Uhr abends herum lagen meine Angehörigen schon im Bette, da kam mir wieder der Gedanke, meinen Stiefvater an Grad zu rächen und zwar ihm den Stadel anzuzünden.«[66]

In den Versuchen, die Ehre der gekränkten Familienmitglieder durch einen Racheakt wiederherzustellen, scheint die ohnmächtige Wut auf, die einen armen, auch noch wegen Bettels und Diebstahls schlecht beleumdeten Gütler gegenüber einem wohlangesehenen Bauern überkommen konnte. Die Ungleichheit des Besitzes zeitigte letztendlich auch die Ungleichheit in den Möglichkeiten, die eigene Ehre zu wahren und wiederherzustellen. Je begrenzter und dünner der Boden, auf dem sich der Einzelne reproduzierte, desto geringer war die Chance, sich im Streit Gerechtigkeit zu verschaffen; vor die Gerichte zu gehen, konnten sich nur die Reichen erlauben. Jemand, der nichts hatte und nichts war, wurde auch als solcher behandelt. Der vorliegende Fall zeigt wie viele andere die Sprachlosigkeit und den Haß, die sich bis hin zur Brandstiftung angestaut hatten. Die unbewältigten und unbefreiten Gefühle, ungerecht behandelt und gedemütigt worden zu sein, entwickelten sich zu einem inneren Zwang, durch Rache einen Ausgleich schaffen zu müssen, der vom Recht nicht vorgesehen war. Der Bauer war als Besitzer oder Pächter des Waldes in Angst um seinen Besitz, fürchtete Wilddieberei und war zudem im Recht. Er demonstrierte die Macht des Stärkeren und drohte mit unmittelbarer Gewalt. Diese Drohung setzte offenbar die Gewalt frei, die sich in der Brandstiftung gegen ihn selbst kehrte. Der Besitz war im Dorf das allgemein anerkannte übergeordnete Prinzip der Lebens- und Rechtsverhältnisse, wurde aber im Zusammenhang der Familien selbst zur dichtesten Erfahrung. In der Kränkung des Vaters, eines minderbemittelten Häuslers, realisierte sich für Lorenz Hammerl auch die unmittelbarste Erfahrung mit der Hierarchie unter den Bauern, mit der Macht, welche der Besitz verlieh.

Dieser Fall macht zudem deutlich, daß Kinder aus der bäuerlichen Unterschicht, die das Elternhaus verlassen hatten und wie Lorenz Hammerl auf fremden Höfen arbeiteten, die Identifikation mit der Familie der Eltern nicht aufgegeben hatten – vor allem solange sie nicht eine eigene Familie gründeten und ein eigenes Anwesen bewirtschafteten. Sie blieben in ihrem Ehrgefühl an den elterlichen Haushalt gebunden. Wie Sebastian Reichwimer[67], so übernahm Lorenz Hammerl[68] es stellvertretend für seinen Stiefvater, der Familie Genugtuung zu verschaffen. Sein Verhalten nach der Brandstiftung zeigte, daß sein treibendes Motiv nicht seine besondere Liebe zum Stiefvater gewesen sein konnte, sondern daß die Identifikation mit diesem eine Sache des gemeinsamen Haushalts gewesen war. Hinzu kam, daß er gerade wieder einmal als Knecht arbeitslos war – die Kränkung des Stiefvaters möglicherweise seine bereits vorhandene Aggression gegen die Bauern mobilisierte, die reich genug waren, um Dienstboten einzustellen und zu entlassen und schließlich arme Taglöhner zu beschimpfen. Daß er am 1. Weihnachtstag zündete, einen Feiertag für seine Rache aussuchte, mag der Tat noch eine besondere symbolische Bedeutung verliehen haben. Auch wird in diesem Zusammenhang die Tatsache bedeutend, daß Lorenz Hammerl den Bauern nicht etwa körperlich bedrohte, wie dieser es mit seinem Stiefvater getan hatte, sondern daß er den Hof anzündete, welcher Grads Person als Bauer und damit auch seine Macht begründete. Lorenz Hammerl drückte auf diese Weise vermittelt auch aus, wie genau er die Grundlagen bäuerlicher Existenz kannte – seine Brandstiftung war keineswegs eine Infragestellung dieser Verhältnisse, eher eine Bestätigung ihrer festgefügten Strukturen.

Der emotionale Gehalt der Brandstiftungsmotive wird aber vor allem in jenen Fällen deutlich, wo sich die Tat unmittelbar gegen eigene Familienmitglieder oder die ganze Familie richtete. Der ledige Dienstknecht Johann Neumaier gab an, daß er am Haus seiner Eltern Feuer gelegt habe, »weil ihn sein Stiefvater von Kindheit nicht leiden konnte«.[69] Er sei nämlich am fraglichen Sonntag mittag nach Hause gekommen, und sein Stiefvater habe ihn, weil er stellenlos gewesen sei, ein Rindvieh geheißen. Vor allem aber hatten seine Eltern ihn nicht wieder aufgenommen, sondern zum Bauern zurückgeschickt. »Daraufhin habe er dann den Entschluß gefaßt, ... aus Rache das Haus anzuzünden«. Es stellt sich in diesem Fall die Frage, inwieweit in der Rache am Stiefvater ein spezifisches Problem der unehelich geborenen Kinder der ländlichen Unterschichten erkennbar wird, deren Mütter nicht den leiblichen Vater des Kindes geheiratet hatten und welche sich dann nicht voll von der Familie aufgenommen fühlten. Johann Neumaier stellte sich schließlich von Schuldgefühlen gequält freiwillig der Polizei, »gab an, daß er sich nicht mehr halten könne, ...« Ebenso die Dienstmagd Maria Neumaier. Sie zündete mit 16 Jahren das Bauernanwesen ihrer Pflegeeltern an und stellte sich nach 8 Jahren, nachdem diese schon gestorben waren.[70] Auch der 32jährige Bindergeselle Kajetan Rappolder zündete das elterliche Anwesen an:

»Als Motiv bezeichnete er das Verhalten seiner Familie ihm gegenüber. Er könnte seinen Leuten nie etwas recht tun und habe sich gedacht, es möge ihn doch kein Mensch mehr.«[71]

Gefühle, vernachlässigt, nicht geliebt zu werden, von den Eltern aus dem Hause gewiesen, neben den Geschwistern, oft Halbgeschwistern, benachteiligt zu sein, werden nach der Tat in einer Unmittelbarkeit geäußert, die angesichts der Sprachlosigkeit, welche die Brandstiftungen umgab oder ihnen vorausging, erstaunlich ist. Scheinen doch die Feuer selbst die Unmöglichkeit zu signalisieren, diesen starken Gefühlen Ausdruck zu geben und gehört zu werden, was den Brandstiftungen oft den Charakter von Selbstmordversuchen verleiht.

Aus der Perspektive der Familien werden auch die extrem unterschiedlichen Reaktionen und Verhaltensweisen von Dienstknechten nach der Tat deutlicher. Die starken Schuldgefühle, die nach Brandstiftungen am Familienbesitz auftauchten und dazu führten, daß Brandstifter sich schließlich selbst der Polizei stellten, scheinen mir mit den Wiedergutmachungsversuchen mancher Dienstknechte im Zusammenhang zu stehen, wenn diese versuchten, doch noch durch Löschen und Rettung des Viehs in den Ställen den Brand aufzuhalten, nachdem sie das Anwesen des Dienstherrn angezündet hatten. Es stellt sich die Frage, ob die Brandstiftungen nach einer Dienstentlassung oder nach der Verweigerung neuer Kleidungsstücke durch den Bauern und die Bäuerin nicht auch teilweise aus ähnlichen fundamentalen Gefühlen der Vernachlässigung dem Bauernhaushalt gegenüber entsprangen wie in den vorangegangenen Fällen. Dies konnte vor allen Dingen bei Dienstboten der Fall sein, die über mehrere Jahre bei ein und demselben Bauern gelebt und gearbeitet hatten. Das Verhalten nach dem Brand war nämlich häufig entweder durch das Gefühl bestimmt gewesen, sich mit Recht für einen nichtausgezahlten Lohn gerächt zu haben, oder durch Reue. Damit stellt sich aber gleichzeitig die Frage, wieweit Dienstboten auf den Höfen in Kinderrollen eintraten, wenn sie schon mit zwölf bis vierzehn Jahren in den fremden Dienst gingen und bis zu einem gewissen Grade unter der ›väterlich-mütterlichen‹ Autorität des Bauern und der Bäuerin unmündig blieben, vor allem wenn sie nicht, wie viele, jährlich den Haushalt wechselten. »Haben mich nicht leiden können« taucht auch beim Gesinde als Motiv für Racheakte an Dienstherren auf.

Erbrecht

Der formale Ausdruck der bäuerlichen Ordnung war das Erbrecht, die rechtliche Fassung der Verantwortung des Einzelnen gegenüber dem alle überdauernden Boden. »Der Besitz war die Basis, sie gehörte zur Verwandtschaft und nicht zum einzelnen Menschen. . . . Verwandtschaft ist die spezifische Erscheinung der Eigentums- und Produktionsverhältnisse, in dem Ordnungsprinzip der Verwandtschaft ist die Verfügung über Grund und Boden sowohl in der generativen Längsachse aufgehoben, als auch in der lokalen Querachse, die beim Heiraten ans Tageslicht tritt. Der Grund und Boden hielt die Verwandtschaft zusammen, die wiederum ihn. . . . Solange die Tradition, die Bewahrung des ererbten Besitzes und Wissens ausreichte, wurden diese Widersprüche stets im Interesse der Verwandtschaft, der Statik und des Erbes gelöst. Das individuelle Moment hatte keinen Platz, bedeutete zumeist Gefahr, Fall und Niedergang.«[72] In Oberbayern erbte am Ende des 19. Jahrhunderts nach dem zu dieser Zeit gültigen bayerischen Landrecht der älteste Sohn den Hof.[73] Der Besitz wurde nicht aufgeteilt, vielmehr zahlte dieser Sohn seine Brüder aus und versorgte die Schwestern mit einem der Größe des elterlichen Hofes angemessenen Heiratsgut, welches sie für einen ebenbürtigen Bauern als Braut attraktiv machen konnte. Diese Auszahlungsforderungen, die häufig auch zur Überschuldung des Hofes führen konnten, verlangten nach Ausgleich, der tendenziell mit dem Heiratsgut einer jungen Frau in den Besitz eingebracht wurde. Heiratspolitik implizierte den Fluß und die Erhaltung der Güter auf der jeweils gegebenen Ebene der Besitzhierarchien.

Das Erbrecht bestimmte auch die Art und Weise, in welcher die persönlichen Beziehungen in der Familie und der Verwandtschaft strukturiert waren.[74] In den Brandstiftungsakten spiegeln sich die emotionalen Spannungen, welche das Erbrecht und der Zwang, den Besitz zusammenzuhalten, schufen; zunächst zwischen den Generationen, dem alten Bauern und seinem Sohn, der in die

Fußstapfen des Vaters trat und dessen Autorität übernahm, und zwischen der alten Bäuerin und ihrer Schwiegertochter, die nun das Regiment im Haushalt führen sollte. Das zweite Feld der Spannungen umgab die Beziehungen zwischen den Erstgeborenen und den Geschwistern, zwischen den Erbenden und den Nichterbenden, die auf den Höfen unter der Autorität des Bauern arbeiteten oder fortgehen und sich eine neue Existenzgrundlage suchen mußten. Schließlich bestimmten die Beziehungen zwischen dem Bauern und seiner Frau, die als ›Fremde‹, als Außenseiterin in den Haushalt eingetreten war, den emotionalen Raum der Familien und der Höfe.[75]

Kain und Abel

Die Brandstiftungsakten zeigen, daß die Familien nicht nach den Gesetzen des Erbrechts einfach ›funktionierten‹, sondern daß ihr Zusammenhalt oft auch einen hohen Grad an Kooperationsbereitschaft und emotionaler Sensibilität erforderte. In der Alltagserfahrung der Einzelnen konnte die Stellung eines Kindes an der 2. Stelle im Erbrecht zu einem tief verwurzelten Gefühl des Zurückgesetztseins führen, das auch als Liebesentzug der Eltern und als Entfremdung unter den Geschwistern erlebt wurde. Es entstanden Konflikte, die so festgefügte Züge trugen wie die Verhältnisse, aus welchen sie gewachsen waren. Im Fall des 32jährigen ledigen Sägers Johann Hopf von Starnberg, der die elterliche Mühle anzündete, kommen verschiedene Ebenen solcher Familiendramen zum Vorschein.[76] Sein Bruder Josef hatte die Mühle geerbt, die Mutter lebte im Austrag, und Johann Hopf war ausbezahlt worden. Seine detaillierte Aussage vor dem Schwurgericht München soll hier wiedergegeben werden, da sie exemplarisch ist.

»Ich und mein Bruder haben im elterlichen Haus Dienst geleistet; mein Bruder übernahm die Mühle, während ich von meinem Bruder hinausgeschoben wurde und in die Fremde mußte. Ich kaufte mir in Haarkirchen eine Mühle, das Anwesen war jedoch überschuldet und wurde vor ca. 4 Jahren . . . vom Hofbauern Georg Feit eingesteigert; auf diese Weise ging mein und meiner Mutter Vermögen verloren. Ich ging als Müller in die Fremde und kehrte vor einigen Jahren nach Starnberg zurück; bei meinem Bruder bin ich dort als Säger eingetreten und war ich zuerst dort allein beschäftigt; ich bin dann wieder fort und kehrte vor ca. 1 Jahr wieder nach Starnberg zurück. Es hat in letzter Zeit bei meinem Bruder ein Lehrbub hin und wieder ausgeholfen. In den letzten Tagen wurde Andreas Maser bei meinem Bruder eingestellt, welcher auch dort schlief.

Die Brandstiftung habe ich aus folgenden Gründen begangen:

1). Weil ich gegen meinen Bruder erzürnt war, weil er mich und meine Mutter schlecht behandelt hat. Anlaß gab der Umstand, daß meine Mutter mit ihrem austragsmäßigen Essen nicht zufrieden war, vielmehr die Sachen in Natura geliefert haben wollte, um selbst kochen zu können.

2). Mein Bruder ist schuld daran, daß ich mein Anwesen in Haarkirchen nicht halten konnte; er wollte mich aus dem Hause haben und verleitete mich daher zum Kaufe dieses Anwesens.

3). Hat mein Bruder dem Säger Eckhardt angeschafft, die Mutter zu beschimpfen, was er auch im Wirtshaus that.

4). Ich war erbost darüber, weil ich erfuhr, daß mein Bruder mich wieder aus seinem Dienste ausschaffen und den früheren Säger wieder aufnehmen wollte.

Den Brand habe ich in der Neujahrsnacht gelegt; neidisch war ich nicht, vielmehr war ich froh, daß er etwas gehabt hat. Früher habe ich an das Anzünden nicht gedacht, vielmehr habe ich den Entschluß erst abends gefaßt; ich muß entschieden in Abrede stellen, schon früher geäußert zu haben, daß ich den Brand legen werde; vielmehr äußerte ich nur einmal: ›ich komme dem Kerl schon noch einmal‹, wobei ich jedoch nur meinte, daß ich ihm den Schädel anschlagen werde.

Weihnachten bin ich nicht zum Essen gekommen, dagegen an Neujahr; ich habe damals aus Ärger nichts geredet und bin dann sofort weg. Im Wirtshaus habe ich meinen Zorn vertrunken; ich habe 8-9 Maß getrunken; ich kann ziemlich viel vertragen. Mein Unglück war, daß ich abends ins Riedel'sche Wirtshaus ging und dort meinen Bruder traf; der Rausch ist mir da vergangen. Ich nahm dort am Gespräch mit Jochner teil; es war die Rede von einer Himmelskugel, die auf die Erde fallen und alles vernichten werde; ich habe diese Andeutung nicht verstanden. In der Riedel'schen Wirtschaft habe ich dann noch 8-9 Halbe getrunken; sodann kam ich mit meinem Bruder in Streit, weil ich sagte die Himmelskugel dürfe über meinem Bruder herunterfallen, weil er so kannibalisch mit mir umgehe und den Lehrbuben gebeutelt habe. Mein Bruder erklärte mir, daß ich bei ihm nicht mehr zu arbeiten habe. Die Sticheleien dauerten so lange, bis mein Bruder ging, während ich bis 12 weitertrank. Den Entschluß zur Brandstiftung faßte ich beim Verlassen der Wirtschaft ... Meine Löschversuche durch Ersticken der Flammen mißlangen ... Ich ging zur Mutter, teilte ihr mit, daß es brenne und ging dann gleich wieder fort und zwar bis zum Tutzinger Hof, woselbst ich arretiert wurde und meine Tat dem Gendarmen gegenüber eingestand.«

Die Aussage kennzeichnet das Verhältnis des Johann Hopf zum erstgeborenen Bruder und zur Mutter, schließlich auch den Bezug der Mutter zu ihren zwei Söhnen. Sie zeigt, in welcher Weise er seine objektive Lage als Zweitgeborener emotional verarbeitet hat. Er fühlte sich von seinem Bruder betrogen, schlecht behandelt und aus dem Elternhaus geworfen.[77] Er »mußte« in die »Fremde« gehen; seine Versuche, immer wieder ins Elternhaus zurückzukehren, scheiterten in seiner eigenen Wahrnehmung am Konflikt mit dem Bruder. Auch die Schuld daran, daß er sich in der ›Fremde‹ nicht langfristig niederlassen konnte, nicht selbständig und unabhängig geworden ist, trägt der Bruder. Der Bruder wurde für ihn zur Ursache seines Scheiterns. Er selbst blieb schließlich der mittellose, abhängige, hinausgeworfene kleine Bruder. Hinzu kam noch, daß der große Bruder seine Arbeit nicht mehr wollte, lieber einen Fremden als Säger anstellte. Es fragt sich, inwieweit hier auch Eifersucht eine Rolle spielte. Nachdem die beiden Brüder doch bis zur Übernahme durch den Älteren gemeinsam in der Mühle gearbeitet hatten, wurde Johann Hopf nun als Arbeitskraft zum Problem und darüber hinaus austauschbar – möglicherweise, gerade weil er der Bruder war. Das Protokoll läßt nur ahnen, daß in einer solchermaßen strukturierten Lage die Rolle des Erstgeborenen eigene Probleme brachte. Es wird nicht deutlich, inwieweit der Ältere dem jüngeren Bruder den Mühlenkauf nur angeraten hatte, um ihn loszuwerden, oder ob es nicht vielleicht auch eine Hilfestellung sein sollte. Hinzu kommt, daß beide seit der Übergabe der Mühle nicht mehr als zwei bis zu einem gewissen Grad gleichwertige Brüder nebeneinander arbeiteten, sondern daß sie nun die Arbeit gewissermaßen als Herr und Knecht untereinander teilten. Da die Ökonomie der Höfe und hier der Mühle diese Arbeitsorganisation erforderte, mußte der neue Herr der Mühle die Unterordnung des Bruders verlangen oder ihn gegen einen anderen Arbeiter austauschen. Der Mühlenkauf von Johann Hopf zeigt, daß auch der Jüngere seine Perspektive in der Existenz des Herrn gesucht hatte, die Struktur des Betriebs demnach notgedrungen zu einem Machtkampf zwischen den Brüdern führen mußte. Der Ältere zeigte dem Jüngeren nun, welcher Platz ihm in der Mühle zustand, indem er ihn gegen einen neuen Säger auswechselte, von dem er gewissermaßen die Wiederherstellung der gegebenen Machtverhältnisse erwarten konnte.

Es kam durchaus in der bäuerlichen Gesellschaft Oberbayerns vor, daß Geschwister auf den Höfen blieben und dort arbeiteten, manchmal für ihr ganzes Leben. Der Konflikt zwischen den Brüdern zeigt, wie unerbittlich eine Sozialisation sein mußte[78], die zur quasi als ›naturhaft‹ erfahrenen Ungleichheit zwischen Geschwistern erzog und gleichzeitig verhinderte, daß der Nichterbende sich auflehnte und in Konkurrenz zum Bruder trat, sondern diesem und der Bäuerin möglicherweise sogar sein Leben lang diente. Die Identifikation der Einzelnen innerhalb der bäuerlichen Familie mit dem Haushalt, dem Hof und dem Boden mag hier eine ausschlaggebende Rolle gespielt haben. Auch der Erbe war schließlich nicht vorrangig Eigentümer, sondern Verwalter des Besitzes, den er im Alter intakt an eine folgende Generation weitergeben mußte. Die mitarbeitenden Familienmitglieder dienten demnach nicht dem Bruder, sondern dem Hof. Wie sie war er ein Teil eines ihnen übergeordneten Prinzips – die Identifikation mit diesem war nicht identisch mit der Identifikation mit dem Bauern als Individuum, sondern als sozialer Person.[79]

Die Generationen

Von wesentlicher Bedeutung im Fall des Johann Hopf erscheint auch die Beschützerrolle, die er gegenüber der Mutter einnimmt. Wie sich selbst sieht er auch sie als die Schwächere, die im Austrag (Altenteil) vom Ältesten abhängig ist. Ludwig Thoma, der als Anwalt in Augsburg am Ende des Jahrhunderts die Erbkämpfe in den Familien gut kannte und auch die Radikalität kennenlernte, mit der übergebende Bauern sich ihre Rechte und Güter, die ihnen im Austrag zustanden, notarisch festlegen ließen, zeichnete in einer seiner Erzählungen zu dieser Thematik die Solidarität und Identifikation auf, die eine Bauersfrau mit ihrem jüngeren, nichterbenden Sohn entwickeln konnte.[80] Die Partei von alten Eltern zusammen mit dem jüngeren Sohn scheint nicht selten gewesen zu sein. Der jüngere war der benachteiligte, die Eltern diejenigen, die im Austrag vom guten Willen des Erben abhängig wurden, dem sie oft so lang als möglich die Hofübernahme und die Heirat verweigert hatten. In der Geschichte von Thoma spürt der Erbe diese aus Angst gespeiste Ablehnung der Mutter und ihre Liebe zum Jüngeren sehr genau. Das Verhältnis zur Mutter und zum Bruder wird feindselig. Eine von Thoma genauestens skizzierte Hofübergabe beim Notar, wie sie in vielen seiner Erzählungen, in welchen Bauernsöhne heiraten, auftaucht, thematisiert die Angst der Eltern, im Alter ins Elend zu geraten, und die Angst der Erben, daß die Eltern den Hof nicht freigeben werden. Eine amtliche Untersuchung über 24 Gemeinden in Bayern am Ende des 19. Jahrhunderts ebenso wie Thomas notarisch genaue Wiedergaben zeigen, daß die Übergabebedingungen gewohnheitsrechtlich bis in die Zahl der jährlich, monatlich und wöchentlich abzuliefernden Pfunde an Fleisch, der Zahl der Eier, der Bienenstöcke, Hühner, Gänse, Holzscheite usw. festgelegt wurden.[81] Der Sohn protestierte gegen dieses Mißtrauen der Eltern, aber wer wußte schon, was da noch kommen konnte? Schließlich war da ja auch noch die Schwiegertochter, und konnte man da auf die Sohnesliebe allein bauen? »Die alten Leute hielten sich an den Grundsatz, daß hinterher die schönste Reue nichts hilft, und daß vorgetan und nachbedacht, schon manchen in groß Leid gebracht. Sie wollten ihr Gewisses haben, Punkt für Punkt, und dachten, je mehr man verlangt desto leichter kann man herunterhandeln.«[82] Der alte Taglöhner Jacob Pölsterl von Miesbach zündete schließlich das Anwesen von Tochter und Schwiegersohn an: er hatte seinen Austrag nicht so gut aushandeln oder als alter Mann seine vertraglichen Rechte nicht mehr durchsetzen können. Ihm fehlte auch seine verstorbene Frau, und er selbst zählte nun schon 69 Jahre. Bevor er den Hof anzündete, hatte er sein Leid einer anderen Tochter geklagt.

». . . weiß nicht wie es gegangen ist . . . Mit meinem Schwiegersohn und dessen Frau habe ich öfter Streit gehabt, weil ich von ihnen nichts zu essen erhalten habe als Brot und Erdäpfel. Zu meiner Tochter habe ich schon gesagt, daß sie einmal büßen müssen, – ich habe geweint wegen der schlechten Behandlung. – . . . Mein Schwiegersohn hat mich öfters geschlagen; ich habe ihn deshalb einmal angezeigt und ist er gestraft worden; es hat ihn 40 M. gekostet.«[83]

Der Konflikt zwischen den Erben und den Eltern, zwischen Söhnen und Vätern, Müttern und Söhnen, Bäuerinnen und Schwiegertöchtern, Bauern und Schwiegersöhnen, die auf den Hof geheiratet hatten, weil kein Sohn da war, kennzeichnete das Leben und vor allem die Gefühlswelt der Bauern. Die Jungen verdrängten die Alten aus ihren Positionen und übernahmen deren Macht – wenn es ›schlecht ging‹, richteten sie sie gegen die Alten, von denen sie zu sehr und zu lange gegängelt worden waren. Auch die Verzweiflung heiratsfähiger Söhne und Töchter angesichts der Halsstarrigkeit der Eltern, die sich nicht zurückziehen wollten, ließ sie den Besitz anzünden, den sie nicht erhielten, der ihnen aber längst zuzustehen schien. Sie konnten nicht selbständig, nicht mündig werden und konnten nicht heiraten. Sie erhielten zudem nicht den Status, der einem verheirateten Bauern im Dorf zustand. So der als Taglöhner arbeitende Peter Paul, der Feuer am Hof des Vaters legte.[84] Sein Mädchen war zum zweitenmal schwanger und drängte auf Heirat, der Platz am Herd stand ihr nun zu. Der Vater hatte die Bitte des Sohnes um Zuschuß »schroff« abgewiesen. In einem anderen Fall nahmen die Leute an, daß der Sohn den Hof des Vaters in Brand gesetzt haben müßte, weil dieser mit seinen Eltern »nicht auf gutem Fuße stand«.[85]

Die ›Verantwortung gegenüber dem die Lebenden überdauernden Besitz‹, welche forderte, Machtpositionen an diejenigen abzugeben, über die vorher die elterliche Gewalt ausgeübt worden war, schuf in dieser bäuerlichen Welt tiefe psychische Probleme in der Liebe zwischen Eltern und Kindern. Die Eltern übten nicht nur Autorität über die Kinder aus, sie hatten sie auch in die Führung des Hofes einzuweisen und hatten ihnen gegenüber langfristig die Wahrung des Besitzes zu verantworten und ihre eigene Arbeit zu rechtfertigen. Wenn schließlich die Hofübergabe nicht zum gegebenen Zeitpunkt und ohne Kämpfe ablief, konnten sich die Alten – in deren Verantwortung es lag, den rechten Augenblick zu wählen – von ihren Kindern verdrängt, abgeschoben fühlen. Das Verhältnis blieb durch Mißtrauen und gegenseitige Anschuldigungen gekennzeichnet.

Die Übergabe des Hofes, der Verantwortung und Macht an eine jüngere Generation war gleichzeitig eine der Initiationsriten, die das Alter der Bauern, das Leben auf dem Altenteil einleiteten. Ob diese als Entrechtung oder als ›zur Ruhe setzen‹ erlebt wurde, hing bis zu einem gewissen Grade davon ab, inwieweit sie sich den Interessen des Hofes und dem Ganzen der Familie untergeordnet fühlten. Der Ausgangspunkt ›Kriminalität‹ in dieser Untersuchung könnte den Blick auf die Möglichkeiten und Regeln verdecken, die die bäuerliche Gesellschaft gehabt hat und auch heute hat, um mit diesen Konflikten – auch emotional – umzugehen.[86] Einmal war es für die Bauern – die nicht immer üppig, oder gar herrschaftlich, sondern oft sehr ärmlich lebten – überlebensnotwendig, die Vererbungsregeln einzuhalten. Zum anderen verhinderten die nach bürgerlichen Begriffen nicht immer aus Liebe

geschlossenen Ehen durchaus nicht, daß die Menschen, die zu-
sammenlebten und zusammen arbeiteten, Alte und Junge, Mann
und Frau, eine intensive gegenseitige Nähe und Verantwortung
füreinander entwickelten, eine Liebe, die aus dem Leben herzulei-
ten ist, das sie führten. Das Weinen des alten Jacob Pölsterl
zeigte[87], daß er so etwas wie eine Utopie von dem Zusammenle-
ben mit Tochter und Schwiegersohn besaß; dies drückte sich auch
im Vertrauen von Eltern aus, die sich nicht notarisch abgesichert
hatten. Möglicherweise zeigte das aber auch die Weisheit der Alten, die zum Notar gingen. Sie kannten die Zwänge sehr gut, aus
denen ihnen ein schlechtes Alter drohen könnte. Der Handel um
den Austrag beim Notar war nicht ›nur‹ feindselig: nachdem die
Eltern gefeilscht hatten, feilschte Andrä (der Sohn),

»um jede Kleinigkeit und verteidigte seine Stellung mit einer Geschicklichkeit, die den Eltern innerlich Bewunderung einflößte. Auch Emerenz
[die Braut, R. S.] gewann die tröstliche Überzeugung, daß ihr Zukünftiger
sein Sach zusammenhalten werde ...«[88]

Die Ehen

In einigen Brandstiftungsfällen bezeichnete das Feuer gleichzeitig
das Ende eines bäuerlichen Haushaltes. Mit dem Niedergang des
Besitzes war auch die Familie auseinandergefallen und zerstritten.
Die Ehen, die auf gemeinsame Arbeit und Verantwortung gegründet worden waren, auf die Zuversicht, daß der Bauer ›sein Sach
zusammenhalten werde‹, verloren mit ihrer materiellen Basis ihren Zusammenhalt. Die Liebe der Bäuerin zum Bauern war von
seiner Wirtschaft und dem Respekt vor seiner Arbeit nicht trenn-
bar. Der Bauer Tertullian Bauer von Zell zündete selbst seinen
Hof an, nachdem er ihn heruntergewirtschaftet hatte und seine
Frau und seine Kinder ihn verlassen hatten.[89] Er hatte ein Besitz-
tum von über 80 Tagwerken, einen Viehstand von 20 Stücken
Rindvieh und 3 Pferden gehabt, zum Schluß waren nur 3 Stück
Rindvieh und 1 Pferd übrig, vier Tagwerke waren verkauft, verschiedene Hypothek- und Currentschulden aufgenommen, der
Wald niedergeschlagen. Das ganze Hauswesen hatte schon vor
der Katastrophe unter Geldmangel gelitten. Trotzdem wollte B.
ein neues Bankkapital von 1000 Mark aufnehmen. Sämtliche Zeugen stimmten darin überein, daß er ungeschickte Handelschaften
gemacht und dadurch viel verloren hatte und daß er, um augen-

blicklichen Geldverlegenheiten für den Moment abzuhelfen, übereilte Verkäufe machte, minderwertiges Vieh eintauschte und dergleichen. Die wirtschaftliche Lage, seine Absicht, Geld aufzunehmen, Furcht vor Kuratelbestellung führten zu Vorwürfen seiner Ehefrau. Er stritt mit ihr und mißhandelte sie, worauf sie schließlich den Hof verließ. Tertullian Bauer sagte dazu später in der Kreisirrenanstalt:

»Er habe seit etwa einem Jahr viel häuslichen Kummer gehabt, weil seine Frau ihm das Verfügungsrecht über seine Vermögensangelegenheiten habe entziehen wollen, in der Absicht, den zukünftigen Schwiegersohn/: Wirth Breuer in Zell:/ zum Herrn in seinem Anwesen zu machen ... Der Gedanke nun, von seinem Anwesen weggedrängt zu werden, habe ihm Kummer bereitet und eine Erbitterung gegen seine Frau, die das Werkzeug in der Hand fremder Leute ... sei. Seiner Erbitterung habe er einigemale durch Mißhandlung seiner Frau Luft gemacht; darauf sei seine Frau mit den Kindern aus dem Hause geflüchtet. ... Seine Angehörigen mieden ihn ...«

Teodor Shanin weist darauf hin, daß es zur Natur des bäuerlichen Besitzes, der Familienbesitz war, gehörte, daß das Oberhaupt der Familien ersetzt werden konnte. ›An extreme expression of this feature was the legal possibility and actual practice of removing the head of a household from his position in some cases of ›mismanagement‹ or ›wastefulness‹ and appointing another member of the household instead.«[90] Tertullian Bauers Frau wurde in ihrem Vorhaben vom Bürgermeister des Ortes unterstützt. Er hatte sich nicht nur vor seiner Frau zu verteidigen, auch das Dorf zog ihn zur Rechenschaft – über seine Ökonomie und seine Ehe.[91]

Nachdem er abends im Wirtshaus auf seine Entmündigung angesprochen war und ihm die Mißhandlungen seiner Frau vorgeworfen wurden, »die Gespräche im Wirtshaus, bei denen es begreiflicherweise auch nicht an Hohn und Spott fehlte«, steigerte sich der Haß auf seine Frau. Er hatte vorher bereits geäußert, daß er sich aufhängen wollte, sein Zorn richtete sich nun aber gegen seine Frau: »wenn er nichts mehr habe, solle seine Frau auch nichts mehr haben«.

»Als er nach Hause ging, habe er die Empfindung gehabt, daß nur eine außergewöhnliche Tat seiner verzweifelten Stimmung ein Ende machen könne. Er habe es unterwegs nicht glauben können, daß Frau und Kinder, mit denen er nun Jahre lang zusammengelebt hatte, wirklich ihn verlassen würden, es sei ihm zu Muth gewesen, als ob er auf einen Acker komme, auf dem drei zahme Vögel sitzen, die sich aber bei seinem Nahen vor ihm flüchten, nachdem sie zuvor zutraulich gewesen wären.«[92]

Als er das Haus leer vorfand, sei er mit einem Male »ganz narrt« gewesen, zündete ein Streichholz an und warf es ins Heu. Er war nicht versichert, seine Existenz nach dem Brand vollkommen zerstört. Die Brandstiftung kam einem sozialen Selbstmord gleich.[93]

Der Fall der Brandstifterin Maria Westermaier, einer 41jährigen Müllerin, beleuchtet eine ähnliche Geschichte aus der Perspektive der Frau.[94] Ihr Mann hatte die Mühle heruntergewirtschaftet und schließlich bei der Versteigerung an einen Schuldner verloren. Dieser nahm ihnen auch noch ein Pferd und einen Wagen, der dem Vater der Müllerin gehörte. Bei ihrem Auszug aus der Mühle war ihnen dann lediglich ein Rest Getreide geblieben. Die Müllerin drohte »aus Zorn darüber, daß wir abziehen mußten«, daß sie die Mühle anzünden werde. Sie zogen mit ihren 6 Kindern zum Vater der Müllerin, wo sie jedoch auch in Not gerieten. Maria Westermaier bereitete die Brandstiftung sehr bewußt vor, kaufte, nachdem sie noch in die Kirche gegangen war, eine Flasche Petroleum und Streichhölzer und ging auf ihrem Weg zur Mühle noch bei ihrer früheren Nachbarin vorbei. Dann setzte sie am Nachmittag die Mühle, die sie sehr genau kannte, in Brand und stellte sich im nächsten Dorf einem dort im Wirtshaus anwesenden Gendarmen.

Die Müllerin beharrte auf ihrem Besitz an der Mühle; bevor sie ihn einem anderen überließ, zerstörte sie ihn[95] lieber – und behielt so real und symbolisch die Verfügung über ihn. Eine Mühle, ein Hof, ein Haus, das Land waren für die Bauern nicht nur Produktions- und Reproduktionsfaktoren, sie waren auch symbolische Werte[96] – wie das Pferd und der Wagen des Vaters der Müllerin – und mit Gefühlen beladen. An ihnen hing die Geschichte der Familien, von Generationen, ihre Stellung und Verankerung im Dorf und in der Verwandtschaft. Der Boden und ein dazugehöriger Hof oder eine Mühle waren deshalb auch nicht einfach durch Kauf und Verkauf auf dem Markt austauschbar, weil an ihnen Wissen hing – wie zum Beispiel der Boden beschaffen war, wie er bearbeitet werden mußte, welche Ernte er bringen konnte – ein Wissen, das Lernprozesse von Generationen enthielt, von den Vätern an die Söhne, den Müttern an Töchter und Schwiegertöchter weitergegeben, und dessen Erlernen ein Teil des bäuerlichen Sozialisationsprozesses war. Mit einem abgewirtschafteten Hof ging auch ein Teil der Identität der Familie zugrunde.

Die Fälle des Tertullian Bauer und der Müllerin Maria Westermaier[97] sagen auch etwas über die Ehen der Bauern aus. Als der Hof mehr und mehr verfiel, hatte die Frau von Tertullian Bauer bereits einige Zeit vor dem Brand die Ehescheidung beantragt. »Obwohl vor Gericht eine Aussöhnung zwischen ihm und seiner Frau stattfand, blieb bei seiner Frau doch eine von Furcht begleitete Ablehnung gegen ihn bestehen.« Die Müllerin sagte vor dem Untersuchungsrichter aus:

»Ich habe die Tat mit aller Überlegung ausgeführt. Zunächst im Zorn darüber, weil Ziegler uns Pferd und Wagen wegnahm, dann aber, weil ich mich nach unserem Abzug vom Anwesen unglücklich fühlte und mit meinem Mann, der unser ganzes Elend durch seine schlechte Wirtschaft verschuldete, nicht mehr hausen wollte.«

Maria Westermaier wußte, daß ihr nach der Brandstiftung das Gefängnis drohte und daß sie für eine Weile die Familie würde verlassen müssen. Sie stellte sich freiwillig. Sie wollte mit ihrem Mann nicht mehr zusammen ›hausen‹, die Ehe hatte die Basis verloren. Er hatte nicht nur die Mühle, die gemeinsame Existenz, heruntergewirtschaftet, sondern konnte auch nicht mehr für die Kinder sorgen, die nun beim Vater der Müllerin bleiben würden, der mit der Rückkehr der Tochter wieder die ökonomisch dominante Rolle des männlichen Oberhauptes in der Familie bekommen hatte. Die Zuneigung, welche die Frauen für ihre Männer gefühlt haben mögen, war nicht unabhängig von dem Zuhause, der ökonomischen Sicherheit und dem Status, den diese ihnen, auch im Zusammenhang der dörflichen Gemeinschaft, boten.[98] Bevor die Müllerin das Feuer legte, besuchte sie nicht nur die Kirche, sondern auch ihre frühere Nachbarin – sie versicherte sich noch einmal ihrer Rolle unter den Frauen im Dorf. Für sie war nicht nur ihre Identität als Ehefrau, sondern auch ihre Identität als Nachbarin und Freundin über ihre Rolle als Müllerin begründet worden – mit dem Verlust ihres sozialen Prestiges und ihrer ökonomischen Verankerung in der Nachbarschaft und im Dorf würde sie nach und nach auch ihre Freundinnen und ihre Stellung unter den Frauen des Dorfes verlieren.

Manche Frauen verließen schließlich ihre Männer, wenn diese

ihnen nicht mehr die soziale und ökonomische Basis bieten konn-
ten, auf welcher sie bis zu einem gewissen Grade eine eigenständige und, wie sich an ihrem fordernden Verhalten ihren Männern
gegenüber zeigte, auch selbstbewußte Existenz führen konnten.
Sie verteidigten diese Existenz auch gegen den Mann; wenn sich
zeigte, daß er nicht zu wirtschaften verstand, nahmen sie ihm die
Regie aus der Hand – die Frau des Tertullian Bauer betrieb die
Entmündigung des Mannes, die Müllerin übernahm für einen
Moment durch einen symbolischen Akt, die Brandstiftung, die
Verfügung über die Mühle. Sie zeigte, daß sie den Verkauf nicht
akzeptiert hatte. Der fast rituelle Rahmen, erst der Besuch der
Kirche, dann der Nachbarin, dann der Gang zur Polizei, kann
darauf hinweisen, daß sie es übernommen hatte, auch die Ehre der
Müllersfamilie wiederherzustellen.

IV

Der Herd und das Feuer

Brandstiftungen waren in Bayern im 19. Jahrhundert vor allem
ein bäuerliches, ländliches Verbrechen. Sie verwiesen nicht nur in
den Kern der Existenz der Brandstifter, auf ihre Arbeit und ihren
Besitz, auf ihr Leben in der Familie und im Dorf und auf ihre
Gefühle, sondern auch auf die bäuerlich-dörfliche Welt, in der sie
zu Delinquenten wurden. Sie bezeichnen in spezifischer Weise
das Verhältnis zwischen den Menschen, die in dieser Welt lebten,
und dem angezündeten Objekt – meistens einem Bauern- oder
Häusleranwesen, welches Besitz und gleichzeitig Ausdruck der
bäuerlichen Lebensordnung war, die die Familie strukturierte und
den Gang der Arbeit bestimmte. Objekt der Brände war fast immer in besonderer Weise ein ›Haus‹, das Haus des Arbeitgebers,
des Nachbarn, das Haus des anderen und schließlich das eigene,
welches aufnahm oder aussperrte und auch das Behältnis der Gefühle war, die in ihm gewachsen und aufgehoben waren oder von
ihm ausgesperrt wurden. Das Haus, welches ein Bauernhof war,
beherbergte die Familien und das Gesinde, die Tiere, die Arbeits-
geräte und die Erntevorräte, die das Ergebnis der Arbeit und die
Grundlage des Überlebens für einen Jahreszyklus waren – für
Menschen und Tiere gleichermaßen. Die Brandstiftungen verwei-

sen auf eine Welt, in welcher das ›Haus‹ noch substantiell mit den Menschen identifizierbar ist, die es bewohnen – deren Existenz sowohl materiell wie symbolisch im Haus gehütet und verletzbar ist. Ein Haus repräsentierte für jeden Dörfler sichtbar den Reichtum oder die Armut der Familien, die es bewohnten, ihre Geschichte und den Status, der ihnen innerhalb der dörflichen Hierarchie zustand. Die Gediegenheit oder das elende Aussehen eines Besitzes verwiesen auf die Arbeit seiner Bewohner, auf die Fähigkeiten des Hausherren und der Hausherrin, das ›Sach‹ zusammenzuhalten, und bezeichneten die Liebe und Sorge der Kinder und der Generationen für den übernommenen Besitz.

Das Zentrum des Hauses war der Herd, die Feuerstelle. Das Herdfeuer war nicht zerstörerisch, solange es im Kamin entfacht wurde und eingefangen blieb. Im Herd gehütet, war das Feuer produktiv: auf ihm wurde gekocht. Die Essenszubereitung des bäuerlichen Haushaltes war an die kontrollierte Nutzung der Energie des Feuers gebunden. Das domestizierte Feuer sorgte nicht nur für Nahrung, sondern auch für Wärme. Wie sich die männliche und bei Festen auch die weibliche Dorföffentlichkeit im Wirtshaus traf, so sammelten sich die Mitglieder der Familien und der Haushalte um das Herdfeuer: zu den Mahlzeiten und an kalten Tagen und an Winterabenden, um zu arbeiten, zu erzählen, zu singen und zu spielen. Der Herd wurde so zum Zentrum der versammelten Familie. Um ihn kreisten ursprüngliche Gefühle. Nahrung, Licht und Wärme spendend, war er ein Symbol der Mütterlichkeit. Sein Feuer zu hüten und zu gebrauchen war die Aufgabe der Frau, vor allem der Bäuerin, der Mutter und Herrin des Hauses. Das Ausgeschlossensein von der Runde um den Herd bedeutete damit nicht nur den Verlust der Familie und des Haushaltes, sondern auf tieferer psychologischer Ebene auch den Verlust der Mutter und Frau, die ursprünglich Nahrung und Wärme gegeben hatte. Vielleicht hängt die Tatsache, daß die allermeisten Brandstifter Männer waren, auch damit zusammen, daß sie keinen von den Frauen unabhängigen Zugang zum Herd, zum Essen und zur Wärme besaßen und daß sie nicht wie die Frauen gelernt hatten, das Feuer zu hüten. Die bäuerliche Arbeitsteilung hatte diesen Bereich den Frauen allein vorbehalten. Er war noch unmittelbar an ihre Mütterlichkeit geknüpft.

In den meisten Brandstiftungsfällen war eben diese Sicherheit existentiell bedroht. Bezeichnend ist, daß ein Großteil der Brandstifter ledig war, keine Familienbindung und keinen eigenen Haushalt besaß, in welchem seine Gefühle eingebettet waren. Knechte verloren mit ihrer Arbeit auch ihren Platz am bäuerlichen Herd und Tisch und damit ihre soziale Identität im Dorf. Die Müllerin und die Bauersfrau hatten ihren Herd verloren. Auf einem Hof und in einer Mühle, die heruntergewirtschaftet waren, erlosch das nahrungs- und wärmespendende Herdfeuer; die Ressourcen reichten nicht mehr aus, um seine Flammen zu speisen. Die Frauen verloren ihren Platz und ihre Liebe für den Mann, der das Anwesen nicht zusammengehalten hatte, der nicht mehr für sie sorgen konnte. Der Ausschluß vom Herd oder der Verlust des Herdfeuers setzte die vorher behüteten Gefühle der nun auch äußerlich vagabundierenden Subjekte frei. Die Brandstiftungen und die Aussagen der Delinquenten zeigen, daß die ungehüteten und nicht mehr kommunizierbaren Gefühle des Hasses und der Rachsucht verzehrend werden konnten. Begleitet von Gefühlen des Mißverstanden- und Verlassenseins und des Neides auf diejenigen, die es warm und sicher hatten und die auch noch Zeugen der eigenen Kränkung gewesen waren, waren diese Gefühle nicht mehr vermittelbar und stumm. Das Feuer symbolisierte schließlich den Ausbruch dieser nicht mehr ›domestizierten‹ und darum verzehrenden Gefühle. Ein Herdfeuer wurde erst in jenem Moment zur zerstörerischen Gewalt, wo es außer Kontrolle geriet, weil es nicht sorgfältig genug gehütet worden war. Gemeindeakten verzeichnen unablässig Brände, die durch zu heiß geschürte Herde und schadhafte Kamine verursacht wurden. Der Funkenflug über ein Strohdach war oft der Auslöser eines alles verzehrenden Brandes. Der bäuerliche Glaube kannte jedoch für solche Brände, die nachts wie Schicksalsschläge über einen Hof hereinbrachen, die Erklärung, daß Zauberkräfte sich für eine Zurückweisung gerächt hatten.

Es ging mir darum, den emotionalen Kern der Rache in diesen Brandstiftungsfällen zu zeigen. Nach David Jones waren auch die Aktionen der Brandstifter in East Anglia in der ersten Hälfte des 19. Jahrhunderts nicht durch politische Überzeugungen und »long-term strategies«, sondern durch »despair, hatred, and the glorious prospect of instant revenge«[99] charakterisiert. Der Versuch, das verletzte Gerechtigkeitsgefühl durch die Zerstörung des »Bösen« und den sozialen Mord am Angreifer zu befriedigen, war einer emotionalen Struktur immanent, die an die dörflich-bäuerliche Gesellschaft gebunden war. Die ›Tat‹ schien notwendig, um das eigene ›Selbst‹ wieder aufzubauen; nachher war die Welt wieder in Ordnung, wieder ins Lot gerückt. Das ganze Dorf war Zeuge der Wiedergutmachung, die so großartig war, wie das Leuchten des Feuers. Mit dem Feuer hatten sich auch die Gefühle des Hasses und der Rachsucht aufgezehrt, der Brandstifter hatte sein inneres Gleichgewicht zurückgewonnen.

Der Versuch der Konfliktlösung durch Brandstiftung scheint bei vielen Delinquenten auf emotionaler, psychischer Ebene gelungen zu sein – das Feuer und seine dramatische Inszenierung erfüllten kathartische Funktionen. Aber das Dorf nahm den Brandstifter nicht wieder auf, verwies ihn vielmehr vor den Richter. Brandstiftungen stellten insofern die Machtverhältnisse innerhalb des Dorfes nicht in Frage, zementierten sie vielmehr. Die Ungerechtigkeiten, die das vorgegebene Maß zum Überlaufen gebracht hatten und ausgeglichen werden sollten, waren der bäuerlichen Ökonomie und Sozialstruktur immanent, konnten subjektiv nur innerhalb ihrer Eingrenzungen ausgeglichen werden. Die dörfliche Ordnung war auch vom Brandstifter akzeptiert, nur hatte der von Brandstiftung Betroffene sich nicht daran gehalten. Der Konflikt und seine Austragung enthielten insofern keine politische Dimension. Der Vergleich zwischen dem Brandstifter und dem Wilderer in Bayern und auch in East Anglia[100] zeigt die unterschiedliche politische Potenz von ländlichen Vergehen. Brandstifter agieren emotional, situationsgebunden und als isolierte Außenseiter. Sie wurden nicht durch die dörfliche Bevölkerung unterstützt, sondern dämonisiert, da sich an sie eine tiefe Angst vor dem rachsüchtigen Feuer knüpfte. Der Brand rührte an die latente Existenzangst der bäuerlichen Menschen. Wilderei war dagegen für die Dörfler nicht zerstörerisch, sondern produktiv. Sie vernichtete nicht die Substanz des ländlichen Überlebens, verteidigte sie vielmehr. Die Wilderer brachten Nahrung, die diesen nach ihrem eigenen Verständnis sowieso zustand. Wilderei war ein Angriff nach außen, gegen Autoritäten, die die Ressourcen des Dorfes verkürzt hatten und nun kontrollierten. Die Ungerechtigkeit konnte kollektiv erfahren werden. Wilderer wurden von der dörflichen Bevölkerung unterstützt und vor dem Arm des Staates versteckt. Manche wurden zu Volkshelden, wie der bayerische Jennerwein. Anders der Brandstifter – wobei man allerdings davon ausgehen muß, daß die Dörfler einen Unterschied zwischen dem

Bauern machten, der seinen eigenen Hof anzündete, um Versicherungsgelder zu kassieren, und demjenigen, der aus Rachsucht den Hof eines anderen anzündete. Das Motiv des ersteren war verstehbar und nicht bedrohlich – er handelte ein wenig wie der Wilderer. Vielleicht tauchen auch aus diesem Grunde unter den Angeklagten relativ wenige Brandstifter mit betrügerischer Absicht auf – die Zahl der unaufgeklärten Brände war schließlich groß. Aber wer hatte Interesse, einen für das Dorf ungefährlichen Brandversicherungsbetrüger zu verraten, das Verhältnis zu den Versicherungen war sowieso voller Mißtrauen. Der Brandstifter aber, der aus Rache handelte, war derjenige, der im ›Außen‹ war und seinen Angriff nach innen richtete, in der Hoffnung, wieder dazugehören zu können, wenn verbrannt war, was ihn ausgestoßen hatte. Brandstifter waren keine Volkshelden. Aber ihre Sprache war bekannt und wurde verstanden. Denn letztendlich war jeder ein potentieller Brandstifter und jeder konnte selbst zum Betroffenen werden.

Dieses soziale Wissen und ein differenziertes Netz sozialer Kontrolle, errichtet auf einer starren und ins Naturhafte verklärten bäuerlichen Eigentumsordnung, machte die Identifizierung eines Brandstifters und seinen erneuten Ausschluß möglich, den nun effektiver die Gefängnisse und die bürgerliche Psychiatrie übernehmen sollten. Der Einzelne hatte sich nun vor einer Instanz zu verantworten, die seine Sprache nicht kannte. Das Schweigen der Brandstifter vor dem Richter und dem Psychiater wird von letzterem als krankhaft interpretiert. Für den Brandstifter ist die Gerechtigkeit und seine innere Ruhe wiederhergestellt, es gibt nichts mehr zu sagen. Das Reden mancher Angeklagter und ihre Klagen über ihr nun verpfuschtes Leben enthalten kaum Schuldgefühle wegen der Tat, sie reagieren eher auf das Interesse der Fragenden. Ihr Reden könnte als ein Zeichen dafür verstanden werden, daß sie nach dem Brand ihre Sprache wiedergefunden haben und ihre Realität wieder wahrnehmen können, wie elend diese nun auch aussieht. Zwischen dem Angeklagten und dem Psychiater finden somit zwei verschiedene Diskurse statt, jeder spricht eine andere Sprache, in ihrer Begegnung treffen zwei verschiedene Weltbilder und Interpretationsweisen aufeinander. Für ersteren ist die Gerechtigkeit wiederhergestellt, letzterer versucht eine traditionelle Weise der Gerechtigkeitssuche – die mittlerweile sozial mißlingen muß – in die Sprache der Psychiatrie zu übersetzen. Der Vergleich von Anlaß und Wirkung der Tat läßt den bürgerlichen Psychiater zur Feststellung individueller Pathologie kommen, die er im einzelnen Individuum vermutet. Er sieht eine organische und psychische »Schwäche«, die als solche vom Richter strafmildernd angerechnet werden kann. Die sozialen Zusammenhänge der Brandstiftung sind damit aber in der Naturwissenschaft der Organe verschwunden, da ihre Nichtexistenz axiomatisch vorausgesetzt ist. Sie gehörten einer Welt an, die als solche nicht mehr vorfindlich war, wenn der Bauer sein Dorf verließ.

Anmerkungen

1 *Die Kriminalstatistik für das Jahr 1895-1900. Hg. im Reichsjustizamt und im kaiserlichen statistischen Amt, Statistik des Deutschen Reichs, Neue Folge, Bde. 89-139, Berlin 1897-1902.*
2 Vgl. Franz Schweyer, *Schöffau. Eine oberbayerische Landgemeinde. Eine wirtschaftliche und soziale Studie,* Stuttgart 1896, S. 124 f.
2 *Untersuchung der wirtschaftlichen Verhältnisse in 24 Gemeinden des Königreiches Bayern,* München 1895, S. 11, 27, 41.
4 Zur Situation der ländlichen Unterschichten vgl. Axel Schnorbus, »Die ländlichen Unterschichten in der bayerischen Gesellschaft am Ausgang des 19. Jahrhunderts«, in: *Zeitschrift für bayerische Landesgeschichte (ZBLG)* 30, 1967, S. 824-852; Herrmann Grees, »Ländliche Unterschichten und ländliche Siedlung in Ostschwaben«, in: *Tübinger Geographische Studien,* Heft 58, Tübingen 1975, S. 10 ff.; John Knodel, »Two and a Half Centuries of Demographic History in a Bavarian Village«, in: *Population Studies* XXIV, London 1970, S. 353-376, S. 362; Alan Mayhew, *Rural Settlement and Farming in Germany,* London 1973, S. 124 f..
5 Vgl. Schweyer, *Schöffau,* a.a.O. S. 124 f.
6 *Untersuchung in 24 Gemeinden,* S. 29, 31. Vgl. auch: *Verbrechen und Verbrechertum in Bayern 1882 bis 1937. Beiträge zur Statistik Bayerns,* hg. vom Bayer. Statistischen Landesamt, Bd. 138, München 1944, S. 63 ff.
7 Vgl. Staatsarchiv München, Staatsanwaltschaftsakten, z. B. StAM, St Anw 46, 224, 367, 458, 545, 659, 709, 1190, 1382, 1479, 1483; zur Rache als einer mittelalterlichen Form, das verletzte Rechtsgefühl zu befriedigen vgl. auch Johan Huizinga, *Herbst des Mittelalters. Studien über Lebens- und Geistesformen des 14. und 15. Jahrhunderts in Frankreich und in den Niederlanden,* Stuttgart 1969, S. 24.

8 Zu psychiatrischen Gutachten vgl. StAM, St Anw 1135, 1142, 1231, 1440, 1483, 1613.

9 Zum Diskurs der Psychiatrie über die Brandstiftung vgl. Mönkemöller, »Zur Psychopathologie des Brandstifters«, in: *Archiv für Kriminalanthropologie und Kriminalistik* 48, Leipzig 1912, S. 193-310; Cesare Lombroso, *Der Verbrecher*, Hamburg 1890, S. 111; Reiß, *Zur Psychopathologie der Brandstifter, Jahresversammlung des Vereins bayerischer Psychiater*, München 1909; Jessen, *Die Brandstiftungen in Affekten und Geistesstörungen*, Kiel 1860; eine Aufzählung und Diskussion der psychiatrischen Literatur über Brandstiftung aus dem 19. und beginnenden 20. Jahrhundert aus der Sicht der Jahrhundertwende enthält Heinrich Többen, *Beiträge zur Psychologie und Psychopathologie der Brandstifter*, Berlin 1917, S. 6-34. – Zur Geschichte und Kritik der traditionellen Psychiatrie vgl. Dirk Blasius, *Der verwaltete Wahnsinn. Eine Sozialgeschichte des Irrenhauses*, Frankfurt a. M., 1980; Klaus Dörner, *Bürger und Irre. Zur Sozialgeschichte und Wissenschaftssoziologie der Psychiatrie*, Frankfurt a. M. 1969; Michel Foucault, *Wahnsinn und Gesellschaft. Eine Geschichte des Wahns im Zeitalter der Vernunft*, Frankfurt a. M. 1969; Giovanni Jervis, *Kritisches Handbuch der Psychiatrie*, Frankfurt a. M. 1978, S. 46-74. Auch André Abbiateci, »Les Incendiaires devant le Parlament de Paris: essai de typologie criminelle (XVIIIe siècle)«, in: A. Abbiateci u. a., *Crimes et criminalité en France sous L'Ancien Régime 17e-18e siècles. Cahiers des Annales* 33, Paris 1971, S. 16 ff., zeigt, wie früh bereits die Brandstiftung in die Deutungsmuster der sich formierenden Psychiatrie geriet; ebenso Michel Foucault (Hg.), *Der Fall Rivière. Materialien zum Verhältnis von Psychiatrie und Strafjustiz*, Frankfurt a. M. 1975.

10 Otto Kant, »Beitrag zur Psychologie der Brandstiftung«, in: *Archiv für Kriminalanthropologie und Kriminalstatistik* 79, Leipzig.

11 Vgl. StAM, St Anw 1613: »Es wäre aber zunächst die Frage zu entscheiden, ob Reinhart auf dem intellektuellen Gebiete des Seelenlebens defekt erscheint und deshalb als ein schwachsinniger Mensch mehr oder minder hohen Grades erachtet werden muß.
Aus dem Ergebnis meiner Untersuchungen dürfte hervorgehen, daß Reinhart über eine ziemlich intakte Gedächtniskunst verfügt, die objektive Welt richtig auffaßt, über Orts- und Zeitverhältnisse genau orientiert ist, seine Lage klar beurteilt, die Strafbarkeit seiner inkriminierten Handlungen vollkommen einsieht und eine seinem Bildungsgange entsprechende Summe von Kenntnissen besitzt. Er wird, wie der Gendarm Reinhart bekundet, von niemandem in seiner Heimath für geisteskrank oder einen Depp gehalten und nur seines aufbrausenden, jähzornigen Wesens halber von manchen Leuten ein närrischer Kerl genannt. Reinhart ist ein ziemlich brauchbarer Arbeiter

gewesen, hat denselben Lohn verdient, wie jeder andere Knecht und kann auch nicht deshalb für minderwerthig gehalten werden (. . .) Die Intaktheit des Denkvermögens beweist aber noch nicht die volle geistige Rüstigkeit des Reinhart. Er wird von verschiedenen Zeugen als ein hitziger, jähzorniger, eigensinniger, verstockter und hinterlistiger Mensch geschildert. Sein Benehmen im Gefängnisse gestattet die Schlußfolgerung, daß er keine besondere Reue empfindet, ohne alle Furcht der ihm drohenden Strafe entgegensieht, und sich keinen Sorgen darüber hingibt, was die Zukunft bringen mag. Der Gedanke an seine betagten Eltern verursacht ihm nicht den geringsten Kummer, der Hinweis darauf, daß er nach überstandener Strafe als verachteter Mensch in die Welt zurückkehrt, läßt ihn völlig kalt. (. . .) dieser Mangel der sittlichen Gefühle scheint mir bei der Beurtheilung der geistigen Beschaffenheit des Angeklagten nicht übersehen werden zu dürfen. Da nach den Erhebungen der Irrenärzte kein Zweifel darüber bestehen kann, daß bei einer großen Zahl von schwachsinnigen Personen der geistige Defekt mehr auf dem moralischen, als auf dem intellektuellen Gebiete des Seelenlebens in Erscheinung tritt, so wäre es immerhin denkbar, daß die geistigen Fähigkeiten des Reinhart in der Richtung, nach sittlichen Grundsätzen handeln zu können, gestört sind. Solche Idioten sind in der Regel außerordentlich reizbar und rachsüchtig (. . .) Die Schwere des vorgehabten und ausgeführten Verbrechens steht aber, wie jeder vernünftig denkende zugeben muß, sicher in keinem Verhältnis zur Geringfügigkeit des Motivs. Das Motiv wird jedoch verständlich, wenn die Charaktereigenschaften des Reinhart, die auf eine moralische Imbelizität hinweisen, berücksichtigt werden.«

12 StAM, St Anw 1635.

13 StAM, St Anw 1190, vgl. auch StAM, St Anw 1011.

14 StAM, St Anw 499.

15 Josef Schlicht, *Bayerisch Land und bayerisch Volk*, 1875, S. 56; Walter Hartinger, »Bayerisches Dienstbotenleben auf dem Land vom 16.-18. Jahrhundert«, in: *ZBLG* 38, 1975, S. 598-638, S. 606. Ein- und Austrittstermine für das ländliche Gesinde waren Lichtmeß (2. Februar) und Michaeli (29. September).

16 StAM, St Anw 686.

17 Alters- und Invaliditätsversicherungen wurden am Ende des Jahrhunderts von den Dienstherren selten im ganzen Betrag gezahlt. Vgl. *Untersuchung in 24 Gemeinden*, S. 17.

18 Vgl. StAM, St Anw 686, 449, 709, 909, 1192, 1440. Johann P., StAM St Anw 909, ist z. B. schon 62mal vorbestraft, über die Hälfte der Brandstifter waren bereits wegen ähnlicher Vergehen: Bettel, Landstreicherei, Diebstahl, Körperverletzung, Friedensstörung und Übertretung der Dienstbotenordnung vorbestraft.

19 StAM, St Anw 321.
20 StAM, St Anw 909.
21 StAM, St Anw 376.
22 StAM, St Anw 1079. Vgl. zur Teilnahme von Knechten und Mägden an den Hochzeitsfeierlichkeiten und zur Rache eines, der aus dem Haushalt ausgeschlossen wurde und am Tag der Hochzeit den Hof der Brauteltern anzündet, auch Lena Christ, »Mathias Bichler«, in: Lena Christ, *Werke*, S. 247-504, S. 338 ff.
23 Vgl. z. B. StAM, St Anw 47, 367, 661, 686, 1647.
24 StAM, St Anw 1435; vgl. auch StAM, St Anw 1050, 299.
25 Walter Hartinger, *Bayerisches Dienstbotenleben*, a.a.O. S. 602, 635; vgl. Axel Schnorbus, *Die ländlichen Unterschichten*, a.a.O. S. 839.
26 StAM, St Anw 709, 321.
27 StAM, St Anw 1557.
28 StAM, St Anw 321.
29 Vgl. in Ludwig Thoma, »Der Wittiber«, in: Ludwig Thoma, *Jubiläumsausgabe* Bd. 4, S. 7-171, S. 118 ff., die Gespräche und Lieder der Knechte über die Bauern in deren Gegenwart im Wirtshaus:
»Bauern, enk kenn i genau
Enk derf koa Ehhalt trau
. . .
An Ehhalt schindens her,
Daß eahm glei d'Haut werd speer,
Mit lauter Plag'n und Scheern
Muaß a sein Lohn vodean,
Z'letzt tean s'oan no betrüag'n,
Tean eahm an Lohn o'ziahg'n,
Grobheit'n kriagst recht schö',
Nacha ko'scht geh!«
30 Vgl. *Untersuchung in 24 Gemeinden*, a.a.O. S. 33.
31 StAM, St Anw 15468.
32 StAM, LRA 139990.
33 StAM, LRA 15468.
34 E. J. Hobsbawm und George Rudé, *Captain Swing*, London 1969; vgl. auch André Abbiateci, »Incendiaires«, S. 23: »... c'est en hiver, quand le niveau de l'emploi est bas, at à l'époque de la soudure quand les prix des grains sont élevés, que la mendecité avec violences et menaces de feu constitue une ressource d'appoint pour les couches sociales inférieures les plus pauvres.« Vgl. auch David Jones, »Thomas Campbell and the rural Labourer; incendiarism in East Anglia in the 1840s«, in: *Social History* 1, 1976, S. 5-43.
35 Eric Hobsbawm, »Peasants and Politics«, in: *The Journal of Peasant Studies* 1, 1973, S. 3-22, S. 7; vgl. auch Hugues Lamarche, »Pouvoir et Rapports de Production« in: Hugues Lamarche, Susan Carol Rogers

und Claude Karnoouh, *Paysans, Femmes et Citoyens. Luttes pour le Pouvoir dans un Village Lorrain*, Editions Actes Sud 1980, S. 17-57, S. 40.

36 Vgl. StAM, LRA 139982; StAM, St Anw 1557.

37 Vgl. Ives Castan, »Mentalités rurale et urbaine à la fin de l'Ancien Régime dans le ressort du Parlement de Toulouse d'après les sacs à procès criminels 1730-1790«, in: André Abbiateci u. a., *Crimes et criminalité*, S. 109-186, S. 172; zur sozialen Kontrolle im Dorf vergleiche auch Regina Schulte, »Kindsmörderinnen auf dem Lande«, in: Hans Medick/David Sabean (Hg.), *Emotion und materielle Interessen in Familie und Verwandtschaft. Anthropologische und historische Beiträge zur Familienforschung*, Göttingen 1983.

38 Vgl. auch die Dorfstudie von Miranda Chaytor, »Household and Kinship«, in: *History Workshop* 10, 1980, S. 25-60, S. 26.

39 StAM, St Anw 1192.

40 StAM, St Anw 1467.

41 Vgl. André Abbiateci, »Incendiaires«, a.a.O. S. 15: »dans une société rurale, chaque parole est pesée, car elle porte à conséquence, elle est une maître-mot magiquement opératoire. Trait de mentalité paysanne qui s'oppose à la plus grande volubilité et légèreté du langage urbain.« Zur Gewalt des ausgesprochenen Wortes vgl. auch Jeanne Favret-Saada, *Die Wörter, der Zauber, der Tod. Untersuchungen über den Hexenglauben im Hainland*, Frankfurt a. M. 1979.

42 StAM, 1174.

43 StAM, St Anw 1474: Ein Taglöhner von Dorfen zündete aus Rache einen Strohhaufen an, weil der Bauer »mich . . . nach meiner Ansicht des Diebstahls bezichtigt hatte und ich aus diesem Grunde keine Arbeit mehr bekam«.

44 StAM, St Anw 1231.

45 StAM, St Anw 1467.

46 StAM, St Anw 1003.

47 StAM, St Anw 1171.

48 StAM, St Anw 1497.

49 StAM, St Anw 1483.

50 StAM, LRA 78 101.

51 Vgl. Ives Castan, *Mentalités rurale*, a.a.O. S. 168, 172; Jean Delumeau, *La Peur en Occident (XIVe – XVIIIe siècles). Une cité assiégée*, Paris 1978, S. 17; zur ambivalenten Haltung Fremden gegenüber vgl. auch Judith Ennew, *The Western Isles Today*, Cambridge 1980, S. 90.

52 StAM, St Anw 1557.

53 StAM, St Anw 1557.

54 Vgl. Oskar Maria Graf, *Das Leben meiner Mutter*, München 1975, S. 99 f.; Josef Schlicht, *Bayerisch Land*, a.a.O. S. 63-68.

55 Vgl. Hanns Bächtold-Stäubli (Hg.), *Handwörterbuch des deutschen Aberglaubens*, Bd. 2, Berlin und Leipzig 1929/1930, Sp. 1430.

56 StAM, St Anw 1557.

57 Bächtold-Stäubli, *Handwörterbuch*, a.a.O. Sp. 1416 f.

58 Vgl. Teodor Shanin, *Awkward Class*, Oxford 1972, S. 32 f., 39.

59 Vgl. auch die Reaktionen auf die oben erwähnten Branddrohungen im Landkreis Laufen.

60 Vgl. StAM, St Anw 1467, 1192, 1231, 1440, 1647, 1519, 1171, 1003, 1143.

61 Josef Schlicht, *Bayerisch Land*, a.a.O. S. 105.

62 StAM, St Anw 1647; zur Sprache der Branddrohungen vgl. auch André Abbiateci, »Incendiaires«, a.a.O. S. 15.

63 Teodor Shanin, *Awkward Class*, a.a.O. S. 28 f.

64 Diese Bindungen sind bis zu einem gewissen Grade auch heute im dörflichen Leben noch gültig. Vgl. Marilyn Strathern, *Kinship at the Core. An Anthropology of Elmdon, a Village in North-West Essex in the Nineteen-Sixties*, Cambridge 1981, S. XXIV f.: »As we shall see, there is a close connection between being a member of a certain family and counting oneself a native.«

65 StAM, St Anw 1595.

66 StAM, St Anw 321.

67 StAM, St Anw 1595.

68 StAM, St Anw 321.

69 StAM, St Anw 1174.

70 StAM, St Anw 395.

71 StAM, St Anw 1195.

72 Albert Ilien, Utz Jeggle, *Leben auf dem Dorf. Zur Sozialgeschichte des Dorfes und Sozialpsychologie seiner Bewohner*, Opladen 1978, S. 70.

73 *Untersuchungen in 24 Gemeinden*, S. 11.

74 Jack Goody, »Inheritance, property and women: some comparative considerations«, in: Jack Goody, Joan Thirsk, E. P. Thompson (Hg.), *Family and Inheritance. Rural Society in Western Europe, 1200-1800*, Cambridge 1978, S. 10-36, S. 31.

75 Vgl. Eric Wolf, *Peasants*, New Jersey 1966, S. 68.

76 StAM, St Anw 1143; vgl. auch StAM, St Anw 1226.

77 Vgl. den Abschnitt »Erbfeinde« bei Albert Ilien, Utz Jeggle, *Leben auf dem Dorf*, a.a.O. S. 73-78.

78 Vgl. Eric Wolf, *Peasants*, a.a.O. S. 64.

79 Vgl. Alan MacFarlane, *Origins of English Individualism: Family, Property and Social Transition*, Oxford 1979, S. 23.

80 Ludwig Thoma, »Margret«, in: *Jubiläumsausgabe*, a.a.O. Bd. 2, S. 277 ff. Ders., »Hochzeit«, in: *Jubiläumsausgabe*, a.a.O. Bd. 2, S. 202-277, S. 243 ff.

81 *Untersuchung in 24 Gemeinden*, a.a.O. S. 12, 42.

82 Ludwig Thoma, »Hochzeit«, S. 242.

83 StAM, St Anw 1479.

84 StAM, St Anw 1451.

85 StAM, LRA 139990.

86 Vgl. Eric Wolf, *Peasants*, a.a.O. S. 64.

87 StAM, St Anw 1479.

88 Ludwig Thoma, »Hochzeit«, a.a.O. S. 242.

89 StAM, St Anw 1231.

90 Teodor Shanin, *Awkward Class*, a.a.O. S. 30 f.

91 Vgl. den Fall des Bauern Riempp in der Analyse von David Sabean. Junge Bienen im leeren Korb, in: Hans Medick, David Sabean (Hg.), *Emotion und materielle Interessen*.

92 StAM, St Anw 1231.

93 Vgl. auch StAM, St Anw 51, 91, 261.

94 StAM, St Anw 1590.

95 André Abbiateci, »Incendiaires«, a.a.O. S. 29, zeigt die Solidarität des Dorfes mit Pächtern, die das Anwesen anzündeten, von welchem sie vertrieben worden waren.

96 Eric Wolf, *Peasants*, a.a.O. S. 15.

97 StAM, St Anw 1231, 1590.

98 Miranda Chaytor, *Household and Kinship*, a.a.O. S. 42.

99 David Jones, *Crime, Protest, Community and Police in Nineteenth-Century Britain*, London 1982, S. 61.

100 Ebd., S. 62.

Michael Grüttner
Unterklassenkriminalität und
Arbeiterbewegung

Güterberaubungen im Hamburger Hafen
1888-1923

I

Warendiebstähle gab und gibt es im Hamburger Hafen schon seit
Jahrhunderten, wie zahlreiche Dokumente bezeugen. Bereits am
Ende des 18. Jahrhunderts hatten die lokalen Behörden mit dem
Aufbau einer gesonderten Hafenpolizei begonnen, deren Haupt-
aufgabe die Diebstahlsbekämpfung war. Zwischen der neu entstandenen Institution und den Hafenarbeitern herrschte schon
früh offene Feindseligkeit.[1] Ende der 1880er Jahre aber mehrten
sich die Stimmen aus den Reihen der Reeder und Kaufleute, in
denen von einer beträchtlichen Zunahme der Güterberaubungen
die Rede war. Einer der führenden Hamburger Reeder, Carl
Laeisz, konstatierte 1891, es vergehe keine Reise mehr, »bei welcher die Reedereien nicht große Entschädigungszahlungen für
Manko an den Waren zu leisten« hätten.[2] Nach der Jahrhundertwende sah es eine Zeitlang so aus, als sei es den Unternehmern
und der Polizei gelungen, das Ausufern der Warendiebstähle zu
stoppen. Aber seit 1907 häuften sich die Beschwerden erneut und
gipfelten schließlich während der großen Inflation (1920-1923) in
der Feststellung, Hamburg stehe »im Verruf, daß in seinem Hafen
am meisten auf der ganzen Welt gestohlen« werde.[3]
Was für die Unternehmer Grund zu wachsender Besorgnis und
zu lebhaften Klagen über das mangelnde Rechtsbewußtsein ihrer
Beschäftigten war, erscheint in Arbeiterautobiographien als
beinah selbstverständlicher Teil des Alltags. Robert Neddermeyer, der um die Jahrhundertwende in Hamburg eine Lehre als
Hafenschiffer (Ewerführer) absolvierte, berichtet über diesen
inoffiziellen Teil seiner Ausbildung:

»Als ich einmal in der ersten Zeit mit einem älteren Ewerführer einige
hundert Kisten Genever für Afrika und ein paar Fässer Muskateller zu

transportieren hatte, deckte der Alte die Persenning darüber, obwohl es nicht regnete. Das bedeutete, daß er Vorbereitungen zum ›Besorgen‹ traf. Ich mußte wegen der Wasserpolizei ›Schmiere stehen‹. In wenigen Minuten hatte er die Kiste geöffnet, ein paar Flaschen mit Strohüberzug herausgenommen und dafür einige Steine eingepackt. Dann bohrte er mit dem Nagelbohrer eines der Fässer an. Ich mußte ein zweites Loch bohren, und dann hielt er unsere beiden Tanks (Blechkaffeeflaschen) darunter. Inzwischen mußte ich Streichhölzer bereithalten, die dann in die beiden Löcher gesteckt wurden. Etwas Schmutz wurde darübergeschmiert, und alles war wieder in Ordnung. Die ›Besorgung‹ war beendet.«

In einem anderen Betrieb, einer Fischräucherei, in der Neddermeyer einige Zeit später Beschäftigung fand, wurde er gleich bei seinem Arbeitsantritt auf feste informelle Regeln hingewiesen: »Ich wurde sofort von den Kollegen informiert, daß ich sonnabends ein bis zwei flache Körbe Fische ›organisieren‹ dürfe, weil alle für einen Hungerlohn arbeiteten.«[4]

Die unverhältnismäßig rasche Zunahme der Güterberaubungen in den 80er Jahren wurde schon von den Betroffenen selbst auf tiefgreifende Umstrukturierungsprozesse der Hafenarbeit zurückgeführt. Der seit den 70er Jahren im großen Maßstab erfolgte Übergang vom Segel- zum Dampfschiff und die damit verbundene sprunghafte Steigerung der organischen Zusammensetzung des Reedereikapitals hatten die Aufmerksamkeit der Reeder und Hafenunternehmer auf die Beschleunigung des Umschlagsbetriebes gelenkt. Galt in den 70er Jahren noch die Faustregel, daß zum Beladen eines Schiffes etwa eine Woche oder länger benötigt wurde, so verkürzte sich dieser Zeitraum innerhalb von zwei Jahrzehnten um mehr als die Hälfte. Dies erreichte man nicht nur durch Erhöhung der Arbeitsproduktivität (Einführung von Dampfwinden) und Intensivierung des Arbeitsprozesses, sondern auch durch Verlängerung der Arbeitszeit. Nachtarbeit wurde im Hamburger Hafen zur Regel. Während am Tage die Arbeit ständig durch Schiffsoffiziere überwacht werden konnte, blieb das nächtliche Laden und Löschen der Schiffe weitgehend unkontrolliert. So war für die Hafenarbeiter die forcierte Ausnutzung ihrer Arbeitskraft mit einer Lockerung der Beaufsichtigung verbunden. Die Folgen wurden bald sichtbar: »Wenn die Leute nachts allein und ohne Aufsicht im Raum arbeiten«, schrieb die »Hamburgische Börsen-Halle«, »ist es dann zu verwundern, wenn der Körper des einen oder des anderen in der Nacht um einige Pfund

zunimmt, namentlich, wenn dieses Plusgewicht aus Kaffee besteht?«[5]

II

Wer waren nun diese Arbeiter, deren Verhalten zwar Anlaß zu
zahlreichen Beschwerden, Konferenzen und Zeitungsberichten
gab, die selbst aber dennoch blaß und ungreifbar blieben? Waren
Güterberaubungen in allen Sektoren des Hafenbetriebes gleichermaßen an der Tagesordnung? Welche Auswirkungen hatte die
Binnendifferenzierung des Hafenproletariats? Waren ungelernte
Arbeiter stärker unter den Delinquenten vertreten als gelernte?
  Das Material, das zur Beantwortung solcher Fragen zur Verfügung steht, ist unbefriedigend. Immerhin existiert eine von der
Polizei zusammengestellte Auflistung von Verfahren, die zwischen 1906 und 1910 wegen Güterberaubungen im Hafen eingeleitet wurden. Zumeist handelte es sich dabei um kleinere Gruppen von Arbeitern, die wegen eines gemeinsamen Delikts vor den
Richter kamen.[6] Die Auswertung dieser Daten gibt einige Anhaltspunkte über die Beteiligung der drei wichtigsten Hafenarbei-
tergruppen an den Warenberaubungen: der Schauerleute, der
Ewerführer und der Kaiarbeiter. Leider enthält die Liste aber zumeist nur über jeweils einen der Angeklagten nähere Angaben,
insbesondere eine Berufsbezeichnung. Von ihnen erfaßt die folgende Übersicht nur jene Personen, die schließlich wegen des ihnen vorgeworfenen Delikts auch verurteilt worden sind.

Tabelle 1: Verurteilungen wegen Diebstahls im Hafen, Hamburg 1906-
1910

Jahr	Schauer-leute	Ewer-führer	Kai-arbeiter	andere Hafen-arbeiter	andere Personen
1906	20	13	3	15	18
1907	35	12	1	14	17
1908	16	6	3	1	25
1909	25	9	4	6	16
1910	20	11	1	6	13
	116	51	12	42	89

Eine Einschätzung dieser Ergebnisse ist nur vor dem Hintergrund genauerer Angaben über die Beschäftigtenzahlen möglich. Unglücklicherweise sind auch hier die vorliegenden Statistiken äußerst dürftig. Die Vielzahl kleinerer Betriebe und die große Fluktuation haben eine statistische Erfassung der Hafenarbeiter stets erschwert. Genauere Angaben über die Zahl der Beschäftigten liegen nur für 1895/96 und für 1913 vor. 1896 waren im Durchschnitt täglich 1700 Schauerleute, 2000 Kaiarbeiter und 1500 Ewerführer beschäftigt. In den folgenden Jahren vermehrte sich vor allem die Zahl der Kaiarbeiter, während der Ewerführerei-Betrieb sich nur langsam vergrößerte. 1913 fanden durchschnittlich 4900 Schauerleute, 6300 Kaiarbeiter und 2300 Ewerführer jeden Tag Arbeit.[7]

Das Resultat ist überraschend. Die größte Hafenarbeitergruppe, die Kaiarbeiterschaft, war offensichtlich nur minimal an den Güterberaubungen beteiligt. Die Vermutung, daß vor allem ungelernte Arbeiter unter den Delinquenten zu finden waren, bestätigt sich nicht. Die Ewerführer, die einzige größere Gruppe gelernter Hafenarbeiter, beteiligten sich offensichtlich wesentlich stärker an Diebstählen als die ungelernten Kaiarbeiter, wenn auch anscheinend in geringerem Maße als die gleichfalls ungelernten Schauerleute. Eine Erklärung dieses Sachverhalts ist nur möglich, wenn zuvor einige genauere Informationen zur Arbeitssituation im Hafen gegeben werden.

Die *Ewerführer* arbeiteten auf kleinen Booten (Schuten oder Ewern), auf denen sie die Waren von den Schiffen in die Speicher transportierten. Dabei befanden sich auf einem Boot zumeist nur ein bis zwei Arbeiter. Ihre Arbeit war also relativ isoliert, autonom und vor allem unkontrolliert. Eine kontinuierliche Beaufsichtigung dieser Arbeiter war für die Unternehmer praktisch unmöglich. Demgegenüber vollzog sich die Arbeit der *Schauerleute*, die in Gruppen mit dem Laden und Löschen auf den Schiffen selbst beschäftigt waren, unter der Aufsicht eines sogenannten »Vize«. Ein Teil der Schauerleute war jedoch im Innern der Schiffe tätig und entzog sich dort der Kontrolle. Zudem konnte ein einzelner Vize die an mehreren Luken zugleich arbeitenden Leute nur unvollkommen im Auge behalten, so daß auch hier, insbesondere bei Nachtarbeit, ständig die Möglichkeit gegeben war, daß ein Teil der Ladung den Besitzer wechselte. Anders sah die Situation der *Kaiarbeiter* aus. Sie nahmen von den Schauerleuten die Waren am Kai entgegen und transportierten sie auf Karren in die Schuppen, wo sie gestapelt und später von den Spediteuren und Kaufleuten übernommen wurden. Die ankommenden Waren wurden von einer größeren Gruppe von Schuppenvorstehern, Lademeistern und Schreibern registriert und sortiert. Die Möglichkeit, entladene Kisten zu öffnen, Waren zu entnehmen und danach die Spuren der Beschädigung wieder zu tilgen, war unter solchen Umständen minimal, »da die von der Wasserseite offenen Schuppen am Tage unter der Aufsicht einer großen Anzahl von Beamten stehen, und auch die Schiffsangestellten und das am Kai verkehrende Publikum mit zur Kontrolle beitragen ...«[8]

Diese knappen Informationen zur Arbeitssituation deuten darauf hin, daß die Häufigkeit der Güterberaubungen vor allem eine Folge der mangelnden Möglichkeit war, alle Sektoren des Hafenumschlags einer umfassenden Kontrolle zu unterwerfen. Ob ein Arbeiter sich an Güterberaubungen beteiligte oder nicht, hing anscheinend weniger davon ab, ob er ein qualifizierter Fachmann seines Berufes oder ein ungelernter Tagelöhner war, sondern von den Gelegenheiten, die sich ihm während der Arbeit boten, sein Einkommen relativ risikolos auf illegale Weise aufzubessern.

Diese Aussage wird jedoch durch eine zweite Statistik aus den Jahren 1921/22 relativiert. Auch hier wieder einige Bemerkungen zur Arbeitsorganisation vorweg. Unter dem Eindruck eines großen Streiks der Hamburger Hafenarbeiter 1896/97 und einer längeren Welle von Arbeitsniederlegungen in den Jahren 1906/07 hatten die Hafenunternehmer kurz vor der Jahrhundertwende begonnen, das traditionelle System der Gelegenheitsarbeit umzustrukturieren.[9] In allen Sektoren der Hafenarbeit entstand ein Stamm fester Arbeiter mit relativ gesicherten Lebens- und Arbeitsverhältnissen, während gleichzeitig die Gelegenheitsarbeiter, die lange Zeit das Gros der Arbeiterschaft gebildet hatten, mehr und mehr an den Rand gedrängt wurden. Nach dem ersten Weltkrieg bildete sich – teilweise gegen erheblichen Widerstand der Betroffenen – ein System der Dreiteilung des Hafenproletariats heraus. Neben den in Einzelbetrieben fest angestellten Hafenarbeitern waren die sogenannten »Kurzarbeiter« die wichtigste Gruppe der Beschäftigten. Sie fanden ebenso wie die »Festen« relativ regelmäßig Beschäftigung, wurden dabei aber, je nach kurzfristigem Bedarf, ständig zwischen den verschiedenen Hafenbetrieben hin- und hergeschoben. Daneben ließen sich, wenn dieses Arbeitskräftepotential nicht ausreichte, weiterhin Gelegenheitsarbeiter zur Aushilfe heranziehen. 1921 waren beim Hamburger Hafenbetriebsverein, einem Zusammenschluß aller Unternehmer, im Jahresdurchschnitt 7500 »feste« Arbeiter, 6300 Kurzarbeiter und 7700 Gelegenheitsarbeiter eingeschrieben. Im gleichen Zeitraum registrierten die Unternehmer 1842 Diebstähle von Gelegenheitsarbeitern, aber nur 539 von Kurzarbeitern. 1922 verfügte der Hafenbetriebsverein durchschnittlich über 9900 »Feste«, 7500 Kurzarbeiter und 8600 Gelegenheitsarbeiter. 3844 Diebstähle wurden von Gelegenheitsarbeitern und 1486 von Kurzarbeitern gemeldet.[10]

Zur genaueren Einschätzung dieser Zahlen ist zu berücksichtigen, daß die Gelegenheitsarbeiter, im Gegensatz zur Mehrheit der Hafenarbeiter, den größten Teil des Jahres arbeitslos waren oder sich in anderen Betrieben Beschäftigung suchen mußten. Wenn der Anteil der »casual poor« unter jenen Arbeitern, die täglich im Hafen Beschäftigung fanden, also sehr viel geringer war, als die oben genannten Zahlen vermuten lassen, so fällt ihre weit überproportionale Beteiligung an den Diebstählen desto stärker ins Auge. Auffällig ist aber auch, daß die Zahl der beim Diebstahl ertappten Kurzarbeiter 1922 gegenüber dem Vorjahr absolut und relativ zugenommen hatte. Offensichtlich führte die Eskalation der inflationären Entwicklung dazu, daß auch bessergestellte Arbeiterschichten nunmehr zu Methoden der Existenzsicherung griffen, die zuvor in erster Linie in den untersten Schichten des Hafenproletariats üblich gewesen waren.

Wenn also zunächst allein die unterschiedlichen Möglichkeiten der Unternehmer, eine effektive Kontrolle der Arbeitskräfte zu gewährleisten, die Häufung oder Abwesenheit von Diebstählen zu erklären schienen, so weisen diese Daten darauf hin, daß die Binnendifferenzierung der Arbeiterschaft ein nicht minder wichtiger Erklärungsfaktor ist. Die hohe Zahl der von Gelegenheitsarbeitern begangenen Diebstähle wirft ein Schlaglicht auf die Situation einer Arbeiterschicht, zu deren Alltag traditionell lange Perioden von Arbeitslosigkeit gehörten. Kleinkriminelle Aktivität war für viele dieser Arbeiter schon immer eines der Mittel gewesen, sich über Wasser zu halten. Ständiger Arbeitsplatzwechsel und fehlende Betriebsbindung dürften dazu geführt haben, daß moralische Skrupel schnell abgelegt wurden. Der nach 1897 einsetzende Prozeß der Segmentierung der Hafenarbeiterschaft und die damit gekoppelte Marginalisierung der Gelegenheitsarbeiter hatten ihre Situation noch zusätzlich verschärft. Es waren vor allem diese Schichten der Arbeiterklasse, die in der bürgerlichen Öffentlichkeit das Bild des »versoffenen« und »arbeitsscheuen« Hafenarbeiters prägten und diesen zu einer der negativen Symbolfiguren der städtischen Machtelite werden ließen.

Erklärt werden muß schließlich noch die große Zahl von Personen (s. Tabelle 1), die wegen Güterberaubungen verurteilt wurden, ohne selbst Hafenarbeiter zu sein. In der Tat besaß der Hamburger Hafen für Teile der Bevölkerung, insbesondere Frauen, Jugendliche und Kinder, eine beträchtliche Anziehungskraft, die wenig mit Seefahrerromantik und viel mit handfesten materiellen Bedürfnissen zu tun hatte. Insbesondere an allen Plätzen, auf denen Kohlen verladen wurden, streiften täglich ganze Gruppen von Frauen und Jugendlichen umher und warteten, versehen mit ausgedienten Kinderwagen, auf einen unbewachten Augenblick, um sich mit Heizmaterial zu versorgen. In der Nachkriegszeit nahmen diese Aktivitäten einen solchen Umfang an, daß man 1919 die Hafenanlagen für den öffentlichen Publikumsverkehr sperrte.[11] Oft wurden Kinder und Jugendliche von ihren Eltern in den Hafen geschickt, um so einen Beitrag zur Verbesserung der familiären Einkommenslage zu leisten. Andere handelten auf eigene Faust und im bewußten Gegensatz zu den Moralvorstellungen der Älteren. Der Arbeiterschriftsteller Ludwig Turek berichtete darüber später in seiner Autobiographie:

»Fast jeden Tag führte mein Weg zum Hafen. Unwiderstehlich zog es mich dorthin, das Schuhwerk ging dabei zum Teufel ..., aber es lohnte sich doch, denn nicht selten gab es irgendwo etwas zu erwischen. Natürlich steckten es einem die guten Hamburger nicht in die Taschen, man mußte auch etwas dazu tun. Ich lernte von anderen ungeheuer viel dazu. An den verbotenen Stellen war das meiste zu holen. Dieses Prinzip trug uns (wir arbeiteten selten allein in dieser Branche) den Neid aller möglichen Beamten zu ... Meine Mutter staunte oftmals über das Glück, das sich in den kritischen Tagen gnädig zeigte und ihren Sohn einen großen ›Fund‹ tun ließ. Meine Mutter nannte das Glück; sie hat nie den Glauben daran verloren. Sie hat wirklich viel für die Erziehung ihrer Kinder getan. Fast immer, wenn ich mit Sack und Hacke loszog, sagte sie: ›Daß Du Dich aber nie an fremdem Eigentum vergreifst! Junge, Junge mach mir keine Schande.‹«[12]

III

Wenn die oben angeführten Zahlen deutlich machen, wie stark die interne Schichtung der Arbeiterschaft sich auf die Bereitschaft auswirkte, an Diebstählen teilzunehmen, so blieb das Hafenproletariat dennoch gegenüber den Unternehmern geschlossen und unzugänglich. 1889 und 1891 versuchten die Reeder die Aufklärungsquote von Warenberaubungen zu erhöhen, indem sie auf Plakaten überall im Hafengebiet Belohnungen bis zu 200 Mark – das war mehr als ein Hafenarbeiter durchschnittlich in zwei Monaten verdiente – für diejenigen versprachen, die zur Aufklärung von Diebstählen und zur Überführung der Täter beitrugen. Die Aktion erwies sich jedoch als völliges Fiasko. Kein einziger Hafenarbeiter, so stellte die Handelskammer später fest, hatte der Aufforderung Folge geleistet; lediglich einige Polizeibeamte erhoben Anspruch auf die ausgesetzte Geldsumme.[13] Proletarische Solidarität zeigte und bewährte sich nicht nur bei Streiks und anderen größeren Konflikten, sondern bis hinein in die Grauzonen kleinkrimineller Aktivität, deren Bekämpfung unter diesen Umständen erheblich erschwert wurde. Für die Aufrechterhaltung solcher Solidaritätsstrukturen sorgten die Arbeiter mitunter in recht entschlossener und kompromißloser Weise. So legten im Dezember 1904 alle Ewerführer eines großen Hafenbetriebes die Arbeit nieder, ohne die Gewerkschaft vorher zu informieren. Ihre einzige Forderung: Entlassung eines Arbeiters, der von seiner Bekanntschaft mit einem Kriminalbeamten berichtet und erzählt hatte, ihm sei gesagt worden, man könne sich durch Informationen an die Polizei leicht Geld verdienen.[14]

Hier wurden Normen und Wertvorstellungen sichtbar, die dem Bürgertum fremd und gefährlich erschienen. Fast alle Arbeiter, so heißt es in einem Bericht der Handelskammer, betrachteten es als »ihr gutes Recht«, sich einen Teil ihrer Lebensmittel durch Güterberaubungen zu verschaffen.[15] Dem entsprach das Verhalten gegenüber Kollegen, die wegen Warendiebstahls verhaftet oder verurteilt worden waren. Eine Ächtung oder Ausgrenzung von Delinquenten war nirgendwo zu beobachten. Als 1893 der Ewerführer Heinrich Cardinahl, einer der Aktivisten der Hafenarbeitergewerkschaft, wegen schweren Diebstahls zu 18 Monaten Gefängnis verurteilt wurde und nach seiner Entlassung keine Arbeit mehr fand, unterstützten ihn seine Kollegen mit beträchtlichen

Geldsummen. Einige Zeit später wählten die gewerkschaftlich organisierten Ewerführer ihn als Delegierten zur Generalversammlung des Hafenarbeiterverbandes. Schließlich avancierte Cardinahl sogar zum Kassenprüfer in der Hamburger Ortsleitung der Gewerkschaft.[16] Daß ein wegen schwerer Eigentumsvergehen vorbestrafter Arbeiter von seinen Kollegen in eine Stellung gewählt wurde, die zuallererst Vertrauen voraussetzte, unterstreicht nicht nur die Behauptung, daß Warendiebstähle keineswegs als illegitim betrachtet wurden, sondern deutet vor allem auf bestimmte Erfahrungen hin. Offensichtlich gab es für diese Arbeiter keinen Grund anzunehmen, daß ein Kollege, der sich an Güterberaubungen beteiligt hatte, auch sie selbst bzw. ihre Organisation hintergehen könnte. Tatsächlich war dies kein Einzelfall. Auch der langjährige Kassierer im Zentralvorstand der Hafenarbeitergewerkschaft, Johann Will, blickte bereits auf ein halbes Jahr Gefängnis wegen Diebstahls von Kaufmannsgütern zurück.[17] Die Liste ließe sich noch erweitern.

Die Beschreibung dieser Verhaltensweisen läßt sich durch einige Beobachtungen neueren Datums ergänzen, die Gerald Mars in den 60er Jahren im Hafen von St. Johns, Kanada, gemacht hat. Mars berichtet, daß nahezu alle Hafenarbeiter sich an Warendiebstählen beteiligten – eine Ausnahme bildeten lediglich einige Angehörige religiöser Sekten –, daß gleichzeitig aber streng zwischen der Beraubung von Handelsfirmen und Reedereien einerseits und dem Diebstahl von persönlichem Gepäck einzelner Individuen andererseits unterschieden wurde. Letzteres war verpönt; die wenigen Arbeiter, die auch Privatpersonen beraubten, stießen auf die Ablehnung und Verachtung ihrer Kollegen.[18]

Vor diesem Hintergrund gewinnt das Phänomen der Güterberaubungen schärfere Konturen. Jenseits der dürren Ziffern der Kriminalstatistik und der zahllosen Klagen über die Unmoral der arbeitenden Klassen wird ein recht differenziertes Regelgefüge sichtbar. Deutlich wird, daß Güterberaubungen im Hafen auch eine Spielart sozialen Konflikts waren, eine Form der Auseinandersetzung zwischen Arbeitern und Unternehmern, in der sich anscheinend auch – wie noch zu zeigen sein wird – Veränderungen im Machtverhältnis beider Seiten niederschlugen.

IV

Die alarmierende Zunahme der Güterberaubungen Ende der 8oer Jahre hatte eine Vielzahl von Beratungen zwischen Unternehmern und Behörden zur Folge, in denen man über Abwehrmaßnahmen diskutierte. Eine umfassende Kontrolle aller Arbeiter beim Verlassen der Hafenanlagen, wie sie in den von Gittern umschlossenen Londoner Docks praktiziert wurde, war aufgrund der spezifischen räumlichen Gestaltung des Hamburger Hafens nicht möglich. Eine Vergrößerung des Aufsichtspersonals schien deshalb die erfolgversprechendste Maßnahme zu sein. Die großen Reedereien gingen dazu über, den Transport von besonders begehrten Waren gesondert zu überwachen. Senat und Bürgerschaft bewilligten eine Verstärkung der Hafenpolizei. Daneben konzentrierten sich die Unternehmer darauf, die Justiz für ein schärferes Vorgehen zu gewinnen. Insbesondere die Tatsache, daß die Gerichte die Aneignung von Lebensmitteln oft nur als Mundraub und nicht als Diebstahl einstuften, gab immer wieder Anlaß zu vehementen Klagen. Der Erfolg blieb nicht aus. Im Juni 1890 wies die Justizverwaltung den Oberstaatsanwalt an, bei Hafendiebstählen künftig härtere Strafen zu verhängen.[19]

Nicht weniger wichtig waren die von einzelnen Betrieben eingeleiteten Maßnahmen, die auf eine bessere Kontrolle des Arbeitsmarktes abzielten. Im Mai 1890, während einer großen Streik- und Aussperrungswelle, die nicht nur den Hafen, sondern die gesamte Hamburger Wirtschaft erschütterte, gründeten die Besitzer der Ewerführerei-Betriebe einen Arbeitsnachweis, der von vornherein nicht nur Streikführer und Gewerkschaftsaktivisten von der Arbeitsvermittlung ausschloß, sondern auch Arbeiter, die beim Diebstahl ertappt worden waren.[20] An den Kaianlagen, die in Hamburg in der Hand des Staates waren, wurde ebenfalls seit 1890 die feste Anstellung von Arbeitern regelmäßig mit deren Überprüfung durch die Polizei-Behörde verbunden. Arbeiter, die wegen Diebstahls vorbestraft oder wegen politisch-gewerkschaftlicher Aktivitäten registriert waren, hatten keine Chance, Beschäftigung zu finden.[21] Schließlich wurde am Staatskai eine sogenannte »Differenzkasse« gegründet. Durch regelmäßige Lohnabzüge stand der Kai-Direktion auf diese Weise ein Fonds zur Verfügung, aus dem alle Kosten gedeckt wurden, die durch Diebstähle oder Beschädigungen von Waren entstanden. Beiträge zu dieser Kasse mußten jedoch nur die »festen« Arbeiter leisten, die auf diese Weise gegenüber den unständigen Kaiarbeitern in eine Aufseherposition gedrängt wurden.

Die mäßigen Erfolge dieser und anderer Maßnahmen bestätigten jedoch jene Skeptiker, die von Anfang an die Position vertreten hatten, daß allein »auf repressivem Wege« keine dauerhaften Erfolge zu erwarten wären.[22] Durch solche Einsichten rückte für die Unternehmer ein Problem in den Vordergrund, dem schon im 18. Jahrhundert Geistliche, Publizisten und Erzieher stets besondere Aufmerksamkeit gewidmet hatten. Es ging, wie Michel Foucault schreibt, um die Errichtung einer »Barriere zwischen den Delinquenten und den Volksschichten, aus denen sie hervorgegangen sind und mit denen sie verbunden blieben ...«[23] Mit anderen Worten: Es ging um die Zerstörung jener Wertvorstellungen und Solidaritätsstrukturen, die oben beschrieben worden sind. Eine Institution, die dabei eine zentrale Funktion erfüllen sollte, glaubten die Unternehmer bereits gefunden zu haben: die neugegründeten Gewerkschaften. Alle Schutzmaßregeln der Betriebe, so konstatierte 1889 der »Verein Hamburger Reeder«,

»werden einen durchgreifenden Erfolg nicht erzielen, so lange nicht die Hafenarbeiter selbst, also in erster Linie die Ewerführer-Tagelöhner und die Schauerleute, in der Erkenntnis, daß diese Zustände ihren ganzen Stand schänden, ernstlich die Beseitigung der schlechten Elemente unter ihnen anstreben. Hierzu bieten die unter diesen Arbeitern gebildeten Vereine eine wirksame Handhabe, und die Vereine haben hier Gelegenheit, zu zeigen, daß ihr Zweck nicht nur im Kampfe gegen die Arbeitgeber besteht, sondern daß ihr Ziel in Wirklichkeit, wie stets betont wird, auf die Besserung und Hebung des ganzen Gewerbes oder Standes gerichtet ist.«[24]

V

Die im Hafen vertretenen Arbeiter-Vereine – sie waren erst seit 1886 neu entstanden und schlossen sich 1891 zu einer zentralen Gewerkschaft, dem Hafenarbeiterverband, zusammen – gerieten durch solche Initiativen in ein offensichtliches Dilemma. Ihre Anstrengungen, sich gegenüber den Kaufleuten und Reedern als respektabler Verhandlungspartner zu profilieren, mußten in dieser Situation zwangsläufig mit den Bemühungen, einen umfassenden Rückhalt unter den Arbeitern zu gewinnen, in Konflikt geraten. Das wurde noch im gleichen Jahr deutlich, als die Reeder die

Plakate, auf denen eine Belohnung für die Aufklärung von Diebstählen und die Ergreifung der Täter ausgesetzt wurde, auch an die Arbeiter-Vereine schickten und sie zur Weiterverbreitung aufforderten. Auf einer Versammlung des Vereins der Schauerleute provozierte die Mitteilung des Vorsitzenden, diese Plakate seien vom Vorstand in den Hafenkneipen verteilt und ausgehängt worden, sofort scharfe Kritik aus den Reihen der Mitglieder. Durch die Handlungsweise des Vorstandes werde dem »Denunziantentum« Vorschub geleistet, hieß es; die Folge sei, daß »ein Arbeiter zum Gendarm des anderen« gemacht werde.[25] Auch die »Anregung« der Unternehmervereinigungen, Arbeiter, die wegen Eigentumsvergehen vorbestraft waren, aus den Gewerkschaften auszuschließen, stieß auf wenig Gegenliebe und hatte, wie die Handelskammer feststellte, »außer einigen allgemeinen zustimmenden Redensarten keinen Erfolg«[26]. Als wenig später auch die im Hafen beschäftigten Speicherarbeiter zur Gründung eines eigenen Vereins schritten, strich die erste Mitgliederversammlung bei der Diskussion der Statuten ersatzlos einen Passus, daß »unbescholtene« Arbeiter Mitglieder werden könnten. »Bei den heutigen Zeitverhältnissen«, so begründete ein Redner den Beschluß, könnten »Leute bestraft werden, die keineswegs in den Augen der Mitglieder dadurch herabgewürdigt« würden. Ähnliches wiederholte sich bei der Gründung des Hafenarbeiterverbandes. Hier setzten die Mitglieder durch, daß der »Besitz der bürgerlichen Ehrenrechte« nicht zur Voraussetzung der Gewerkschaftszugehörigkeit gemacht wurde.[27]

Den Gewerkschaftsführern blieb unter solchen Umständen nur die Möglichkeit, mehr oder weniger elegant zwischen den Forderungen der Reeder und den Erwartungen der Arbeiter zu lavieren. Als die Unternehmer 1891 wiederum Belohnungen für die Anzeige von Diebstählen aussetzten und den Hafenarbeiterverband zur Unterstützung aufforderten, entschlossen sich die Verbandsführer, das Problem schlicht als nicht existent anzusehen. Die Verteilung der Plakate wurde mit der Begründung abgelehnt,

»daß sich in dem Verein nur organisierte Arbeiter befinden, die organisierten Arbeiter aber immer frei und offen erklärt haben, mit dem Lohn nicht auskommen zu können. Deshalb haben sie sich wegen Aufbesserung ihrer Löhne ebenfalls offen und frei an die Arbeitgeber gewandt und haben niemals versucht, ihr Einkommen durch Diebstähle usw. zu erhöhen. Wenn tatsächlich Kaffeediebstähle und dergleichen im Hamburger Hafen vorkommen, so dürften dieselben von solchen Arbeitern ausgeführt werden, die bisher jeder Vereinigung der Arbeiter fern stehen ...«[28]

Damit hatte sich der Hafenarbeiterverband freilich hinter eine etwas brüchige Argumentationslinie zurückgezogen. Es war nichts Ungewöhnliches, daß sich unter den Arbeitern, die wegen Diebstahls verurteilt wurden, auch Verbandsmitglieder und – wie bereits gezeigt – sogar Funktionäre des Hafenarbeiterverbandes befanden. Die bürgerliche Presse nutzte die Situation, um auf solche Fälle ausgiebig hinzuweisen und daraus zu folgern, daß die Gewerkschaften offenbar nicht bereit seien, die Diebstähle ernsthaft zu bekämpfen.[29] Dennoch enthielt die Stellungnahme der Gewerkschaftsführer einen richtigen Kern. Gerade jene Arbeiter, die sich an Diebstählen besonders häufig beteiligten, die unständigen Gelegenheitsarbeiter, waren im Hafenarbeiterverband zu jener Zeit deutlich unterrepräsentiert. Kontinuierliche gewerkschaftliche Aktivität war damals im wesentlichen die Sache einer bessergestellten, in vergleichsweise gesicherten Verhältnissen lebenden Minorität.[30]

Die Haltung des Hafenarbeiterverbandes blieb auch in den folgenden Jahren ambivalent. Einerseits verurteilte man die »Unsitte« der Warendiebstähle und billigte die Gegenmaßnahmen der Unternehmer: So erklärte bereits 1890 einer der wichtigsten Gewerkschaftsführer im Hafen gegenüber Vertretern des Senats, er habe »gegen den zeitweiligen Ausschluß solcher Leute vom Ewerführereibetrieb, die sich Eigentumsvergehen hätten zu Schulden kommen lassen, nichts einzuwenden«.[31] Auch das am Staatskai übliche Verfahren, Arbeiter, die wegen Diebstahls vorbestraft waren, grundsätzlich nicht einzustellen, stieß auf Zustimmung, weil, wie der Hamburger SPD-Führer Otto Stolten erklärte, »dort große Waren-Anhäufungen vorkommen und man reelle Leute haben muß«.[32] Andererseits bemühten sich Gewerkschaftsvertreter bei Verhandlungen um die Milderung von Strafmaßnahmen der Unternehmer. Nachdem die Unternehmer 1906 den Hafenbetriebsverein gegründet und die Arbeitsvermittlung für Schauerleute zentralisiert hatten, verfügten sie erstmals auch in diesem zentralen Bereich des Hafenumschlags über ein Instrument, das den Ausschluß von Delinquenten und anderen unliebsamen Arbeitern ermöglichte. Gleichzeitig entstand eine Beschwerdekommission, an die sich jene Schauerleute wenden konnten, denen die

Arbeitsberechtigung entzogen worden war. In der Kommission saßen auch Vertreter der Gewerkschaften. Sie bemühten sich hier vor allem zu verhindern, daß Hafenarbeiter, die beim Diebstahl gefaßt worden waren, neben juristischen Konsequenzen auch mit einem völligen Ausschluß von der Hafenarbeit bestraft wurden. Von der Unternehmerpresse trug ihnen diese Haltung den Vorwurf ein, »Schutztruppe für Diebe« zu sein.[33] Die Gewerkschaftsvertreter rechtfertigten ihr Verhalten mit der Begründung, daß die Güterberaubungen allein Folge der materiellen Notlage der Arbeiter seien. Die niedrigen Löhne der am Kai beschäftigten Gelegenheitsarbeiter seien »geradezu ein Anreiz zum Diebstahl«, hieß es beispielsweise in einem Gewerkschaftsblatt.[34] Allein durch eine Verwirklichung der gewerkschaftlichen Forderungen könnten deshalb die Diebstähle beendet werden. »Würden den Arbeitern bessere Löhne bezahlt«, erklärte ein Gewerkschaftsführer, »dann würden auch die Beraubungen nachlassen.«[35]

VI

Wiederum ist das Zahlenmaterial über die Entwicklung der Güterberaubungen, das Aufschluß über die Auswirkungen der Gewerkschaftspolitik und die Einwirkungen konjunktureller Einflüsse auf die Häufigkeit von Diebstählen geben könnte, nur höchst unzureichend. Lediglich für die Zeit von der Jahrhundertwende bis zum Ersten Weltkrieg und für die Jahre 1922/23 existieren brauchbare Daten über die bei der Kriminal- und der Hafenpolizei eingegangenen Anzeigen von Güterberaubungen:

Tabelle 2: Anzeigen von Güterberaubungen, Hamburg 1900-1913

Jahr	Güterberaubungen	Jahr	Güterberaubungen
1900	906	1907	1120
1901	815	1908	1266
1902	760	1909	1449
1903	712	1910	2455
1904	660	1911	2733
1905	654	1912	3468
1906	884	1913	3217

Quelle: Jahresberichte der Polizeibehörde Hamburg 1900-1913

Der Aussagewert dieser Zahlen ist in mehrfacher Hinsicht begrenzt. Zunächst kann von einer relativ hohen Dunkelziffer ausgegangen werden. Viele Warenberaubungen wurden so geschickt ausgeführt, daß der Diebstahl erst am Bestimmungsort entdeckt wurde, ohne daß es nachträglich möglich war, zu rekonstruieren, wo die Beraubung stattgefunden hatte. Außerdem läßt sich vermuten, daß zahllose kleinere Diebstähle von Nahrungsmitteln für den täglichen Bedarf der Polizei überhaupt nicht gemeldet wurden.[36] Hinzu kommt, daß die Statistik die im Hafen begangenen Güterberaubungen nicht gesondert erfaßt. In den obigen Daten sind also auch Warendiebstähle enthalten, die in anderen Bereichen des Gütertransports begangen wurden. Der Schwerpunkt lag jedoch eindeutig im Hafen. Das Hauptproblem besteht wiederum darin, daß kaum brauchbare Angaben über die Zahl der Beschäftigten vorliegen. So kann die Statistik lediglich die Möglichkeit bieten, einige grobe Trends zu erfassen. Bekannt ist, daß die durchschnittliche Zahl der täglich beschäftigten Hafenarbeiter sich von 7200 im Jahre 1896 auf 17 000 im Jahre 1913 vergrößerte.[37] Insgesamt stieg die Zahl der amtlich registrierten Diebstähle also schneller als die der Beschäftigten. Auffällig ist aber vor allem, daß der Zeitabschnitt von 1900-1913 in zwei völlig unterschiedliche Entwicklungsphasen zerfällt. Einer kontinuierlichen Abnahme der Diebstähle bis 1905 – die in Wirklichkeit sehr viel eindeutiger war, da die Zahl der Hafenarbeiter sich in diesen Jahren erheblich vergrößerte – steht die völlig entgegengesetzte Entwicklung seit 1906/07 gegenüber.

Eine befriedigende Erklärung für diese Trendwende zu finden fällt nicht leicht. Der Blick auf die Bewegung der Konjunktur liefert nur wenige Anhaltspunkte. Zwar läßt sich vermuten, daß der konjunkturelle Einbruch, der Ende 1907 begann und bis in das Jahr 1909 andauerte, zur Vermehrung der Eigentumsdelikte beitrug. Aber dieser Faktor sollte nicht überschätzt werden. Denn auch nach 1909 stieg die Zahl der registrierten Güterberaubungen weiterhin unvermindert an. Zudem zeigt ein erneuter Blick auf die Tabelle 2, daß die Zahl der angezeigten Diebstähle in den Krisenjahren 1901/02 sogar zurückgegangen war. Eine staatliche NeuDefinition von Eigentumskriminalität, die die Kriminalstatistik beeinflußt haben könnte, fand in jenen Jahren nicht statt. Auch die quantitative Entwicklung der Beschäftigten erklärt die massive Zunahme der Diebstähle seit 1906 nur zum geringen Teil. So er-

höhte sich die Zahl der durchschnittlich beschäftigten Schauerleute zwischen 1907 und 1913 nur um 30%.[38] Die Vermutung,
eine überproportionale Zunahme der unständigen Gelegenheitsarbeiter könne für die Ausdehnung der Güterberaubungen ver-
antwortlich sein, bestätigt sich ebenfalls nicht.[39]

Einen größeren Erklärungswert hat vermutlich die rapide Steigerung der Lebenshaltungskosten, nachdem im März 1906 ein
neuer Zolltarif in Kraft getreten war. Eine durchschnittliche Arbeiterfamilie mußte 1912 – bei unveränderter Lebenshaltung –
20% mehr für Nahrungsmittel ausgeben als 1905. Für Heizung
und Beleuchtung erhöhten sich die Kosten sogar um 23%. Die
Miete eines heizbaren Zimmers in Kleinwohnungen stieg allein
zwischen 1905 und 1910 um etwa 16%. Aber auch das Einkommen der Beschäftigten wuchs im selben Zeitraum schneller als
zuvor. Die meisten Hafenarbeiter verbuchten leichte Realllohn-
steigerungen. Dies galt freilich nicht für alle Arbeitergruppen. So
blieben die Löhne der Schauerleute eindeutig hinter der Entwicklung der Lebenshaltungskosten zurück. Ähnliches galt auch für
andere Hafenarbeiter.[40] Man wird davon ausgehen können, daß
diese Konstellation in Teilen der Arbeiterschaft die Neigung
stärkte, ihr Einkommen in alternativer Weise aufzubessern. Dennoch ist es unwahrscheinlich, daß damit eine Verfünffachung der
registrierten Güterberaubungen erklärt werden kann.

Darüber hinaus gibt es meines Erachtens für dieses Phänomen
aber noch eine weitere Erklärung. Um diese zu entwickeln, muß
zunächst allerdings kurz dargestellt werden, wie sich in dieser Zeit
die Beziehungen zwischen Arbeitern, Gewerkschaften und Unternehmern entwickelt haben.

Der Zeitraum von 1897-1906 umfaßte die goldenen Jahre der
Gewerkschaften im Hamburger Hafen. Während des großen
Streiks von 1896/97 hatten sich fast alle Arbeiter dem Hafenarbeiterverband angeschlossen. Nur ein Teil von ihnen machte diesen
Schritt später rückgängig, obwohl der Ausstand nach elf Wochen
mit einer Niederlage endete. So wurden die Ereignisse von
1896/97 zum Ausgangspunkt der Entfaltung einer relativ starken
gewerkschaftlichen Organisation mit einem vielfältigen Unter-
stützungswesen und einem beachtlichen Stab professioneller
Funktionäre. Obwohl dem Hafenarbeiterverband die Anerkennung als »Tarifpartner« in den meisten Sektoren des Hafenbetriebes zunächst versagt blieb, gelang es ihm in dieser Zeit, Teile des

Arbeitsmarktes unter seine Kontrolle zu bringen und in zahlreichen Konflikten auf Betriebsebene zu einem Vermittlungsfaktor von wachsender Bedeutung zu werden. 1906 waren große Teile des Hamburger Hafens bereits zum »closed shop« geworden: Unorganisierte Arbeiter fanden keine Beschäftigung mehr. Den Höhepunkt und zugleich das Ende dieser Periode gewerkschaftlicher Machtentfaltung markierte eine Welle von Streiks und Aussperrungen, die vom Januar 1906 bis zum April 1907 erstmals seit einem Jahrzehnt wieder alle im Hafen vertretenen Arbeitergruppen in Bewegung brachte. Am Ende stand eine sechswöchige Aussperrung von etwa 5000 Schauerleuten. Für die Unternehmer waren diese Kämpfe Anlaß zu einer völligen Neustrukturierung der Arbeitsorganisation im Hafen. Mit der Gründung des Hafenbetriebsvereins schufen sie sich ein Instrument, das nicht nur ihre Machtposition auf dem Arbeitsmarkt stärkte, sondern zur gleichen Zeit auch die Entstehung einer neuen, privilegierten und mit den Interessen der Unternehmer eng verbundenen Arbeiterschicht ermöglichte.

Nach dem Ende der Schauerleute-Aussperrung, die für die Unternehmer weitgehend erfolgreich verlief, wurde ein Teil der angeworbenen Streikbrecher in Hamburg ansässig gemacht und mit langfristigen Arbeitskontrakten angestellt. Diese »Kontraktarbeiter« – fortan der Kern der Hamburger Schauerleute – unterschieden sich von der Mehrzahl der Hafenarbeiter durch höhere Löhne, regelmäßige Beschäftigung, monatliche Kündigungsfristen und durch die Zwangsmitgliedschaft in einer Spar- und Unterstützungskasse. Die Kasse, das Kernstück des Kontraktarbeitersystems, wurde aus Lohnabzügen der Kontraktarbeiter und aus Zuwendungen des Hafenbetriebsvereins gespeist. Anspruch auf Unterstützungsgelder hatten die Kontraktarbeiter bei Unfällen oder Krankheit, aber auch bei Geburten und Sterbefällen. Bei »ordnungsgemäßem Ausscheiden« aus den Diensten des Hafenbetriebsvereins wurde das angesammelte Spargutthaben ausbezahlt. Unerlaubtes Verlassen der Arbeit, Arbeitsverweigerung, »Widersetzlichkeit«, »ungebührliches Betragen«, Trunkenheit oder Diebstahl hatten hingegen den Verfall der eingezahlten Geldsumme zur Folge. Mit der Unterstützungskasse verschafften sich die Unternehmer – dem Beispiel anderer Großbetriebe folgend – eine Kaution, die Wohlverhalten auf allen Ebenen erzwang und Streiks der Kontraktarbeiter weitgehend ausschloß. Die Konsequenzen dieser neuen Einrichtung waren weitreichend. Die Schauerleute, traditionell die konfliktfreudigste Hafenarbeitergruppe, waren von nun an gespalten: in einen eng mit den Unternehmerinteressen verbundenen Stamm von Arbeitern einerseits und die Masse der alten Schauerleute andererseits, die als Hilfsarbeiter an den Rand gedrängt wurden. Arbeitseinstellungen der Schauerleute, die zuvor gang und gäbe gewesen waren, hörten von nun an fast ganz auf. In der Folgezeit übernahm der Hafenbetriebsverein nach und nach in allen Bereichen des Hafenumschlags die Arbeitsvermittlung, und auch das Kontraktsystem wurde auf andere Arbeitergruppen ausgedehnt.

Insgesamt hatte der Kampfzyklus von 1906/07 eine erhebliche Veränderung der Machtverhältnisse zugunsten der Unternehmer zur Folge. Gleichzeitig erlebte der Hafenarbeiterverband – verstärkt durch den konjunkturellen Rückgang von 1908/09 – die größte Krise seiner Geschichte. Die Unzufriedenheit der Mitglieder über die Entwicklung seit 1907 entlud sich in massiven Verratsvorwürfen gegen die Verbandsfunktionäre. Hatte die Hafenarbeiterorganisation 1907 noch 11 120 Mitglieder in Hamburg gezählt, so blieben davon zwei Jahre danach nur noch 6090 übrig.[41] Auch später, als die Zahl der gewerkschaftlich organisierten Arbeiter langsam wieder anstieg, blieb das Verhältnis zwischen »Massen« und »Führern« gespannt, war latentes Mißtrauen allgegenwärtig. Vorherrschend aber war ein allgemeines Gefühl der Machtlosigkeit gegenüber dem neu konsolidierten Unternehmerlager. Davon zeugen insbesondere die Berichte von Beamten der Politischen Polizei, die regelmäßig in Zivilkleidung die Arbeiterkneipen aufsuchten und den Inhalt der dort geführten Gespräche notierten (»Vigilanzberichte«): »Der Hafenbetriebsverein macht ja doch, was er will, und wir können nichts dagegen tun«, hieß es etwa in einem Gespräch zwischen zwei Schauerleuten. »Ein Streik im Hafen gehört heutzutage zum alten Eisen und ist ein großer Unsinn«, äußerte ein anderer Hafenarbeiter resigniert.[42]

Diese kurze Skizze der Veränderungen im Verhältnis zwischen Arbeit, Kapital und Gewerkschaften bietet einige Erklärungsmöglichkeiten, warum seit 1906/07 die Güterberaubungen so entscheidend zugenommen hatten. Der Prozeß gewerkschaftlicher Machtentfaltung seit 1896/97 hatte auch die Ausbreitung einer spezifischen »Arbeiterbewegungskultur« zur Folge: die Formalisierung von Konfliktregelung, die Entstehung neuer Normen und

Werte, aber auch die Ablehnung traditioneller Formen proletarischer Insubordination. So berichtet einer der von Adolf Levenstein befragten Arbeiter über den Einfluß der sozialdemokratischen Arbeiterbewegung auf sein Leben:

»Ich konstatiere mit Genugtuung, daß die Umwirkung der Moralität durch den Einfluß der gewerkschaftlichen wie politischen Bewegung bei mir eine eminente war. Vor dem Bekanntwerden mit Tendenzen und Endziel unserer Partei habe ich fortgesetzt mit der Polizei in Konflikt gelegen (Diebstahl, grober Unfug), bin Insasse des rheinischen Korrektionshauses zwei Jahre gewesen. Seit Eintritt in die hier bemerkten Bewegungen trat bei mir auch nicht das geringste Delikt mehr ein. Auf diesen ethischen Erfolg bin ich stolz . . .«[43]

Die Abnahme der Warendiebstähle in den ersten Jahren nach der Jahrhundertwende zeigt, daß solche »erzieherische« Tätigkeit der Arbeiterbewegung offenbar auch im Hamburger Hafen konkrete Resultate aufweisen konnte. Diese Erfolge stellten sich anscheinend aber nur so lange ein, wie Glaubwürdigkeit und Effizienz der Gewerkschaftsstrategie selbst außer Frage standen. Hatten die Führer der Gewerkschaften den Mitgliedern jahrelang unermüdlich eingehämmert, daß allein die Festigung ihrer Organisation die Lage der Arbeiter verbessern könne, so zeigte sich 1907, daß trotz der unübersehbar gewachsenen Stärke der Arbeiterorganisationen die Unternehmer auf dem gleichen Terrain sehr viel schneller an Boden gewonnen hatten. Die Krise der Gewerkschaften nach 1907, als Folge des durch die Unternehmeroffensive geschaffenen neuen Status quo, war aber gleichzeitig – das zeigt die deutliche Zunahme der Diebstähle – auch eine Krise der »Arbeiterbewegungskultur«. So trat in diesen Jahren eine Form des sozialen Konflikts in dem Augenblick erneut in den Vordergrund, als andere Möglichkeiten, ihre Interessen durchzusetzen, für die Arbeiter an Bedeutung und Durchschlagskraft zu verlieren begannen. Gleichzeitig äußerte sich hier anscheinend auch ein Aggressions- und Protestpotential gegenüber der neuen Machtposition der Unternehmer, dessen Artikulation in einer offeneren und direkteren Weise unter den veränderten Bedingungen erschwert wurde.

Insgesamt ergibt die Analyse der Entwicklung der Warendiebstähle im Hamburger Hafen vor dem Ersten Weltkrieg eine Reihe von deutlichen Hinweisen, daß innerbetriebliche Kleinkriminalität nicht allein als Not-Delinquenz gewertet werden kann[44], sondern auch Ausdruck sozialer Spannungen, betrieblicher Konflikte und Machtverhältnisse war, nicht nur Indikator materiellen Elends, sondern auch von Veränderungen im Verhältnis zwischen Arbeit und Kapital.

VII

Verglichen mit der massiven Zunahme der Warenberaubungen in den Jahren nach dem Ersten Weltkrieg erscheint die Entwicklung vor 1914 als ein nahezu harmloses Vorspiel. So registrierte die Polizeibehörde 1922 6726 Diebstahls-Anzeigen; 1923 waren es 5958. Damit hatten sich die Güterberaubungen gegenüber dem Vorkriegsstand ungefähr verdoppelt, während die Zahl der Hafenarbeiter nur um etwa 20% gestiegen war.[45] Die schnelle Zunahme der Diebstähle setzte schon kurz nach dem Ende des Krieges mit dem Eintreffen der ersten Lebensmittelschiffe ein. Bereits im Mai 1919 klagte ein Gewerkschaftsvertreter, es »gäbe viele Arbeiter, die nur zum Stehlen« in den Hafen kämen.[46] 1922 registrierte die Handelskammer sogar Arbeitsverweigerungen bei der Verladung bestimmter Waren, die von den Arbeitern damit begründet wurden, daß sie »von dem Zeugs nichts gebrauchen« könnten.[47] Die Kaufleute und Reeder standen dieser Entwicklung vor allem deshalb hilflos gegenüber, weil die Zunahme der Güterberaubungen mit einem Zusammenbruch jener Kontrollstrukturen verbunden war, die vor 1914 dafür gesorgt hatten, daß Teile des Hafenbetriebes weitgehend von Diebstählen verschont geblieben waren. So machten die Vizen, die mit der Beaufsichtigung der Schauerleute betraut waren, keine Anzeigen mehr, weil sie, wie ein Reeder klagte, befürchten mußten, von den Arbeitern verprügelt zu werden.[48] Vor allem aber war es unübersehbar, daß sich auch das Aufsichtspersonal, Kai-Beamte und kleinere Unternehmer, aktiv an Warenberaubungen beteiligten. Der Agent eines Magdeburger Versicherungsunternehmens, der in den Hamburger Hafen geschickt worden war, um nach dem Verbleib großer Mengen verschwundenen Zuckers Ausschau zu halten, berichtete seinen Auftraggebern kurz und bündig, »daß man, wenn man die Schuldigen suchen wollte, das ganze Personal einschließlich Vorsteher abführen müßte«.[49]

Wie schon in den Jahren vor 1914 bestand auch in der Nachkriegszeit der »weitaus größte Teil« der Güterberaubungsfälle in der Entwendung von Lebensmitteln des täglichen Bedarfs, insbesondere Kaffee, Mehl und Speck.[50] Daneben bildete sich nun aber auch eine organisierte Bandenkriminalität, an deren Spitze Hamburger Kaufleute standen. Die Hehlerei entwickelte sich in den Nachkriegsjahren zu einem blühenden Wirtschaftszweig.[51]

Wenn auch, wie das Pilferage Committee der britischen Chamber of Shipping Anfang 1922 feststellte, zu jener Zeit die Zunahme von Warendiebstählen in allen Häfen der Welt zu konstatieren war, so trat dieses Phänomen doch in Hamburg besonders kraß hervor. Das ging so weit, daß 1922/23 in den großen Handelshäusern eine wesentliche Beeinträchtigung des Hamburger Außenhandels befürchtet wurde. Insbesondere skandinavische Firmen gaben 1923 in wachsendem Maße den Auftrag, keine Waren mehr über Hamburg zu verschicken. Selbst die größte Hamburger Reederei, die Hamburg-Amerika-Linie, ließ den von ihr importierten Kaffee nicht mehr in Hamburg, sondern in Antwerpen löschen.[52]

Die Vorgeschichte dieser Eskalation kleinkrimineller Aktivitäten begann schon im ersten Weltkrieg. Bereits im Frühjahr 1915 hatte sich in Hamburg Lebensmittelknappheit bemerkbar gemacht und war in der Folgezeit für die Mehrheit der Bevölkerung zum wichtigsten Alltagsproblem geworden. Die illegale Aneignung von Nahrungsmitteln durch Diebstahl, Schleichhandel und Hamsterei wurde in jenen Jahren für viele zu einer Überlebensfrage und ließ moralische Hemmungen schnell dahinschmelzen. Der Zusammenbruch traditioneller Werte und Ordnungsvorstellungen, der auch große Teile der Mittelklasse erfaßte, fiel mit einer Aushöhlung staatlicher Autorität und einem deutlichen Machtverlust der Behörden zusammen. Im August 1916 und im Februar 1917 kam es vor allem in Arbeitervierteln zu kollektiven Plünderungen von Lebensmittelläden, insbesondere durch Frauen und Jugendliche. Solche Aktionen militanter Selbsthilfe wurden von der sozialdemokratischen Presse scharf kritisiert, von Teilen der linken Opposition hingegen als Ausdruck wachsender Friedenssehnsucht interpretiert und gebilligt.[53] Der Novemberumsturz und die danach einsetzende Radikalisierung größerer Teile der Arbeiterschaft wurden durch diese Entwicklung einerseits vorbereitet und forciert und schufen andererseits eine Kontinuität solcher Aktionsformen. Entscheidende Ursache der hohen Zahl von Diebstählen war jedoch die beispiellose Massenverelendung als

Folge der rapide gesunkenen Reallöhne. Wenn in jenen Jahren das wohlhabende Bürgertum durch »Flucht in die Sachwerte« die Folgen der Inflation aufzufangen suchte, so war die Zunahme der Güterberaubungen in erster Linie eine illegale proletarische Variante des gleichen Phänomens, eine Wiedereinführung des Naturallohns auf eigene Faust.

Gegenmaßnahmen der Unternehmer und der Behörden blieben weitgehend wirkungslos. Forderungen, dem Problem durch eine Verschärfung der Strafen zu begegnen, wurden von der Justizverwaltung mit dem Hinweis beantwortet, daß Hafendiebstähle ohnehin schon stärker bestraft würden als andere Eigentumsdelikte. Außerdem waren, wie der Landgerichtspräsident Ipsen ausführte, die Gefängnisse zu jener Zeit »derartig vollgestopft ... daß in erster Linie Bedacht auf die Vollstreckung längerer schwerer Strafen genommen werden muß«.[54] Aber auch das den Unternehmern selbst durch die Kontrolle der Arbeitsvermittlung zur Verfügung stehende Repressionsinstrumentarium verlor seine Durchschlagskraft. So blieben Pläne, alle wegen Diebstahls bestraften Arbeiter konsequent von der Arbeit auszuschließen, unrealisierbar, weil, wie die Handelskammer feststellen mußte, dann »keine genügende Zahl Arbeiter übrigbliebe«.[55]

Hinzu kam, daß sich auch die Haltung der Arbeiter verändert hatte. Bis zum Ersten Weltkrieg manifestierte sich die »Abdichtung« nach oben in einer Solidarität des Schweigens. Nach 1919 entstand eine aktive Solidarität, die sich lautstark und unüberhörbar äußerte, mitunter auch recht rabiat. Damit war gleichzeitig eine Politisierung der Unterklassen-Kriminalität verbunden. Der neue Aktivismus äußerte sich nicht nur im gewaltsamen Vorgehen gegen Denunzianten. Verhaftungen von Arbeitern, die mit gestohlenen Waren angetroffen wurden, verliefen nun nicht mehr reibungslos, sondern führten oft zu Prügeleien mit Polizei und Zollbeamten. Von der Kommunistischen Partei wurde planmäßig die Plünderung von Lebensmittelgeschäften organisiert, um »den Kampfgeist der nicht organisierten Massen« zu testen.[56] Unternehmer, die Arbeiter entließen, weil sie gestohlen hatten, mußten mit Solidaritätsstreiks rechnen.[57] Im Juni 1919 kam es nach einem gewaltsamen Zusammenstoß zwischen Polizeieinheiten und Hafenarbeitern, die beim Warendiebstahl ertappt worden waren, sogar zu einem dreitägigen Streik der Schauerleute.[58]

Während so im Hafen die Konflikte eskalierten, hatte sich in der

Führung der Gewerkschaften eine spektakuläre Positionsände-
rung vollzogen. Güterberaubungen wurden nun nicht mehr nur
verurteilt, sondern gemeinsam mit den Unternehmern aktiv be-
kämpft. Seit 1919 saßen auch Gewerkschaftsführer zusammen mit
Reedern, Kaufleuten, Juristen und Polizeibeamten in jenen Gre-
mien, in denen über Maßnahmen gegen die Zunahme der Diebstähle beraten wurde. Die Übernahme von Kontrollfunktionen
innerhalb der Betriebe erwies sich als die Kehrseite der Machtpositionen, die die Gewerkschaften seit 1916 (Gesetz über den va-
terländischen Hilfsdienst) errungen hatten. Sie riskierten damit
freilich einen erheblichen Vertrauensverlust in der Arbeiterschaft.
Schon 1919 klagte ein Gewerkschaftsvertreter, daß Versuche, ihre
Kollegen zu kontrollieren, von diesen mit physischen Attacken
beantwortet würden.[59] Ende 1922 mußte der Hamburger
Ortsausschuß des Allgemeinen Deutschen Gewerkschaftsbundes
(ADGB) feststellen, daß »alle Ermahnungen von unserer Seite
und alle Sicherheitsmaßnahmen des Staates und der Vertrauens-
leute der Gewerkschaften« nicht verhindert hatten, »daß die
Diebstähle im Hafengebiet einen geradezu katastrophalen Umfang annehmen«. Der Ortsausschuß verwies darauf, »daß auswärtige große Schiffsgesellschaften sich ernstlich mit dem Gedanken
tragen, ihre Schiffe in Hamburg nicht mehr anlaufen zu lassen«.
Die Lagebeschreibung gipfelte in der Aufforderung, es dürfe nun
»keine Schonung« mehr geben:

»Wer im Hamburger Hafen stiehlt, Kolli unbefugt öffnet, Großschiebern
in die Hände arbeitet, mit Schiffsmannschaften gemeinschaftlich Güterberaubungen vornimmt usw. ist ohne Rücksicht den Sicherheitsmannschaf-
ten im Hamburger Hafen anzuzeigen. Das ist keine Denunziation, sondern das ist eine Maßnahme, die dem Ansehen unserer Hamburger Arbeiterschaft nur dient. Wer aus falsch verstandener Solidarität stillschweigend
die Eigentumsvergehen im Hamburger Hafen hinnimmt, macht sich mit-
schuldig, wenn aus den Zuständen die Lahmlegung unseres Hafenbetriebes herauswächst.«[60]

Damit hatte die stillschweigende Koexistenz von proletarischer
Kleinkriminalität und den in der »Arbeiterbewegungskultur« her-
vorgebrachten Werten und Normen ein abruptes Ende gefunden.
Die Wirkung solcher Aufrufe läßt sich angesichts des nur spärlich
vorhandenen Materials nicht präzise rekonstruieren. Wenn die
Zahl der Güterberaubungen 1923 etwas zurückging, obwohl die
Inflation gerade in diesem Jahr ihren Höhepunkt erreichte, so

mag dies auch auf die harte Linie der Gewerkschaften zurückzuführen sein. Wahrscheinlicher ist es jedoch, daß sich durch solche Politik vor allem die ohnehin bestehende Distanz zwischen beträchtlichen Teilen der Arbeiterschaft und den Gewerkschaften weiter vergrößerte. Die starke Position, die syndikalistisch-linksradikale Gruppierungen Anfang der 20er Jahre in den großen deutschen Häfen gewannen, und der massive Mitgliederschwund der sozialdemokratischen Verbände im Hafen zwischen 1922 und 1924[61] sind möglicherweise auch auf solche Ereignisse zurückzuführen. Ein entscheidender Rückgang der Warenberaubungen erfolgte jedenfalls nicht aufgrund der Gewerkschaftsinitiativen, sondern erst nach dem Ende der Inflationszeit. 1924 gingen bei der Polizeibehörde nur noch 2354 Anzeigen wegen Güterberaubungen ein. Warendiebstähle blieben weiterhin ein alltägliches Phänomen im Hamburger Hafen und für die Unternehmer ein Übel, das unausrottbar schien, das sich jedoch fortan wieder in Grenzen hielt, die für die weitere Expansion des Hamburger Handels keine Gefährdung mehr bildeten.

VIII

Zusammenfassend bleibt festzuhalten, daß sich hinter dem Phänomen der Güterberaubungen durchaus unterschiedliche Motivlagen verbargen. In den Nachkriegsjahren waren die Hafendiebstähle – das zeigt der starke Rückgang der Warenberaubungen 1924 – vor allem ein Mittel, um den massiven Reallohnabbau durch die Inflation zu kompensieren. Der Hinweis auf die materielle Not der Unterklassen reicht jedoch allein nicht aus, um kleinkriminelle Aktivitäten im Betrieb zu erklären. Vor allem die Entwicklung in den Jahren vor Ausbruch des Ersten Weltkrieges zeigt, daß in den Warendiebstählen offenbar auch ein Protestpotential zum Ausdruck kommen konnte, welches sich unter anderen Umständen möglicherweise in ganz unterschiedlicher Gestalt artikuliert hätte.[62] Güterberaubungen im Hafen waren ein illegaler Bestandteil des proletarischen Alltags, eines der Mittel, über das die Arbeiter verfügten, um materielle Lebensprobleme zu bewältigen. Grundlage ihres Handelns waren Formen von Klassensolidarität, die trotz aller Differenzen und Hierarchien die unterschiedlichen Schichten und Gruppen innerhalb der Arbeiterschaft miteinander verbanden. Insofern läßt sich sagen, daß die proletarische Kleinkriminalität in eine informelle Arbeiterkultur eingebettet war, die außerhalb der offiziellen Arbeiterbewegungskultur existierte.[63] Die Basis kleinkrimineller Aktivitäten bildeten Wertvorstellungen, die im direkten Gegensatz zur herrschenden Kultur standen. Arbeiterkultur war hier auch Kontrakultur.[64]

Die Frage, inwieweit sich die Ergebnisse dieser Studie verallgemeinern lassen, stößt auf Schwierigkeiten. Einiges spricht dafür, daß der Hafenumschlag ein Wirtschaftszweig war, in dem traditionell stärker als anderswo die Grenzen zwischen den »arbeitenden Klassen« und den »gefährlichen Klassen« fließend blieben.[65] Ob Diebstähle in einem Betrieb an der Tagesordnung oder ein unwesentliches Randproblem waren, hing offensichtlich von sehr unterschiedlichen Faktoren ab: von dem Gebrauchswert der Produkte und Materialien, mit denen die Arbeiter in Berührung kamen; von der Zusammensetzung der Arbeiterschaft und den Möglichkeiten der Unternehmer, ihre Beschäftigten unter Kontrolle zu halten. Es scheint jedoch, als wenn innerbetriebliche Kleinkriminalität lange Zeit ein integraler Bestandteil proletarischer Subsistenzsicherung gewesen ist. Viele Arbeiter sahen hierin ein Gewohnheitsrecht, das selbstbewußt praktiziert und mitunter sogar militant gegen Staat und Unternehmer verteidigt wurde. Eine der großen Streikbewegungen der Gründerjahre, der mit extremer Härte geführte Ausstand von fast 3000 Bergleuten in Königshütte (Oberschlesien), bietet dafür ein eindrucksvolles Beispiel. Ausgangspunkt dieses Streiks war die geplante Einführung von Kontrollmaßnahmen der Unternehmer, die u. a. explizit dem Ziel dienten, die von den Bergleuten im großen Maßstab betriebene Aneignung von Kohlen zu unterbinden. Der Ausstand wurde mit massivem Militäreinsatz zerschlagen, aber die Bergwerksbesitzer zogen die Pläne, die ihn ausgelöst hatten, unter dem Eindruck der Ereignisse zurück.[66] In den Jahrzehnten der Industrialisierung war es für große Teile der Arbeiterklasse offenbar kein außergewöhnliches Schicksal, mit der Justiz in Konflikt zu geraten oder einen Teil des Lebens hinter Gittern zu verbringen. Das Zahlenmaterial, das solche Vermutungen stützt, ist freilich fragmentarisch und unzureichend.[67] Differenzierende Untersuchungen stehen noch aus.

Offenbar erschließt sich hier ein Aspekt des proletarischen Alltagslebens, der bislang von deutschen Historikern kaum re-

gistriert worden ist oder aber allzuschnell mit Begriffen wie
»Lumpenproletariat« abgetan wurde. Demgegenüber hat die vorliegende Studie deutlich gemacht, daß die Analyse innerbetriebli-
cher Delinquenz die Möglichkeit bieten kann, eine der verborge-
nen Fronten im alltäglichen Kleinkrieg der Klassen zu rekonstruieren.[68] Dabei sind Fragmente einer proletarischen Kontrakultur
sichtbar geworden, die sich deutlich von der Kultur der organisierten Arbeiterbewegung unterschied. Es erscheint mir deshalb
von einigem Interesse, nicht nur die Kluft zwischen Arbeiterkultur und Arbeiterbewegungskultur herauszuarbeiten, sondern
auch die Konfrontation dieser beiden Wertsysteme näher zu untersuchen. Wenn in Deutschland oft festgestellt – mitunter auch
beklagt – worden ist, Arbeiterkultur habe sich letztlich nicht wesentlich von den Formen und Inhalten (klein)bürgerlicher Kultur
unterschieden, so ist dies vielleicht auch eine Folge der Tatsache,
daß die deutsche Geschichtsschreibung sich bislang allzusehr auf
die sozialdemokratische Arbeiterbewegungskultur konzentriert
hat.

Anmerkungen

Dieser Beitrag wurde ursprünglich auf englisch in dem von Richard J.
Evans herausgegebenen Sammelband: *The German Working Class 1888-
1933. The Politics of Everyday Life*, London 1982, S. 54-79 publiziert und
ist für die deutsche Veröffentlichung streckenweise überarbeitet worden.
Für Kritik, Diskussion und Anregungen möchte ich David Blackbourn,
Richard Evans und Klaus Saul danken. Wenn nicht anders erwähnt, stammen alle hier zitierten Archivalien aus dem Staatsarchiv Hamburg.

1 Vgl. Gustav Roscher, *Großstadtpolizei. Ein praktisches Handbuch
  der deutschen Polizei*, Hamburg 1912, S. 18. Im Organ der Hamburger Handelskammer hieß es, den schweren Dienst der Hafenpolizei
  könne nur derjenige verstehen, »welcher in nähere Berührung mit
  dem heutigen Hafenarbeiter kommt und Gelegenheit hat zu beobachten, mit welcher oft absichtlichen Grobheit und Insolenz sich
  diese von Sozialismus durchwühlten Leute bei jeder Gelegenheit den
  Hafenoffizianten gegenüber benehmen. Wird dann ein solcher Bursche einmal zur Anzeige gebracht, so finden sich Kameraden genug,
  welche bezeugen, daß er … unschuldig gewesen ist, und es erfolgt

häufig nur eine ganz geringe Bestrafung.« (*Hamburgische Börsen-Halle* Nr. 90, 23. 2. 1891).

2 Protokoll der 5. Sitzung der Senatskommission zur Beratung von Maßregeln gegen die Beraubung von Kaufmannsgütern, 25. 2. 1891, Senatsakten Cl. VII Lit. Me. No. 2 Vol. 13 Nr. 54 Anlage.

3 So ein Vertreter der Handelskammer: Niederschrift über die Besprechung betr. Maßnahmen zur Verhütung der Diebstähle im Hamburger Hafen, 23. 1. 1923, S. 5, Senatskommission für die Justizverwaltung (abgek. SKJV) IIDb3d Vol. 1 Anlage zu Nr. 83.

4 Robert Neddermeyer, *Es begann in Hamburg . . .*, Berlin/DDR 1980, S. 40 f. u. 54.

5 Hamburgische Börsen-Halle Nr. 92, 24. 2. 1891.

6 Vgl. SKJV IIDb3d Vol. 1.

7 Zahlen nach: Bericht der Senatskommission für die Prüfung der Arbeitsverhältnisse im Hamburger Hafen, Hamburg 1898, S. 111; Jahresbericht des Hafenbetriebsvereins in Hamburg (abgek. HBV) über das Jahr 1913, S. 65.

8 Kaidirektor Hedler an Senator O'Swald, 18. 10. 1889, Deputation für Handel, Schiffahrt und Gewerbe (abgek. DHSG) II Spezialakten VIII D.7.1.

9 Vgl. M. Grüttner, »Mobilität und Konfliktverhalten. Der Hamburger Hafenarbeiterstreik 1896/97«, in: Klaus Tenfelde/Heinrich Volkmann (Hg.), *Streik. Zur Geschichte des Arbeitskampfes in Deutschland während der Industrialisierung*, München 1981, S. 143-161, 156 ff.; Albert Haas, »Les grèves dans les ports européens et la situation des armateurs«, in: *Revue économique internationale* 5, I (1908), S. 41-61, 54 ff.

10 Zahlen nach: Jahresbericht des HBV 1922, S. 4. Die Angaben über Beschäftigungszahlen wurden errechnet nach den Daten von S. 9. Zahlen über Diebstähle »fester« Arbeiter liegen nicht vor.

11 Vgl. Jahresbericht des HBV 1914 bis 1919, S. 8.

12 Ludwig Turek, *Ein Prolet erzählt. Lebensschilderung eines deutschen Arbeiters*, Köln 1972, S. 9 u. 16. Solche strengen moralischen Maßstäbe hielten Tureks Mutter, die zeitweise in einer Schokoladenfabrik arbeitete, keineswegs davon ab, regelmäßig einige der begehrten Firmenerzeugnisse aus den Werkstoren zu schmuggeln. Vgl. ebd. S. 10.

13 Vgl. Handelskammer Hamburg an die Deputation für Handel und Schiffahrt, 2. 4. 1897, DHSG II Spezialakten VIII D.7.1. Nr. 38.

14 Vgl. Politische Polizei (abgekürzt: PP) V 485-9 Bd. 4 Überwachungsbericht vom 8. 1. 1905.

15 Bericht des Hamburger Landgerichtspräsidenten an die SKJV, 10. 7. 1923, SKJV IIDb3d Vol. 1.

16 Vgl. PP V 485-9 Bd. 1, Aktennotiz vom 11. 8. 1893, Überwachungs-

bericht vom 3. 5. 1896, Überwachungsbericht vom 5. 10. 1898; PP V
485-1 Bd. 1, Überwachungsbericht vom 11. 8. 1898.

17 Vgl. PP S 2267.

18 Vgl. Gerald Mars, »Dock Pilferage. A Case Study in Occupational
Theft«, in: Paul Rock/Mary McIntosh (Hg.), *Deviance and Social
Control*, London 1974, S. 209-228, S. 224 f.

19 Bericht des Vorstandes der SKJV, 31. 10. 1910, SKJV IIDb3d Vol. 1
Nr. 38.

20 Vgl. die unveröffentlichten Jahresberichte des Vereins der Hamburg-
Altonaer Ewerführer-Baase von 1874, 1890 ff., Archiv des Hafen-
schiffahrtsverbandes Hamburg.

21 Vgl. DHSG II Spezialakten VIII F.1.191. Dabei war die Furcht vor
Dieben größer als die Angst vor »sozialdemokratischen Agitatoren«.
Vgl. Kaidirektor Hedler an Senator O'Swald, 4. 4. 1893; ebd.

22 So der Oberstaatsanwalt Hirsch in einem Schreiben an Senator Hertz,
30. 12. 1898, Senatsakten Cl. VII Lit. Me. No. 2 Vol. 13 Nr 18a.

23 Michel Foucault, *Überwachen und Strafen. Die Geburt des Gefängnisses*, Frankfurt a. M. 1976, S. 368.

24 Jahresbericht des Vorstandes des Vereins Hamburger Reeder 1889,
S. 4 f.

25 Vgl. PP V 141 Überwachungsbericht vom 11. 8. 1889.

26 Handelskammer Hamburg an die Deputation für Handel und Schiff-
fahrt, 16. 4. 1890, DHSG II Spezialakten VIII D.7.1. Nr. 25.

27 Vgl. PP V 139 Überwachungsbericht vom 18. 5. 1890; PP V 327-41
Überwachungsbericht vom 2. 11. 1890.

28 Der Briefwechsel wurde in der Zeitung des Hafenarbeiterverbandes
abgedruckt. Vgl. Gerechtigkeit Nr. 2, 24. 1. 1892.

29 So erinnerte die *Hamburgische Börsen-Halle* (Nr. 50, 30. 1. 1892) an
die Tarifverhandlungen der Ewerführer und der Handelskammer von
1888 und fuhr fort: »Wie sehr speziell der Ewerführer-Verein ... die
Diebstähle verabscheut, geht auch daraus hervor, daß von sechs Vertretern, die derselbe zunächst für die Verhandlungen mit der Handelskammer entsandt hatte, drei ... wegen Eigentumsvergehen vorbestraft waren, und daß es erst eines Hinweises bedurfte, daß einer,
der mit mehrjährigem Ehrverlust bestraft war, von den späteren Verhandlungen fern blieb.«

30 Vgl. Grüttner, »Mobilität und Konfliktverhalten«, a.a.O. S. 153 f.

31 Protokolle der Senatskommission für die Prüfung der Arbeitsverhältnisse im Hamburger Hafen über die Vernehmung von Arbeitgebern
und Arbeitnehmern, Hamburg 1898, S. 106. Dabei handelte es sich
übrigens um den bereits erwähnten Johann Will, einen ehemaligen
Ewerführer, der selbst schon ein halbes Jahr Gefängnis wegen schweren Diebstahls abgesessen hatte.

32 PP V 485-3 Bd. 4 Überwachungsbericht vom 28. 3. 1903.

33 Vgl. *Courier* Nr. 44, 30. 10. 1910.

34 Ebd.

35 PP V 485-1 Bd. 2 Überwachungsbericht vom 15. 8. 1902.

36 Auch die Polizeibehörde ging davon aus, daß die Zahl der Diebstähle in Wirklichkeit sehr viel größer war als die eingegangenen Meldungen. Vgl. Polizeisenator Hachmann an Bürgermeister Petersen, 12. 12. 1889, Senatsakten Cl. VII Lit. Me. No. 2 Vol. 13 Nr. 17.

37 Vgl. Bericht der Senatskommission, S. 111; Jahresbericht des HBV 1913, S. 65.

38 Berechnet nach den Angaben bei Carl von Düring, *Die Organisation der Arbeit im Hamburger Hafen*, Hamburg 1925, S. 40. Über die Ewerführer liegen keine Zahlen vor.

39 Vgl. Düring, *Organisation*, a.a.O. S. 43.

40 Zur Entwicklung der Lebenshaltungskosten und der Reallöhne vgl. Raphael E. May, »Kosten der Lebenshaltung und Entwicklung der Einkommensverhältnisse in Hamburg seit 1890«, in: *Schriften des Vereins für Sozialpolitik*, Bd. 145, IV, München/Leipzig 1915, S. 259-524; M. Grüttner, *Sozialgeschichte der Hamburger Hafenarbeiter 1886-1914*, phil. Diss., Hamburg 1982, Bd. 1, S. 44 ff., Bd. 2, S. 105.

41 Vgl. Verband der Hafenarbeiter und verwandten Berufsgenossen Deutschlands (Mitgliedschaft Hamburg-Altona), Jahresbericht der Ortsverwaltung für das Geschäftsjahr 1909, S. 74.

42 PP S 15350-22 Vigilanzbericht des Schutzmanns Noroschat, 8. 1. 1908; PP S 16600-19 Vigilanzbericht des Schutzmanns Szymanski, 4. 5. 1909.

43 Zit. in: Adolf Levenstein, *Die Arbeiterfrage*, München 1912, S. 293. Ganz ähnlich wie dieser Bergmann beschrieb auch Rosa Luxemburg den Einfluß der Sozialdemokratie auf das Alltagsleben der deutschen Arbeiter. Vgl. Mary Alice Walters (Hg.), *Rosa Luxemburg Speaks*, New York 1970, S. 149 f. Diesen Hinweis verdanke ich Dick Geary (Lancaster).

44 Sowohl die älteren Untersuchungen zur Eigentumskriminalität im 19. Jahrhundert – soweit sie heute noch von wissenschaftlichem Interesse sind – als auch die wenigen neueren deutschen Veröffentlichungen zu diesem Themenkreis haben die kleinen Diebstähle primär als Ausdruck materieller Not der Unterklassen gewertet. Vgl. insbesondere: Herbert Schwarz, »Kriminalität und Konjunktur. Eine kausalstatistische Untersuchung über die deutsche Vermögenskriminalität 1882-1936«, in: *International Review of Social History* 3 (1938), S. 335-397, insbesondere S. 347 ff. und S. 385; Dirk Blasius, *Bürgerliche Gesellschaft und Kriminalität. Zur Sozialgeschichte Preußens im Vormärz*, Göttingen 1976, S. 34 ff.; ders., *Kriminalität und Alltag*, Göttingen 1978, S. 47 ff. Blasius sieht gleichzeitig in den Eigentums-

delikten auch eine Form des sozialen Protests. Dem gegenüber steht die von Zehr vertretene These der »Modernisierung« der Eigentumskriminalität in der zweiten Hälfte des 19. Jahrhunderts: Howard Zehr, *Crime and the Development of Modern Society. Patterns of Criminality in Nineteenth Century Germany and France*, London 1976, S. 43 ff. und S. 80 ff.

45 Vgl. Jahresbericht der Verwaltungsbehörden der Freien und Hansestadt Hamburg 1925, S. 387. Durchschnittliche Beschäftigungszahlen an Werktagen: 1913: 17 000, 1922: 20 100, 1923: 20 500. Berechnet nach Angaben im Jahresbericht des HBV 1923, S. 2.

46 Protokoll der Besprechung zwischen Vertretern der Kaiarbeiter und der DHSG, 22. 5. 1919, DHSG II Spezialakten VIII F.1.194.2.

47 Handelskammer Hamburg an die DHSG, 19. 8. 1922 (Abschr.), SKJV IIDb3d Vol. 1 Nr. 67.

48 Vgl. das Protokoll einer Besprechung über Hafendiebstähle in der Handelskammer, 14. 5. 1920, S. 8, SKJV IIDb3d Vol. 1, Anlage zu Nr. 45.

49 Schreiben des Havarie-Kommissars der Wilhelma-Versicherungs AG an die Direktion in Magdeburg, 24. 7. 1922 (Abschr.), SKJV IIDb3d Anl. 3 zu Nr. 67. Zum Zusammenbruch der Kontrollstrukturen: Bericht der Polizeibehörde Hamburg, Abteilung II, Kriminaloberinspektion Hafen, 14. 10. 1920 (Abschr.), SKJV IIDb3d Anlage 1 zu Nr. 56, sowie die bereits zitierten Besprechungsprotokolle.

50 So der Landgerichtspräsident Ipsen in einem Bericht an die Handelskammer, 7. 6. 1922, SKJV IIDb3d Anlage zu Nr. 51.

51 Vgl. den Bericht des Landgerichtspräsidenten an die SKJV, 10. 7. 1923 und den Bericht des Generalstaatsanwalts Lang an die SKJV, 17. 12. 1924, beide Schreiben in: SKJV IIDb3d Nr. 104 und 117.

52 Beim Kaffeeversand wurde von den Versicherungen schon im voraus eine Verlustquote von 2% einkalkuliert. Vgl. Handelskammer Hamburg an die DHSG, 12. 6. 1923 (Abschr.), Bericht des Landgerichtspräsidenten, 10. 7. 1923, SKJV IIDb3d Nr. 100 und 104.

53 Vgl. Volker Ullrich, *Die Hamburger Arbeiterbewegung vom Vorabend des ersten Weltkrieges bis zur Revolution 1918/19*, Hamburg 1976, Bd. 1, insbesondere S. 268 ff. und S. 353 ff.; Jürgen Kocka, *Klassengesellschaft im Krieg. Deutsche Sozialgeschichte 1914-1918*, Göttingen 1978², S. 132 ff.

54 Landgerichtspräsident Ipsen an die Handelskammer Hamburg, 7. 6. 1920 (Abschr.), SKJV IIDb3d Vol. 1, Anlage zu Nr. 51.

55 Bericht des Landgerichtspräsidenten an die SKJV, 10. 7. 1923, SKJV IIDb3d Vol. 1 Nr. 104.

56 Vgl. Jan Valtin (i. e. Richard Krebs), *Tagebuch der Hölle*, Köln/Berlin 1957, S. 26 f. und S. 53. Das Buch ist einer der in den 40er und 50er

Jahren zahlreich erschienenen Berichte ehemaliger Kommunisten und enthält im ersten Teil einige interessante Informationen über das Milieu der kommunistischen Hafenarbeiter und Seeleute während der Weimarer Republik. Zur Rolle des Hafens als Zentrum des Hamburger Arbeiterradikalismus in den Nachkriegsjahren vgl. Richard A. Comfort, *Revolutionary Hamburg. Labor Politics in the Early Weimar Republic*, Stanford, Cal. 1966, S. 91 f. Comforts Ausführungen verlieren allerdings dadurch an Präzision und Aussagekraft, daß er kaum zwischen Hafen- und Werftarbeitern differenziert, obwohl die Zusammensetzung der Arbeiterschaft in beiden Wirtschaftszweigen sehr unterschiedlich war.

57 Entlassungen unterblieben deshalb oft, um den Betriebsfrieden nicht zu gefährden. Vgl. das Protokoll der Besprechung über Hafendiebstähle in der Handelskammer 14. 5. 1920, S. 10 f., SKJV IIDb3d Vol. 1, Anlage zu Nr. 45.

58 Vgl. Jahresbericht des HBV 1914 bis 1919, S. 8.

59 Vgl. das Protokoll der Besprechung zwischen Vertretern der Kaiarbeiter und der DHSG, 22. 5. 1919, S. 4, DHSG II Spezialakten VIII F.1.194.2.

60 *Die freie Gewerkschaft. Offizielles Mitteilungsblatt des ADGB*, Ortsausschuß Groß-Hamburg, Nr. 45, Sonderbeilage des *Hamburger Echo* Nr. 524, 7. 12. 1922.

61 In diesen Jahren verloren die Gewerkschaften fast zwei Drittel ihrer Mitglieder im Hafen. Vgl. Johannes Ehrhardt, *Die Arbeitsverhältnisse im Hamburger Hafen*, Diss. jur. (Ms.), Hamburg 1926, Anhang, Tabelle 3. Insgesamt waren die Verluste der Freien Gewerkschaften deutlich geringer. Ihre Mitgliederzahl sank von 7,8 Mill. (1922) auf 4,0 Mill. (1924). Vgl. Helga Grebing, *Geschichte der deutschen Arbeiterbewegung*, München 1970, S. 179.

62 Vgl. auch die Hinweise bei Blasius, *Bürgerliche Gesellschaft*, a.a.O., S. 31 ff. über die Korrelation von Eigentumsdelikten und politischen Delikten.

63 Auch in neueren deutschen Veröffentlichungen wird auf die Notwendigkeit hingewiesen, zwischen »Arbeiterkultur« und »Arbeiterbewegungskultur« zu differenzieren. Das ändert freilich nichts daran, daß auch diese Publikationen sich, soweit sie auf Deutschland eingehen, im wesentlichen nur der Kultur der sozialdemokratischen Arbeiterbewegung widmen. So insbesondere: Gerhard A. Ritter (Hg.), *Arbeiterkultur*, Königstein/Ts. 1979. Vgl. auch das von Jürgen Kocka herausgegebene Heft 1/1979 (5. Jg.) von *Geschichte und Gesellschaft* über »Arbeiterkultur im 19. Jahrhundert«. Ein Kulturbegriff, der die »gesamte Lebensweise« der Menschen umfaßt, wird seit Jahren vor allem von angelsächsischen Theoretikern zur Diskussion gestellt. Vgl. neben den einflußreichen Arbeiten von Raymond Williams

auch: John Clarke/Chas Critcher/Richard Johnson (Hg.), *Working Class Culture. Studies in history and theory*, London 1979. R. Johnson gibt dort folgenden Kulturbegriff: »By culture is understood the common sense or way of life of a particular class, group or social category, the complex of ideologies that are actually adopted as moral preferences or principles of life« (S. 234).

64 Vgl. J. Milton Yinger, »Contraculture and Subculture«, in: David O. Arnold (Hg.), *Subcultures*, Berkeley 1970, S. 121-134, 126 ff. Um Mißverständnisse zu vermeiden: Es geht mir nicht darum, proletarische Alltagskultur generell als Widerstandskultur hochzustilisieren. Der Alltag von Unterschichten ist immer eine Mischung von Anpassung und Widerstand. Entscheidend sind die spezifischen Ausprägungen beider Momente, ihre Gewichtung in konkreten historischen Situationen.

65 Vgl. Louis Chevalier, *Classes laborieuses et classes dangereuses à Paris pendant la première moitié du XIXᵉ siècle*, Paris 1958, S. 461 ff.; Fritz Sack, »Stadtgeschichte und Kriminalsoziologie«, in: Peter Christian Ludz (Hg.), *Soziologie und Sozialgeschichte. Aspekte und Probleme*, Opladen 1973, S. 357-385, 374 ff.

66 Vgl. Lothar Machtan, *Streiks im frühen deutschen Kaiserreich*, Frankfurt/New York 1983, S. 74 ff.

67 So ergab eine behördliche Untersuchung, daß von 1750 Bergleuten, die nach dem großen Ruhrbergarbeiterstreik von 1912 gerichtlich verurteilt wurden, immerhin 35% vorbestraft waren. *Zentrales Staatsarchiv Potsdam*, Reichsministerium des Innern, Nr. 6841, Bl. 73 ff. Vgl. auch L. Machtan, *Streiks*, a.a.O. S. 62.

68 Der Betrieb als Schauplatz eines alltäglichen Kleinkriegs ist in Deutschland bislang wenig untersucht worden. Vgl. Rainer-W. Hoffmann, *Arbeitskampf im Arbeitsalltag. Formen, Perspektiven und gesellschaftspolitische Probleme des verdeckten industriellen Konflikts*, Frankfurt/New York 1981; L. Machtan, »Zum Innenleben deutscher Fabriken im 19. Jahrhundert«, in: *Archiv für Sozialgeschichte* 21 (1981), s. 179-236; Alf Lüdtke, »Arbeitsbeginn, Arbeitspausen, Arbeitsende. Skizzen zu Bedürfnisbefriedigung und Industriearbeit im 19. und frühen 20. Jahrhundert«, in: Gerhard Huck (Hg.), *Sozialgeschichte der Freizeit*, Wuppertal 1980, S. 95-122.

Richard J. Evans
Öffentlichkeit und Autorität

*Zur Geschichte der Hinrichtungen in Deutschland
vom Allgemeinen Landrecht bis zum Dritten Reich*[*]

I

Im Deutschland des frühen neunzehnten Jahrhunderts war – wie
in den meisten anderen Teilen Europas – die Hinrichtung über-
führter Verbrecher ein öffentliches Schauspiel. Als beispielsweise
die Kindsmörderin Frau Heneken im Jahre 1800 aus ihrer Zelle im
Berliner Gefängnis geholt wurde, um öffentlich verurteilt und
aufs Rad geflochten zu werden, waren Zeitpunkt und Ort ihrer
Hinrichtung seit langem allgemein bekannt. Ja, sogar schlecht ge-
druckte Flugblätter – sogenannte Armesünderlieder –, die ihr Leben und ihre Verbrechen beschrieben, waren vor dem Ereignis[1]
einige Tage lang in den Straßen von Berlin verkauft worden, und
die Öffentlichkeit – dies war eine allgemein geübte Praxis – durfte
zu der Gefangenen in die Zelle hinein, um sie zu sehen. »Der
Zudrang«, so wurde von diesen Besuchen berichtet,

»war so groß, daß schon am Tage vor der Exekution militärische Assistenz
erfordert wurde, um Unfug zu verhüten. (...) Die Hinrichtung sollte des
Morgens früh erfolgen, ward aber ungebührlich verzögert, weil das zur
Hegung des Hochnotpeinlichen Halsgerichts erforderliche zahlreiche
Personale sich erst um 8 Uhr vor dem Rathause einfand und die zu Fuß
transportierte Delinquentin nur langsam gehen konnte, erst ausruhen
mußte, und diese Zeit nutzte, um von dem sie begleitenden Volkshaufen
Abschied zu nehmen«.[2]

Das »Hochnotpeinliche Halsgericht«, das vor dem Rathaus abgehalten wurde, war ein förmliches, stark ritualisiertes Verhör, in
dem dem Gefangenen durch den amtierenden Magistrat und in
Anwesenheit von eigens geladenen Zeugen öffentlich vorgehalten
wurde, daß er sein Verbrechen gestanden habe. Danach wurde er
aufgefordert zu bestätigen, daß er tatsächlich schuldig sei. Nach
Preußischem Recht wurde das Gerichtsverfahren geheim abgehalten und bestand im wesentlichen in einem Austausch von Schrei-

[*] *Übersetzt von Hanne Bruchhold-Wahl*

ben zwischen den verantwortlichen Beamten, wobei eventuell von der Juristischen Fakultät einer Universität Gutachten eingeholt wurden. Die einzige Rolle, die der Beschuldigte – dem der schriftliche Teil des Gerichtsverfahrens unbekannt blieb und der weder in Kontakt mit den Zeugen kam noch irgendeine Möglichkeit erhielt, sie ins Kreuzverhör zu nehmen – dabei spielte, war die, selbst verhört zu werden, denn ein Geständnis wurde vom damaligen Recht als der einzige sichere Schuldbeweis betrachtet.

Viele Jahre lang wurden Geständnisse durch Folter herbeigeführt; aber König Friedrich II. hatte sie im Jahre 1740 in Preußen abgeschafft, und in den meisten deutschen Staaten geschah dies bis zum Ende des achtzehnten Jahrhunderts ebenfalls. Die Zeremonie des öffentlichen Verhörs war tatsächlich ein Relikt früherer Formen der Strafgerichtsbarkeit; sie bildete den Abschluß des Verfahrens, wie es zum Beispiel in dem großen Rechtskodex von 1532, der Carolina, festgelegt worden war.[3] Es wurde eine ganze Reihe stark formalisierter Dialoge gesprochen.[4] Weil der Angeklagte mit diesen Formeln zum ersten Mal öffentlich seine Schuld anerkannte, waren sie fester Bestandteil des Verfahrens geblieben. Dann zerbrach der diensthabende Magistrat einen weißen Stab in zwei Teile, und der Gefangene wurde dem Scharfrichter übergeben. Die Prozession brach nun zum Hinrichtungsplatz auf, der sich zu dieser Zeit meist ein ganzes Stück entfernt, außerhalb der Stadtgrenze, befand. Hier war, wie auch im Falle der Frau Heneken im Jahre 1800, gewöhnlich eine große Menge versammelt und wartete darauf, daß der Scharfrichter mit seinem Gefolge ankam. »Der schon mit Tagesanbruch um den Richtplatz versammelte, durch Branntwein erhitzte Pöbel, hatte, vom langen Warten ermüdet, schon viel Zeichen des Unwillens blicken lassen.«[5] Die Hinrichtung sollte auf dem sogenannten »Rabenstein« ausgeführt werden; das war eine mehrere Fuß hohe, aus Steinen gemauerte Plattform, die man von innen über eine Leiter erreichen konnte.[6] Während die Menge wartete, ließen die Scharfrichterknechte ›gegen Trinkgeld‹ Leute auf die Plattform, um ihnen einen besseren Blick zu verschaffen. Dies rief wiederum lautes ›Murren‹ bei der Menge hervor, deren Sicht dadurch etwas behindert wurde. Trotzdem, als der Scharfrichter, die Verurteilte und der Rest der Prozession nun ankamen, wurde die Menge still, und die blutige Zeremonie nahm ihren Lauf. Frau Henekens Verbrechen war schwer genug, um ihre Verurteilung zu einer der schlimmsten Todesarten, dem Rädern, zu rechtfertigen. Es war etwas ungewöhnlich, daß eine Frau auf diese Weise hingerichtet werden sollte, eine Tatsache, die an sich schon dafür gesorgt hatte, daß die wartende Zuschauermenge ungewöhnlich groß war.

In Preußen verlangte diese Bestrafung, daß der Angeklagte auf dem Boden ausgestreckt, an leicht angehobene Holzstücke angebunden wurde, die an verschiedenen Stellen, unter Armen, Beinen und Rumpf, plaziert waren. Wenn dies durch die Scharfrichterknechte ausgeführt worden war, nahm der Scharfrichter ein eisenbeschlagenes Wagenrad und preßte es so fest auf die verurteilte Person, daß dieser jeder Knochen einzeln brach. Das Gesetz hatte ursprünglich vorgesehen, daß weniger schwere Fälle milder behandelt werden konnten, indem man die Verurteilten »von oben herab« zerbrach, d. h., man ließ das schwere Rad auf diese fallen, wobei der erste Aufschlag auf die Kehle zielte, so daß mit großer Wahrscheinlichkeit der Tod die Folge war, zumindest aber das Opfer bewußtlos wurde. Schwerverbrecher jedoch sollten »von unten herauf« zerbrochen werden, und es war wahrscheinlich, daß sie während des ganzen Vorgangs bei Bewußtsein blieben. Im Jahre 1749 hatte jedoch Friedrich II. einen Erlaß herausgegeben, in dem er erklärte, das Ziel dieser Strafe sei: »daß nicht ... der Delinquent gemartert werde, als daß vielmehr an ihm ein affreuses Exempel anderen zum Abscheu geschehen soll.« Daher hatte der mitfühlende Monarch bestimmt, daß – sofern das Verbrechen nicht von »solcher Enormité« wäre, daß »ein ganz abscheuliches Exempel« notwendig sei – »der Delinquent vor dem Rädern durch das Büttel, jedoch ohnvermerkt, und ohne daß es die umstehenden Zuschauer sonderlich gewahr werden könnten, vorher erdrosselt wird und alsdann die Exekution mit dem Rade an ihm geschehen soll«.[7]

Um 1800 war dies in Preußen längst zur üblichen Praxis geworden. Frau Heneken war deshalb höchstwahrscheinlich schon tot, als der Scharfrichter seine grausige Arbeit begann. Es ist aber anzunehmen, daß ihr Blut in Strömen aus ihrem zerschmetterten Körper und ihren Gliedern floß. Nach dem üblichen Verfahren wurde ihr Körper dann losgebunden und auf ein weiteres Wagenrad geflochten, das auf einem langen, aufgerichteten Pfahl befestigt wurde, der in der Nähe des Hinrichtungsortes in den Boden gerammt stand. Dort ließ man den Körper zur Warnung für andere verrotten. Der Kopf wurde abgehackt und oben auf den Pfahl gesteckt. Der Bericht schloß:

»Als nun die Scharfrichterknechte den Rabenstein reinigten, wurde der Andrang derjenigen sehr heftig, die teils aus Neugierde, teils, um etwas von dem mit Blute gefärbten Sande zu kaufen und zur vermeintlichen Heilung epileptischer Anfälle oder sonst zu abergläubischen Bestimmungen anzuwenden, den Rabenstein besteigen wollten.«[8]

Einige Handwerksgesellen hatten den Scharfrichtergehilfen Geld angeboten, um auf die Plattform gelassen zu werden. Diese forderten nun mehr, als die Gesellen zu akzeptieren bereit waren; der Wortwechsel, der sich daraus ergab, führte bald zu einer Schlägerei. Einer der Scharfrichtergehilfen warf einen Gesellen förmlich von der Plattform (dem Rabenstein) hinunter, »und einige Handwerksgesellen (wurden) mit den von der Exekution noch blutigen Stricken geschlagen ... Letztere hielten sich dadurch für entehrt, das Volk war ihrer Meinung, und man wollte nun durch Steinwerfen an den Scharfrichterknechten Rache ausüben.« Die kleine Gruppe Fußsoldaten, die während der Exekution in Bereitschaft gestanden hatte, war zu diesem Zeitpunkt längst abgezogen, und die Polizisten, die noch anwesend waren, waren allzu wenige, um die Störung zu verhindern. Bis zum Eintreffen der Husaren waren alle Scharfrichterknechte bis auf einen, einen gewissen Matthäus Täubler, dessen Verhalten den Anlaß für den Aufruhr gegeben hatte, geflüchtet. »Sehr durch Schläge gemißhandelt«, wurde er von der Kavallerie aufgelesen und zur Wache am Hamburger Tor mitgenommen.

Die Volksmenge folgte den Soldaten und versuchte, das Gebäude zu stürmen, daraufhin eskortierte die Kavallerie Täubler in den sicheren Gewahrsam der Stadtvogtei. Hier versammelte sich die Menge aufs neue und schrie, daß man ihnen Täubler herausgeben solle. Daraufhin erschien der Präsident der Stadtvogtei und versuchte, die Menge zu beruhigen. Er drohte den Leuten mit strengeren Maßnahmen, wenn sie sich weigern sollten auseinanderzugehen, und versprach, man werde Täubler angemessen bestrafen. Weiterhin »erbot (er) sich, denjenigen die Hand zu reichen, welche durch das Berühren der Scharfrichterknechte ehrlos geworden zu sein glaubten, um sie nach der gewöhnlichen Verfahrungsart dadurch wieder ehrlich zu machen«.[9]

Aber die weiter hinten Stehenden konnten nichts verstehen, und immer mehr Leute schlossen sich dem ›Volkshaufen‹ an, so daß man schließlich Militär herbeiholte und die Menge mit Gewalt zerstreute. Etwa zwanzig Schneider, Schuhmacher, Tischler, Seidenwirker und andere Handwerksgesellen wurden festgenommen und ins Gefängnis geworfen oder ausgepeitscht. Täubler, der Scharfrichtergehilfe, der sich vergangen hatte, wurde nun verhört und gab zu, diejenigen zurückgestoßen zu haben, die sich geweigert hatten, für das Zugangsrecht zur Hinrichtungsplattform (dem Rabenstein) zu bezahlen. Zeugen bestätigten, daß er derjenige gewesen sei, der sie mit blutigen Schnüren geschlagen habe. Die Behörden, die jede Möglichkeit weiterer Unruhen zu beseitigen wünschten, ließen Täubler auspeitschen, zwar nicht öffentlich, aber in Anwesenheit der Altmeister und Altgesellen von elf Zünften, die angewiesen wurden, ihre Gesellen über das Ereignis zu unterrichten und sie vor ›Selbsthilfe‹ zu warnen.[10]

II

Wie gehen wir an ein solches Ereignis heran, mit seinen seltsamen Ritualen, seiner barbarischen Grausamkeit, seinem bizarren Aberglauben, seiner gedankenlosen Gewalttätigkeit und seiner befremdlichen Ferne zu den Strafvollzugspraktiken unserer eigenen Zeit? Wir könnten es als einer ernsthaften wissenschaftlichen Untersuchung unwürdig verwerfen, als barbarisches Relikt einer fernen ›mittelalterlichen‹ Vergangenheit, als Beispiel für den Sadismus und die Blutgier unserer Vorfahren, das man besser ununtersucht ließe, damit seine Betrachtung nicht schlafende Emotionen und Wesenszüge wecken möge, die durch einen Jahrhunderte währenden ›Zivilisationsprozeß‹[11] in uns unterdrückt wurden. Über solche Ereignisse zu berichten und zu lesen, so könnte man behaupten, bedeutet, sich einem der gemeinsten Laster unserer Zeit hinzugeben, der Pornographie des Todes. Aber es wäre eine armselige Geschichtswissenschaft, die sich aus Angst, unangenehme Emotionen zu wecken, um Themen herumdrückte: Wie könnten wir in einem solchen Falle die Erforschung des Antisemitismus oder der blutigen Grausamkeiten des NS-Regimes rechtfertigen?

Etwas wohlwollender könnte man die beschriebenen Ereignisse als ein Beispiel nehmen für den Infantilismus unserer Vorfahren,

die, wenn sie bewußt einen menschlichen Körper zerschmetterten, sich nicht mehr dabei dachten, als ein Kind denken mag,
wenn es einer Fliege die Flügel ausreißt. Die Geschichte, wie derartige Methoden des Strafens allmählich von denjenigen unserer
Tage verdrängt wurden und wie Todesstrafe und körperliche
Züchtigungen durch Gefängnis, Sühne durch Rehabilitation, öffentlicher durch geheimen Strafvollzug ersetzt wurde, ließe sich
erzählen, wie schon oft geschehen, als eine Geschichte der Entfaltung der Zivilisation und der Menschlichkeit, als Gradmesser für
sozialen Fortschritt und als Beweis für den Erfolg kleiner idea-
listischer Gruppen philanthropischer Reformer. In diesem Sinne,
so könnte man fordern, sollten auch wir vorgehen und uns nicht
bei den unverständlichen Barbareien der Strafvollzugspraxis der
Vergangenheit aufhalten, sondern unseren Blick auf die entschiedenen Anstrengungen jener richten, die allmählich die Menschheit davon überzeugten, unter dem Deckmantel der Rechtsspre-
chung keine Grausamkeiten mehr zu begehen. Doch wäre dies
eine recht unproblematische Geschichte, deren nochmalige Erzählung den Historiker kaum zu befriedigen vermag.[12]

Oder wir könnten, und dies wäre interessanter, Massenauftritte
der beschriebenen Art, die keineswegs selten waren, als Beispiele
für »soziales Protestverhalten« betrachten. In diesem Fall richtete
sich unser Interesse nicht auf die blutigen Einzelheiten der Hinrichtung selbst, die für die Erregung des ›Volkes‹ nur der Auslöser
war und dessen explosives Potential sich über längere Zeit hinweg
aufgrund anderer, andersartiger Erfahrungen angesammelt hatte;
es konzentrierte sich dagegen eher auf die Gewalttätigkeit der
Menge als auf andere Aspekte ihres Verhaltens und auf die allgemeinen Einflüsse, die die Handwerksgesellen von Berlin im Jahre
1800 dazu gebracht haben mögen, gewalttätig zu handeln. Hier
kann man in der Tat auf eine wirtschaftlich kritische Lage des
Handwerks verweisen, die sich seit etwa 1785 in der Stadt verschärft hatte, so daß es für Handwerksgesellen in vielen Gewer-
bezweigen zunehmend schwerer wurde, Arbeit zu finden. Kein
Wunder also, daß Handwerker besonders empfindlich gegen alles
reagierten, was ihre Beschäftigungsaussichten noch weiter zu
schmälern drohte, z. B. indem es sie »entehrte«.[13] Aber ein solcher
Ansatz hat seine eigenen Probleme. Man kann die Gewalttätigkeit
der Menge nicht auf ihre ökonomischen Determinanten reduzieren, ohne den Anlaß, bei dem sie Ausdruck fand, der Willkür

anheimzugeben. So erscheint auch aus diesem Blickwinkel das Verhalten der Volksmenge nicht nur unverständlich, sondern auch der Untersuchung kaum wert. Die Frage mag legitim sein, warum die Menge gewalttätig wurde, aber die Antwort wird aller Wahrscheinlichkeit nach lauten: ›aus den verschiedensten Gründen‹. Quantitative Untersuchungen über die Gewalttätigkeit des »Volks« machen diese Frage entweder dadurch sinnlos, daß sie sie aus ihrem spezifischen historischen Zusammenhang herauslösen[14], oder sie lassen, indem sie jedes gewalttätige Handeln der Massen in seinen spezifischen historischen Kontext einordnen, die Erforschung der vielen einzelnen Akte sinnlos werden, weil sie mit Ausnahme der Gewalt keinen gemeinsamen Nenner mehr haben.[15] Der Anspruch, man ›kategorisiere‹ diese Ereignisse[16], kann nicht die Tatsache verschleiern, daß es ihre sehr unterschiedlichen Ursachen und Verläufe kaum gerechtfertigt erscheinen lassen, sie zusammen als einheitliches Phänomen zu untersuchen. Die Auffassung, sie seien eine Form von »sozialem Protest« gewesen, der später in organisierten politischen Protest übergegangen sei, läßt sich auch bezweifeln, wenn man bedenkt, daß Gewalttätigkeit von Volksmengen aus einer großen Zahl von Motiven heraus bis zum heutigen Tag immer wieder auftritt.

Die Geschichtswissenschaft hat gelernt, die traditionelle Auffassung vom irrationalen, nur von Leidenschaft und Instinkt geleiteten »Mob« aufzugeben und statt dessen dem Vorbild der Sozialanthropologen zu folgen, deren Bemühen sich stets darauf richtete, in den scheinbar irrationalen Praktiken und Überzeugungen sogenannter ›primitiver‹ Gesellschaften eine rationale Ordnung zu entdecken.[17] So haben die Historiker die ›sittliche Ökonomie‹ in den Hungerrevolten des achtzehnten Jahrhunderts wiederentdeckt, wo die Massen Gewalt anwendeten, um einen allgemein üblichen ›gerechten Preis‹ durchzusetzen. Aber sie waren bis vor kurzem vielleicht weniger bestrebt, die dunkleren Seiten des Verhaltens der Volksmengen zu enthüllen. Schließlich gab es auch antisemitische Unruhen, antikatholische Volksmengen oder, wie in England, »Church and King«-Unruhen, was sich neben der weit verbreiteten Vorstellung, die Gewalttätigkeit der Massen sei fortschrittlich, demokratisch und auf erstrebenswerte Ziele ausgerichtet, recht seltsam ausnimmt.[18] Und es gab eine moralische Ökonomie des Todes, deren Befolgung die Zuschauer bei öffentlichen Hinrichtungen von allen Beteiligten erwarteten.

Notwendig ist aber nicht das Verständnis einer aus dem Zusammenhang gelösten Sammlung gewalttätiger Vorfälle, sondern eine vollständige Untersuchung des Zusammenhangs selbst: Das alltägliche Verhalten des »Volks« bei einem solchen Ereignis trägt in wesentlich höherem Maße soziale Bedeutung als die extremen Beispiele einer Gewalttätigkeit der Volksmenge.

Die Rituale, die mit einer öffentlichen Hinrichtung verbunden waren, lassen sich entschlüsseln, wenn man sie im Zusammenhang mit der wechselnden Perspektive untersucht, in der sie von der Obrigkeit gesehen wurden, und wenn man sie im weiteren Kontext der Geschichte von Gehorsam und Autorität, der Beziehungen zwischen Staat und Volk in der Vergangenheit betrachtet. Denn in den letzten Jahren haben nicht nur Historiker begonnen, die traditionelle Sichtweise in Frage zu stellen, die die Geschichte des Strafvollzugs als die simple Geschichte des Auftauchens der Menschheit aus der Dunkelheit der Grausamkeit ins Licht der Menschlichkeit betrachtete. Wenn der Entschluß, die Vergeltungsrituale, die auf dem Schafott geübt wurden, ernst zu nehmen, dazu führt, die Bedeutung oder die Bedeutungen von Strafen in der Vergangenheit neu zu überdenken, dann kann eine eingehendere Betrachtung der Art und Weise, wie sich der Strafvollzug in den vergangenen zwei Jahrhunderten verändert hat, auch zu einer kritischeren Würdigung der Ursprünge unserer heutigen Strafpraxis führen. Ein Pionier innerhalb dieses Prozesses der Neueinschätzung ist der französische Philosoph und Historiker Michel Foucault gewesen. Foucaults Werk *Überwachen und Strafen*[19] stellt die These auf, daß Strafe unter dem *ancien régime* bedeutete, die Souveränität in den Körper des Angeklagten einzubrennen; er sollte körperlich und öffentlich zerschmettert und dadurch zur positiven Bestätigung der souveränen Macht werden, die er verletzt hatte. Die öffentliche Hinrichtung, die einer geheimen Gerichtsverhandlung folgte, verkündete die Tatsächlichkeit des Verbrechens und die Schuld des Angeklagten. Strafen hatten nicht zuletzt deshalb Symbol- und Sühnecharakter, weil die Ineffektivität der Polizeigewalt bei der Durchsetzung der Gesetze unter dem *ancien régime* bedeutete, daß sich die Behörden sehr wohl im klaren über ihre Unfähigkeit waren, mehr als einen sehr kleinen Teil der Gesetzesbrecher der Gerechtigkeit zuzuführen.

Mit der Aufklärung und der Französischen Revolution kam eine neue Sichtweise auf, die den Verbrecher als einen Menschen betrachtete, der einen Vertrag mit der Gesellschaft gebrochen hatte und der dafür eine Entschädigung leisten mußte, um wieder in die Gemeinschaft aufgenommen werden zu können. Dies mußte er tun, indem er Aufgaben erfüllte, die direkt zu der Art des Verbrechens, das er begangen hatte, in Beziehung standen und die öffentlich das Verbrechen und die Versöhnung mit der Gemeinschaft »repräsentierten«. Diese ursprünglich gegen die Ineffektivität der Methoden des Strafvollzugs und der Gesetzesanwendung im *ancien régime* gerichtete Reaktion führte jedoch rasch dazu, daß die Gefängnisstrafe zur Hauptmethode der Bestrafung verallgemeinert wurde. Die Strafe konzentrierte sich nicht mehr auf den Körper, sondern auf den Geist; sie bedeutete nicht mehr ein symbolisches Einbrennen der Souveränität in die Körper der einzelnen Gesetzesbrecher, an denen Exempel statuiert wurden, weil der Staat nicht die Macht besaß, eine allgemeine Beachtung der Gesetze durchzusetzen, sondern sie bedeutete jetzt die wirkliche Machtausübung über die Seelen aller, die Korrektur von Begierden und Instinkten. Strafe war nicht mehr der physische Ausdruck von Vergeltung und Rache, sondern schon die Absicht zu strafen wurde geleugnet und statt dessen der Anspruch erhoben, daß der Zweck von Arrest, Gerichtsverhandlung und Gefängnishaft darin bestünde, zu heilen und zu bessern.

So wurden, wie Michael Ignatieff hervorgehoben hat[20], die barocken Zeremonien der körperlichen Strafen und der Todesstrafe durch die Entwicklung einer harten und regelmäßigen Disziplin ersetzt, wobei die Inhaftierten im Gefängnis ihrer Identität und der Möglichkeit, ihr Leben selbst zu bestimmen (wie sie dies vorher offenbar zu tun in der Lage gewesen waren), beraubt wurden. Einsamkeit und Abgeschlossenheit, Schweigeregeln, harte, monotone und sinnlose Übungen auf der Tretmühle und eine totale Isolierung von der Welt außerhalb des Gefängnisses; dies waren die Mittel, mit denen eine zunehmende Zahl von oft kleineren Gesetzesbrechern vom Staat diszipliniert wurden.

Diese neue Perspektive geht in ihrem »Bemühen, die eng angelegte Institutionengeschichte der Gefängnishaft in eine Sozialund Geistesgeschichte der Idee und Praxis von Herrschaft im allgemeinen umzuwandeln«, ein gutes Stück über den alten Ansatz hinaus. »Das Gefängnis (ist)«, wie Michael Ignatieff formuliert hat, »nicht ›als solches‹ Forschungsgegenstand, sondern weil die sich wandelnden Rituale der Erniedrigung uns etwas darüber mitteilen, wie die Idee der Herrschaft einer Gesellschaft umgesetzt wird in die ›Mikro-Gewalt‹ institutioneller Routine; wie diese Gewalt tagtäglich legitimiert wird und welche Vorstellungen von der Verpflichtung des einzelnen gegenüber der Gesellschaft und von der Formbarkeit des Menschen die sozialen Beziehungen zwischen den Inhaftierenden und den Inhaftierten strukturieren.« Dasselbe ließe sich auch von den sehr unterschiedlichen Ritualen öffentlicher Bestrafung sagen. Beide sind interessant wegen der Informationen, die sie uns geben können über »die moralischen, politischen und taktischen Grenzen zulässiger Machtausübung in bestimmten Gesellschaftsformationen ... man kann (sie) erforschen, um Licht auf das gesamte Kontinuum der Machtbeziehungen innerhalb bestimmter historischer Gesellschaften zu werfen.«[21]

Allerdings birgt ein solcher Ansatz auch Probleme in sich, die verlangen, daß man ihn durch gründlichere historische Forschungen überprüft, als sie von Foucault geleistet worden sind. Zunächst nimmt Foucault an, daß Macht nur in einer Richtung – von der Obrigkeit nach unten – ausgeübt wird. ›Mikro-Gewalt‹ scheint hier einfach die unterste, nächstliegende Ebene der Machtausübung zu sein. Das Problem des Widerstandes gegenüber der ›Disziplinierung‹ wird kaum zugegeben. Der Allgemeinheitsanspruch von Foucaults Konzept des ›Kerkersystems‹ scheint grenzenlos und ist insofern nicht überzeugend. Man kann zum Beispiel Foucaults eigenes Werk als Beweis für die Möglichkeit von Widerstand oder Flucht nehmen. Was die engere Fragestellung nach der Entstehung des Gefängniswesens anbetrifft, so liefert Foucault keine wirklich historische Erklärung der Entwicklungen, mit denen er sich beschäftigt, noch versucht er, sie in irgendeine Art von materialistischer Analyse einzuordnen. Foucault schreibt eher die Geschichte der Idee als die Geschichte der Praxis des Strafvollzugs.[22] Tatsächlich hat er neuerdings seine Ansichten etwas relativiert und eine ›évènementalisation‹ der Geschichtsforschung gefordert, die an die Stelle der gegenwärtig modischen, strukturalistischen Geschichtswissenschaft mit ihrer ›ereignislosen Geschichte‹[23] treten solle – das heißt, eine Untersuchung der vielen Ursachen für die Transformation der Strafe, wie sie seine Theorie fordert. Ein solches Verfahren ist auch in der Tat in dem Werk Michael Ignatieffs entwickelt worden; aber Ignatieff beschäftigt sich mit Idealtypen, wobei Pentonville, die klassische

Strafanstalt, die Entwicklung eines Kerkersystems auf eine Weise symbolisiert, die, wie sich neuerdings herausgestellt hat, der Komplexität der zugrunde liegenden Prozesse nicht gerecht wird.[24]

Die empirische Überprüfung der Theorien, die Foucault in bezug auf den sich wandelnden Charakter des Strafens entwickelt hat, ist besonders wichtig im Falle Deutschlands. Hier ist Foucaults Machtbegriff wohl von besonderer Relevanz. Es ist oft behauptet worden, daß staatliche Macht in Deutschland und vor allem in Preußen größer und alles durchdringender war als in Frankreich, England oder anderen westeuropäischen Ländern. Die ständige Tyrannei des Staates und seiner Beamten über das alltägliche Dasein der Untertanen – die Verpolizeilichung des Alltagslebens – hatte die Wirkung, in den Deutschen eine demütige Unterwürfigkeit gegenüber der Obrigkeit zu erzeugen, was sich bei ihrem Widerstand gegen die nationalsozialistische Tyrannei dann als fatal erweisen sollte. Wenn wir nach den Gründen forschen wollen, weshalb die Deutschen die Barbarei des Dritten Reichs akzeptierten, wäre es nicht die schlechteste Möglichkeit, diesen Gehorsam als Vermächtnis der autoritären Herrschaft des aufgeklärten Despotismus des achtzehnten Jahrhunderts zu betrachten. Doch sind diejenigen, die so verfuhren, das Problem von der Seite des Staates und nicht so sehr von der Seite der Gesellschaft angegangen; sie haben sorgfältig staatliche Gesetze und Verfassungen, Polizeibefugnisse, Rechtstheorien usw. untersucht, ohne zu erforschen, wie sich diese jeweils in der Praxis niederschlugen.[25] Das Ausmaß, in dem der berühmt-berüchtigte ›Untertanengeist‹ tatsächlich in der Mentalität der Bevölkerung verankert war, läßt sich jedoch nur abschätzen, wenn man die wirkliche Effektivität und Verbreitung staatlicher Zwangsmittel untersucht.

Wenn wir nach einem Beispiel für die Macht des Staates über seine Bürger in ihrer extremsten Form suchen, dann sollten wir uns der Todesstrafe zuwenden. Der Staat hat keine größere Macht über seine Bürger als die, sie zu töten. Es erscheint deshalb sinnvoll, die Bedeutung der Todesstrafe und die rituellen Praktiken ihrer Ausführung durch eine Betrachtung im Kontext sich wandelnder Machtbeziehungen zwischen Staat und Gesellschaft zu entschlüsseln.

III

Die Bedeutung einer öffentlichen Hinrichtung für die Menge, die
ihr beiwohnte, kann nicht auf dem normalen Weg historischer
Analyse erhellt werden, z. B. mit direkten Beweisen, Äußerungen
oder Zitaten: in dieser Hinsicht blieb die Volksmenge stumm.
Man muß diese Bedeutung aus dem Hinrichtungsritual selbst erschließen. Wenn wir uns dem Beispiel zuwenden, mit dem dieser
Aufsatz begann, sehen wir, daß der Anlaß für den von der Hinrichtung provozierten Tumult der Versuch einiger Handwerksgesellen war, »etwas von dem mit Blute gefärbten Sande ... zur
vermeintlichen Heilung epileptischer Anfälle oder sonst zu abergläubischen Bestimmungen«[26] zu ergattern. Die Interpretation
dieses »Aberglaubens« liefert uns einen wichtigen Schlüssel für
die Bedeutung, die dieses Ritual für die Menge hatte. Denn die
Ansicht war weitverbreitet, daß eine öffentliche Hinrichtung
ohne einen gewissen Anteil an Epileptikern oder deren Verwandten unter ihren Zuschauern, die nach dem Blut des hingerichteten
Verbrechers schrien, kaum vollständig war. In der Tat stellte der
Verkauf des Blutes bis weit in die zweite Hälfte des neunzehnten
Jahrhunderts einen wichtigen Teil des Einkommens der Scharfrichterknechte dar. Im Jahre 1864 in Berlin, so wurde beispielsweise berichtet, sollen die Scharfrichterknechte eine beträchtliche
Menge weißer Taschentücher, die in das Blut zweier hingerichteter Verbrecher getaucht worden waren, zu zwei Taler das Stück
verkauft haben; der Verkauf von Blut bei Hinrichtungen wurde
auch berichtet aus Neustadt (Hessen) im Jahre 1812, Schneeberg
bei Zwickau im Jahre 1813, aus Reutlingen im Jahre 1829, Olden-
burg im Jahre 1844, Hanau 1861 und Marburg 1865. Nicht nur
Blut wurde verwendet. Im Jahre 1801 klagte ein Arzt in Hamburg
darüber, daß die Körper hingerichteter Verbrecher »in kürzester
Zeit gänzlich durchwühlt (waren) zwecks antiepileptischer Phar-
makologie«. 1832 wurden alle Finger, Zehen und die Kleidung
von der Leiche eines Verbrechers in Schneeberg gestohlen, in
Rochlitz verschwand im Jahre 1837 sogar der Kopf eines enthaup-
teten Mörders in der Nacht nach der Hinrichtung.[27] Im gleichen
Jahr, 1837, strengte der Scharfrichter Otto in Königsee einen Prozeß an, um in den Besitz der Kleidung einer Person zu gelangen,
die er enthauptet hatte.[28]

Im Jahre 1839 wurde folgendes berichtet: »Bei einer neuerlich im

Frankfurter Departement stattgefundenen Hinrichtung hat ein Henkersknecht seinen Mitknecht im Streite über ein Kleidungsstück des eben verscharrten Delinquenten mit einem Spaten dergestalt am Kopfe verletzt, daß es nur einem glücklichen Zufalle zuzuschreiben sei, wenn nicht auf dem Richtplatze selbst ein Totschlag begangen worden.«[29] 1811 berichtete das Oberlandesgericht zu Pommern über die Zurschaustellung der toten Körper von hingerichteten Verbrechern auf dem Richtplatz wie folgt: »Der allgemeine Aberglaube des gemeinen Haufens, daß der Besitz eines Gliedes von hingerichteten Missetätern oder eines Stückes von ihrer Kleidung glückbringend sei, hat auch an jenen Orten häufig Entwendungen solcher Stücke veranlaßt, und es sind ganz neuerlich zwei der gleichen Fälle zu unserer richterlichen Kenntnis gekommen.« Zwei Schuhmachergesellen, so fuhr der Bericht fort, hätten einen Knochen vom Körper eines Verbrechers entwendet, der in Pollnow zur Schau gestellt wurde; ein Postbote dagegen habe die Kette entfernt, die den Körper an das Rad festschloß, auf dem er ausgestellt wurde.[30]

Reliquien und Überreste von den Körpern hingerichteter Verbrecher wurden für viele verschiedene Zwecke benutzt. Der Finger eines Hingerichteten war angeblich ein Mittel gegen Warzen oder ein Schutz gegen Hexerei; vergrub man ihn unter seinem Haus, so sollte er allgemein Glück bringen; trug man ihn in der Tasche, hielt er angeblich die Läuse fern; Gastwirte konnten ihn in ihrem Bierfaß aufhängen, um so Gäste anzuziehen (vermutlich gelang dies nur, wenn diese von dem Finger im Faß nichts wußten!); Vieh sollte fett werden, wenn man es mit ihm streichelte. Auch von Hautstücken hingerichteter Verbrecher wurde berichtet, die 1769 in Amuletten verwendet wurden, ebenfalls um verschiedene Übel abzuwehren.[31] Aber die am meisten verbreitete und für die Zwecke der vorliegenden Analyse wichtigste Verwendung der Überreste hingerichteter Verbrecher zielte darauf, Epilepsie zu heilen. Diese Art der Verwendung war auch die augenfälligste und spielte sich am meisten in der Öffentlichkeit ab, denn gewöhnlich brachte sie es mit sich, daß die Epileptiker unmittelbar an der Hinrichtungsszene teilnahmen. Um den symbolischen Code zu verstehen, der dabei eine Rolle spielte, muß man ihn in seinem richtigen Zusammenhang sehen; wir müssen uns daher einer konkreten Beschreibung des Gesamtverlaufs einer öffentlichen Hinrichtung, vom Anfang bis zum Ende, zuwenden. Der folgende Bericht eines Augenzeugen beschreibt eine Hinrichtung, die im Jahre 1858 in Göttingen, im Königreich Hannover, stattgefunden hat:

»Auf einem freien Platz in der Nähe der Stadt war ein weithin sichtbares Schafott aufgeschlagen, auf welchem, außer dem Verurteilten, dem Scharfrichter und seinen Gehilfen und einigen Justizpersonen auch noch mehrere Zuschauer Platz hatten. Ich befand mich unter diesen, konnte also den Vorgang gut beobachten. Ringsum auf der Richtstätte war eine nach vielen Hunderten zählende Menge versammelt. Der Verurteilte stand im weißen Gewande auf dem Schafott neben dem Richterstuhle; der Scharfrichter im weiten Mantel, unter dem er das Richtschwert verborgen hielt, neben ihm. Von einem Justizbeamten wurde das vom Könige bestätigte Urteil vorgelesen und dann nach alter Sitte der Stab über dem Verurteilten gebrochen. Darauf reichte der Scharfrichter ihm die Rechte, die dieser auch ergriff und schüttelte. Die Gehilfen führten ihn dann zum Richterstuhle, auf den er sich setzte, zogen ihm eine weiße Mütze über den Kopf und die Augen, banden ihm Arme und Beine am Stuhle fest und legten eine Lederschlinge unter das Kinn, mit der einer der Gehilfen ihm den Kopf straff in die Höhe hielt. Alles dieses wurde rasch und geschickt ausgeführt. Als dem Todeskandidaten die Mütze über die Augen gezogen war, zog der Scharfrichter das große, breite, scharfe, blitzblanke Richtschwert unter dem Mantel hervor, trat damit an die linke Seite des Verurteilten, holte aus und trennte im Nu den Kopf vom Rumpfe, indem er mehr mit einem glatten Zuge, als mit einem Schlage den Hals durchschnitt. Der Kopf blieb in der Lederschlinge, zwei Blutsäulen stiegen aus der Wundfläche fast bis zu einem halben Meter Höhe wie aus einem Springbrunnen hervor, um zurückzufallen und noch ein paarmal immer niedriger und schwächer mit den nächstfolgenden Herzschlägen wiederzukehren (...) Dicht am Schafott hatten sich einige an epileptischen Krämpfen Leidende aufgestellt, die den Gehilfen Glasgefäße übergeben hatten. In diesen Gefäßen fingen die Gehilfen das hervorsprudelnde Blut auf und reichten es den Epileptikern, die es sofort tranken ... (Von) eine(r) Bauersfrau, die sich auch etwas Blut in einem Fläschchen mitnahm, (wurde gesagt) ›dat mott en an die Huusdör strieken, dat is gaud für Füersgefahr‹.«[32]

Solch ein Vorgehen war weit verbreitet, und der Blutverkauf bei den verschiedenen Hinrichtungen, die wir bereits erwähnt haben, folgte aller Wahrscheinlichkeit nach diesem allgemeinen Muster. Solche Rituale konfrontieren uns mit einer Reihe auffallender Widersprüchlichkeiten. Das erste Problem ist, warum sollten das Blut und andere Überreste eines Verbrechers, der für verruchte und oft brutale Vergehen verurteilt, dabei entehrenden Strafen unterworfen und schließlich, mit aller Schande, die der Staat über ihn ausschütten konnte, hingerichtet worden war, für viele der Zuschauer wohltätige, heilende Kraft besitzen?

Die elementarste Ebene, auf der man diese Frage beantworten kann, ist die physische. Es wurde vielfach geglaubt, daß die Lebenskraft eines Menschen ihren Sitz in dessen Blut habe: Die Entfernung von Fingern, Zehen und Köpfen von den Körpern hingerichteter Gesetzesbrecher könnte auch mit der Tatsache in Verbindung gebracht worden sein, daß Finger- und Zehennägel, wie auch das Haar, nach dem Tode noch einige Zeit weiterwachsen und so auf eine direkte physische Art die Macht des Lebens über den Tod symbolisieren; sie schienen somit die Möglichkeit zu bieten, die Lebenskraft auf die Person oder die Substanz zu übertragen, mit der sie in Berührung kamen. Solche Kräfte mögen in übertriebenem Maße vermutet worden sein im Falle von Personen, die hingerichtet wurden, also ›vor ihrer Zeit‹ den Lebensfaden abgeschnitten bekamen; oft glaubte man, daß sie in irgendeiner Weise weiterlebten – daher die allgemeine Vorstellung, daß Geister die Seelen von Ermordeten seien, oder die weitverbreiteten Geschichten, daß hingerichtete Verbrecher weiter bei den Galgen umgingen. Es ist gut möglich, daß man diese Macht unmittelbar in den physischen Überresten solcher Menschen verkörpert zu finden glaubte. Ihre Bedeutung im Falle der Epilepsie lag in der Tatsache begründet, daß man Epilepsie als eine Art wiederkehrenden, vorübergehenden Tod betrachten konnte, und schon in mittelalterlichen Quellen liest man von Epileptikern, »die unter Fallsucht leiden, die quasi tot sind«.[33] Der Lebenskraft, die das Blut hingerichteter Verbrecher in sich barg, ist offensichtlich die Fähigkeit zugeschrieben worden, dieser Neigung zu wiederholten Attacken des »Quasi-Totseins« entgegenzuwirken: eine Praxis von beträchtlichem Alter, die zum Beispiel bei Plinius im ersten Jahrhundert n. Chr. berichtet wird: »Das Blut der Gladiatoren wird von Epileptikern getrunken, als sei es der Lebensstrom.«[34]

Trotzdem kann uns eine Erklärung auf dieser Ebene nicht zufriedenstellen, und sei es nur aus dem Grunde, daß sie nicht auf die spezifischen Formen dieses Rituals eingeht. Wenn wir nochmals zu der Hinrichtungszeremonie zurückkehren, fällt uns etwas daran sofort ins Auge, nämlich ihr quasi-religiöser Charakter. Es war Sitte, daß die verurteilten Verbrecher, wie auch in der oben beschriebenen Hinrichtung aus dem Jahre 1858, ein ›Armesündergewand‹ aus weißem Leinen trugen. Aus Osnabrück wurde im Jahre 1789 berichtet, daß Frauen, die wegen Kindesmord hingerichtet wurden, »in weißen Kleidern, mit schwarzem Band frisiert, aufs Chavot, wie Bräute zum Traualtare geführt werden«.[35] Ebenso gehörte zum üblichen Verfahren, daß der Verurteilte von einem Geistlichen zum Schafott begleitet wurde, der bis zum Ende der Zeremonie dablieb.[36] Bei der ausgefeilten Zeremonie des Hochnotpeinlichen Halsgerichts, und gelegentlich auch auf dem Schafott selbst, legte der Verurteilte ein volles Geständnis seiner Verbrechen ab. All dies zusammen sollte den Verurteilten zur Quelle sakraler Macht und in einem gewissen Sinne sogar heilig machen: denn jede Hinrichtung war in einem gewissen Grade eine Wiederholung der Hinrichtung von Christus selbst. Die weiße Kleidung betonte die Reinheit des Opfers, die es durch sein Geständnis erlangt hatte; die Hinrichtung war eine Opferhandlung, in der das menschliche Wesen nicht nur für seine eigenen Sünden, sondern für die Sünden aller Versöhnung suchte, in einer Welt, in der man annahm, daß Haft und Strafe exemplarischen Charakter trügen und die meisten Verbrechen unentdeckt blieben. Die Kraft, die den Überresten des Opfers innewohnte, war nicht nur lebensspendend, sie war auch heilig.

Daß es der reinigende Charakter des Hinrichtungsrituals war, der für die Volksmedizin Bedeutung hatte, wird erkennbar, wenn man sich daran erinnert, daß Epilepsie jahrhundertelang als Zeichen von Besessenheit betrachtet wurde. Die mittelalterlichen Autoren, die behaupteten, daß ein epileptischer Anfall ein »Quasi-Tod« sei, wobei die Seele aus dem Körper entweiche, waren auch der Meinung, daß die Seele tatsächlich vom Teufel ausgetrieben werde.[37] Die biblische Untermauerung für einen solchen Glauben ließ sich im Evangelium von Markus IX, 14-29 (entsprechend Matthäus XVII, 14-20 und Lukas IX, 37-43) finden, wo ein Mann zu Jesus sagt:

»Meister, ich habe meinen Sohn hergebracht zu dir, der hat einen sprachlosen Geist. Und wo er ihn erwischt, so reißt er ihn; und er schäumt und knirscht mit den Zähnen und wird starr.«

Die Verknüpfung dieser Krankheit mit dem Übernatürlichen war also feste Tradition. Sogar ein hippokratischer Text aus dem vierten Jahrhundert v. Chr. gibt zum Beispiel, nachdem die Symptome der Epilepsie beschrieben worden sind, an: »wer an der Krankheit leidet, wird mit Blut und Ähnlichem gereinigt wie einer, der vergiftet ist, eine Blutschuld trägt von Menschen verhext wurde oder eine ruchlose Tat begangen hat«.[38] Aber bis zum späten Mittelalter hatten sich solche Assoziationen zu der spezifischeren Überzeugung verdichtet, die Besessenheit durch zudringliche Dämonen sei die Hauptquelle epileptischer Anfälle.[39] Dementsprechend wurden Epileptiker als »unberührbar« betrachtet[40] oder gar aus dem Stadtbereich vertrieben.[41] Die heiligen Kräfte des Blutes eines hingerichteten Verbrechers konnten die dämonischen Kräfte aus dem besessenen Körper eines epileptischen Opfers austreiben; und dieser Glaube spiegelt sich auch tatsächlich in der Praxis wider; es sind eine ganze Reihe von Hinrichtungen bekannt, bei denen die Epileptiker mit Peitschen davongetrieben oder hinter Pferden hergezogen wurden, nachdem sie von dem Blut getrunken hatten; hierin läßt sich ein Bestreben erkennen, die heilige Flüssigkeit so schnell wie möglich zirkulieren zu lassen und so die dämonische Kraft buchstäblich auszutreiben.[42]

Der hier greifbar werdende Glaube an die lebensspendenden und heiligen Kräfte in den Überresten Hingerichteter ist jedoch dazu angetan, die bisher schon bestehenden Widersprüche in unseren Befunden noch zu vertiefen. Auf der einen Seite, aus der Perspektive des Staates, haben wir den Verbrecher, den Gegenstand von Fluch und Schande; auf der anderen Seite spielte dieser für das Volk die Rolle des sakralen Opfers, ja sogar der heiligen Person. Bei seiner Analyse der Hinrichtungszeremonie hat Foucault den widersprüchlichen Charakter des Ereignisses herausgearbeitet, aber – mit der für ihn charakteristischen Begeisterung für Inversionen[43] – keinen Versuch unternommen, diese Widersprüche zu erklären. Hierbei ist es wesentlich, den doppeldeutigen Charakter des Heiligen zum Ausgangspunkt der Überlegungen zu machen. Seine Taten und sein Schicksal schnitten den verurteilten Verbrecher von der übrigen Gesellschaft ab und verliehen ihm eine Aura des Heiligen, verwandelten ihn jedoch nicht in etwas vollends Gutes. Ähnlich war der Epileptiker durch sein Gebrechen als jemand gezeichnet, der außerhalb der normalen menschlichen Existenz stand, aber sein »Anderssein« war nicht vollständig schlecht. Im Gegenteil, Epilepsie wurde allgemein als *die heilige Krankheit* angesprochen, als wäre das Opfer von einer Aura des Geheiligten umgeben, wenn es an dämonischer Besessenheit litt. Darüber hinaus waren die Symptome der Epilepsie denen der prophetischen Trance nicht unähnlich: Zittern, Krämpfe, Schaum vor dem Mund waren durchweg Begleiter der religiösen Ekstase, wie etwa derjenigen der Quäker, und wurden eher für Zeichen göttlicher als dämonischer Besessenheit gehalten. Hingerichtete Verbrecher und Epileptiker waren beide auf ihre Art Heilige, weil sie in ihrem Wesen, im eigentlichen Charakter ihres Seins, anders waren als die normalen Menschen. Durch den körperlichen Kontakt mit einem anderen heiligen Wesen konnte der Epileptiker daher geheilt werden, wie etwa die Opfer der Skrofula in Marc Blochs klassischem Werk *Les rois thaumaturges* durch die Berührung des Königs geheilt werden konnten, ein Glaube, der, wie Bloch gezeigt hat, in England und Frankreich bis ins achtzehnte Jahrhundert bestanden hat.[44]

Das Blut des Opfers konnte den Epileptiker nicht entehren, wohl aber – wenn wir dem Bericht über die Ereignisse des Jahres 1800 in Berlin, mit dem diese Untersuchung begann, glauben sollen – Mitglieder einer Handwerkerzunft. Viele der Strafen, die eine Exekution begleiteten, waren besonders entwürdigende Strafen; offensichtlich lag der entehrende Einfluß jedoch in der Person der Scharfrichterknechte, die gewöhnlich aus dem Berufsstand der Abdecker rekrutiert wurden.[45] So scheint es, daß diejenigen, die – auf welcher Ebene auch immer[46] – als Abdecker beschäftigt waren, nach Sitte und Übereinkunft nicht nur deshalb dazu ausgewählt wurden, öffentliche Hinrichtungen durchzuführen, weil sie geschickt mit dem Messer umgehen konnten, einige Kenntnisse der Anatomie besaßen und daran gewöhnt waren, Blut zu sehen und zu berühren; auch nicht nur, weil ihre Berührung die verurteilte Person entehrte, sondern auch, weil der verurteilte Verbrecher selbst als ein wildes oder krankes Tier angesehen wurde, mit dem es die Abdecker gewöhnlich zu tun hatten: als entwürdigender Einfluß, als ein von der Gesellschaft Ausgestoßener, mit dem nur jemand umgehen konnte, der selbst schon durch seine Verbindung mit ähnlich vergiftenden Wesen angesteckt war. Die symbolische Bedeutung der Tatsache, daß Abdecker bei einer Hinrichtung Dienst taten, war der Menge sicher gegenwärtig.

Die Geschichte der öffentlichen Hinrichtung ist aber nicht nur eine Episode in der Geschichte des Strafvollzugs, sondern auch ein Kapitel in der Geschichte des Todes, wie Foucault zutreffend bemerkt: »Die Verheerungen der Krankheit und des Hungers, die periodischen Massaker der Epidemien, die ungeheure Kindersterblichkeit, die Labilität der bio-ökonomischen Gleichgewichte – all das machte den Tod vertraut und ließ um ihn herum Rituale entstehen, die ihn integrieren und annehmbar machen, seiner ständigen Aggression einen Sinn verleihen sollten«.[47] Foucault beschäftigt sich jedoch hauptsächlich mit der Strafe als Machtinstrument des Staates, nicht mit dem öffentlichen Ritual als sozialem Prozeß; und tatsächlich ist das eben Gehörte auch alles, was er über die Hinrichtung als ritualisierten Tötungsakt zu sagen hat. Ein öffentlicher Tod stellte im späten achtzehnten und im frühen neunzehnten Jahrhundert einen vergleichsweise seltenen Vorgang dar; in früheren Zeiten kam er jedoch öfter vor, und es mag sein, daß die öffentliche Hinrichtung um diese Zeit als einzige und wichtigste Form übriggeblieben war. In der Typologie von Philippe Ariès entsprach die Hinrichtung der ältesten, aber immer noch auftretenden Form des Sterbens, wie sie vor allem im frühen Mittelalter vorherrschte: Selbst der gewöhnlichste Tod war eine »öffentliche Zeremonie«. Das Sterbezimmer wurde, wie die Zelle des Verurteilten, ein öffentlicher Ort, den man ungehindert betreten konnte. Nach dem Tode wurde der Körper im Hause zur Schau gestellt, gerade so, wie die Körper der Verbrecher im Freien zur Schau gestellt wurden. Und das Ritual der Hinrichtung verschaffte vielleicht die Gewißheit, daß die Menschen, wie Ariès sie von der mittelalterlichen Literatur und Legende her beschreibt, »vorgewarnt« wurden. Sie starben nicht, ohne Zeit gehabt zu haben zu erkennen, daß sie sterben würden. Auf diese Weise konnten sie die Vorbereitungen für einen sicheren Eintritt ins Leben nach dem Tode treffen.[48] Diese Art zu sterben war, wie Ariès bemerkt, von der »verbreiteten Überzeugung (begleitet), daß ... ein guter Tod alles wieder in Ordnung brachte. ... Die Art und Weise, wie sich ein Sterbender verhielt, war von moralischer Bedeutung«.[49] Für die Zuschauer lag der Schwerpunkt des Interesses und der Aufmerksamkeit auf der verurteilten Person. Deren Tod prophezeite ihnen beispielhaft ihr eigenes Sterben.[50]

Als rituelle Tötungshandlung war die öffentliche Hinrichtung daher ein *rite de passage*, eine Zeremonie des Übergangs eines Menschen von einem Seinszustand in einen anderen, vergleichbar mit der Taufe, der Konfirmation oder der Heirat, wobei jeweils die Geburt, die Pubertät und die Elternschaft gefeiert wurde.[51]

Solche Rituale sind in der zweiten Hälfte des zwanzigsten Jahrhunderts in fortgeschrittenen Industriegesellschaften nicht nur volkstümlich geblieben; in ihnen haben sich auch religiöse Elemente erhalten, lange nachdem die Mehrheit der Bevölkerung aufgehört hat, bei anderen Gelegenheiten religiöse Praktiken in Anspruch zu nehmen. Dies kann dazu beitragen zu erklären, warum sich solche sakralen Obertöne in der Hinrichtungszeremonie erhalten haben. Wichtiger ist jedoch, in welcher Weise das Hinrichtungsritual an sich den Obergang vom Leben zum Tode symbolisierte. Am augenfälligsten war vielleicht das offizielle Brechen des Amtsstabes während des »Hochnotpeinlichen Halsgerichts«, womit ausdrücklich das Abbrechen des irdischen Lebens des Verurteilten symbolisiert wurde (in manchen Fällen auch von bestimmten verbalen Formeln in diesem Sinne begleitet), gleichzeitig aber auch das Ende der Gewalt der weltlichen Obrigkeit über das Leben des Opfers und dessen Übergang in eine andere Existenz. Der Richtplatz, gerade jenseits der Stadtmauer gelegen, das erste, was Reisende sahen, wenn sie die Stadt verließen, das letzte, was sie wahrnahmen, bevor sie in sie eintraten[52], war ein ähnliches Symbol für diese Grenzlinie oder für den »Grenz-Charakter des Rituals, das sich dort abspielte. Aber Grenzrituale verkörpern in sich auch Strukturen von Gegensätzen, Umkehrungen und Inversionen, die den Übergangscharakter dessen symbolisieren, was zelebriert wird. Die Widersprüche der Hinrichtungszeremonie – der Staat tötet einen Bürger, der selbst einen Mord begangen hat; die königliche Autorität wird durch ein verabscheuungswürdiges, unehrenhaftes Individuum (den Scharfrichter oder seine Gehilfen) ausgeübt; die Demonstration der Staatsmacht wandelt sich zu einer Demonstration der Volksmacht, wenn die Menge die Scharfrichterknechte angreift; der Verfluchte besitzt heilende Kräfte – dies alles war Teil des *rite de passage* dadurch, daß im Moment des Übergangs die Gegensätze miteinander verschmolzen, mit denen der ritualisierte Weg vom Leben in den Tod umgeben war. Am Rande der eigentlichen Hinrichtung stellten die Epileptiker im Kleinen eine Parallele zum Tod des Verurteilten dar. Ihr Quasi-Tod imitierte seinen wirklichen Tod. Die Umwandlungen ihrer Existenz – vom Leben zum Tode und wieder zurück, aufgrund einer dämonischen Besessenheit, die ihnen gleichzeitig den Charakter des Heiligen verlieh – äfften die wechselnden Zustände seines eigenen Übergangs nach.[53]

Für die Zuschauer besaß daher die öffentliche Hinrichtung eine Vielzahl impliziter Bedeutungen. Diese Bedeutungen liefen schließlich auf die Tatsache hinaus, daß die öffentliche Hinrichtung insgesamt für die Volksmenge nicht so sehr als Demonstration staatlicher Macht wichtig war, sondern vielmehr als rituelle Tötungshandlung, bei der sie sich nicht mit dem Scharfrichter, sondern mit dem Opfer identifizierte, nicht mit dem Staat, sondern mit der Person, die gegen ihn rebelliert hatte. Solch eine Identifikation bedeutete aber nicht notwendig, daß diejenigen, die die Hinrichtung verfolgten, auch die Tat des Verurteilten guthießen; im Gegenteil, Mord wurde nur von den wenigsten Leuten gutgeheißen. Und viele der Hingerichteten hatten schreckliche, bewußt geplante und mit außerordentlicher Brutalität ausgeführte Morde begangen. Eine öffentliche Hinrichtung enthielt stets Elemente von Volksjustiz und staatlicher Justiz. Aber Beispiele aktiver Feindschaft des Volks gegen die Verurteilten sind recht selten. Vorausgesetzt, die Zeremonie nahm ihren ritualisierten Verlauf, wurde die Hinrichtung nicht gestört. Der Verurteilte war ein in zweifacher Weise aus seiner Umgebung herausgehobener Mensch: ein besonders böser, wegen seines Verbrechens; ein besonders guter, wegen der Art und Weise seines Sterbens. Wurde aber irgendein Fehler oder eine Abweichung begangen, welche diese Besonderheit in Frage stellte und den Verurteilten wieder auf die Stufe eines gewöhnlichen Sterblichen rückte, so geriet die Menge, Vergeltung fordernd, umgehend in Bewegung.

IV

Wie sah nun der Staat solche Verhaltensweisen, und wie versuchte er, mit ihnen umzugehen? Das Hinrichtungsritual stellte einen Punkt dar, an dem die Kultur des Volkes und die Kultur der herrschenden Klasse aufeinanderstießen. Allgemein gesprochen, hatten sich diese »beiden Kulturen« schon lange vor dem Ende des achtzehnten Jahrhunderts zu trennen begonnen, obwohl sich in Deutschland der Rückzug der herrschenden Klasse, und in einem weiteren Sinne, der Gebildeten, aus der Teilnahme an der Volkskultur sehr wohl später und langsamer vollzogen haben mag als anderswo. Die Absonderung der Volkskultur als ein separater Forschungsgegenstand, ein sicheres Anzeichen dafür, daß sie den

Gebildeten nicht mehr vertraut war, scheint in Deutschland nicht vor Beginn des achtzehnten Jahrhunderts erfolgt zu sein.[54] Hexenprozesse, ein weiterer Punkt des Aufeinanderstoßens »beider Kulturen«, kamen in Ostmitteleuropa sogar noch länger vor.[55] Im Jahre 1749 wurde in Würzburg eine Hexe verbrannt; eine weitere wurde zum Beispiel noch 1782 in Glarus hingerichtet. Daß das achtzehnte Jahrhundert die entscheidende Epoche für die »Trennung der Kulturen« war, illustriert auch die Geschichte der Medizin. Der Medizinhistoriker Owsei Temkin, der sich auf zwei Ärzte aus dem späten siebzehnten und dem frühen achtzehnten Jahrhundert bezieht, führt aus: »Solange Männer wie Hoffmann und Stahl an übernatürliche Kräfte glaubten, ist es nicht verwunderlich, Laien und Ärzte zu finden, die epileptische Fälle dem Einfluß von Dämonen zuschreiben.«[56] Ärzte des frühen achtzehnten Jahrhunderts empfahlen immer noch die Verwendung der Überreste von Verbrechern als Heilmittel für Epilepsie, und noch 1761 enthielt die offizielle Dresdner Liste der steuerpflichtigen medizinischen Artikel tatsächlich den Posten menschliches Fett. Im Jahre 1843 kam es anläßlich einer Hinrichtung in Stockhausen, im Königreich Hannover, zu einer Meinungsverschiedenheit. Sechs Epileptiker hatten sich mit Trinkkrügen ausgerüstet um das Schafott versammelt, aber die Beamten verweigerten ihnen den Zugang zu dem Blut, weil sie durch einen medizinischen Experten darüber belehrt worden waren, daß es keinerlei Wirkung habe. Schließlich wurde den Epileptikern doch erlaubt, das Blut aufzufangen und zu trinken; dies geschah durch die Hilfe des lokalen Gerichtsassessors, der zwei Professoren der Göttinger Universität zu einer Erklärung überredete, daß eine günstige psychologische Wirkung damit verbunden sein könne.[57] Selbst im Jahre 1862 gaben die Leiter eines Arbeitshauses in Appenzell, vermutlich gebildete Männer, einer Epileptikerin die Erlaubnis, zu einer Hinrichtung zu gehen, um Heilung zu erlangen, und wiesen sie an, drei Schlucke warmen Blutes zu sich zu nehmen und dabei die »drei höchsten Namen« auszurufen.[58]

Im späten achtzehnten Jahrhundert jedoch war die Fachmedizin zumindest im Begriff, mit solchem Aberglauben zu brechen. Statt dessen leitete das äußerst einflußreiche Werk von Tissot (1770) eine mehr als hundert Jahre dauernde Epoche ein, in der, wie Temkin feststellt, »die Masturbation in der medizinischen Literatur als eine der Hauptursachen für Epilepsie galt«[59]. Es war eine weitverbreitete Ansicht, daß Epilepsie durch irgendeine Art Erregung des Nervensystems verursacht werde, und was konnte erregender sein als ständige sexuelle Aktivität? Es wurden daher Therapien entwickelt, um derartige Erregung zu beherrschen, und mit zunehmender Tendenz, die Verhaltensgestörten in Irrenhäusern abzusondern, wurde eine wachsende Anzahl von Epileptikern einer Vielfalt von Heilmitteln ausgesetzt, die von Silbernitrat, das zu einer Entfärbung des Gesichts oder in schweren Fällen zur Zerstörung der Magenwände führte, bis zur Kastration von Männern und Frauen reichten. Kastration war wahrhaft das endgültige Heilmittel für eine Krankheit, die angeblich durch Masturbation hervorgerufen wurde; sie war noch in den 1880er Jahren verbreitet. Ähnlich populär war das Ausbrennen, wobei ein heißes Eisen am Kopf und anderen Körperteilen angebracht wurde, ein Verfahren, das auffällig an eine Art von öffentlicher Bestrafung erinnerte, die etwa ein Jahrhundert früher sehr verbreitet gewesen war.[60] Die Medizin säkularisierte also die Vorstellung von der dämonischen Besessenheit; der Teufel wurde ersetzt durch das Übel der Masturbation; in der Substanz blieben die fachlichen und populären Einstellungen zur Medizin dieselben, nur ihre Ausdrucksformen divergierten.

Aus der Perspektive des Staates jedoch nahmen sich die Hinrichtungsrituale um das Jahr 1800 völlig anders aus. Die Fachmedizin mag in gewisser Hinsicht eine Reihe gemeinsamer Wesenszüge mit der Volkskultur behalten haben; tatsächlich gab es, als die romantische Medizin im frühen neunzehnten Jahrhundert aufkam, in einigen Teilen eine bewußte Rückkehr zu älteren Formen, darunter auch den Versuch, die Diagnose der Epilepsie als Folge dämonischer Besessenheit wiederzubeleben.[61] Innerhalb der zentralen Staatsorgane war jedoch das Klima ganz anders. Der Rationalismus war auf dem Vormarsch. Seine ersten Triumphe auf dem Gebiet der Strafvollzugspolitik hatte er bereits beim Aufkommen des Aufgeklärten Absolutismus gefeiert. Monarchen wie Friedrich II. von Preußen schenkten der rationalistischen Reform des Strafrechts ihre besondere Aufmerksamkeit. Bis sie sich daran machten, unnötig grausame und willkürliche Strafen abzubauen, war die Praxis des Strafvollzugs in Preußen in der Tat für ihre verhältnismäßig große Grausamkeit bekannt gewesen. Unter dem einflußreichsten der älteren deutschen Rechtskodizes, der sogenannten *Carolina* aus dem Jahre 1532, wurden Mord, Verrat,

Gotteslästerung, Zauberei, Hexerei, Vergewaltigung, Abtreibung, abartiges sexuelles Verhalten, Falschmünzerei, Brandstiftung, Straßenraub, gewalttätiger Raub (bei angewandter und angedrohter Gewalt) und auch Diebstahl (nach der dritten Überführung) alle mit der Todesstrafe geahndet. Im Jahre 1723 nahmen die Preußen tatsächlich auch noch den Bankrott in die Liste auf, woraus ein etwas drakonischer Zugang zur Durchsetzung merkantilistischen Wirtschaftsverhaltens deutlich wird. Wilddiebe wurden im Jahre 1723 ebenfalls der Todesstrafe unterworfen, und 1736 ist die Todesstrafe auf gewalttätigen Raub ausdrücklich noch einmal bestätigt worden. Im Jahre 1743 schaffte der preußische König aber die Todesstrafe bei allen Diebstahldelikten, außer Straßenraub und Raub in Verbindung mit Verschwörung oder Gewaltanwendung, ab.[62] Bis zum späten achtzehnten Jahrhundert war die Todesstrafe für Diebstahldelikte in Preußen freilich noch keineswegs abgeschafft. Im Jahre 1794 beschränkte aber der große Rechtskodex der preußischen Aufklärung, das *Allgemeine Landrecht*, die mit der Todesstrafe belegten Vergehen auf die schwereren Formen von Verrat, auf Mord, Räuberei, Straßenraub, Brandstiftung, Falschmünzerei und Duellieren.[63] Darüber hinaus wurde in der Praxis die Todesstrafe nur bei Mord angewandt; selbst in den seltenen Fällen, in denen sie auch für andere Delikte verhängt wurde, wandelte der König sie fast ausnahmslos in Gefängnisstrafen um.

Die Folge dieser Maßnahmen war ein drastischer Rückgang der Hinrichtungen während des achtzehnten Jahrhunderts. Vollständige Zahlen sind nicht zu bekommen; einen gewissen Eindruck vom Ausmaß des Rückgangs gewinnt man jedoch, wenn man lokale Zahlen aus dem späten Mittelalter und der frühen Neuzeit mit nationalen Zahlen vom Beginn des neunzehnten Jahrhunderts vergleicht. So gab es in Memmingen in der Zeitspanne von 1551-1573 38 Hinrichtungen, von 1574-1661 45 und von 1615-1683 39 Hinrichtungen. In Frankfurt am Main wurden zwischen 1401 und 1560 317 Menschen hingerichtet. In Ansbach gab es zwischen 1575 und 1603 474 Hinrichtungen, dagegen in den 69 Jahren von 1456 bis 1525 in Breslau 454 Hinrichtungen. Alle diese Orte, die für Hunderte von anderen stehen müssen, erlebten im 16. Jahrhundert üblicherweise mehrere Hinrichtungen im Jahr; in den darauffolgenden hundert Jahren waren Hinrichtungen immer noch eine vergleichsweise gewöhnliche Angelegenheit. Es war das

18. Jahrhundert, das den eigentlichen Durchbruch brachte. So gab es im Gebiet um Osnabrück herum, das Wilbertz untersucht hat, im siebzehnten Jahrhundert 194 Hinrichtungen und 63 weitere in den Jahren 1700-1767. Zu diesem Zeitpunkt wurde ein Zuchthaus eingerichtet, und danach waren im restlichen Jahrhundert in diesem Gebiet nur noch 10 Hinrichtungen zu verzeichnen.[64] Denn dies war die Ära der Gründung von Besserungsanstalten nach dem Muster des Amsterdamer *Rasphuis*, die vom siebzehnten Jahrhundert an Verbreitung fanden. Derartige Anstalten sind 1618 in Hamburg, 1609 in Bremen, 1630 in Danzig und 1613 in Lübeck eingerichtet worden. Weitere Besserungsanstalten wurden in Deutschland in den 1660er Jahren, hauptsächlich in Städten des Landesinnern, eröffnet und danach, während des ganzen achtzehnten Jahrhunderts, auch in den übrigen deutschen Städten. Die Verbreitung der Besserungsanstalten ermöglichte es, die weniger schweren Verbrecher, anstatt sie hinzurichten, unter Verschluß zu halten, obwohl das Gefängnisleben in dieser Zeit natürlich noch in keiner Weise dem der »totalen Institution« ähnelte, die sich im neunzehnten Jahrhundert entwickelte.[65] So betrug im frühen neunzehnten Jahrhundert die Zahl der hingerichteten Personen in ganz Preußen nicht mehr als eine Handvoll in jedem Jahr – neun zum Beispiel im Jahre 1818 oder nur fünf im Jahre 1822; da Hinrichtungen gewöhnlich innerhalb des Jurisdiktionsbereichs des zuständigen Gerichts, oft in der Stadt, wo das Verbrechen begangen worden war, durchgeführt wurden, bedeutete dies, daß selbst die Einwohner einer größeren Stadt, wie etwa Berlin, im frühen neunzehnten Jahrhundert kaum damit rechnen konnten, die Gelegenheit zu erhalten, mehr als ein- oder zweimal innerhalb eines Jahrzehnts eine Hinrichtung zu sehen. Dies führte jedoch an sich schon zu einem größeren öffentlichen Interesse an jeder einzelnen Hinrichtung. So schrieben die Directores und Räte der Berliner Stadtgerichte im September des Jahres 1800:

»So problematisch auch immer der Nutzen der Todesstrafen sein mag, so gewiß ist es, daß sie dazu dienen können, andere von Begehung grober Verbrechen abzuschrecken ... Wie sehr sie aber mit dem Fortschreiten der Kultur, bei bürgerlichen Verbrechen nach und nach entbehrlich werden, zeugen die milderen peinlichen Gesetze, und die seltenen Todesurteile der Gerichtshöfe ... Aber eben diese Seltenheit der Vollziehung der Todesstrafen fordert doppelte Vorsicht, wenn so ein Fall eintritt, denn jetzt richtet das ganze Publikum seine Aufmerksamkeit darauf, und der kleinste Umstand kann oft dazu wirken, den Eindrücken, die die Bestrafung machen soll, eine verkehrte Richtung zu geben, oder sie ganz aufzuheben, wodurch denn jeder Zweck der Strafe verfehlt würde.«[66]

Daraus geht klar hervor, daß am Ende des achtzehnten Jahrhunderts in der preußischen Beamtenwelt die Ansicht herrschte, daß der Rückgang der Zahl der Hinrichtungen die Vollstreckung eines Todesurteils problematischer gemacht hatte, weil dadurch ihr Ausnahmecharakter betont wurde.

Diese Ansicht war in Wirklichkeit Teil einer viel breiteren Strömung rationalistischen Denkens innerhalb der preußischen Bürokratie. Das späte achtzehnte Jahrhundert erlebte den Beginn einer bürokratischen Reformbewegung, die unter anderem bestrebt war, die Macht des Monarchen auf die des höchsten Repräsentanten des preußischen Staates einzugrenzen. Die Reformer glaubten, der Staat solle versuchen, die Gesellschaft nach den Prinzipien der Vernunft umzugestalten, feudale Barrieren zu durchbrechen und auf der einen Seite irrationale und abergläubische Sitten abzuschaffen, auf der anderen Seite die Rolle des Staates in der Gesellschaft aktiv auszudehnen. Die frühesten Reformer setzten sich lebhaft dafür ein, die Annahme des Allgemeinen Landrechts von 1794 gegen die konservative Opposition durchzusetzen. Um 1800 wurden sie zunehmend stärker. Die Beamten begannen, ihre Unabhängigkeit zu behaupten, jedoch kamen ihre weitestreichenden Siege erst nach der Niederlage zustande, die Napoleon den preußischen Armeen in den Jahren 1805/06 bereitete.[67] Der bürokratische Geist der preußischen Aufklärung untersuchte die Institutionen des Staates daraufhin, ob sie auf vernunftgemäßer Grundlage beruhten, ob sie ordnungsgemäß arbeiteten und ob sie für den Zweck, dem sie dienen sollten, auch geeignet waren. Im Jahre 1800 wandte er seine Aufmerksamkeit der Todesstrafe zu und fand ihren Zustand dringend veränderungsbedürftig.

Freilich, die Ansichten des italienischen Philosophen Beccaria, dessen Befürwortung der totalen Abschaffung der Todesstrafe aus dem Jahre 1764 ein starkes Echo in vielen Teilen Europas fand und dazu beitrug, Kaiser Joseph II. zu überzeugen, im Jahre 1787 die Todesstrafe ganz abzuschaffen (1796 wurde sie wieder eingeführt)[68], wurden im Preußen des achtzehnten Jahrhunderts trotz der Begeisterung, die Friedrich II. für sie gezeigt hatte, abgelehnt. Die Ansichten Immanuel Kants waren in Berlin einflußreicher. Kants *Metaphysik der Sitten* (1797) enthielt eine starke Anklage gegen die »Sophisterei und Rechtsverdrehung« des »Marchese Beccaria«, der nach Kant »aus teilnehmender Empfindelei einer affektierten Humanität« gehandelt habe. Kant befürwortete statt dessen die blutrünstig genaue Politik, die Strafe dem Verbrechen anzupassen. »Nur das Wiedervergeltungsrecht . . . kann die Qualität und Quantität der Strafe bestimmt angeben; alle anderen sind hin- und herschwankend und können anderer sich einmischender Rücksichten wegen keine Angemessenheit mit dem Spruch der reinen und strengen Gerechtigkeit enthalten . . . So viel also der Mörder sind, so viele müssen auch den Tod leiden«.[69]

Solche Ansichten hatten bereits in den Reformen des *Allgemeinen Landrechts* von 1794 Ausdruck gefunden. In der Carolina aus dem Jahre 1532 waren nicht nur Regeln für die Anwendung der Folter während des Gerichtsverfahrens festgelegt; sie schrieb außerdem ein breites Spektrum verschiedener Arten von Todesstrafen für unterschiedliche Verbrechen fest. So konnten Aufruhr und Vergewaltigung mit Enthauptung durch das Schwert bestraft werden (CXXVIII), unnatürliche sexuelle Handlungen mit Verbrennen (CXVI), wiederholter Diebstahl mit Hängen (CLXII, CLXIII), und Mörder konnten aufs Rad geflochten werden (CXXXVII); Verräter dagegen sollten geviertteilt (CXXIV) und Kindsmörder lebendig begraben (CXXXI) werden. Frauen sollten in den meisten Fällen ertränkt werden, anstatt sie der an sich vorgeschriebenen Strafart zu unterwerfen; bei Kindesmord wurde dies allerdings nur in solchen Gegenden so gehandhabt, »die über den Vorteil eines für diesen Zweck geeigneten Gewässers verfügten« (CXXXI). Bei mehrfachen Kindsmördern, Giftmördern oder Mördern, die einen Vorgesetzten umgebracht hatten, sollte die Strafe dadurch verschärft werden, daß »ihr Körper etwas mit glühenden Zangen gepackt« wurde (CXXX) und daß die Verbrecher davor noch zum Schafott geschleift wurden (CXXXVII). Von 1794 an wurde jedoch die Palette der zugelassenen Methoden eingeschränkt und systematischer, als dies im Kodex von 1532 der Fall gewesen war, an den Charakter und die Schwere des Verbrechens geknüpft. Die einzig zugelassenen Strafmaßnahmen waren jetzt Enthaupten, Rädern, Verbrennen (wobei den beiden letzteren Strafen ein heimliches Erwürgen vorausging) und Hängen. Das leitende Prinzip bei diesen verschiedenen Formen der Todesstrafe war der Gedanke, daß schwerere und unwürdigere Verbrechen auch eine schwerere oder entehrendere Strafe verdienten. So war Enthauptung mit dem Schwert auf der Stufenleiter, wie sie sich von den weniger schweren Formen des Strafens aus erhob, die Strafe für Kindesmord (ALR II 20 § 965), für Totschlag (§ 806) und für die leichteren Formen von Verrat (Landesverrat, dritter Klasse; Beihilfe und Anstiftung zum Landesverrat, zweiter Klasse). Einfacher Mord wurde bestraft, indem der Täter von oben herab aufs Rad geflochten wurde (§ 826). Giftmörder sollten zum Schafott geschleift und danach von unten nach oben aufs Rad geflochten werden (§ 870). Landesverrat erster Klasse wurde bestraft, indem der Täter zum Schafott geschleift, von unten herauf aufs Rad geflochten und seine Leiche öffentlich zur Schau gestellt wurde (§ 103), dasselbe galt für Vater- und Muttermord, wobei noch öffentliches Auspeitschen hinzukam (§ 873). Hochverrat schließlich verdiente »die schwersten körperlichen und Todesstrafen« (§ 93) – so schwer, daß sie tatsächlich nicht im einzelnen festgelegt werden konnten.

So wie die Carolina von 1532 durch die Jahre hindurch zahlreiche Ergänzungen erfahren hatte und Ausnahmen enthielt, so wurde auch das Allgemeine Landrecht von 1794 weder einheitlich angewandt, noch war es völlig stimmig in seiner Konzeption.[70] Gewiß war die differenzierte Festlegung der Abstufungen des Strafmaßes rationalistisch in der Konzeption, aber sie ließ die Praktiken und Überzeugungen unberührt, die die Durchführung der Todesstrafe umgaben. Die Hinrichtung der Frau Heneken in Berlin im Jahre 1800 bot die Gelegenheit, die die bürokratischen Reformer veranlaßte, sich um ein vernunftgemäßeres Verfahren bei der Todesstrafe zu bemühen, den rationaleren Prinzipien folgend, wie sie im Allgemeinen Landrecht verkündet waren. Der Fall provozierte in der Tat einen Sturm des Protests in der Beamtenwelt, was die Vermutung nahelegt, daß die Ansichten über Bedeutung und Funktion der Todesstrafe, die in der Bürokratie herrschten, sich von denen der Massen stark unterschieden. Die Direktoren und Räte des Berliner Stadtgerichts, die in dieser Studie bereits zitiert wurden, reichten zahlreiche Beschwerden über die Durchführung der Hinrichtung der Heneken ein. Der Fall beweise, so argumentierten sie, die Notwendigkeit der »Abschaffung der vielfachen, auf eingewurzeltem Vorurteil beruhenden Mißbräuche«. Die Existenz dieser »Mißbräuche« hatte man in der Tat schon seit den 1740er Jahren erkannt; aber Streitigkeiten der verschiedenen Behörden über den Kompetenzbereich, innerhalb dessen ihre Abschaffung lag, hatten es unmöglich gemacht, irgend etwas gegen sie zu unternehmen. Jetzt gab es jedoch deutlich eine neue Entschlossenheit, die Durchführung öffentlicher Hinrichtungen einer strengeren Kontrolle zu unterwerfen. Die Behörden waren nunmehr einhellig in ihrer Überzeugung, daß volkstümliche Bräuche, um die oben zitierten Worte zu benutzen, »den Eindrücken, die die Bestrafung machen soll, eine verkehrte Richtung ... geben ... wodurch denn jeder Zweck der Strafe verfehlt würde«.

Der Hauptzweck der Hinrichtung war es in den Augen der Behörden, Menschen von Verbrechen abzuschrecken. Dies sollte jedoch damit erreicht werden, daß sie den Verbrecher mit »Abscheu« betrachten sollten, und nicht damit, daß man ihm einen besonders schmerzhaften oder grausamen Tod bereitete. Der öffentliche Charakter der Hinrichtungen traf somit auf fast allgemeine Zustimmung, denn eine öffentliche Hinrichtung blieb, wenn man davon ausgeht, daß die Gerichtsverfahren weiterhin geheim waren, die einzige öffentliche Demonstration der Schuld des Verbrechers und der Tatsache, daß er tatsächlich der Gerechtigkeit zugeführt worden war:

»Nur in der Überzeugung, daß Strafgesetze mit unerbittlicher Strenge gegen den Verbrecher vollzogen werden, nicht in dem schrecklichen Anblick der gewaltsamen Todesart, liegt das Abschreckende der Strafen. Der Zweifel, ob die Strafe des Gesetzes wirklich vollzogen werde, ist der erste Reiz für den Bösewicht zu gesetzwidrigen Handlungen, und dieser Zweifel, den der große Haufen gern zu nähren sucht, würde erst dann vollkommen eintreffen, wenn man die Todesstrafen heimlich vollziehen wollte. Verächtung der Gesetze und Vermehrung der Verbrecher dürfte leicht die Folge davon sein.«[71]

Jedoch war deutlich, daß öffentliche Hinrichtungen, in der Art, wie sie bestanden, von einem beträchtlichen Teil ihres Publikums kaum so verstanden wurden. Ein Teil des Problems, dachte man, lag in der übertriebenen Öffentlichkeit, die dem Ereignis verliehen wurde, und außerdem in der sehr großen Zahl der Menschen, die ihm beiwohnten. Da sich bei solchen Gelegenheiten große und leicht erregbare Menschenmengen versammelten, boten öffentliche Hinrichtungen auch gleichzeitig die Möglichkeit zur Entstehung von Tumulten in der Bevölkerung, etwas, das in dem empfindlichen politischen Klima der Jahre, die unmittelbar auf die große Französische Revolution von 1789 folgten, die europäischen Regierungen ganz besonders zu vermeiden trachteten.

Das fundamentale Problem in den Augen der Behörden war, daß die Größe der Menge, das Wesen der Zeremonie und die auf volkstümlichem »Aberglauben« beruhenden Praktiken, die mit all dem verbunden waren, zur Folge hatten, daß viel zu viel Aufmerksamkeit auf die Person des Verurteilten gelenkt wurde. Die Behörden kritisierten

»vor allem das abenteuerliche Zeremoniell des sogenannten Hochnotpeinlichen Halsgerichts, daß seinen Ursprung aus den finsteren Zeiten der Gewalttaten und der Gesetzlosigkeit herschreibt, und am meisten dazu beiträgt, der ganzen Handlung einen theatralischen Anstrich zu geben und eben dadurch das Zuströmen der Menschen zu befördern und den Tag der Hinrichtung zu einem Volksfest zu machen; die zahlreiche Menge der Zuschauer sieht denn nur auf diese äußeren Gebräuche und nach diesen vorzüglich auf das Benehmen des Missetäters bei der Hinrichtung, welches, es mag sein wie es will, jederzeit dazu wirkt, den Zweck der Bestrafung zu vereiteln; denn *Abscheu* zeigt das Volk gewöhnlich nur gegen die Henker und deren Geschäft, da es dagegen den *standhaften* oder *fühllosen* Missetäter bewundert, und den, der das ganze Gewicht seiner Lage fühlt, *bemitleidet*«.[72]

Die Behörden hatten kein Verständnis dafür, daß viele Zuschauer ihre Aufmerksamkeit auf das Verhalten der verurteilten Person richteten. Auch für die Zeremonien und Bräuche, die die Hinrichtung begleiteten, hegten sie keinerlei Sympathie. Ein anonymer Beschwerdeführer schrieb sogar am 21. August 1800 an den Großkanzler von Goldbeck und behauptete, »daß das Feierliche und Rührende, welches bis jetzt immer bei der Ausführung eines Delinquenten herrscht, besonders seine weiße Kleidung, sonstiger Schmuck und endlich alle die bis jetzt dabei üblich gewesenen Zeremonien ... bei manchem elenden Menschen, der solcher Szene beiwohnte«, den Wunsch geweckt habe, selbst einen Mord zu begehen, um auch auf dieselbe Weise sterben zu können.[73] In der Tat hatte man einer solchen Möglichkeit bereits im Allgemeinen Landrecht von 1794 Rechnung getragen, dort (ALR II. Th., 20, § 831 u. 832) wurde gefordert, daß jemand, der ein Verbrechen mit dem ausdrücklichen Ziel beginge, hingerichtet zu werden, für die Dauer seines restlichen Lebens eingesperrt und in regelmäßigen Abständen ausgepeitscht werden sollte. Noch tiefgreifender war jedoch die allgemeine Übereinstimmung innerhalb der preußischen Bürokratie, daß der »abschreckende Zweck« der öffentli-

chen Hinrichtung nicht erreicht werden könne, wenn das Ereignis
bei den Zuschauern nicht »Verachtung und Abscheu« errege. Es
sei falsch, daß das Verhalten des Verbrechers »bei dem ungebilde-
ten Haufen« Bewunderung hervorrufen könne.[71]

V

Entsprechend diesen Überlegungen richteten im Jahre 1800 die
Direktoren und Räte der Berliner Stadtgerichte elf Empfehlungen
an die preußische Regierung. Zunächst sollte der Verurteilte, sobald das Todesurteil gefällt worden war, in einer besonderen Ge-
fängniszelle isoliert untergebracht werden, und alle Besuche außer
denjenigen von »Offizianten und Geistlichen« sollten untersagt
werden. Zweitens sollte die »Verbreitung von Volksschriften«
verboten werden. Drittens müßte »der Tag der Hinrichtung ...
zwar nicht heimlich gehalten, aber doch auch nicht unnötig zur
allgemeinen Wissenschaft gebracht werden«. So sollte – ein vierter
Punkt – den Massen noch weniger Anreiz geboten werden, sich
bei den Hinrichtungen zu versammeln, indem der Zeitpunkt dafür im Hochsommer auf fünf Uhr früh und im übrigen Jahr auf
kurz nach Einbruch der Dämmerung festgesetzt wurde. Fünftens
sollte das Hochnotpeinliche Halsgericht abgeschafft werden.
Dem Einwand, dies könnte den Verurteilten einer Gelegenheit
berauben, sich selbst zu verteidigen, wurde die Erklärung entge-
gengehalten, daß »unsere Gesetze und Gerichtsverfassungen ...
den Verbrecher hinlänglich gegen Machtspruch und Übereilung
(schützen), und welche Verlegenheiten und Herabsetzung der
Würde des Gerichts kann nicht ein grundloser Widerruf eines
Elenden bei einer solchen Gelegenheit hervorbringen, von dessen
Einfällen man doch die öffentliche Ruhe nicht abhängig machen
kann«.
Als nächstes sollte der Verurteilte nicht mehr in Weiß gekleidet
werden, sondern seine eigenen Kleider tragen – und zwar, wenn
man die Wahl hatte, seine allerschäbigsten; wenn er keine Kleidung besaß, dann Sackleinwand – eine Forderung, die bald wieder
zurückgenommen wurde mit der Begründung, Sackleinen sei auf
seine Art genauso theatralisch wie Weiß. Der Verurteilte mußte
nicht mehr zu Fuß zum Richtplatz gehen, sondern sollte auf einem Karren, in dem er an einem Strohballen festgebunden werden

sollte, dorthin gebracht werden. Der Karren sollte von einer Abteilung Kavallerie begleitet werden. Der Transport, so wurde betont, »müßte rasch geschehen«. Bei der Ankunft müsse der Rabenstein bereits durch Infanterie abgeriegelt sein, die die Menge ein gutes Stück fernhalten könne.

Ein neunter Punkt legte die wichtigste Voraussetzung dar, die gegeben sein mußte, damit das Publikum nicht mit dem Verurteilten sympathisierte: »Mit möglichster Schnelle und ohne dem Verbrecher Zeit zu geben, die Zuschauer von seinem Benehmen in den letzten Augenblicken etwas bemerken zu lassen, verrichtet der Scharfrichter sein Amt«. Ferner sollten die Soldaten erst abziehen, wenn die Menge sich zu zerstreuen begonnen hatte und wenn alle Spuren der Hinrichtung beseitigt worden waren. Der Sinn dieser Empfehlung war, die Praxis zu beenden, daß Blut und andere Überreste gekauft und verkauft wurden: »Das Wegschaffen der Spuren der Hinrichtung halten wir für so notwendig, da bekanntlich mit manchen Dingen, z. B. dem Blute des Hingerichteten, ein grober Aberglaube getrieben wird, der dem äußerlichen Vernehmen nach, bei der zu frühen Entfernung des Militärs eine der vorzüglichsten Ursachen der nach der neulichen Exekution entstandenen Unruhen gewesen sein soll«. Schließlich sollte eine Verlautbarung veröffentlicht werden, die eine detaillierte Beschreibung der Verbrechen der hingerichteten Person enthalten und bestätigen sollte, daß die Enthauptung tatsächlich stattgefunden habe.[75]

Diese Empfehlungen stießen auf eine allgemein wohlwollende Reaktion. Sie wurden im Jahre 1800 durchgesetzt, im Jahre 1805 durch ein Edikt bestätigt und in ganz Preußen angewandt.[76] Von da an war das Hochnotpeinliche Halsgericht abgeschafft, die verurteilte Person wurde in ihrer Zelle isoliert, auf einem Karren zur Hinrichtung gefahren, die nun in der Dämmerung stattfand, wobei der Delinquent bis zu seinem Tode in schäbige Kleidung gehüllt war und das Ganze von einer starken Abteilung Truppen überwacht wurde, die am Ort blieben, bis die Menge sich aufgelöst hatte. Natürlich war es unmöglich, die Verbreitung von »Armesünderliedern« zu beenden, und es war auch nicht realistisch anzunehmen, man könne die Menge daran hindern, die letzten Augenblicke des Verurteilten zu beobachten. Es gibt auch viele Hinweise, die wir weiter oben belegt haben, die zeigen, daß der Blutverkauf weiterging und in Berlin sogar noch 1864 stattfand.

In vielen anderen Teilen Deutschlands, jenseits der preußischen Grenzen, wurde die alte Form der Hinrichtung unverändert weiter praktiziert. So mögen die Behörden zwar erfolgreich darin gewesen sein, Massenunruhen zu verhindern, und es mag ihnen, zumindest in Preußen, gelungen sein, neue Barrieren zwischen dem Publikum und dem Angeklagten zu errichten; aber im großen und ganzen scheinen sie es weder geschafft zu haben, die volkstümliche Auffassung von der Bedeutung der Hinrichtungen zu unterdrücken, noch die Anlässe, bei denen sie zum Ausdruck gelangen konnte, zu unterbinden.

Daß dies tatsächlich der Fall war, wurde durch die weiteren Erfahrungen bestätigt. Es gelang den Behörden nicht, die Anwesenheit großer Menschenmassen bei öffentlichen Hinrichtungen abzubauen. Zum Beispiel waren im Juli 1841 in Breslau nach Angaben der Polizei zwischen zwölf- und fünfzehntausend Menschen bei einer Hinrichtung anwesend.[77] Im Jahre 1820 erwogen die Berliner Behörden, den Hinrichtungsplatz vom Hamburger Tor in die Jungfernheide zu verlegen, die ein gutes Stück weiter weg von den Stadtgrenzen gelegen war. Dies wurde zum Teil aus Anlaß von Beschwerden seitens örtlicher Hausbesitzer diskutiert, die geltend machten, die Tatsache, daß der Galgen sich in der Nähe des Hamburger Tors befinde, vermindere den Wert ihres Besitzes. Grundsätzlich wurde jedoch argumentiert, der Galgen solle verlegt werden, »weil die Erfahrung lehrt, welche Volksmasse und mit ihr Exzesse dadurch hierbeigeführt werden«, daß er sich nahe der Stadt befinde und so leicht zugänglich für die breite Öffentlichkeit sei. Das Kammergericht vertrat jedoch im Jahre 1821 die Ansicht, die Menge lasse sich dadurch, daß sie aus der Stadt hinausgehen müsse, um eine Hinrichtung zu sehen, nicht abschrecken.[78] Um das Jahr 1836 gab es erneute Beschwerden. »Es füllen am Morgen der Exekution viele Tausend Schaulustiger den Weg vom Stadtvogteigelände bis zu dem am Hamburger Tor gelegenen Hochgerichte, sowie andere Tausende die Gegend umher«: die Behörden sahen in ihnen immer noch eine »vor Spannung auf das erwartete Schauspiel erregte Menge«, die »zu Exzessen geneigt« war.[79] Im Jahre 1840 wurde vorgeschlagen, den Hinrichtungsplatz nach Spandau zu verlegen, das den zusätzlichen Vorteil hatte, eine Garnison zu sein, und das in erheblicher Entfernung von Berlin lag.[80] Schon im Jahre 1843 beklagte sich jedoch das Kammergericht zu Berlin darüber, daß die Armee überhaupt keine Kavallerie zu den Hinrichtungen entsandte. »Gegen eine Volksmasse, wie sie bei günstiger Jahreszeit Berlin als Zuschauer zu einer Hinrichtung liefern wird, bei der Roheit und Zügellosigkeit dieser Masse gewährt aber offenbar Infanterie keinen ausreichenden Schutz.«[81] Anscheinend konnte nichts die Ansammlung großer Menschenmassen bei öffentlichen Hinrichtungen verhindern, ebensowenig deren vollständige Teilnahme an dem Ereignis, die, wie der Hinweis auf »Rohheit und Zügellosigkeit« zeigt, immer noch fortdauerte.

Gleichzeitig versuchten die Behörden weiter, den Hinrichtungsvorgang vernünftiger zu gestalten und die Möglichkeit einzuschränken, daß dieser der Menge Gelegenheit bot, sich auf anderen Wegen Selbstbestätigung zu verschaffen. Im Jahre 1811 ereignete sich eine weitere Störung bei einer Hinrichtung, diesmal in Breslau. Am 6. März 1811 hatte der Alt-Scharfrichter aus Liegnitz zugelassen, daß die Menge außer Kontrolle geriet, weil er das Schwert nicht mit der nötigen Geschicklichkeit handhabe: »Sein erster Hieb ist zu hoch gegangen und hat nur wenig Blut fließen gemacht; der zweite Hieb ist ihm völlig mißlungen, dabei dem Delinquenten die Augenbinde abgefallen, und indem sich letzterer hat umsehen wollen, ist der dritte Hieb geschehen und wieder mißlungen. Nun hat der Breslauer Scharfrichter jenem das Schwert entrissen und einen vierten Hieb vollführt, der endlich das Haupt soweit vom Rumpf getrennt hat, daß noch ein fünfter Hieb dazugehört hat, um die Durchschneidung zu vollenden.« Während sich diese grausige Pantomime vollzog, hatte das Publikum »ein Geschrei des Unwillens erhoben, und der Liegnitzer Scharfrichter nur mit Mühe gegen den Ungestüm des Pöbels geschützt werden können«. Derartige Vorfälle, die nicht ungewöhnlich waren, führten häufig dazu, daß die Menge den Scharfrichter steinigte, eine Reaktion, die man hauptsächlich auf ihre Identifikation mit dem Opfer zurückführen kann. Weil sie »so leicht zu einem Akt öffentlicher Unruhe und Tumults« führen konnte, gingen die preußischen Behörden nunmehr von der unsicheren Methode der Enthauptung durch das Schwert ab und ersetzten es durch das Beil[82], obwohl das Schwert, wie wir gesehen haben, im Königreich Hannover noch 1858 benutzt wurde. Darüber hinaus zeigt eine Durchsicht des Strafregisters, daß nach 1818 niemand mehr in Preußen durch Erhängen oder Verbrennen hingerichtet worden ist.[83] So waren nun die einzigen beiden Methoden, die in den altpreußischen Provinzen in Gebrauch waren, die Hinrichtung mit dem Handbeil und das Rädern, denen man noch die Guillotine oder das Fallbeil hinzufügen muß[84], dessen Gebrauch auf die Rheinprovinzen beschränkt war, wo es zusammen mit dem Code Napoleon von den Franzosen eingeführt worden war. Deutsche Staaten, einschließlich der alten preußischen Provinzen, zögerten mit der Einführung der Guillotine wegen der noch frischen Assoziationen, die mit dieser Methode verknüpft waren.[85]

Während dieser Zeit gab es langwierige Diskussionen, die sich über mehrere Jahrzehnte hinzogen, über die Zusammenstellung eines neuen Strafgesetzbuches, das den Strafrechtsteil des Allgemeinen Landrechts von 1794[86] ersetzen sollte. Einige, die an dieser Diskussion beteiligt waren, plädierten für die Beibehaltung der abgestuften Formen der Todesstrafe. Im Jahre 1839 argumentierte ein Mitglied in der 39. Sitzung der Staatsrats-Kommission für die Strafrechtsreform wie folgt:

»In der Meinung des Volkes, sowie in dem Gefühle des Verbrechers sei die Strafe ein Akt der Vergeltung; und diesen Charakter der Strafe müsse die Gesetzgebung aufrechterhalten; hierzu möchte aber eine einzige Todesstrafe nicht ausreichend sein. Nach der Ansicht der Ärzte sei die Strangulation eine gelindere Todesstrafe als die Enthauptung; gleichwohl gelte in der Meinung des Volks die erstere für schwerer und schimpflicher als die letztere. Die Strafe des Rades und des Feuers mache, wenngleich sie bei der Vollstreckung durch vorherige Erdrosselung gemildert werde, doch einen gewaltigeren Eindruck auf das Volk und stelle ihm die Scheußlichkeit des Verbrechens lebhafter vor Augen als die Enthauptung; auf die Idee des Volks über die Schimpflichkeit der Strafe und auf den Eindruck, welche deren Vollstreckung hervorbringe, sei aber großes Gewicht zu legen; die Aufhebung jedes Unterschiedes bei der Todesstrafe dürfte daher von nachteiliger Wirkung sein.«

Doch stimmte dieser Ansicht, obwohl sie energisch vertreten wurde, wie sich erwies, stets nur eine Minderheit in der Kommission zu.

Drei Einwände waren es vor allem, die besonders aufschlußreich waren. Der erste war der, daß man zusätzliche Strafen, über die des Todes hinaus, für unnötig grausam hielt. Die Kommission war der Ansicht, daß die Todesstrafe »nicht von Schärfungen begleitet sein dürfte, welche die Qualen des Hinzurichtenden erhöhen oder verlängern und als Grausamkeiten nach den Gesetzen der Menschlichkeit und der Zivilisation verwerflich sind«. Rache und Grausamkeit galten als unmenschlich; »Die Unzulässigkeit jeder Verschärfung, durch welche, wie bei den jetzigen qualifizierten Todesstrafen, die Leiden des Hinzurichtenden vermehrt werden ... [werden] selbst den Eindruck der Strafe auf das Volk vereiteln, indem sie nicht sowohl Abscheu vor dem Verbrechen, als vielmehr Mitleid für den Verbrecher erregen.«

Auch habe es, wie ein zweites Argument darlegte, keinen Sinn, zusätzliche, die Todesstrafe »ergänzende« körperliche Strafen, wie etwa das Rädern ›von unten herauf‹, durch symbolische zu ersetzen, z. B. durch das Errichten einer Tafel am Galgen, mit dem Ziel, den Verbrecher der »Verachtung und Entwürdigung« preiszugeben – etwas, was alle für notwendig hielten. Damit werde die Familie des Verbrechers verletzt, indem die Gesellschaft dadurch an die Tat eines ihrer Mitglieder erinnert werde. »Von einer solchen Familie werde sich jeder zurückziehen, und dieses könne leicht zu neuen Verbrechen Anlaß geben«. Anders als das Argument der Menschlichkeit, das in diesem Zusammenhang zumindest seit den Tagen Friedrichs II. vorgebracht worden war, war dies ein vergleichsweise neuer Punkt, der den bürgerlichen Individualismus widerspiegelte, welcher in ständig zunehmendem Maße in die Erörterung der Strafvollzugspolitik Eingang fand. Der dritte und letzte Punkt war ebenfalls neu. Die Kommission argumentierte, daß der Tod an sich schon Abschreckung genug sei. Wenn das Beil nicht ausreiche, um jemanden von einem Mord abzuhalten, dann würde eine Tafel oder ein anderer entehrender symbolischer Zusatz gewiß kaum mehr Erfolg haben.[87] Diese Argumente waren vielleicht am besten in einem Urteil des Appellationsgerichts in Frankfurt an der Oder zusammengefaßt, das im Jahre 1853 erklärte: »Der Tod sühne hier auf Erden alle Schuld; über ihn hinaus dürfe die Hand des menschlichen Richters sich nicht erstrecken. Was der Todesstrafe als Schärfung hinzugefügt werde, treffe nicht den schuldigen Verbrecher; es kränke und verletze die unschuldigen Angehörigen; es sei gegen diese eine Strafe ohne Strafurteil.«[88] Hier wurde, auf eine rein rationalistische Art, der Tod selbst als äußerstes Strafmittel gesehen. Der Tod erschien jenen, die diese Ansicht vertraten, als endgültig; *wie* jemand starb, war augenscheinlich eine Sache von zweitrangiger Bedeutung. So votierte die Kommission im Jahre 1839 mit 22 zu 17 Stimmen gegen jegliche Form der Differenzierung der Todes-

strafe, die ausschließlich durch Enthauptung vollzogen werden
sollte. Letzten Endes aber war die Debatte hauptsächlich deshalb
interessant, weil sie die Meinungen in der hohen Beamtenschaft
beispielhaft widerspiegelt; denn die geplante Reform des Strafrechts wurde tatsächlich nicht verwirklicht.

In der Zwischenzeit hatten die Behörden getan, was sie für möglich oder ratsam hielten, um die Schwere der Strafen in dem von
der Kommission erörterten Sinne zu vermindern. Schon im Jahre
1811 hatte der Justizminister entschieden, der altehrwürdigen
Praxis, die toten Körper der Verbrecher nach ihrer Hinrichtung
zur Schau zu stellen, ein Ende zu bereiten. Der Polizeipräsident
zu Breslau merkte an, daß der Galgen in seiner Stadt, der wie
gewöhnlich unmittelbar jenseits des Stadttores gelegen war, sich
»an einem sehr frequenten Wege (befand), dessen Eigentümer um
mehrere Wochen lang in dem fürchterlichen Gestank des auf dem
Rade geflochtenen Körpers leben mußten«. Es sei auch nicht bil-
lig, die Nachbarn ständig dem »ekelhaften Anblick« verwesender
Leichen auszusetzen. Überdies seien »so viele Tausende von hiesigen Einwohnern zur Beschauung« gekommen, daß sie eine
ernsthafte Belästigung für die Nachbarschaft darstellten. Die lokale Zeitung habe, so klagte er, »mit fürchterlichem Witze ...
(vorgeschlagen), dort eine Schankstätte zur Erquickung der Besu-
chenden anzulegen«.[89] Der König selbst hatte im Jahre 1810 ausdrücklich erklärt, daß »die Aufflechtung des Körpers aufs Rad mit
der Strafe des Rades nach einem langjährigen Gerichtsbrauche
verbunden und als eine eigentliche Schärfung derselben nicht anzusehen ist«.[90] Aber die Beschwerden aus Breslau im Jahre 1811
überzeugten die Behörden, daß man dieser Praxis aus Gründen
der öffentlichen Gesundheit ein Ende setzen sollte.[91] Ein zufälli-
ges Nebenprodukt davon war, daß Personen aus dem Publikum
von nun an endgültig die Möglichkeit genommen war, Teile der
zur Schau gestellten Körper für magische Zwecke zu entfernen.
Die allmähliche Ausdehnung der bebauten Fläche der Städte über
die alten Stadtmauern hinaus mußte zu Problemen mit dem System des Strafvollzugs führen, wenn man bedenkt, daß die Galgen
unmittelbar vor den Stadttoren errichtet waren.

Aber das Bemühen um eine humane Anwendung des Strafrechts, das zunehmend die allgemeine Politik in dieser Zeit cha-
rakterisierte, führte auch zu einem grausigen Paradox. Das System
der Abstufungen von Hinrichtungen, wie sie im Allgemeinen

Landrecht niedergelegt waren, ergab nur dann wirklich einen Sinn, wenn alle verkündeten Todesurteile tatsächlich auch vollstreckt wurden. Je mehr die Behörden den Tod selbst als die eigentliche Strafe betrachteten, desto eher zogen sie die Umwandlung von Todesstrafen zu lebenslänglichen Haftstrafen bei Verbrechern in Betracht, deren Schuld in Zweifel stand, bei deren Verbrechen sich mildernde Umstände entdecken ließen oder in deren Verhalten man eine gewisse Reue erkennen konnte. Dies waren jedoch im allgemeinen diejenigen gewesen, für die das Gesetz weniger schwere Todesstrafen festgesetzt hatte. Der König, bei dem das Vorrecht der Begnadigung lag, und der preußische Justizminister, auf dessen Rat hin er in solchen Fällen häufig handelte, waren auf der anderen Seite niemals geneigt, Raubmörder oder Vatermörder mit irgendwelcher Nachsicht zu behandeln. Über Todesurteile wurde im Rheinland, wo nur die Guillotine benutzt wurde, nach napoleonischen Gesetzesverfahren entschieden, in denen das Geständnis nur eine relativ untergeordnete Rolle spielte; im Justizministerium dagegen folgte man den alten preußischen Regeln; und daher hat man Todesurteile, die in den Rheinprovinzen verkündet wurden, gewöhnlich in lebenslange Haftstrafen umgewandelt, mit der Begründung, daß ein volles Geständnis fehle.[92] All dies bedeutete in der Praxis, daß in den früheren Jahrzehnten des neunzehnten Jahrhunderts die schwersten Formen der Todesstrafe gleichzeitig auch diejenigen waren, die am häufigsten angewandt wurden. So waren von 14 Menschen, die im Jahre 1821 in Preußen hingerichtet wurden, 11 (nach vorangegangener Erdrosselung) gerädert und 3 mit dem Beil enthauptet worden. Im Jahre 1831 gab es 8 Hinrichtungen durch das Rad, eine durch die Guillotine und keine mit dem Beil. Noch im Jahre 1836 erfolgten die meisten Hinrichtungen immer noch durch Rädern. Wenigstens an diesem Punkt wurde die Anomalie schließlich korrigiert; im Jahre 1838 wurden sieben von neun Hinrichtungen mit dem Beil ausgeführt, und in fünf dieser Fälle sollte die Hinrichtung ursprünglich durch Rädern erfolgen. Tatsächlich war es von dieser Zeit an allgemein die Regel, daß Todesstrafen durch Rädern, außer in Fällen von außergewöhnlicher Abscheulichkeit (z. B. bei Raubmord), fast ausnahmslos in solche durch Enthaupten mit dem Beil umgewandelt wurden, und in den 1840er Jahren war es ganz normal, daß das Rädern jahrelang nicht praktiziert wurde.[93]

Als Fazit der Entwicklung von der Verkündung des Allgemeinen Landrechts im Jahre 1794 an bis zu der Zeit unmittelbar vor der 1848er Revolution ergibt sich daher, daß es – wie die Erfahrung zeigte – schwer war, die amtliche Auffassung von öffentlichen Hinrichtungen bei den Zuschauern durchzusetzen, die solchen Ereignissen beiwohnten. Während die Behörden die öffentliche Hinrichtung weiterhin als Demonstration der Schuld des Angeklagten, als Beweis für seine Ergreifung und Exekution und auch – indem sie bei den Zuschauern das Gefühl von Abscheu und Verachtung wecken sollte – als ein Mittel betrachteten, andere abzuschrecken, in die Fußstapfen des Verbrechers zu treten, sah die Menge in der Hinrichtung immer noch einen rituellen Tötungsakt, bei dem sie sich eher mit dem Verbrecher als mit dem Staat identifizierte. Alle Versuche von seiten der Behörden, die Form der Hinrichtung umzuwandeln, konnten an dieser Situation nichts ändern. Tatsächlich führte die zunehmende Praxis, Urteile einfach abzuwandeln, zumindest für eine gewisse Zeit dazu, daß die grausamste Strafe am häufigsten angewandt wurde. Das Problem der öffentlichen Hinrichtungen war in Wirklichkeit mit sehr viel weitergehenden Fragen der Strafvollzugs- und Rechtspolitik verknüpft. Ohne eine allgemeine Reform des Strafrechts und des Strafverfahrens war keine fundamentale Veränderung in der Frage der Todesstrafe möglich. Die allgemeinen Probleme, die die in den 1820er und 1830er Jahren erwogene Reform des Strafrechts verhindert hatten, trugen auch dazu bei, die Reform der öffentlichen Hinrichtungen zu vereiteln; denn niemand war geneigt, Hinrichtungen aus den Augen der Öffentlichkeit zu entfernen, solange Strafprozesse weiterhin nichtöffentlich durchgeführt wurden.[94]

VI

Erst in den 1840er Jahren erschien eine Veränderung dieser Situation in zunehmendem Maße vorstellbar. Eine Anzahl miteinander verknüpfter Einflüsse kam zusammen und brachte eine entscheidende Änderung des Meinungsklimas im preußischen Justizministerium zuwege. Die wachsende Stärke der liberalen Opposition gegen den preußischen Staat machte sich in diesem wie in anderen Bereichen der Politik bemerkbar. Es kann zum Beispiel kaum einen Zweifel geben, daß liberale Proteste eine Rolle dabei spielten, daß das Rädern in geringerem Ausmaß praktiziert wurde[95], und in einem allgemeineren Sinne zwangen die wachsenden Finanzschwierigkeiten der Krone diese, den Vertretern der rheinischen Bourgeoisie mehr Mitspracherechte bei der langverzögerten Vorbereitung eines neuen Strafgesetzbuches einzuräumen. Insbesondere machten es die veränderten politischen Bedingungen zum ersten Male möglich, die Einführung öffentlicher Gerichtsverfahren in Erwägung zu ziehen.[96]

Parallel zu diesen Entwicklungen kam es seit dem Jahr 1845[97] zu einem scharfen Anstieg der Verbrechen, besonders der Diebstahlsdelikte, der der Frage der Strafrechtsreform neue Dringlichkeit verlieh, obwohl mit diesem Anstieg keine nennenswerte Zunahme der Verurteilungen für Delikte verbunden war, auf denen die Todesstrafe stand.[98] Gleichzeitig und aus demselben Grund – nämlich wegen der katastrophalen Ernten in den späten 1840er Jahren – begann die Zahl der Hungerrevolten und anderer Unruhen in Deutschland erneut und in noch nicht dagewesenem Ausmaß zuzunehmen.[99] Alles was man tun konnte, um mögliche Anlässe für Unruhen in der Bevölkerung zu beseitigen, war nun geeignet, größte Aufmerksamkeit seitens der Regierung zu erhalten, deren Vermögen, die öffentliche Ordnung aufrechtzuerhalten, um das Jahr 1847 schon sehr geschwächt war. Im August 1847 setzte daher König Friedrich Wilhelm IV. amtlich den Prozeß zur Veränderung der Form der Hinrichtung in Gang, indem er den Justizminister veranlaßte, die Methoden zu untersuchen, mit denen Verbrecher in den Vereinigten Staaten hingerichtet wurden. In diesem Stadium hatte er noch eine gewisse Publizität im Auge; denn die Hinrichtung sollte, obwohl sie »in einem geschlossenen Raume, dem Publikum nicht sichtbar« stattfinden sollte, durch ein Glockenläuten angekündigt werden, »während in der Zwischenzeit Prädikanten zu dem um den Hinrichtungsort sich versammelnden Volke zu reden pflegen«.[100] Nachdem die Justizminister v. Savigny und v. Uhden von akademischen Autoritäten in den Vereinigten Staaten Informationen eingeholt hatten, antworteten sie dem König in einem Memorandum vom 17. November 1847, das ausführlich zu zitieren sich lohnt, weil es entscheidend dazu beitrug, die Abschaffung der öffentlichen Hinrichtungen durchzusetzen.

Der Justizminister zählte zunächst alle die Kritikpunkte am Verhalten des Hinrichtungspublikums auf, die die Behörden seit langem geltend gemacht hatten:

»Die Hinrichtungen auf freiem Felde oder Markte werden vom Volke in der Regel als ein Schauspiel angesehen, an welchem die Neugierde Befriedigung sucht und findet. Der Zweck der Abschreckung geht meist verloren. Der große Haufe überläßt sich bei solcher Gelegenheit oft rohen Ausbrüchen seiner Laune; statt durch einen tiefen ernsten Eindruck auf die Sittlichkeit zu wirken, geben die öffentlichen Hinrichtungen Anlaß zu mancherlei Exzessen. Andererseits verfehlen sie die beabsichtigte Wirkung auch in der Beziehung, daß sie entweder ein brutales Vergnügen an dem traurigen Anblick oder Mitleiden mit dem Verbrecher oder eine Art Bewunderung seines Mutes, seiner Standhaftigkeit anregen. Die Feierlichkeiten, mit welchen die Exekution verbunden ist, das Aufsehen und die Aufmerksamkeit für den Delinquenten haben sogar, wie Beispiele ergeben, den Reiz und den Wunsch hervorgerufen, auf ähnliche Weise zu sterben, und dadurch zu schweren Verbrechen geführt.«[101]

Darüber hinaus, fügten sie hinzu, mache diese ganze öffentliche Aufmerksamkeit die verurteilte Person eitel und bewirke einen zum Sterben »ungeeignete(n) Seelenzustand«. Alles in allem, behaupteten sie, beseitigen »die Intramuran-Hinrichtungen ... die vorgedachten Übelstände, zu welchen auch der Aberglaube zu rechnen ist, der an das Blut, die Kleider und andere Überreste des Hingerichteten gewisse Wirkungen knüpft.«[102]

Der Justizminister betonte jedoch ausdrücklich, es sei notwendig, eine solche Maßnahme mit der Einführung öffentlicher Gerichtsverfahren mit Geschworenen anstelle der heimlichen Untersuchungsverfahren, die zu jener Zeit immer noch abgehalten wurden, zu koppeln.

»So lange noch die Vorschriften des Inquisitions-Prozesses nach der Kriminal-Ordnung in Geltung sind, könnte die Einführung der Intramuran-Hinrichtungen, die leicht in ihrer Bedeutung verkannt werden, zu Mißdeutungen führen und einen üblen Eindruck im Volke machen. Die Meinung, daß es auf eine heimliche Hinrichtung abgesehen sei, würde bei Unverständigen, Übelgesinnten und Leichtgläubigen Eingang zu finden wissen und um so schwerer zu widerlegen sein, als die Unbekanntschaft mit dem Gange der Untersuchung und mit den Unterlagen für den richterlichen Spruch die Überzeugung nicht frei werden läßt, daß keinerlei andere Motive für jene Einrichtung vorwalten, als die Absicht, die mit den Hinrichtungen auf dem freien Felde verbundenen Übelstände zu vermeiden. Anders wird es sich verhalten, wenn nach allgemeiner Einführung des öffentlichen mündlichen Untersuchungsverfahrens die Untersuchungen vor dem Publikum abgehalten werden, die Beweise der Schuld des Angeklagten offen dargelegt sind und damit jeder Zweifel über das wahre Sachverhältnis von selbst verschwindet. Dann kann die Intramuran-Hinrichtung zu keinem Bedenken, zu keiner Beunruhigung in der öffentlichen Meinung Veranlassung geben. Man wird, nachdem die Überführung und Verurteilung des Verbrechers im Angesichte des Publikums erfolgt ist, kein besonderes Gewicht darauf legen, daß auch die Vollstreckung des Urteils vor den Augen des Volkes geschehe, vielmehr die zur Überzeugung von der gesetzmäßigen Vollziehung der Todesstrafe getroffenen Gewährsmaßregeln für vollkommen genügend betrachten.«

Sie einigten sich daher auf die »Einführung der ›Intramuran-Hinrichtungen‹« unter der Bedingung, »daß zuvor das öffentliche und mündliche Untersuchungsverfahren allgemein eingeführt ist«.[103]

In den daran anschließenden Überlegungen des Justizministeriums ging es vor allem darum, zwei Punkte klarzustellen. Erstens hatten die Behörden ein massives Interesse, den dramatischen und zeremoniellen Aspekten der Hinrichtungen ein Ende zu machen. Und zweitens wollten sie so fest wie möglich darauf bestehen, die Hinrichtungen nicht völlig aus den Augen der Öffentlichkeit zu entfernen; lediglich der freie Zugang sollte beschränkt werden. Was in einem Dokument vom 17. November 1847 und in den darauffolgenden Diskussionen am stärksten zum Vorschein kommt, ist eine intensive Furcht vor dem »Pöbel«: denn in Wirklichkeit waren es doch die mit den öffentlichen Hinrichtungen verknüpften »Übelstände«, die die Ursache dieser Reformen waren, und der Versuch, dies zu leugnen, war eine bloße Propaganda-Übung. Überdies sollte das Publikum, wenn man es überhaupt zulassen wollte, in Zukunft nur auf einer höchst selektiven Basis Zutritt erhalten. Mit anderen Worten, es war vorbei mit den selbstbewußten Versuchen der frühen 1800er Jahre, die öffentlichen Hinrichtungen für die Menge in ein Instrument der Abschreckung zu verwandeln. Nach einem halben Jahrhundert des Kampfes gaben die Behörden nun den Widerstand auf und entzogen die Hinrichtungen aus Furcht vor Unruhen in der Bevölkerung den Augen der breiten Öffentlichkeit. Beim Verfolgen dieser Ziele beschloß das Ministerium bald, den Ausdruck »Intramuran-Hinrichtung« zu vermeiden, weil er – wenn er überhaupt verstanden würde – »der irrtümlichen Meinung Vorschub leisten (könnte), als solle an die Stelle der öffentlichen Hinrichtung eine geheime treten, was keineswegs beabsichtigt ist«.[104] Auf der anderen Seite sollten das Glockenläuten und der Einsatz von Geistlichen, die außerhalb der Gefängnistore stehen sollten, vermieden werden, weil sie »Feierlichkeiten« darstellten, die dazu führen würden, daß sich draußen Menschenmassen versammelten.[105] Schließlich wurde argumentiert: »Die Zuziehung von geachteten Leuten, welche, weil sie in keinem Staatsamte stehen, die Vermutung einer gewissen größeren Unabhängigkeit für sich haben, dürfte sich allerdings empfehlen«, vorausgesetzt, daß niemand gezwungen würde, anwesend zu sein. Daher sollten der Gemeindevorstand und »andere achtbare Gemeindemitglieder« gebeten werden, zwölf Zeugen (nach amerikanischem Muster) zu entsenden, »welche nach ihrer amtlichen Stellung, nach ihrem Verhältnisse in der bürgerlichen Gesellschaft und ihrem Charakter Gewähr zu leisten geeignet sind«. Als nachträglicher Gedanke wurde hinzugefügt, daß nur Männern die Anwesenheit gestattet werden sollte. Nicht einmal Frauen aus der Familie der verurteilten Person sollten zugelassen werden.[106]

Diesen Reformen stimmte der König am 4. November 1847 im Grundsatz zu[107], aber die Vorbereitung des Gesetzesentwurfs wurde von der Revolution unterbrochen: Das relevante Dokument, das in zusammengefaßter Form oben wiedergegeben wurde, erscheint in den Akten mit dem Datum »10. März 1848« und einer hastig gekritzelten Bemerkung, »nach 6 Monaten wiedervorzulegen, 15./V./48«.[108] In der Zwischenzeit jedoch wurden Verbrecher weiter nach dem alten Gesetz verurteilt, und als die Behörden nach der Revolution die Dinge wieder unter Kontrolle bekamen, standen sie vor dem Problem, was angesichts des Fehlens irgendeiner formalen Änderung des Hinrichtungsverfahrens zu tun sei. Die Situation wurde durch die Tatsache kompliziert, daß die preußische Verfassunggebende Versammlung und das Frankfurter Parlament beide mit überwältigender Mehrheit dafür gestimmt hatten, die Todesstrafe überhaupt abzuschaffen. Außerdem bedeutete die Revolution in diesem wie in anderen Bereichen einen entscheidenden Schub in Richtung auf die Einführung bürgerlicher Institutionen. Wie Dirk Blasius feststellt, wurden »die bürgerlichen ›Errungenschaften‹ der Revolution von 1848, Mündlichkeit und Öffentlichkeit des Strafverfahrens, Geschworenengerichte, Abschaffung der Privatgerichtsbarkeit und des privilegierten Gerichtsstandes, auch von der unter konservativen Vorzeichen stehenden ›revidierten Verfassung‹ vom Januar

1850 bestätigt«.[109] In der Zwischenzeit entschieden König und Justizminister, die Urteile gegen drei »Raubmörder« im März 1849 nicht umzuwandeln, da sonst der Eindruck entstanden wäre, »daß die Regierung mit der Aufhebung der Todesstrafe einverstanden sei«. Sie wurden im Rahmen einer öffentlichen Zeremonie ordnungsgemäß gerädert.[110] Als jedoch auf der anderen Seite im Januar 1850 eine Frau, die mit Unterstützung ihrer Tochter und ihres ersten Ehemannes ihren zweiten Mann zu Tode gequält hatte, dazu verurteilt wurde, zum Schafott geschleift und dann ›von unten herauf‹ gerädert zu werden, bemerkte der Justizminister, das herrschende Rechtsverständnis halte »Schleifung (für) unvereinbar mit den jetzigen Begriffen und Verhältnissen«. Sie sei »eine nicht zeitgemäße Schärfung der Todesstrafe«.[111] Trotzdem wurde die Frau auf dem Rade hingerichtet, einer der letzten Anlässe, bei dem diese Strafe in Preußen angewandt wurde.

Denn unmittelbar im Anschluß an die Revolution wurde das neue Strafgesetzbuch schnell durchgesetzt, und zwar auf der Grundlage des Entwurfs von 1847 mit den Ergänzungen der Legislative, hastig von Regierung und bürgerlichen Reformern gleichermaßen vorangetrieben, um eine effektivere und breiter akzeptierte Form des Umgangs mit Gesetzesbrechern, Kriminalität und sozialer Unruhe zu schaffen. In dem neuen Verfahren, das 1851 in Preußen Geltung erlangte und in anderen deutschen Staaten etwa um die gleiche Zeit ebenfalls eingeführt wurde (Sachsen-Altenburg 1841, Hannover 1859 usw.; die letzte aktenkundige öffentliche Hinrichtung in Deutschland fand im Jahre 1864 in Greiz statt)[112], wurden Hinrichtungen innerhalb des Gefängnisbereichs durchgeführt, in Anwesenheit des Oberstaatsanwalts, des Gefängnisdirektors, zweier Mitglieder des Gerichts, das das Urteil gefällt hatte, eines Geistlichen, einer kleinen Anzahl von Polizeibeamten und von zwölf Zeugen.

Nach vielen Diskussionen war entschieden worden, das Ereignis durch das Läuten einer Glocke anzukündigen, um eine gewisse Öffentlichkeit weiterhin zu garantieren.[113] Das Justizministerium führte dazu aus, »es sollten durch dasselbe die Mitglieder der Gemeinde, in deren Bezirk eine Hinrichtung vollzogen wird, nicht nur davon in Kenntnis gesetzt werden, daß die schwerste Strafe an einem Verbrecher vollzogen werde, sondern man wollte zugleich durch die feierlichen Töne der Glocke dieselbe zu einer dem Ernste der Handlung entsprechenden ernsten Betrachtung aufrufen«. Ja, es wurde sogar angedeutet, daß das Läuten der Glocke »wohl geeignet ist, Eltern zu vermögen, ihre Familie in dieser Stunde zu religiösen und moralischen Betrachtungen um sich zu sammeln«.[114] Nicht nur das, Datum, Zeit und Ort der Hinrichtung mußten ebenfalls vorher bekanntgegeben werden. Ein weiteres Element der Publizität war durch die Vorschrift geschaffen, daß die Einwohner der Umgegend, in der die Hinrichtung stattfand, Eintrittskarten beantragen und, sofern man sie zuließ, sich denjenigen zugesellen konnten, die berechtigt waren, dem Ereignis als Zeugen beizuwohnen. Diese Eintrittskarten wurden jedoch nur an solche Leute ausgegeben, von denen angenommen werden konnte, daß sie sich der Zeremonie mit dem nötigen Ernst nähern würden. In der Praxis erhielten solche Karten deshalb nur Mitglieder der lokalen Honoratiorenschicht. Die breitere Öffentlichkeit blieb so völlig ausgeschlossen.

Das neue Verfahren war jedoch noch nicht lange in Kraft, da wurde es bereits wieder angegriffen. Zunächst einmal stellte sich rasch heraus, daß die Behörden ihre Vorkehrungen nicht so gründlich trafen, wie es hätte sein können. Im Jahre 1853 zum Beispiel brachten die Scharfrichtergehilfen in Cottbus nach einer Hinrichtung im örtlichen Gefängnis den Körper auf einem von Pferden gezogenen Karren durch das Gefängnistor heraus »unter dem Jubel und den Hurrarufen der in der Nähe des Gefängnisses zahlreich versammelt gewesenen Menge«.[115] Gefolgt von der Menge, machten sie sich dann daran, die Leiche auf dem Platz zu beerdigen, auf dem früher der öffentliche Galgen gestanden hatte.[116] Darüber hinaus zeigt auch die Tatsache, daß Scharfrichterknechte im Jahre 1864 dabei ertappt wurden, als sie ins Blut des hingerichteten Verbrechers getauchte Taschentücher verkauften, daß die Auffassung, die in bezug auf Hinrichtungen in der Bevölkerung herrschte, so lebendig war wie eh und je.[117]

Diese Situation wurde jedoch erst dann unter Kontrolle gebracht, als das Justizministerium mit unvorhergesehenen Folgen der Entscheidung konfrontiert wurde, den Kauf von Eintrittskarten für Hinrichtungen zu erlauben. Im Jahre 1856 fand das Ministerium heraus, daß bei einer Hinrichtung im Gefängnis Moabit in Berlin nicht weniger als 200 Personen anwesend gewesen waren. Das Berliner Kammergericht rechtfertigte dies jedoch mit der nicht eben plausiblen Behauptung, es seien alles Rechtsanwälte und Mediziner gewesen, die ein besonderes Interesse daran gehabt hätten, die letzten Augenblicke eines kaltblütigen Mörders zu studieren.[118] Glaubwürdiger war die Behauptung des Pazifisten Alfred Fried, eines engagierten Gegners der Todesstrafe, daß zu einer Hinrichtung am 16. Oktober 1895 sechzig Eintrittskarten ausgegeben worden waren. »Verschiedene Herrschaften, darunter viele Offiziere, fuhren am Morgen in eleganten Equipagen zu dem seltenen Schauspiel ... Sollen etwa jene 60 Standespersonen«, fragte er ironisch, »die Öffentlichkeit bilden, die abgeschreckt werden soll?«[119] Im Mai 1886 berichtete eine Lokalzeitung in Magdeburg – ob ironisch oder – was gut möglich scheint – überhaupt ohne weitergehendes Motiv – über eine Hinrichtung, daß »zum größten Leidwesen eines jeden guten Magdeburgers ... die Zahl der ausgegebenen Karten eine sehr beschränkte (war). Aus diesem Grunde ist heute mancher der Ansicht, daß die Exekutionen öffentlich vollzogen werden müßten, denn wer seine Steuern und Abgaben regelmäßig bezahle, der könne so was verlangen«.[120] Für etwa 50 Personen aus der Honoratiorenschicht scheint es normal gewesen zu sein, Karten für eine Hinrichtung zu erhalten. Im Jahre 1886 wurde zum Beispiel von einer Hinrichtung in Graudenz berichtet: »es waren vielleicht 40-50 Personen zugelassen worden, welche ausschließlich den gebildeten Ständen angehörten«[121]. Aber die Praxis der Ausgabe von Eintrittskarten zog in zunehmendem Maße Kritik auf sich, vor allem von seiten der Gegner der Todesstrafe, deren Zahl mit der Entstehung des Pazifismus und dem Aufstieg der Sozialdemokratischen Partei wuchs. Die Kritik erreichte einen Höhepunkt im Jahre 1908, als Folge der Hinrichtung von Grete Beier, einer jungen Frau aus der Mittelschicht, die ihren Geliebten ermordet hatte und die, zweifellos wegen ihres Geschlechts und ihrer sozialen Stellung, im Mittelpunkt einer die ganze Nation erfassenden Diskussion stand. Sie wurde im Juli 1908 enthauptet, als erste Frau, die seit 50 Jahren in Sachsen dieses Schicksal erlitt. Über 1500 Personen hatten sich um Eintrittskarten bemüht, und etwas über 200 wurden ausgegeben. Selbst die konservative *Kreuzzeitung* protestierte gegen dieses »Drama« und wies darauf hin, daß der Geist des Gesetzes die Anwesenheit lediglich einer kleinen Zahl von Zuschauern verlange. Die fast einstimmige Verurteilung dieses Vorgangs führte dazu, daß der Ausgabe von Eintrittskarten endgültig ein Ende gesetzt wurde.[122]

Weiterer Druck zugunsten größerer Heimlichkeit bei der Hinrichtung von Verbrechern ergab sich aus der Unzufriedenheit der Behörden mit Presseberichten über diese Ereignisse. Die Berichte versuchten oft, Hinrichtungen in einer Weise darzustellen, daß sie ähnliche Formen annahmen wie zu der Zeit, als sie noch öffentlich waren, trotz der seitdem eingetretenen Veränderungen. So begannen Zeitungen ihren Bericht über eine Hinrichtung traditionell mit einer Beschreibung der letzten Mahlzeit des Verurteilten. Dies war an sich nichts Ungewöhnliches, aber indem sie dafür den traditionellen Ausdruck »Henkersmahl« verwendete und es bis ins feinste Detail beschrieb, rief die Presse unvermeidlich die Erinnerung an die Tatsache ins Gedächtnis, daß die verurteilte Person noch bis ins sechzehnte Jahrhundert vom Scharfrichter mit einem reichhaltigen Mahl bewirtet wurde und daß dies tatsächlich der erste Akt der rituellen Handlung war.[123] Ferner boten die Berichte einen Ersatz für die öffentliche Präsenz bei dem Verurteilten in der Zelle, indem sie sein Verhalten beschrieben, wenn ihm mitgeteilt wurde, daß der König sein Urteil bestätigt habe, indem sie erörterten, in welchem Ausmaß er Schuldbewußtsein oder Reue zeigte, und sogar, indem sie die Tatsache analysierten, daß er eine gute oder eine schlechte Nacht verbracht hatte. Der Scharfrichter, seine Knechte und vor allem das Werkzeug ihres Gewerbes wurden mit großer Akribie beschrieben, und der Bericht erreichte seinen Höhepunkt, wenn die letzten Augenblicke des Verurteilten bis ins kleinste Detail dargestellt wurden. Manchmal gaben die Zeitungen ein besonderes »Extra-Blatt« heraus, das über eine Hinrichtung berichtete.[124] Im Jahre 1886 machte der Reichskanzler und preußische Ministerpräsident Otto von Bismarck einen energischen Versuch, diese Praxis zu beenden, indem er den Justizminister zu überzeugen suchte, Reportern den Zugang zu Hinrichtungen zu untersagen. »Die Schilderung der letzten Augenblicke des Verbrechers«, klagte er, arte »in eine Verherrlichung desselben« aus. Der Justizminister antwortete darauf mit dem Vorschlag, Reporter nur dann zuzulassen, wenn sie versprachen, über das Ereignis keine sensationellen Geschichten zu schreiben. Bismarck war anderer Meinung: »Was sensationell ist«, bemerkte er, »darüber wird ein Journalist schon im Interesse seines Gewerbes anderer Ansicht sein als der Staatsanwalt.«[125] Aber nach Beratungen mit anderen Ministerien und mit den anderen Bundesstaaten des Kaiserreichs gelangte das preußische Staatsministerium zu der Meinung, daß es wohl zu noch stärker verzerrender Berichterstattung führen würde, wenn man die offiziellen Pressevertreter ausschlösse. Gerüchte und Spekulation würden die Tatsachen ersetzen. So erhielten Reporter auch weiterhin Einladungen, wobei aber die Oberstaatsanwälte jetzt angewiesen wurden, umsichtiger bei der Auswahl der einzuladenden Reporter vorzugehen.[126]

So hatte sich die ursprüngliche Überzeugung von v. Savigny und von v. Uhden aus dem Jahre 1847, »daß die Einwirkung auf die Gemüter eine reinere und dadurch nicht minder starke sei, wenn die Hinrichtung nicht sinnlich angeschaut wird, sondern der Phantasie die Vorstellung des Aktes überlassen bleibt«[127], nicht bewahrheitet. Im Gegenteil, trotz allem, was die Behörden tun konnten, erlebte die Öffentlichkeit Hinrichtungen weiterhin durch das Medium der Presse stellvertretend mit. Im Jahre 1914 zum Beispiel berichtete der *Generalanzeiger für Oberhausen* über die Hinrichtung des Bergmanns Peter Nowack, der für den Mord an seiner Ehefrau zum Tode verurteilt worden war, auf eine Weise, die deutlich werden ließ, daß das Interesse der Öffentlichkeit, was die Presse anbetraf, immer noch auf das Verhalten des Verurteilten in seinen letzten Stunden gerichtet war. Es war die Todeserwartung, auf die sich die Zeitung konzentrierte. Ein Abschnitt, mit der Überschrift »Des Gattenmörders letzte Nacht«, begann so:

»Als am Donnerstagnachmittag der Scharfrichter Göbel aus Magdeburg mit seinen beiden Gehilfen in Duisburg eintraf, da war für Nowack auch bald die Stunde gekommen, da ihm das Letzte, das Schreckliche eröffnet werden mußte … Um 6 Uhr wurde dem zum Tode Verurteilten veröffnet, daß der König von seinem Rechte der Gnade keinen Gebrauch gemacht habe. Zu gleicher Zeit betraten zwei Gefangenenaufseher die Zelle, die dann die ganze Nacht bei dem Delinquenten wachten. Der katholische Gefängnisgeistliche, Kaplan Ridder von der Liebfrauenpfarrgemeinde, fand sich ebenfalls am Abend bei Nowack ein, um die letzte Nacht mit dem Verurteilten zu wachen.«

Ein seltsamer Irrtum in dem Bericht läßt erkennen, wie stark die Presse hier die Zeit der öffentlichen Hinrichtungen in der Gegend heraufbeschwor; denn der Name des Scharfrichters war tatsächlich nicht *Göbel*, sondern *Gröpler*; die Familie Göbel hatte in Nordwestdeutschland viele Jahre lang das Amt des öffentlichen Scharfrichters versehen, hatte jedoch schon vor fast einem Jahrhundert ihre Dienste eingestellt.[128] Nachdem er den Anblick des

Gefängnisses bei Nacht in farbigen Einzelheiten beschrieben hatte, fuhr der Berichterstatter fort:

»Das Furchtbarste, was die Todesstrafe für den Verurteilten mit sich bringt, ist diese letzte Nacht, die Gewißheit des auf die Minute bestimmten Todes. Keine Feder wird je schildern können, was in solchen Stunden in der Seele eines Verbrechers vorgeht, denn die es erleben müssen, schweigen bald für immer. Das eine aber ist gewiß, daß diese letzten Stunden härter und grausamer sind als das blutige Gericht selber. Nowack hat ziemlich gefaßt die letzte Nacht ertragen. Er verhielt sich im Gegensatze zu den früheren aufgeregten Zuständen ziemlich ruhig und nahm den Zuspruch des Geistlichen willig an.«[129]

Es ist natürlich unmöglich zu wissen, ob dieser Bericht auf irgendwelchem Tatsachenmaterial beruht (wie es etwa ein Interview mit dem Priester oder dem Gefängnisbeamten wäre) oder ob er einfach erfunden war. Dies ist jedoch in einem gewissen Sinn nebensächlich; wichtig ist, daß Zeitungsartikel dieser Art weiter erschienen, was immer auch die Behörden dagegen zu unternehmen versuchten.

Da die Presse schon nicht daran gehindert werden konnte, über Hinrichtungen zu schreiben, versuchten die Behörden jedoch zumindest sicherzustellen, daß die Öffentlichkeit nicht im voraus informiert war. Dies gewann besondere Wichtigkeit, als die Gegner der Todesstrafe in organisierter Form aufzutreten begannen. 1889 wurde die vorherige Ankündigung einer Hinrichtung durch »Warnungsanzeige« in eine »Bekanntmachung« umgewandelt, die man erst nach der Exekution herausgab.[130] Im Jahre 1894 wurde ein Ersuchen der Direktoren aller Anatomischen Institute an preußischen Universitäten, ihnen die Körper hingerichteter Verbrecher zu überlassen, mit der Begründung abgelehnt, dies würde es notwendig machen, die Institute vorher von Zeit und Ort der Hinrichtung zu unterrichten, und daher die Gefahr mit sich bringen, daß diese Kenntnis an die Öffentlichkeit gelangen könne.[131] In Berlin befand man den Hinrichtungsort in Moabit erneut für ungeeignet, da er mitten in einem dichtbesiedelten Viertel liege. Er wurde nach Plötzensee verlegt.[132] Es blieb jedoch das Problem der Glocke, die während der Hinrichtung geläutet wurde. Schon im Jahre 1859 hatte das preußische Justizministerium die Idee von 1847 fallengelassen, die Glocke solle Mitglieder der örtlichen Gemeinde zu »religiösen und moralischen Betrachtungen« in ihre Wohnzimmer rufen. Die Glocke zog nur die

Menschenmassen außerhalb des Gefängnisses an, und dies sollte, wenn irgend möglich, vermieden werden. Darüber hinaus wurde es auch noch für wichtig gehalten, die Insassen des Gefängnisses, in dem die Hinrichtung erfolgte, daran zu hindern, den Vorgang von ihren Zellen aus zu verfolgen, und man verwandte viel Scharfsinn darauf, einen abgelegenen Teil des Gefängnisses zu finden, der geeignet wäre, die Enthauptung durchzuführen. Auf der anderen Seite würde ein Läuten der Glocke mitten im Gefängnis statt im Bereich der Außenmauern die Aufmerksamkeit der Gefangenen erst recht darauf lenken, was vor sich ging (als ob sie es nicht ohnehin gewußt hätten). Die Lösung, die man im Jahre 1859 fand, sollte es so weit wie möglich vermeiden, daß das Ereignis im voraus in der Öffentlichkeit bekannt wurde. Es sollten weder Kirchenglocken noch die normale Gefängnisglocke läuten, sondern eine besonders leise Glocke, deren »Läuten nicht so weit schallt, um auf die in der Strafanstalt detinierten Sträflinge beängstigend einzuwirken«.[133] Sogar das wurde jedoch vom Direktor des Kölner Gefängnisses im Jahre 1915 als zu »theatralisch« befunden. Darauf erwiderte der örtliche Oberstaatsanwalt, der Glockenton sei nützlich, weil er das Geräusch der fallenden Klinge und des Kopfes, des hervorquellenden Blutes »sowie ein etwaiges Schreien des Verurteilten« übertöne. Ohne die Glocke könne man dies aus einer gewissen Entfernung alles mithören.[134] Auf diese Weise war die Glocke aus einem Instrument der Publizität in ein Hilfsmittel der Heimlichkeit umgewandelt worden.

Ein weiteres Problem lag in der Person des Scharfrichters und seiner Gehilfen. Die Ankunft dieser Herren, mit ihrem auffälligen, eigentümlich geformten Gepäck und ihrer offiziellen Kleidung, bestehend aus Hut, Frack und weißen Handschuhen, waren ein sicheres Anzeichen dafür, daß es eine Hinrichtung geben werde. Im Jahre 1886 zum Beispiel, berichtete die *Magdeburger Presse*: »Das plötzliche Auftauchen des Henkers und seiner Trabanten inmitten einer friedlichen Bevölkerung ist keineswegs angenehm für letztere.« Trotzdem sagte man von vielen Leuten in der Stadt, sie brüsteten sich damit, daß sie den Scharfrichter gesehen oder gar ein Glas Bier mit ihm getrunken hätten.[135] Dergleichen zu tun war offensichtlich nicht schwer, wenn der Scharfrichter sich in einem Hotel einmietete, wie dies die übliche Praxis zu sein schien: Im Jahre 1914 etwa berichtete der *Generalanzeiger für Oberhausen,* der Scharfrichter Gröpler übernachte im Hotel

»Düsseldorfer Hof«.[136] Viele Beamte waren über derartige Publizität nicht glücklich. 1912 schrieb der Oberstaatsanwalt in Bromberg angesichts der Tatsache, daß sich 150 Menschen während einer Hinrichtung vor dem Gefängnis versammelt hatten: »Das Bevorstehen der Hinrichtung ist völlig geheim geblieben. Erst durch die Ankunft des Scharfrichters und später der beiden Geistlichen scheint bei wenigen in der Nähe des Gefängnisses wohnhaften Personen einige Aufmerksamkeit erregt worden zu sein.«[137] Der Oberstaatsanwalt in Frankfurt am Main machte im gleichen Jahr diese für ihn weniger erfreuliche Erfahrung. Er schrieb, »daß (es) in der Strafsache Pöllmann gelungen ist, der Presse die bevorstehende Hinrichtung so geheim wie möglich zu halten«; aber Bahnbeamte hatten am Frankfurter Bahnhof die eigentümliche Form des Gepäcks des Scharfrichters Gröpler und seiner Knechte bemerkt und der Presse einen Tip gegeben. Er schlug deshalb vor, sie sollten sich für den Transport ihres Gepäcks in Zukunft »eines unauffälligen Reisekoffers« bedienen, »beispielsweise eines solchen, wie ihn die Geschäftsreisenden für ihre Muster bei sich halten«.[138]

All dies war in der Tat weit entfernt von dem in den Jahren 1847-51 so oft bekundeten Bemühen der Behörden, die »intramuranen Hinrichtungen« nicht als geheim erscheinen zu lassen. Wenn man sie im Zusammenhang der langfristigen Veränderungen sieht, die sich in bezug auf die Form der Hinrichtung vom Ende des achtzehnten bis zum Beginn des zwanzigsten Jahrhunderts vollzogen hatten, zeigt sich das Ende der Hinrichtungen »auf freiem Felde« im Jahre 1851 in einem ganz anderen Licht, als die Behörden es gern gehabt hätten. In Wirklichkeit war dies nur eine, wenn auch die entscheidende einer langen Reihe von Veränderungen, die übereinstimmend in die Richtung wirkten, Hinrichtungen aus der allgemeinen Öffentlichkeit zu verbannen. Sie war Teil eines langfristigen Prozesses der Verheimlichung. Die bewußten Motive der Behörden, die diese Politik mit derartiger Zielstrebigkeit verfolgten, lagen klar genug zutage: die Überzeugung, daß die Einstellungen der Bevölkerung gegenüber den Hinrichtungen durchaus zwiespältig waren, daß – wenn man aus der Todesstrafe ein theatralisches Drama machte oder (was im Effekt auf dasselbe hinauslief) sie in der Presse sensationell aufbauschte, wobei der Verbrecher glorifiziert, mindestens aber die Sympathie des Publikums für ihn geweckt wurde – dies den Sinn der Strafe, nämlich Sühne und Abschreckung, in gewisser Weise ins Gegenteil verkehren und eher zu Ungehorsam als Gehorsam führen würde. Aber wie immer auch die Lösung aussah, mit der man dieses Problem zu bewältigen versuchte, die Behörden blieben damit unzufrieden. Die Akten des preußischen Justizministeriums lassen darauf schließen, daß Rechtsanwälte und Bürokraten, die die Anwendung der Todesstrafe überwachten, im Jahre 1900 damit nicht zufriedener waren als im Jahre 1800, auch wenn sie grundsätzlich noch so stark für die Todesstrafe eintraten. Diese anhaltende Unzufriedenheit läßt darauf schließen, daß hier tieferliegende Prozesse, die sich auf einer weniger bewußt artikulierten Ebene abspielten, zum Tragen kamen.

VII

Um die seit dem achtzehnten Jahrhundert andauernde Unzufriedenheit der Behörden mit der Praxis der Todesstrafe zu verstehen, müssen wir uns zuallererst ihrem Zusammenhang mit der Entwicklung der Strafvollzugspolitik während dieses Zeitraums zuwenden. Deutschland, mit Preußen an der Spitze, erfuhr durch die Jahrzehnte hindurch, die im Mittelpunkt unserer Aufmerksamkeit gestanden haben, die gleichen langfristigen Veränderungen in der Struktur des Strafrechts, wie sie von Foucault für Frankreich, von Ignatieff für England und von Rothman für Amerika geltend gemacht worden sind.[139] Körperliche Strafen wurden allmählich abgebaut und um die Mitte des 19. Jahrhunderts – außer in Gefängnissen für Vergehen, die sich dort ereignet hatten – in Preußen nicht mehr angewandt.[140] An die Stelle zahlreicher öffentlicher Strafen, die bis zur Mitte des achtzehnten Jahrhunderts verbreitet waren und vom Auspeitschen und Verstümmeln bis zu Hinrichtungen auf vielerlei Arten reichten[141], trat nun ein einheitliches Gefängnissystem, das sich vor allem im Gefolge des neuen Strafgesetzbuches von 1851 zunehmend darauf konzentrierte, den Verbrecher zu isolieren und zu »bessern« und ihn nicht mehr einfach nur zu bestrafen. Zumindest der Absicht nach verlagerten die Behörden ihre Aufmerksamkeit von der Vergeltung zur Rehabilitation.[142] Im Rahmen dieser übergreifenden und langfristigen Veränderung in der Strafvollzugspolitik nahm die Todesstrafe eine zunehmend anormale und eigentümliche

Stellung ein. Ihrem Wesen nach konnte sie niemals etwas anderes sein als eine Strafe, und sie konnte sich niemals gegen etwas anderes richten als gegen den Körper. Man machte Versuche, sie in die neue Vorstellungswelt einzupassen, auf deren Grundlage die Behörden nun an die Strafvollzugspolitik herangingen, indem man sich nicht auf den eigentlichen Tod des Verbrechers, sondern auf die »geistige Tortur« der letzten Stunden des Verurteilten konzentrierte. Aber dies konnte den fundamentalen Einwand nicht entkräften, den das *Berliner Tageblatt* im Jahre 1907 so formulierte: »Die Todesstrafe ist vom christlichen und menschlichen Standpunkt aus deshalb verwerflich, weil sie die inneren Entwicklungsmöglichkeiten des Verurteilten vorzeitig vernichtet.«[143] Im zwanzigsten Jahrhundert wurde es dann in der Tat sehr schwierig, die Todesstrafe im Sinne der herrschenden Lehre des Strafvollzugs zu rechtfertigen, und die Behörden waren, wie wir gesehen haben, fortgesetzt im Zweifel, ob sie auch nur als Abschreckungsmittel in irgendeiner Weise effektiv war.

Dies reicht an sich jedoch nicht aus, um die Verlegenheit zu erklären, in der sich das Beamtentum befand, wenn es mit der Todesstrafe zu tun hatte. Schließlich waren die Beamten im allgemeinen bereit, die Todesstrafe im Prinzip zu verteidigen, d. h. so lange sie nicht ihre Durchführung in der Praxis überwachen mußten.[144] Diejenigen, die mit der Überwachung von Hinrichtungen beauftragt waren, entwickelten im Verlauf des neunzehnten Jahrhundert zunehmend Gefühle des Ekels und des Abscheus. Schon im Jahre 1811 hatte man aufgehört, den Körper und den Kopf des hingerichteten Verbrechers am Richtplatz der Verwesung zu überlassen, und das unsauber arbeitende Schwert war gegen das effizientere Handbeil ausgetauscht worden; in den 1840er Jahren hörte dann die Anwendung des Rades auf, und im Jahre 1851 wurden alle zusätzlichen Strafen, wie etwa das Schleifen zum Schafott, offiziell abgeschafft. Im frühen neunzehnten Jahrhundert schienen die Beamten nicht viel gegen das blutige Ritual des Räderns unternommen zu haben, und selbst die schreckliche Möglichkeit einer mißlungenen Hinrichtung erregte in ihnen lediglich Furcht vor feindseligen Handlungen der Zuschauermenge.[145] Um 1900 jedoch brachten sie schon die kleinsten Fehler auf seiten des Scharfrichters in peinliche Verlegenheit. In diesem Jahr hatte zum Beispiel der Scharfrichter in Plötzensee seinen Schlag nicht mit genügend Kraft geführt, so daß »vor Abhebung des Körpers von der Richtbank ein Abzerren des abgeschlagenen Kopfes vom Rumpfe durch die Gehilfen vorgenommen werden mußte, dasselbe dauerte zwar nur einen kurzen Augenblick, machte aber einen widerlichen Eindruck«.[146] Die Verlegenheit war um so größer, wenn Informationen über einen derartigen Vorgang an die Presse gelangten. »Welch grauenhafter, erschütternder Anblick!« berichtete die *Berliner Zeitung* über eine Hinrichtung im Jahre 1903: »Das Beil war nicht durchgefallen, sondern der Hals nur so weit getroffen, daß wohl die Wirbelsäule durchschlagen war, der Kopf aber nicht vom Rumpfe getrennt war, sondern festhing und zitterte, zwischen Beil und Richtblock auch ein Zipfel des Rockes geklemmt war.«[147]

Um 1912 empfanden diesthabende Staatsanwälte selbst bei solchen Hinrichtungen Bestürzung, die gut verliefen. Wie der Erste Staatsanwalt in Bromberg in seinem Bericht über eine Hinrichtung, die im Juli diesen Jahres stattgefunden hatte, schrieb: »Was mir auffiel und bei dieser und anderen Hinrichtungen auch sonst, wie ich gehört habe, aufgefallen ist, war, daß das Haupt des Hingerichteten frei in den Sand fällt und sich dort bewegt und sogar in seinen Nachzuckungen den Platz verändert«. Das Justizministerium entsprach seiner Bitte, man möge eine Kiste bereitstellen, in die der Kopf hineinfallen könne. Aber der Scharfrichter Gröpler, der zu diesem Punkt befragt wurde, gab zwar zu: »In Ausnahmefällen kommt es vor, daß das Kinn noch einige Kaubewegungen macht«, leugnete jedoch, daß sich der ganze Kopf bewegt habe, und überzeugte den Justizminister davon, den Gedanken wieder aufzugeben, da eine Kiste mit den nötigen Maßen »ein auffälliges Gepäckstück« von der Art darstellen würde, wie er es nach den Wünschen des Ministeriums gerade nicht benutzen sollte. Er erklärte sich jedoch bereit, den Kopf mit einem Stück Tuch abzudecken, wenn das Publikum ihn nicht sehen wolle. In jedem Falle sei es üblich, daß ein Gehilfe den Kopf auffange, wenn er falle.[148]

Rege Unzufriedenheit konzentrierte sich schließlich auf das Beil, das Kritiker als mittelalterlich und barbarisch verurteilten, und es überrascht daher nicht, daß ständig Alternativen diskutiert wurden. Begeisterte Erfinder füllten die Akten des Justizministeriums mit Vorschlägen, die von der »Enthauptungsmaschine des Dr. Messerschmidt«, der in den Jahren 1839-42 ausführliche und bis ins einzelne gehende Beachtung geschenkt wurde[149], bis zu einem genialen Instrument reichten, das den Hannoveraner Behörden im Jahre 1859 unterbreitet wurde und das, wie sein Erfinder behauptete, sowohl die »Grausamkeit« des handgeführten Schwertes als auch den »Abscheu der Deutschen vor der Mordmaschine der Französischen Revolution, der Guillotine«, vermeiden würde.[150] Das Ministerium zeigte auch einiges Interesse an frühen amerikanischen Versuchen mit dem elektrischen Stuhl[151], von denen einige ekelerregend ineffektiv waren, und stellte im Jahre 1895 einige Überlegungen zu der Möglichkeit an, Gaskammern zu benutzen, ein Vorschlag, der seine Quelle in der nicht völlig uninteressierten *Zeitschrift für die gesamte Kohlensäureindustrie*[152] hatte. Auch dies war ein Mittel, das zuerst in den Vereinigten Staaten angewandt worden war. Alle diese Methoden wurden als zu teuer und gefährlich unzuverlässig befunden. Trotzdem sind Alternativen zum Beil bis in die Weimarer Republik hinein weiter aktiv diskutiert worden. Sogar Befürworter der Todesstrafe waren der Ansicht, daß das Beil nicht länger benutzt werden sollte, wie etwa der Geheime Justizrat Stelling, der als früherer Oberstaatsanwalt in Hannover selbst vielen Hinrichtungen beigewohnt hatte; er war dagegen, »weil hier die Tätigkeit des Scharfrichters unmittelbar in die Erscheinung tritt«.[153]

Dieser Satz ist außerordentlich aufschlußreich. Wenn man den in dieser Studie beschriebenen Prozeß nochmals in seiner ganzen Länge betrachtet, dann kann man darin eine fortschreitende Entpersönlichung des vom Staat zugefügten Todes sehen. Weiter oben haben wir vorgeschlagen, die öffentliche Hinrichtung als Beispiel für etwas zu betrachten, das Philippe Ariès den »gezähmten Tod« genannt hat, der öffentlich stattfand und der von dem Verurteilten, der sich des herannahenden Todes bewußt war, vorbereitet und in gewisser Weise auch in Szene gesetzt wurde. Die verschiedenen Rituale, die die sterbende Person umgaben, beruhten auf der Überzeugung, daß der Tod nur eine Art Schlaf sei und daß der Körper schließlich beim Jüngsten Gericht wiederhergestellt werden würde. Beim Ritual der öffentlichen Hinrichtung schien zudem noch die seit dem späten Mittelalter zunehmende Bedeutung eine Rolle zu spielen, die auf das Verhalten des Einzelnen im Augenblick des Todes gelegt wurde. Ariès stellte in seinem großen Werk keine exakte Chronologie für verschiedene Einstellungen zum Tode auf, er argumentierte lediglich, daß jede einzelne für ein bestimmtes Zeitalter am meisten charakteristisch war; und er zitierte Beispiele des »gezähmten Todes« in den Romanen von Tolstoj, um die Möglichkeit zeitlicher Überschneidung zu illustrieren. Beginnend mit den Humanisten der Renaissance jedoch begann sich bei den gebildeten Schichten eine zunehmende Angst vor dem Sterben zu entwickeln, und dies setzte den langen Prozeß der Verdrängung des Todes in Gang. Im achtzehnten Jahrhundert war dieser Prozeß schon relativ weit fortgeschritten; nachdem die Revolution des Gefühlslebens in der Romantik ihn eine Weile aufgehalten hatte, erreichte er schließlich im zwanzigsten Jahrhundert seinen Höhepunkt. Der Niedergang des Glaubens an ein Leben nach dem Tode, an das Jüngste Gericht, an Himmel und Hölle, beraubte den Tod jeglicher längerfristigen Bedeutung oder Wichtigkeit. Tod wurde ein Gegenstand der Furcht, das einzige Gebiet, auf dem – trotz gelegentlicher optimistischer Vorhersagen – die Wissenschaft der Medizin keine Aussichten auf Erfolge hatte. Man brachte den Sterbenden aus der vertrauten Umgebung seines Heims in die Anonymität des Krankenhauses. An die Stelle der Überzeugung, daß der Sterbende vorgewarnt werden sollte, trat die Meinung, daß ein schneller und unerwarteter Tod das Beste sei, was ihm geschehen könne. Der Körper des Toten wurde nicht mehr im Hause aufgebahrt, die Trauerzeit schrumpfte zusammen, die rituelle Kleidung und das besondere Verhalten der Trauernden verschwanden, das Begräbnis verlor seine ausgefeilte Zeremonie und wurde zur kurzen Routineangelegenheit. Dieser »ins Gegenteil verkehrte Tod«, meint Ariès, war eine Folge des zunehmenden technologischen Optimismus: »Die Vorstellung griff um sich, daß der Macht der Technik praktisch keine Grenzen gesetzt seien, weder im Bereich der Natur noch in dem des Menschen selbst. Die Technik verleibte sich die Domäne des Todes in einem Maße ein, daß die Illusion entstand, er sei abgeschafft.«[154]

Wenn wir versuchen herauszufinden, wie dieses Schema – in der kurzen Erklärung, wie sie oben wiedergegeben ist, zwangsläufig zu stark vereinfacht – auf die offiziellen Einstellungen gegenüber der Hinrichtung von Verbrechern im Preußen des neunzehnten und zwanzigsten Jahrhunderts angewendet werden kann, werden gewisse Parallelen sofort deutlich. Genauso wie sich das Sterben allgemein zunehmend in Krankenhäuser verlagerte, wurden auch – etwas früher und mit einer Plötzlichkeit, die sich im größeren Maßstab nicht erreichen ließ – die Hinrichtungen in Gefängnisse verlegt. Wie der Tod im allgemeinen seiner Rituale entblößt wurde, so auch die Hinrichtung. Am Ende des neunzehnten Jahrhunderts war davon nicht mehr übriggeblieben als die amtliche Feststellung der Identität der verurteilten Person, die Verlesung des Urteils und seine Bestätigung sowie die Übergabe des Verurteilten an den Scharfrichter. Im Durchschnitt dauerte die ganze Zeremonie von dem Moment an, in dem der Verurteilte den Gefängnishof betrat – nach einem Weg aus seiner Zelle, der selbst schon viel kürzer war als die Fahrt durch die Straßen, wie sie in den Tagen der öffentlichen Hinrichtung üblich war –, bis zum Augenblick des Todes weniger als drei Minuten.[155] Eine weitere Parallele lag in den Versuchen der Behörden, die Zeitspanne der Vorwarnung zu reduzieren, indem sie dem Verurteilten die Bestätigung des Urteils durch den König erst wenige Stunden vor dem Zeitpunkt mitteilten, zu dem das Urteil vollstreckt werden mußte. Der Art, wie die verurteilte Person starb, ob unehrenhaft, mit »Verschärfungen«, oder ehrenhaft, ob tapfer oder in Panik, wurde weiter keine Bedeutung mehr zugemessen. Das ganze Interesse der Behörden ging dahin, die Sache so schnell wie möglich hinter sich zu bringen. Der kumulative Effekt dieser Politik bestand darin, die Verurteilten ihrer Identität zu berauben, ja sogar den Tod selbst, für sie, seines Sinnes zu berauben.

Trotz dieser Parallelen bleiben doch noch viele Probleme ungelöst, sowohl wenn man sich mit Ariès' Interpretationsschema auseinandersetzt[156] als auch, wenn man es auf die Geschichte der Hinrichtungen in Deutschland anwendet. Das erste Problem liegt in den Ursachen für das Auseinanderfallen von Einstellungen in der Bevölkerung und offiziellen Einstellungen gegenüber Hinrichtungen im Deutschland des neunzehnten Jahrhunderts. Ariès differenziert in seiner Analyse eigentlich nicht zwischen verschiedenen sozialen Schichten; der größte Teil seines Materials stammt von den Oberschichten. Es scheint klar, daß noch mehr Forschungsarbeit geleistet werden muß, was die Untersuchung sozialer Unterschiede in den Einstellungen zum Tode anbetrifft, bevor man irgendwelche endgültigen Schlüsse ziehen kann. In dem Fall, mit dem wir es hier zu tun haben, steht jedoch eine relativ kleine und homogene soziale Gruppierung im Mittelpunkt der Analyse – das preußische Beamtentum. Man wird sich daran erinnern, daß diese Gruppe schon um 1800 streng rationalistischen Ideen anhing und daß hier eine geistige Wurzel für ihre

Entschlossenheit lag, auf die öffentliche Einstellung zu Hinrichtungen maßgeblich Einfluß zu nehmen. Man weiß wenig über die allgemeineren Aspekte der persönlichen Einstellungen der preußischen Beamten gegenüber dem Tod – in der Tat, man weiß wenig genug über alle Aspekte ihrer Sozialgeschichte.[157] Was ihre Einstellung zu Hinrichtungen angeht, so läßt sich vermuten, daß sie möglicherweise ihrer Zeit voraus waren, da sie in ihrem Wunsch, ihn zu verstecken und mit Tabus zu umgeben, bereits dem Einstellungsmuster des »ins Gegenteil verkehrten Tods« folgten.

Ein zweites Problem liegt in der Erklärung der abweichenden Einstellung zu Hinrichtungen in der Bevölkerung auf der einen und bei den offiziellen Stellen auf der anderen Seite, insofern darin nicht nur Einstellungen zur Macht, zu Autorität und Gesetz zum Ausdruck kommen, sondern auch ein Aspekt der Einstellung zum Tode sichtbar wird. Hier ist Ariès' Werk keine große Hilfe, da er seine deskriptive Analyse nicht mit irgendeinem Erklärungsschema untermauert. Es erscheint plausibel, daß Unterschiede in der tatsächlichen demographischen Erfahrung des Todes darauf einigen Einfluß gehabt haben mögen. Auch hier behindert uns wieder der Mangel an Forschungen über die Beamtenschicht. Aber aus dem Material, das wir zur Verfügung haben, geht hervor, daß die Mortalitätsrate bei Beamten und ihren Familien niedriger als im Durchschnitt lag und sehr viel niedriger als die Sterblichkeitsraten der Bauern und der Arbeiterschaft.[158] Das bedeutet natürlich keineswegs, daß sich einfache mathematische Korrelationen zwischen hohen Sterblichkeitsraten und der Ritualisierung des Todes auf der einen sowie niedrigen Sterblichkeitsraten und der Tabuisierung des Todes auf der anderen Seite herstellen lassen. Es ist klar, daß in Zeiten plötzlichen Massensterbens, wie etwa bei Kriegen, Epidemien und Hungersnöten, normale gesellschaftliche Einstellungen zum Tod und auch die Mittel, die eingesetzt werden, um damit fertig zu werden, zusammenbrechen.[159] Man darf jedoch annehmen, daß es einen Unterschied zwischen Gesellschaften oder Schichten gibt, die ständig hohen Sterblichkeitsraten unterliegen, und solchen, bei denen dies nicht der Fall ist, und daß – selbst wenn man die vielen anderen unabhängigen Variablen berücksichtigt, vor allem jene der Macht und der Autorität, die an der sich wandelnden Einstellung gegenüber öffentlichen Hinrichtungen im neunzehnten Jahrhundert teilhatten –

unterschiedliche demographische Entwicklungen sehr wahrscheinlich eine eigenständige Rolle spielten.

Drittens erhebt sich die Frage, inwieweit solche Erklärungen der Prüfung im interkulturellen Vergleich standhalten. Hierzu ist zu sagen, daß Ariès sehr eklektisch mit dem Material umgeht, das zum größten Teil aus Frankreich stammt, zu einem gewissen Anteil jedoch auch aus anderen Ländern (wenn auch selten aus Deutschland). Er stellt die Behauptung auf, die Vorstellung vom »ins Gegenteil verkehrten Tod« habe ihren Ursprung in der internationalen Aristokratie und Bourgeoisie des späten neunzehnten Jahrhunderts gehabt, dann jedoch vor allem in England und den Vereinigten Staaten Fuß gefaßt.[160] Wenn wir die öffentlichen Hinrichtungen in anderen Ländern untersuchen, wird erkennbar, daß sie tatsächlich zuerst in den Vereinigten Staaten abgeschafft worden sind; wie wir gesehen haben, wurde von dort die preußische Form der »Intramuran-Hinrichtungen« im Jahre 1851 entlehnt. In England hörten die öffentlichen Hinrichtungen 1868, in Schweden 1877, in Rußland 1881 und in Norwegen 1887 auf.[161] Es scheint also auf den ersten Blick, daß Preußen (und die anderen deutschen Staaten) hier in der Tat einem allgemeinen Trend gefolgt sind. Das Problem entsteht, wenn wir berücksichtigen, daß in Frankreich, wo das meiste von Ariès verwendete Material herstammt, die öffentlichen Hinrichtungen erst 1939 abgeschafft wurden. Die letzte öffentliche Hinrichtung fand vor den Gefängnistoren in Versailles am 8. Dezember 1939 statt; allerdings zählte die zuschauende Menge, wenn man es nach den vorhandenen Photographien schätzt, nicht mehr als 250 Menschen.[162] Man könnte vielleicht annehmen, daß die dauerhafte Tradition der revolutionären Volksjustiz und die Verbindung des allgemeinen Männerwahlrechts (seit 1848) mit dem parlamentarischen Regierungssystem (seit 1871, und in einem eingeschränkteren Sinne schon früher, im »liberalen Empire« Napoleons III.) dafür sorgte, daß Abgeordnete, die in solchen Fragen stets sensibel auf die Wünsche ihrer Wähler achten, alle Vorstöße, öffentlichen Hinrichtungen ein Ende zu setzen, immer wieder zum Scheitern bringen konnten. Die Abschaffung öffentlicher Hinrichtungen ist, wie auch die Abschaffung der Todesstrafe selbst, immer das Werk von Minderheiten gewesen, sei es von reformistischen Gruppen wie in England[163] oder von Staatsbürokratien wie in Preußen, und sie wurde immer gegen die Mehrheit der Bevölkerung durchgesetzt. Die Tatsache, daß die parlamentarische Demokratie in Frankreich früher begann, könnte wohl dafür gesorgt haben, daß sich öffentliche Hinrichtungen dort bis in eine Zeit hinein hielten, in der sich die Einstellung zum Tod schließlich auch bei der Masse der Bevölkerung zu ändern begann. Es ist auch möglich, daß die soziale und (zumindest in gewissen moralischen Fragen) politische Macht der katholischen Kirche einen substantiellen Einfluß zugunsten der Beibehaltung öffentlicher Hinrichtungen in Frankreich ausgeübt hat.[164] Aber dies müssen notwendigerweise Hypothesen bleiben, solange der Gegenstand nicht in wissenschaftlichen Untersuchungen angemessen erforscht ist.

Schließlich könnte man sagen, die Wende zum »ins Gegenteil verkehrten Tod«, um Ariès Terminologie noch einen Augenblick weiter zu verwenden, müsse in dem größeren Zusammenhang sich wandelnder Einstellungen zum menschlichen Körper gesehen werden. Hier scheint mir die Arbeit von Norbert Elias besonders relevant. Elias argumentiert, die wachsende Komplexität der Gesellschaft habe zusammen mit der zunehmenden Arbeitsteilung eine immer größere Notwendigkeit mit sich gebracht, die inneren Triebe der Menschen zu kontrollieren und ein Über-Ich zu konstruieren, das den emotionalen Ausdruck der Persönlichkeit im Interesse geregelter sozialer Interaktion unterdrückte. Die Entwicklung dieses Über-Ich fand ihren Ausdruck besonders darin, daß die Körperfunktionen mehr und mehr vor den Augen der Öffentlichkeit verhüllt wurden. Wenn es überhaupt ein Zurschaustellen körperlicher Funktionen gab, dann allerdings war dies bei den öffentlichen Hinrichtungen der Fall, wo die blutrünstigen Rituale des Enthauptens und des Bluttrinkens praktiziert wurden und die verwesende Leiche den Blicken der Öffentlichkeit ausgesetzt war. Das allmähliche Entfernen der Hinrichtungen aus den Augen der Öffentlichkeit erscheint so als verspätete Durchsetzung dessen, was Elias »den Prozeß der Zivilisation« nennt. Die permanente Verlegenheit, die die Beamten im späten neunzehnten und im frühen zwanzigsten Jahrhundert empfanden, wenn sie Zeugen von Hinrichtungen waren, war Ausdruck der Verlegenheit von Mitgliedern einer staatlichen Führungsschicht, denen die groberen physischen Aspekte des menschlichen Lebens selbst in der Beschränkung ihres eigenen häuslichen Bereichs fast ganz verborgen blieben.[165] Wir haben es hier daher nicht so sehr mit der Verlegung der Hinrichtungen in eine private Sphäre zu tun. Sie wurden vielmehr versteckt, entpersönlicht und hinter den verschlossenen Türen einer Institution verborgen, zu der die breitere Öffentlichkeit keinen Zutritt hatte, während dieselbe Institution denen, die in ihr leben mußten, eine eigene Privatsphäre so weit wie möglich entzog.[166]

Die weitere Geschichte der Hinrichtungen in Deutschland bestätigt in ihrer Tendenz diese Punkte. Was bei den gesetzlich sanktionierten Hinrichtungen im »Dritten Reich« geschah, kann man als Fortsetzung eines Prozesses betrachten, der im achtzehnten Jahrhundert begonnen hatte. Sobald die Nationalsozialisten an die Macht gekommen waren, wuchs der Druck, Exekutionen noch stärker vor den Augen der Öffentlichkeit zu verbergen. Im März 1934 wurde die Anwesenheit von zwölf Zeugen bei der Hinrichtungszeremonie gestrichen; die Forderung nach der Anwesenheit derartiger Zeugen wurde als »Ausfluß liberalistischer Staatsauffassung« betrachtet, weil sie voraussetzte, daß die Bürger Repräsentanten brauchten, die darauf achten müßten, daß der Staat seine Aufgaben ordnungsgemäß durchführte. Da die Menschen jetzt dem Staat vertrauten, konnte man die Zeugen weglassen.[167] Von 1939 an wurden keine Glocken mehr geläutet und Priester nicht mehr zugelassen. Die Scharfrichter trugen jetzt Alltagskleidung. Die Verlesung des Urteils und seiner Bestätigung wurde abgeschafft und das Beil durch die Guillotine ersetzt, da die Zahl der Hinrichtungen jetzt so groß war, daß sie selbst der stärkste und erfahrenste Scharfrichter nicht mehr von Hand ausführen konnte. Eine Guillotine stand nun permanent in den meisten Gefängnishöfen.[168] Wie der Generalstaatsanwalt in Berlin im Jahre 1934 ausführte, war das Ziel nunmehr die »Ausmerzung des Rechtsbrechers als Rasseschädling«, und bei der Erfüllung dieser Aufgabe sollten »Roheit« und »Würdelosigkeit« vermieden werden. Ein »gesund empfindender Deutscher«, fügte er hinzu, finde das Beil »widerwärtig« und »nicht im Einklang mit der deutschen Gesinnung«. Er schlug statt dessen die Anwendung von Gas oder eine Giftinjektion vor.[169] Praktikabilität, Tradition und Kostengesichtspunkte mögen dies verhindert haben, aber in anderer Hinsicht setzte sich, wie wir gesehen haben, der Prozeß der Entpersönlichung fort, was sich auch in kleineren Dingen, wie etwa der öffentlichen Ankündigung der Hinrichtung, ausdrückte, die seit Dezember 1933 keine Berufsangabe des Hingerichteten mehr enthielt, sondern ihn lediglich mit Bezug auf sein Verbrechen zum

Beispiel als »Mörder«, »Messerstecher« oder »Mordbrenner« beschrieb.[170]

Zu diesem Zeitpunkt war jedoch schon die Zahl der offiziellen, gesetzlich sanktionierten Hinrichtungen nach Todesurteilen, die förmlich von den Gerichten ausgesprochen worden waren, klein im Vergleich mit den Todesurteilen, die man inoffiziell vollstreckte; und während des Krieges wurden diese Hinrichtungen in einer Art und Weise durchgeführt, die weder den Segen der Tradition noch den des Gesetzes besaß; am bekanntesten ist in dieser Hinsicht die Tötung der Juli-Attentäter. In gewisser Weise kann die Massenvernichtung der Juden und anderer Opfer der Nazi-Gaskammern, bei der es keinerlei physischen Kontakt zwischen dem Scharfrichter und seinen Opfern gab, als Folge der Entwicklung betrachtet werden, die in diesem Beitrag erörtert worden ist: ein völlig anonymer, mechanisierter Massentod, ohne ihn umrahmende Rituale, unpersönlich und sinnlos. Die Tatsache, daß die Opfer des Nationalsozialismus in den Konzentrationslagern und in den Vernichtungslagern der SS groben physischen Mißhandlungen und Erniedrigungen ausgesetzt, daß sie zu Tode geschlagen und gequält und auf abstoßende Weise mit direkter, körperlicher Gewalt angegriffen wurden, mag paradox erscheinen. Aber in einem gewissen Sinne war es das nicht. Denn die notwendige Voraussetzung dafür war die Überzeugung der Nationalsozialisten, daß diejenigen, mit denen sie es zu tun hatten, keine Menschen waren. Die sinnlose Barbarei des Konzentrations- und Vernichtungslagers war eine Welt, die von der ritualisierten Barbarei des öffentlichen Schafotts früherer Zeiten weit entfernt war. Sie ereignete sich im Rahmen der Gefängnisinstitution; in der Tat, die Nationalsozialisten gingen sehr weit, um die Vernichtungsprogramme der Kenntnis der Öffentlichkeit zu entziehen und das, was in den Konzentrationslagern vor sich ging, geheimzuhalten.[171] Und doch wurden die routinemäßigen Vernichtungsmethoden des NS-Staats in einem gewissen Sinne erst möglich vor dem Hintergrund jenes lang andauernden Prozesses, in dessen Verlauf der staatlich verordnete Tod der Rituale beraubt wurde, die ihm Sinn gaben, d. h. vor dem Hintergrund jener Kette von Reformen, die sich über mehr als ein Jahrhundert hinzogen und durch die die Verurteilten ihrer Individualität und Menschlichkeit beraubt wurden.

Schließlich erscheint die Geschichte der Hinrichtung verurteilter

Verbrecher in Preußen – und dies kann man auf das übrige Deutschland ausdehnen, wenn man sie unter dem Gesichtspunkt der Macht betrachtet – im Gegenteil als verhältnismäßig geradlinig, als einseitige Ausdehnung der Staatsmacht, wobei die Elemente der öffentlichen Teilnahme an Hinrichtungen zunächst allmählich abgebaut und schließlich ganz abgeschafft wurden. Dies bedeutete nicht nur, daß sich das Machtmonopol des Staates immer weiter ausdehnte und er letztlich erfolgreich der »Öffentlichkeit« die Möglichkeit nahm, ihre Bedeutung bei diesem Vorgang auch öffentlich zur Geltung zu bringen; es spiegelte sich darin, so könnte man sagen, auch die zunehmende Effizienz der Fähigkeit des Staates wider, Verbrecher zu ergreifen und sie der Justiz zu übergeben. Strafen waren im Mittelalter und in der frühen Neuzeit nicht zuletzt deshalb brutal und spektakulär, weil sie exemplarisch waren; jedermann wußte, daß dem Staat die Macht fehlte, die weitaus größte Mehrzahl der Rechtsbrecher zu fassen. Schon im Jahr 1800 entwickelte der Staat jedoch eine neue Entschlossenheit, das Recht durchzusetzen. »Nur in der Überzeugung, daß Strafgesetze mit unerbittlicher Strenge gegen den Verbrecher vollzogen werden, nicht in dem schrecklichen Anblick der gewaltsamen Todesart, liegt das Abschreckende der Strafen«, formulierten die Berliner Gerichte im gleichen Jahr.[172] Auch wenn solide Schlußfolgerungen erst nach weiterer Erforschung des Polizeiwesens und des Gesetzesvollzugs gezogen werden können, kann man hier als Arbeitshypothese vorschlagen, daß die Todesstrafe in dem Maße weniger demonstrativ wurde, in dem sie aufhörte, exemplarisch zu sein: Die Notwendigkeit öffentlicher Hinrichtungen wurde geringer, als die Fähigkeit des Staates größer wurde, die Gesetze gegen schwere Rechtsbrecher durchzusetzen. Daher erscheint die Vorstellung, Gehorsams- und Autoritätsmuster im Deutschland des zwanzigsten Jahrhunderts seien weitgehend vom Vermächtnis des Absolutismus des achtzehnten Jahrhunderts geprägt, zumindest im Hinblick auf dieses Beispiel revisionsbedürftig. Die Geschichte der Todesstrafe läßt vielmehr – wie es scheint – darauf schließen, daß die Grenzen staatlicher Macht um die Mitte des neunzehnten Jahrhunderts dramatisch ausgedehnt wurden und daß wir uns auf der Suche nach den Ursprüngen des Untertanengeistes des zwanzigsten Jahrhunderts zunächst einmal mit den 1840er und 1850er Jahren beschäftigen müssen.

An diesem Punkt jedoch wird die Analyse zugegebenermaßen

spekulativ: Die Fragen, die bei einer Erforschung der Hinrichtungen auftauchen, enthüllen unter anderem, wie wenig wir überhaupt über die Geschichte der Beziehungen zwischen ›Obrigkeit‹ und ›Untertanen‹ im modernen Deutschland wissen. Denn die Geschichte von Verbrechen und Strafe, von Gehorsam und Rechtsverletzung, von Rechtsdurchsetzung und staatlichen Sanktionen gegen Gesetzesbrecher ist letzten Endes ein Aspekt der Geschichte von Autorität und Gehorsam; ihre eigentliche Bedeutung gewinnt sie erst im Lichte tiefergehender Fragen – warum Menschen dem Staat gehorchen oder nicht gehorchen, und wie Gesetzesbrecher von der Gemeinschaft gesehen werden. Um die Geschichte von Verbrechen und Strafe unter diesem größeren Blickwinkel zu untersuchen, müssen wir uns zunächst von vereinfachenden Vorstellungen über die Barbarei der alten Zeiten und die Humanität der modernen Gesellschaft befreien. Niemand könnte heutzutage die verlängerte physische Quälerei billigen, die zum Beispiel jene Unglücklichen ertragen mußten, die man dazu verurteilt hatte, gerädert zu werden, bevor zum ersten Mal von König Friedrich II. angeordnet wurde, man möge sie vorher erdrosseln. Aber wenn man einmal einen Moment lang den Ekel vergißt, den ein modernes Publikum gegenüber öffentlichen Hinrichtungen empfindet, wie ich sie beschrieben habe, dann ist schwer auszumachen, wieso der physische Aspekt des Todes durch das Beil im Jahre 1900 in irgendeiner Weise humaner war als in den hundert Jahren vorher: die Technik der Exekutionen war noch immer sehr mangelhaft, wie sich aus den oben zitierten Beispielen ergibt. Was sich verändert hatte, war der psychologische Aspekt der Todesstrafe, und in diesem Punkt hatte sich – wie ich zeigen wollte – die Lage aus der Perspektive des verurteilten Verbrechers wahrscheinlich zum Schlechteren verändert.

Sollte irgend jemand dies jedoch als ein Plädoyer für die Wiedereinführung öffentlicher Hinrichtungen auffassen, so sei hinzugefügt, daß die vorliegende Studie unter anderem als Argument verstanden werden will, daß es keinen humanen Weg gibt, überführte Gesetzesbrecher zu töten; wir haben lediglich die physische Quälerei des siebzehnten Jahrhunderts gegen die psychologische des zwanzigsten Jahrhunderts eingetauscht. Vielleicht sollte man nochmals betonen, daß der Tod auf dem Rad, unter der Folter oder durch das Beil niemals angenehm war, in welchem Maße auch immer öffentliche Rituale dazu beigetragen haben mögen, ihn erträglicher zu machen. Die Argumente, die seit so langer Zeit gegen die Todesstrafe vorgebracht worden sind – daß die Justiz sich irren und einen Unschuldigen anstelle des Schuldigen hinrichten kann, daß die Todesstrafe niemals eine beweisbar abschreckende Wirkung gezeigt hat, daß ein Todesurteil für den Verurteilten unerträgliche Pein bedeutete und daß man noch keine Hinrichtungsmethode gefunden hat, die nicht manchmal, mit schrecklichen Folgen für das Opfer, versagt hätte –, all diese Argumente sind stichhaltig wie eh und je, und es kann keinen Zweifel geben, daß sich die Bundesrepublik Deutschland glücklich schätzen kann, eines der wenigen Länder zu sein, in denen die Todesstrafe durch das Grundgesetz explizit verboten ist.[173]

Anmerkungen

Die Forschungen, die diesem Aufsatz zugrunde liegen, wurden durch ein Forschungsstipendium der Alexander-von-Humboldt-Stiftung ermöglicht, der ich an dieser Stelle herzlich danken möchte. Teile des Aufsatzes wurden in zahlreichen Forschungsseminaren diskutiert, vor allem im Ethnohistory Seminar of the University of Pennsylvania, im Forschungsseminar des Zentralinstituts für Sozialwissenschaften (Abteilung Wirtschafts- und Sozialgeschichte) an der Freien Universität Berlin und im Forschungsseminar des Fachbereichs Geschichte der Gesamthochschule Essen. Ich danke den Teilnehmern dieser Seminare für ihre vielen kritischen Anmerkungen und Anregungen. Dr. R. L. Gordon hat den Aufsatz gelesen und Verbesserungen vorgeschlagen, die in die Überarbeitung eingegangen sind. Diese Studie ist Teil einer größeren, noch nicht abgeschlossenen Untersuchung über die Geschichte der Todesstrafe in Deutschland seit dem achtzehnten Jahrhundert.

1 Beispiele solcher Dokumente lassen sich finden bei Karl Riha (Hg.), *Das Moritatenbuch,* Frankfurt a. M. 1971, und in Hans Adolf Neunzig (Hg.), *Das illustrierte Moritatenlesebuch,* München 1979. Diese leicht zugänglichen Taschenbücher enthalten Bibliographien mit vollständigen Hinweisen auf weiterführende Literatur.

2 *Geheimes Staatsarchiv Preußischer Kulturbesitz (GStA)* Berlin, Rep. 84a (Preußisches Justizministerium), 7781, Bl. 25.

3 *Die Peinliche Gerichtsordnung Kaiser Karls V. von 1532 (Carolina),* hg. u. erläutert von Gustav Radbruch, 4. Aufl., hg. von Arthur Kaufmann, Stuttgart ²1975.

4 Eine eingehendere Beschreibung dieses Verfahrens siehe bei Wolfgang Schild, *Alte Gerichtsbarkeit*, München 1980, S. 167 f.

5 GStA Berlin, Rep. 84a, 7781, Bl. 25 f., Bericht vom 16. September 1800.

6 Der *Rabenstein* erscheint auf einigen der großartigen Illustrationen zu Schild, *Alte Gerichtsbarkeit*, z. B. auf den Illustrationen Nr. 71, 74, 231.

7 GStA Berlin, Rep. 84a, 7781, Bl. 4, Erlaß vom 11. Dezember 1749.

8 Ebd., Bl. 26, Bericht vom 16. September 1800.

9 Ebd., Bl. 27.

10 Ebd., Bl. 28.

11 Norbert Elias, *Über den Prozeß der Zivilisation*, Bern 1969.

12 Siehe z. B.: Gordon Rose, *The Struggle for Penal Reform: The Howard League and its Predecessors*, Institute of Crime and Delinquency, Library of Criminology 3, Stevens, London 1961; J. R. S. Whiting, *Prison Reform in Gloucestershire 1776-1820: A Study of the Work of Sir George Onesiphorus Paul, Bart.*, Rhillimore, London & Chichester 1975; Torsten Eriksson, *The Reformers: An Historical Survey of Pioneer Experiments in the Treatment of Criminals*, Elsevier u. New York 1976.

13 Jürgen Bergmann, *Das Berliner Handwerk in den Frühphasen der Industrialisierung*, Veröffentlichungen der Historischen Kommission zu Berlin, Berlin 1973, S. 25, 122, 172, 212, 221, 250-55. Allgemeiner dazu siehe Andreas Griessinger, *Das symbolische Kapitel der Ehre: Streikbewegungen und kollektives Bewußtsein deutscher Handwerksgesellen im 18. Jahrhundert*, Frankfurt a. M. 1981.

14 Wie in: Charles, Louise und Richard Tilly, *The Rebellious Century, 1830-1930*, London 1975.

15 So Rainer Wirtz in: »*Widersetzlichkeiten, Exzesse, Krawalle, Tumulte und Skandale*«: *Soziale Bewegung und gewalthafter sozialer Protest in Baden 1815-1848*, Frankfurt a. M. 1981.

16 Heinrich Volkmann, »Kategorien des sozialen Protestes im Vormärz«, in: *Geschichte und Gesellschaft* 3, 1977, S. 164-189.

17 Vgl. Keith Thomas, »History and Anthropology«, in: *Past and Present* 24, 1963; E. P. Thompson, »Anthropology and the Discipline of Historical Context«, in: *Midland History* 1, 1972, S. 41-58; ders., »Folklore, Anthropology and Social History«, in: *Indian Historical Review* III, 1978, S. 247-266.

18 Wirtz, *Widersetzlichkeiten*, a.a.O., versucht um diese Schwierigkeit herumzukommen, indem er annimmt, antisemitische Unruhen in den 1820er und 1830er Jahren seien aufgrund von Manipulationen von oben entstanden. Noch eigentümlicher ist es, wenn in einem neuerdings erschienenen Sammelband über »freiheitliche Bestrebungen« in Hamburg seit dem Mittelalter ebenfalls antisemitische Unruhen auf-

genommen worden sind: vgl. Hans Georg Stüh, »Wo nix is, hett der Kaiser sien Recht verlor'n‹ oder ›Der Stein auf dem Sofa der Frau Senatorin‹. Die Hamburger Unruhen vom 31. August bis 5. September 1830«, in: Jörg Berlin (Hg.), *Das andere Hamburg: Freiheitliche Bestrebungen in der Hansestadt seit dem Spätmittelalter*, 1981, S. 48-68.

19 Michel Foucault, *Überwachen und Strafen. Die Geburt des Gefängnisses*, Frankfurt a. M. 1977, S. 44 ff.

20 Michael Ignatieff, *A Just Measure of Pain. The Pententiary in the Industrial Revolution 1750-1850*, Critical Criminology Series, London 1978.

21 Michael Ignatieff, *Pain and Punishment in 19th-century-England*, Referat, vorgelegt bei der IAHCCJ-Tagung, Washington 1980, S. 1-2.

22 Alan Sheridon, *Michel Foucault: The Will to Truth*, New York 1980, ist in diesem Zusammenhang hilfreich.

23 Michelle Perrot (Hg.), *L'Impossible Prison: Recherches sur le système pénitentiaire au XIXe siècle*, Paris 1980, S. 43 ff.

24 Victor Bailey (Hg.), *Policing and Punishment in 19th-century-Britain*, London 1981.

25 Dies trifft z. B. auf die interessanten Arbeiten von Alf Lüdtke zu, darunter: »The Role of State Violence in the Period of Transition to Industrial Capitalism: the Example of Prussia from 1815 to 1848«, in: *Social History* 4, 1979, S. 175-222, sowie sein unlängst erschienenes Buch: »*Gemeinwohl*«, *Polizei und* »*Festungspraxis*«, Göttingen 1982.

26 Siehe oben S. 188.

27 Alle diese Beispiele sind entnommen: H. Bächtold-Stäubli (Hg.), *Handwörterbuch des deutschen Aberglaubens*, 10 Bde., Berlin 1927-1942, Artikel: »Hinrichtung«.

28 Johann Glenzdorf u. Fritz Treichel, *Henker, Schinder und arme Sünder*, Bad Münster am Deister 1970, Bd. I, S. 113.

29 *GStA* Berlin, Rep. 84a, 7782, Bl. 105.

30 *GStA* Berlin, Rep. 84a, 7781, Bl. 214.

31 Bächtold-Stäubli, *Handwörterbuch*, a.a.O.

32 *GStA* Berlin, Rep. 84a, 7785, Bl. 316 ff.: Auszug aus den Lebenserinnerungen von Wilhelm-Waldeyer-Haitz.

33 Owsei Temkin, *The Falling Sickness. A History of Epilepsy from the Greeks to the Beginnings of Modern Neurology*, 2. Aufl., Baltimore, London 1971, S. 97-157.

34 Plinius, *Naturgeschichte*, Buch 28, I.3-II.5. Diesen Hinweis verdanke ich Dr. R. L. Gordon.

35 Gisela Wilbertz, *Scharfrichter und Abdecker im Hochstift Osnabrück. Untersuchungen zur Sozialgeschichte zweier* »*unehrlicher*«

Berufe im nordwestdeutschen Raum vom 16. bis zum 19. Jahrhundert, Osnabrück 1979.

36 Siehe unten S. 232.

37 Temkin, *The Falling Sickness,* a.a.O.

38 »The Sacred Disease« (Hippocrates, Vol. II, transl. W. H. S. Jones, Loeb Classical Library, Vol. 148, Cambridge, Mass. 1923, S. 127-184). Für diesen Hinweis bin ich Dr. R. L. Gordon zu Dank verpflichtet.

39 Temkin, *The Falling Sickness,* a.a.O. S. 105 f.

40 Ebd., S. 115.

41 Ebd., S. 110-17

42 Bächthold-Stäubli, *Handwörterbuch,* a.a.O., Artikel: »Hinrichtung«.

43 Foucault, *Überwachen und Strafen,* a.a.O. S. 44 f.

44 Marc Bloch, *Les rois thaumaturges. Etude sur le caractère surnaturel attribué à la puissance royale particulièrement en France et en Angleterre,* Paris 1961.

45 Anton Blok, Universität Nijmwegen, arbeitet zur Zeit an diesen Themen, hauptsächlich mit Bezug auf das Holland des 18. Jahrhunderts.

46 Wilbertz, *Scharfrichter und Abdecker,* a.a.O. argumentiert, daß die Scharfrichter nicht als völlig unehrenhaft galten, da sie die entehrenden Aufgaben ihres Gewerbes meist an ihre Knechte delegierten.

47 Foucault, *Überwachen und Strafen,* a.a.O. S. 72.

48 Vgl. Philippe Ariès, *Geschichte des Todes,* München 1980, S. 13 f., 30, 40 f.

49 Ebd.

50 Vgl. *GStA* Berlin, Rep. 84a, 7781, Bl. 14-15.

51 Arnold von Gennep, *The Rites of Passage,* London 1960.

52 Vgl. die zahlreichen Illustrationen bei Schild, *Alte Gerichtsbarkeit,* a.a.O.

53 Viele Anregungen zu dieser allgemeinen Analyse verdanke ich meiner Lektüre von: Mary Douglas, *Purity and Danger. An Analysis of the concepts of pollution and taboo,* London 1966, sowie Victor Turner, *Dramas, Fields and Metaphors: Symbolic Actions in Human Society,* Ithaca and London 1975.

54 Peter Burke, *Popular Culture in Early Modern Europe,* London 1978, S. 270-281.

55 Schild, *Alte Gerichtsbarkeit,* a.a.O. S. 122

56 Temkin, *The Falling Sickness,* a.a.O. S. 223.

57 *Göttinger Monatsblätter,* Juni 1980, S. 8, Beilage zum *Göttinger Tageblatt;* für dieses Material danke ich Alf Lüdtke.

58 Bächthold-Stäubli, *Handwörterbuch,* a.a.O., Artikel: »Blut«.

59 Temkin, *The Falling Sickness*, a.a.O., S. 231.

60 Ebd., S. 220-302. Später allerdings sollte die Epilepsie in der Tat eine zentrale Rolle für Lombrosos Charakteristik des »kriminellen Typus« spielen; ebd., S. 366 f.

61 Temkin, *The Falling Sickness*, a.a.O., S. 231.

62 Friedrich Malblank (Hg.), *Geschichte der Peinlichen Gerichtsordnung Kaiser Karls V.*, Nürnberg 1763, S. 237 f., sowie die Klauseln CVI-CLXVI des Gesetzes selbst.

63 *Allgemeines Landrecht für die Preußischen Staaten von 1794*, Textausgabe, Frankfurt a. M./Berlin 1970, II, 20, 93, 103, 806, 839, 841, 870, 873, 881, 965, 1197-1202.

64 Schild, *Alte Gerichtsbarkeit*, a.a.O., S. 182; Wilbertz, *Scharfrichter und Abdecker*, a.a.O., S. 86 f., 92.

65 Pieter Spierenburg, *The Sociogenesis and Development of Houses of Corection in Europe*, Arbeitspapier, vorgelegt bei der IAHCCJ-Tagung in Washington 1980.

66 GStA Berlin, Rep. 84a, 7781, Bl. 14.

67 Vgl. bes. Reinhart Koselleck, *Preußen zwischen Reform und Revolution: Allgemeines Landrecht, Verwaltung und Soziale Bewegung von 1791 bis 1848*, Stuttgart 1967.

68 Jean Imbert, *La peine de mort*, P. U. F., Paris 1972, S. 125.

69 *Kants Gesammelte Schriften*, hg. von der Preußischen Akademie der Wissenschaften, Bd. IV, Berlin 1907, S. 332-35.

70 Vgl. Koselleck, *Preußen zwischen Reform und Revolution*, a.a.O.

71 GStA Berlin, Rep. 84a, 7781, Bl. 15.

72 Ebd., Bl. 14.

73 Ebd., Bl. 9.

74 Ebd., Bl. 11, Notiz vom 23. August 1800.

75 Ebd., Bl. 15-16; vgl. auch GStA Berlin, Rep. 84a, 7784, Bl. 70.

76 GStA Berlin, Rep. 84a, 7781, Bl. 33-40.

77 GStA Berlin, Rep. 84a, 7782, Bl. 70: Wöchentlicher Polizeibericht Breslau, 24. Juli 1841.

78 GStA Berlin 84a, 9268, Bl. 32, Brief vom 20. November 1820; Ebd., Bl. 41, Brief vom 12. Februar 1821.

79 GStA Berlin, Rep. 84a, Bl. 5-6: Criminal-Deputation des Königl. Stadtgerichts zu Berlin an den Preuß. Justizminister, vom 11. Januar 1836.

80 Ebd., Bl. 76 und 89-94.

81 GStA Berlin, Rep. 84a, 7782, Bl. 156, Brief vom 3. April 1843.

82 GStA Berlin, Rep. 84a, 7781, Bl. 168, 172, Erlaß vom 19. Juli 1811.

83 GStA Berlin, Rep. 84a, 8143, 8144, passim.

84 Tatsächlich wurde die »Guillotine« nicht während der Französischen Revolution von Dr. Guillotin erfunden, sondern war bereits im Jahre 1512 in Gebrauch. Siehe Schild, *Alte Gerichtsbarkeit*, a.a.O. S. 201,

Abbildung 447.

85 *GStA* Berlin, Rep. 84a, 7781, Bl. 295.

86 Siehe den Bericht in: Dirk Blasius, *Bürgerliche Gesellschaft und Kriminalität. Zur Sozialgeschichte Preußens im Vormärz*, Göttingen
1976, S. 93-138.

87 *GStA* Berlin, Rep. 84a, 7782, Bl. 105-113.

88 *GStA* Berlin, Rep. 84a, 7783, Bl. 39 f.

89 *GStA* Berlin, Rep. 84a, 9268, Bl. 12: Extract aus der Zeitung des Po-
lizei-Präsidenten Streit zu Breslau, vom 17. Juli 1811.

90 *GStA* Berlin, Rep. 84a, 7781, Bd. 153: Friedrich Wilhelm III. an das
Kammergericht Berlin, 22. September 1810.

91 Ebd., Bl. 205, 207, 208: Erlaß vom 19. Oktober 1811.

92 *GStA* Berlin, Rep. 84a, 8144, Bl. 251: Justiz-Ministerial-Blatt für die
Preußische Rechtspflege, hg. vom Büro des Justizministeriums,
X. Jg., Nr. 30, 28. Juli 1848.

93 *GStA* Berlin, Rep. 84a, 8143, Bl. 5-9, 15-19, 54-7, 85-8, 149-51, 158,
200-11.

94 Vgl. Dirk Blasius, »Der Kampf um die Geschworenengerichte im
Vormärz«, in: Hans Ulrich Wehler (Hg.), *Sozialgeschichte Heute.
Festschrift für Hans Rosenberg zum 70. Geburtstag*, Göttingen 1974,
S. 148-161.

95 *GStA* Berlin, Rep. 84a, 7782, Bl. 79-81: Pannonia (Preßburg), 5. Jg.,
13. August 1841; Friedrich Wilhelm IV. an das Justizministerium,
16. April 1842, ebd., Bl. 87.

96 Blasius, »Der Kampf«, a.a.O.; vgl. auch ders., *Bürgerliche Gesellschaft*, a.a.O. S. 115-132.

97 Dirk Blasius, *Kriminalität und Alltag. Zur Konfliktgeschichte des Alltagslebens im 19. Jahrhundert*, Göttingen 1978, S. 51.

98 Zur Frage der Aufklärungsquote siehe: *GStA* Berlin, Rep. 84a, 8144,
passim.

99 Vgl. Charles, Louise und Richard Tilly, *The Rebellious Century
1830-1930*, London 1975, S. 208-14; abgesehen von den Problemen,
die die Interpretation dieser Ereignisse aufwirft, kennzeichnen die
Tillys unzweifelhaft einen allgemeinen Zug dieser Epoche. Vgl. auch
Wirtz, *Widersetzlichkeiten*, a.a.O.

100 *GStA* Berlin, Rep. 84a, 7782, Bl. 203: Friedrich Wilhelm IV. an das
Justizministerium, 6. August 1847.

101 Ebd., Bl. 184.

102 Ebd., Bl. 213-20.

103 Ebd., Bl. 220 f.

104 Ebd., Bl. 241.

105 Ebd., Bl. 220, 248 f.

106 Ebd., Bl. 243.

107 Ebd., Bl. 263.

108 Ebd., Bl. 240.

109 Blasius, *Bürgerliche Gesellschaft*, a.a.O. S. 133.

110 GStA Berlin, Rep. 84a, 7782, Bl. 265-8.

111 Ebd., Bl. 273 f.

112 Blasius, *Bürgerliche Gesellschaft*, a.a.O. S. 134-7.

113 GStA Berlin, Rep. 84a, 7783, Bl. 81, »Über die Bestimmung im § 8 des StGB, daß die Vollstreckung eines Todesurteils durch Glockengeläut anzukündigen sei«.

114 Ebd.

115 GStA Berlin, Rep. 84a, 7783, Bl. 37-9.

116 Ebd., Bl. 45.

117 Bächthold-Stäubli, *Handwörterbuch*, a.a.O., Artikel: »Blut«.

118 GStA Berlin, Rep. 84a, 7783, Bl. 66: Justizministerium an Kammergericht, am 29. Mai 1856 sowie das Antwortschreiben vom 14. Juni 1856.

119 Ebd., Bl. 165: Alfred Fried, »Hinrichtungen in Preußen«, in: *Ethische Kultur* III/45, 9. November 1895, S. 355.

120 GStA Berlin, Rep. 84a, 7790, Bl. 23: Gerichts-Zeitung für Magdeburg und die Provinz Sachsen, 23. Mai 1886.

121 Ebd., Bl. 31: Bericht des Oberstaatsanwalts zu Graudenz, vom 9. August 1886. Einen weiteren, ähnlichen Bericht vgl. ebd., Bl. 54, *Oberschlesische Grenz-Zeitung* (Beuthen) XV, JG. Nr. 25, 1. Februar 1887. Siehe auch GStA Berlin, Rep. 84a, 2969, Bl. 63, »Beschränkung der Ausgabe von Einzelheiten behufs Beiwohnung des Hinrichtungsaktes«, vom 25. April 1891.

122 GStA Berlin, Rep. 84a, 7784, Bl. 275-7.

123 Schild, *Alte Gerichtsbarkeit*, a.a.O. S. 73; hier die Abbildung einer »Henkersmahlzeit« aus dem Jahre 1504.

124 GStA Berlin, Rep. 84a, 7790, Bl. 20, 22, 34, 54, 65 als Beispiele für derartige Presseberichte.

125 Ebd., Bl. 1-2; GStA Berlin, Rep. 84a, 7784, Bl. 84-117: Briefe von Bismarck und Memoranden vom 19. März und 13. April 1886: Memorandum des Justizministers vom 5. April 1856.

126 Ebd., Bl. 10a, Staatsministeriumssitzung vom 10. November 1886. Diese Maßnahmen wurden in den 1890er Jahren verstärkt: vgl. GStA Berlin, Rep. 84a, 8313, Bl. 40a.

127 GStA Berlin, Rep. 84a, 7782, Bl. 219.

128 Vgl. Wilbertz, *Scharfrichter und Abdecker*, a.a.O.

129 *General-Anzeiger für Oberhausen* vom 20. März 1914. Ich danke Heinz Reif für eine Kopie dieses Berichts.

130 GStA Berlin, Rep. 84a, 7784, Bl. 122: Memorandum des Staatsanwalts beim Königl. Kammergericht, Berlin, 14. November 1889.

131 Ebd., Bl. 132, 143-6, Kultusministerium an Justizministerium und Antwortschreiben, 5. Januar 1894.

132 Ebd., Bl. 122.

133 *GStA* Berlin, Rep. 84a, 9270, passim.

134 *GStA* Berlin, Rep. 84a, 7785: Memoranden des Strafanstaltsdirektors zu Köln vom 10. September 1915 sowie die Antwort des Oberstaatsanwalts zu Köln, vom 14. September 1915.

135 *GStA* Berlin, Rep. 84a, 7790, Bl. 23: Gerichts-Zeitung für Magdeburg und die Provinz Sachsen, 23. Mai 1886.

136 Zur Quelle für dieses Beispiel, vgl. Anm. 138.

137 *GStA* Berlin, Rep. 84a, 7785, Bl. 44: Erster Staatsanwalt zu Bromberg an den Justizminister, 12. Juli 1912.

138 *GStA* Berlin, Rep. 84a, 4593, Bl. 206b: Der Oberstaatsanwalt zu Frankfurt a. M. an den Justizminister, 18. März 1912.

139 Foucault, *Überwachen und Strafen*, a.a.O.; Ignatieff, *A Just Measure of Pain*, a.a.O.; David J. Rothman, *The Discovery of the Asylum: Social Order and Disorder in the New Republic*, Boston 1971; ders., *Conscience and Convenience: The Asylum and its Alternatives in Progressive America*, Boston 1980.

140 Einen zusammenfassenden Bericht über diese Entwicklung gibt ein Anhang in Koselleck, *Preußen zwischen Reform und Revolution*, a.a.O.

141 Diese werden vollständig erörtert bei Schild, *Alte Gerichtsbarkeit*, a.a.O., S. 197-228.

142 Es gibt derzeit noch keine gründliche Analyse dieses Prozesses für Deutschland. Einen nützlichen Anfang hat D. Blasius, *Bürgerliche Gesellschaft*, a.a.O., gemacht; ferner ders., *Der verwaltete Wahnsinn: Eine Sozialgeschichte des Irrenhauses*, Frankfurt a. M. 1980, sowie Theodor Berger, *Die konstante Repression. Zur Geschichte des Strafvollzugs in Preußen nach 1850*, Frankfurt a. M. 1974.

143 *GStA* Berlin, Rep. 84a, 7784, Bl. 267: *Berliner Tageblatt*, 16. Oktober 1907.

144 Das Problem, warum die Todesstrafe in Preußen beibehalten wurde, hängt natürlich mit den Dingen zusammen, mit denen sich der vorliegende Aufsatz befaßt; es zu behandeln würde jedoch weit mehr Raum erfordern, als er mir hier zur Verfügung steht. Ich hoffe, bei einer anderen Gelegenheit darauf zurückkommen zu können.

145 Siehe oben S. 218.

146 *GStA* Berlin, Rep. 84a, 4592, Bl. 45a.

147 *GStA* Berlin, Rep. 84a, 7784, Bl. 251: *Berliner Zeitung*, 10. September 1903.

148 *GStA* Berlin, Rep. 84a, 7785, Bl. 44-55: Korrespondenz zwischen dem Ersten Staatsanwalt zu Bromberg, Scharfrichter Gröpler und dem Oberstaatsanwalt zu Breslau, vom 12. Juli 1912 und 9. August 1912. Muskelkrämpfe bei abgeschlagenen Köpfen waren ein gut bezeugtes Phänomen. Vgl. Arthur Kershaw, *History of the Guillotine*,

London 1958.

149 GStA Berlin, Rep. 84a, 7782 zu dieser Diskussion.

150 GStA Berlin, Rep. 84a, Bl. 9397, Vorlage vom 12. Februar 1859. Dieser Bestand wurde später, nachdem Hannover nach dem 1866er Krieg von Preußen annektiert worden war, in die Akten des Preußischen Justizministeriums integriert.

151 GStA Berlin, Rep. 84a, 7784, Bl. 125, Brief von Harold P. Brown zugunsten von Thomas Edison, sowie Bl. 129, Ausschnitt aus dem *Deutschen Tageblatt*, etwa 1890. In beiden wird über die Hinrichtung von William Kemmler durch elektrischen Strom berichtet, die am 6. August 1890 in New York stattfand und bei der sich der Strom als zu schwach erwies, um direkt den Tod herbeizuführen.

152 Ebd., Bl. 168: E. Luhmann, »Verwendung der Kohlensäure zur Hinrichtung der zum Tode verurteilten Verbrecher«, in: *Zeitschrift für die gesamte Kohlensäure-Industrie* 20, 25. Oktober 1895. Tatsächlich wurde die Gaskammer zuerst in Nevada, im Jahre 1924, angewandt.

153 GStA Berlin, Rep. 84a, 7792: Hannoverischer Kurier vom 26. März 1929.

154 Philippe Ariès, *Geschichte des Todes*, München 1980, S. 763.

155 GStA Berlin, Rep. 84a, 6447, Bl. 36-40, mit einer genauen Beschreibung der gesamten Zeremonie. Bei diesem Anlaß bedeuteten die Zukkungen des Verurteilten, daß der Scharfrichter zwei Schläge führen mußte, um den Hals zu durchtrennen. Trotzdem dauerte die ganze Angelegenheit nur dreieinhalb Minuten.

156 Eine kritische Auseinandersetzung mit dem Werk von Ariès findet sich bei: John McManners, »Death and the French Historians«, in: Joachim Whaley (Hg.), *Mirrors of Mortality: Studies in the Social History of Death*, London 1981, S. 106-130; Stephen Wilson, »Death and the social historians: some recent books in French and English«, in: *Social History* 5, 1980, S. 435-451; sowie Lawrence Stone, »Death«, in: ders., *The Past and the Present*, London 1981, S. 242-259.

157 Koselleck, *Preußen zwischen Reform und Revolution*, a.a.O.; Jane Caplan, »The imaginary Universality of particular interests: The tradition of the civil service in German history«, in: *Social History* 4, 1979, S. 299-318; Hansjoachim Henning, *Das westdeutsche Bürgertum in der Epoche der Hochindustrialisierung 1860-1914. Soziales Verhalten und soziale Strukturen, Teil I: Das Bildungsbürgertum in den preußischen Westprovinzen*, Wiesbaden 1972.

158 Arthur E. Imhof, »Unterschiedliche Säuglingssterblichkeit in Deutschland, 18. bis 20. Jahrhundert – Warum?«, in: *Zeitschrift für Bevölkerungswissenschaft* 7, 1981, S. 358; Medizinische Statistik für den Hamburgischen Staat, S. 38.

159 Sowohl die Tatsache, daß er diesen Punkt nicht berücksichtigt, als auch die, daß er Ariès' Argumente nicht angemessen erfaßt, untergräbt David Cannadines Versuch, in: »War and Death, Grief and Mourning in Modern Britain«, in: Whaley, (Hg.), *Mirrors of Mortality*, S. 187-242, die Theorie des »in sein Gegenteil verkehrten Todes« zu widerlegen. Trotzdem legt Cannadines temperamentvoller Aufsatz in der Tat nahe – und ich hoffe, der vorliegende Beitrag tut dies ebenfalls –, daß eine noch viel komplexere und differenziertere Geschichte des Todes geschrieben werden muß, als sie das Werk von Ariès und anderer Pioniere bisher bieten konnten.

160 Ariès, *Geschichte des Todes*, a.a.O. S. 760 f.

161 Kurt Rossa, *Todesstrafen. Ihre Wirklichkeit in drei Jahrtausenden*. Aktualisiert und überarbeitet von Hans Werner Neulen, Bergisch Gladbach 1979, S. 222.

162 Ebd., S. 80 f.

163 David Cooper, *The Lesson of the Scaffold*, London 1974.

164 Paul Savey-Casard, *La Peine de Mort. Esquisse Historique et Juridique,* Genf 1968, und Jean Imbert, *La Peine de mort,* Paris 1972, haben wenig zu diesem Thema zu sagen. Imbert betont auf S. 183-86, daß sich die katholische Kirche der Abschaffung der Todesstrafe widersetzt habe, geht jedoch nicht auf die Frage der Öffentlichkeit der Hinrichtungen ein.

165 Norbert Elias, *Über den Prozeß der Zivilisation*, a.a.O., bes. Bd. I.

166 Vgl. Jürgen Habermas, *Strukturwandel der Öffentlichkeit. Untersuchungen zu einer Kategorie der bürgerlichen Gesellschaft*, Neuwied 1962.

167 *GStA* Berlin, Rep. 84a, 7787, 131, 14, Befehl vom 21. März 1934.

168 Johann Glenzdorf/Fritz Treichel, *Henker, Schinder und Arme Sünder,* a.a.O. S. 136 f.

169 *GStA* Berlin, Rep. 84a, 7787, Bl. 28-67, Memorandum des Generalstaatsanwalts zu Berlin, 13. März 1934.

170 *GStA* Berlin, Rep. 84a, 8313, Bl. 43. Memorandum vom 28. Dezember 1933, Beantwortung einer Anfrage des Reichsministers für Volksaufklärung und Propaganda.

171 Walter Laqueur, *The Terrible Secret. An Investigation into the suppression of information about Hitler's Final Solution*, London 1980.

172 *GStA* Berlin, Rep. 84a, 7781, Bl. 15.

173 Amnesty International, *Die Todesstrafe*, Reinbek bei Hamburg 1979.

Hinweise zu den Autoren

Richard J. Evans, geboren 1947 in Woodford/Essex; studierte Neuere Geschichte an der Universität Oxford und promovierte dort im Jahre 1972. 1970 wurde er Hansischer Stipendiat der Stiftung FVS in Hamburg; ab 1972 lehrte er Moderne Europäische Geschichte an der Universität Stirling/Schottland; 1980 Gastprofessur an der Columbia Universität New York, 1981 Forschungsstipendiat der Alexander von Humboldt-Stiftung beim Zentralinstitut für Sozialwissenschaften der Freien Universität Berlin; seit 1976 lehrt er Moderne Deutsche Geschichte an der Universität East Anglia/Norwich.

Veröffentlichungen: »Prostitution, State and Society in Imperial Germany«, in: *Past and Present 70*, Feb. 1976, S. 106 ff.; *The Feminist Movement in Germany 1894-1933*, London 1976; *The Feminists: Women's Emancipation Movements in Europe, America and Australia 1840-1920*, London 1977; *Sozialdemokratie und Frauenemanzipation im deutschen Kaiserreich*, Bonn/Berlin 1979; »›Red Wednesday‹ in Hamburg: Social Democrats, Police and Lumpenproletariat in the Suffrage Disturbances of 17 January 1906«, in: *Social History 4/1*, Jan. 1979, S. 1 ff.; (Hg.), *Society and Politics in Wilhelmine Germany*. London 1978; (Hg., mit W. R. Lee) *The German Family*, London 1981; (Hg.) *The German Working Class 1888-1933*, London 1982; »Religion and Society in Modern Germany«, in: *European Studies Review 12/3*, Juli 1982, S. 249 ff.; (in Vorbereitung:) *Death in Hamburg: Social Conflict and Political Crisis in the Cholera Epidemic of 1892*.

Michael Grüttner, geboren 1953 in Baden-Baden; Studium der Geschichte, Philosophie und Soziologie. Dissertation zur Sozialgeschichte der Hamburger Hafenarbeiter von 1886 bis zum 1. Weltkrieg, 1983 Promotion; seit 1983 wiss. Mitarbeiter am Historischen Seminar der Universität Hamburg; Erstellung einer Ausstellung der Geschichte der Hamburger Universität im Dritten Reich. Interessenschwerpunkte: Sozialgeschichte der Arbeiterbewegung, Alltagsleben der Unterklassen, Stadtplanung und Stadtentwicklung im 19. und 20. Jahrhundert. Veröffentlichungen: Aufsätze zur Hamburger Sozialgeschichte in verschiedenen Sammelbänden. Zur Zeit Vorbereitung eines Buches zur Sanierungspolitik in Hamburger Arbeiterquartieren seit den 1890er Jahren.

Carsten Küther, geboren 1945 in Shanghai; Studium der Geschichte, Sinologie und Politikwissenschaft in München; Promotion 1974; bis 1976 Sprachstudium in Peking; im Anschluß daran Tätigkeit in der Erwachsenenbildung; 1980/81 DFG-Stipendiat, zur Zeit DAAD-Lektor in China; Veröffentlichungen zur Bandenkriminalität des 18. und 19. Jahrhunderts in Deutschland und zur Geschichte der Vagierenden im *ancien régime*.

Josef Mooser, geboren 1946; seit 1968 Studium der Geschichte, Germanistik und Sozialkunde in München, 1973/74 Staatsexamen, Aufbaustudium
für Geschichte in Bielefeld, 1978 Promotion. 1978 Wiss. Assistent/Ange-
stellter an der Fakultät für Geschichtswissenschaft und Philosophie der
Universität Bielefeld, 1979/80 Wiss. Mitarbeiter beim Arbeitskreis für
Moderne Sozialgeschichte in Heidelberg, seit Sommer 1980 wieder an der
Universität Bielefeld. Lehr- und Forschungstätigkeit im Bereich der So-
zialgeschichte des 18. bis 20. Jahrhunderts. Publikationen zur Sozialstruk-
tur der ländlich-bäuerlichen Gesellschaft im 18./19. Jahrhundert und zur
Arbeiterschaft im 20. Jahrhundert. Zur Zeit Forschungen zur Sozial- und
Kulturgeschichte von Kirchen und Arbeitern im 19./20. Jahrhundert in
Deutschland und England.

Heinz Reif, geboren 1941 in Oberhausen; Studium der Geschichte, Germanistik und Soziologie in Bochum und Münster; M. A. 1973; seit 1973
Wiss. Ass. an der Fakultät für Geschichtswissenschaft und Philosophie
der Universität Bielefeld; Promotion 1977; seit 1983 Privatdozent in Bielefeld. Forschungs- und Veröffentlichungsschwerpunkte: Sozialgeschichte historischer Führungsschichten, insbesondere des Adels, vom 18.
bis 20. Jahrhundert, historische Familienforschung, sozial-, politik- und
kulturgeschichtliche Studien zur Industrialisierung und Urbanisierung des
westlichen Ruhrgebiets im 19. und 20. Jahrhundert.

Regina Schulte, geboren 1949 in Paderborn; Studium der Geschichte,
Germanistik und Sozialkunde in Bonn und München mit Staatsexamens-
abschluß. Promotion in Neuerer Geschichte bei Prof. Karl Bosl in München. Die Dissertation erschien unter dem Titel *Sperrbezirke. Tugendhaf-
tigkeit und Prostitution in der bürgerlichen Welt,* Frankfurt am Main 1979.
1977/78 lehrte sie an der Münchner Abteilung der Volkuniversitet Stock-
holm Geschichte und Sozialkunde und arbeitete mit Unterstützung der
Deutschen Forschungsgemeinschaft an einem Projekt über Kindsmord.
Zur Zeit beschäftigt sie sich in München und am Deutschen Historischen
Institut London mit vergleichenden Untersuchungen über dörfliche Kriminalität in Bayern und Sussex. Weitere Veröffentlichungen, die zunehmend auch anthropologische Fragestellungen aufnehmen: »Dienstmäd-
chen im herrschaftlichen Haushalt. Zur Genese ihrer Sozialpsychologie«,
in: *Zeitschrift für bayerische Landesgeschichte,* 1978; »Bauernmägde in
Bayern im 19. Jahrhundert«, in: *Frauen suchen ihre Geschichte,* hrsg. von
Karin Hausen, München 1983; »Kindsmörderinnen auf dem Lande«, in:
H. Medick, D. Sabean (Hg.), *Emotion und materielle Interessen in Familie und Verwandtschaft. Anthropologische und historische Beiträge zur
Familienforschung,* Göttingen 1983.